PÓŁNOC

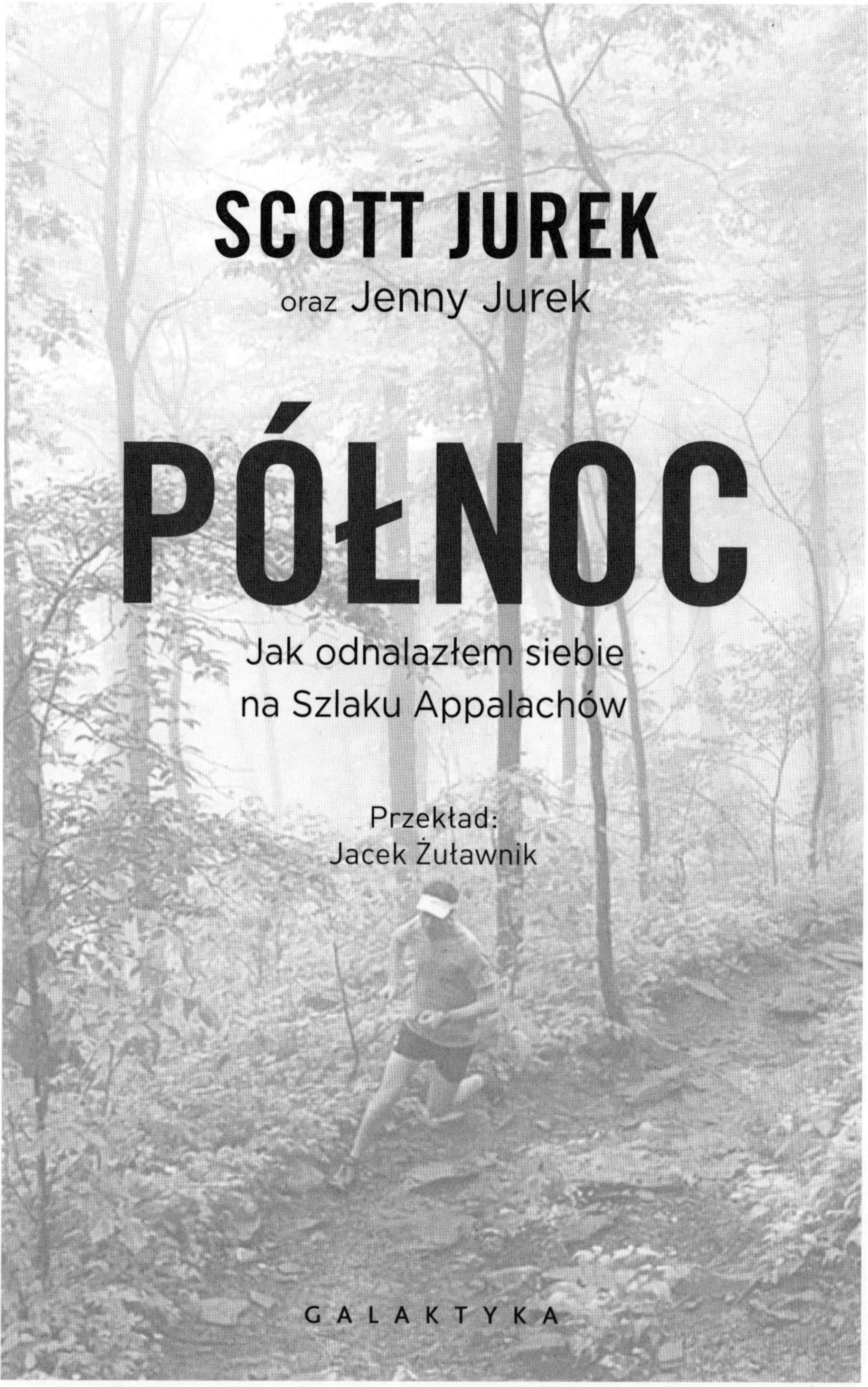

SCOTT JUREK

oraz Jenny Jurek

PÓŁNOC

Jak odnalazłem siebie na Szlaku Appalachów

Przekład:
Jacek Żuławnik

GALAKTYKA

Tytuł oryginalny: *North. Finding my way while running The Appalachian Trail*

WYDANIE POLSKIE

© for the Polish edition: Galaktyka Sp. z o.o., Łódź 2018
90-644 Łódź, ul. Żeligowskiego 35/37
tel. +42 639 50 18, 639 50 19, tel./fax 639 50 17
e-mail: info@galaktyka.com.pl; sekretariat@galaktyka.com.pl
www.galaktyka.com.pl
ISBN: 978-83-7579-676-6

Konsultacja: *Krzysztof Dołęgowski*
Redakcja: *Elżbieta Derelkowska*
Redakcja techniczna: *Marta Sobczak-Proga*
Korekta: *Monika Ulatowska*
Redaktor prowadzący: *Marek Janiak*

Fotografie: *Luis Escobar © 2018*
Mapy: *Jeremy Collins*

Projekt okładki: *Artur Nowakowski*
Skład: *Garamond*
Druk i oprawa: *LCL*

Dla Jenny, mojej prawdziwej północy

Odludny, by móc się oderwać, wąski, by starannie dobrać towarzyszy; kręty, by odnaleźć spokój; samotny dla kontemplacji – prowadzi nie tylko z północy na południe i odwrotnie, ale też w górę, do ciała, umysłu i duszy człowieka.

HAROLD ALLEN, KTÓRY JAKO JEDEN Z PIERWSZYCH
WYTYCZAŁ SZLAK APPALACHÓW

SPIS TREŚCI

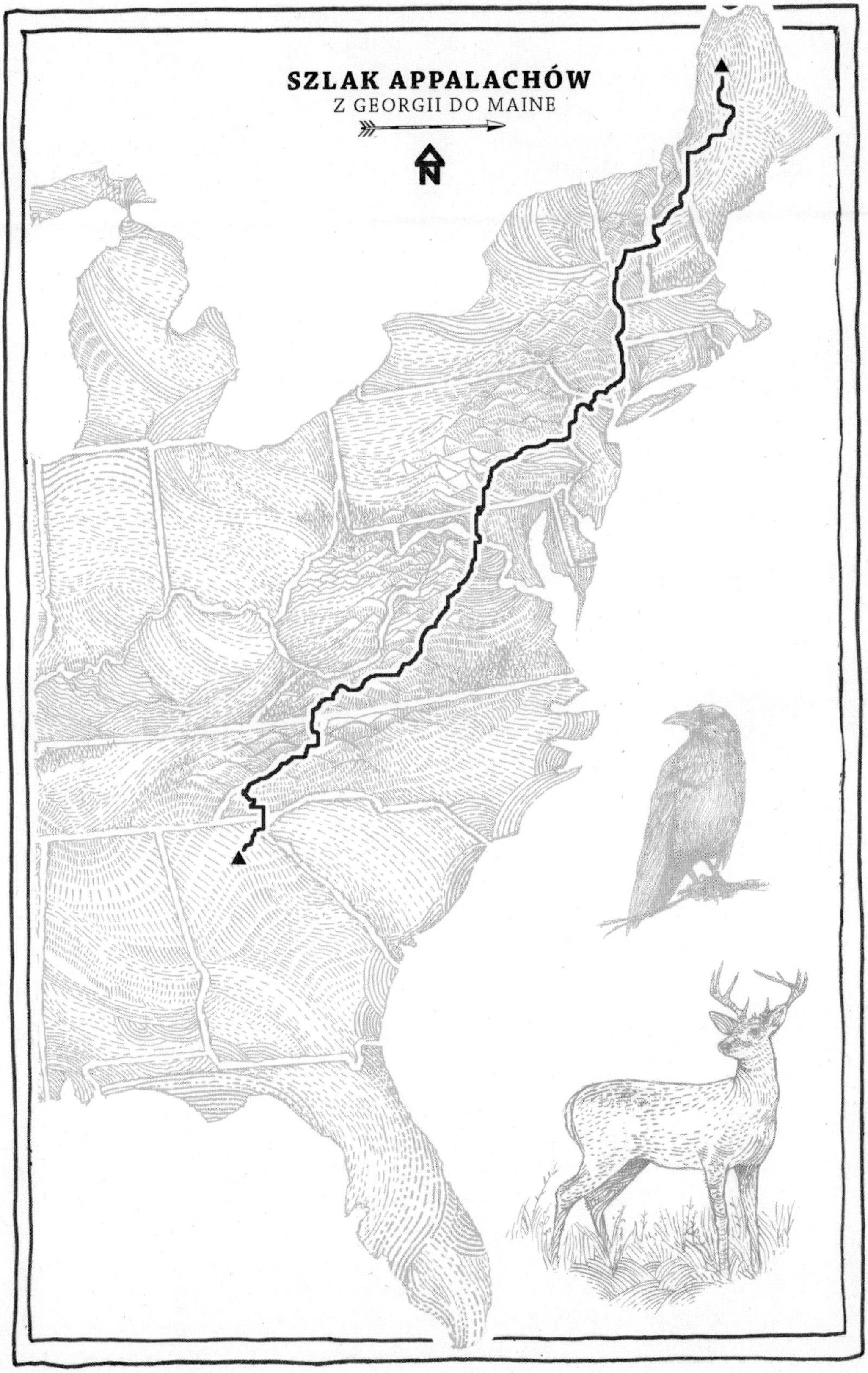
SZLAK APPALACHÓW
Z GEORGII DO MAINE
N

PROLOG

DZIEŃ SIÓDMY

Gdzie on się podziewa? Powinien już tu być.

Ponad godzinę temu powinien był wyłonić się spomiędzy drzew i spotkać się ze mną tu, na tym skrzyżowaniu. Od rana pada, prawdziwy potop, więc nie wiem, może skręcił kostkę na błocie albo zaliczył paskudny upadek i teraz siedzi gdzieś na kamieniu, czeka, aż go znajdę. Nie bez powodu nazywam go „Wielkim Łup!" – co rusz zawadzi którąś ze swoich „stópek", mieszczących się do butów numer czterdzieści sześć, o jakąś skałkę albo wystający korzeń i rąbnie o ziemię z głośnym łupnięciem tym swoim mierzącym bez mała metr dziewięćdziesiąt ciałem. Jakimś sposobem – być może dzięki temu, że ma dwudziestopięcioletnie doświadczenie w bieganiu w terenie – zawsze udaje mu się uniknąć poważnego urazu. Ale może tym razem szczęście go zawiodło?

Ostatni raz widziałam go na rozstaju pomiędzy dwiema górami, w miejscu, które na głębokim Południu określają mianem *gap*. Pochodzę z zachodniej części Stanów i nigdy wcześniej nie słyszałam tego słowa używanego w takim kontekście. Forma ukształtowania terenu, na którą Południowcy mówią *gap*, dla mnie nosi nazwę *pass*, czyli przełęczy, a dla Francuzów – *col*; to najniższy punkt grzbietu górskiego albo siodło pomiędzy dwoma szczytami. Na Sams Gap* (przełęcz Samsów) zauważyłam, że lekko utyka, ale zlekceważyłam to, ponieważ każdego poranka zaczynał wędrówkę sztywny jak deska, a jego mięśnie rozluźniały się dopiero około południa. Zgodnie z naszymi wyliczeniami, powinien pokonać dwadzieścia jeden i pół kilometra szlaku do Spivey

---

* Nazwa przełęczy pochodzi od rodziny Jamesa Samsa, która osiedliła się na przełęczy w latach 30. XIX wieku (o ile nie zaznaczono inaczej, wszytkie przypisy pochodzą od tłumacza).

Gap* (przełęcz Spiveyów) w trzy godziny z małym hakiem. Na przestrzeni ostatnich siedmiu dni uświadomiłam sobie jednak, że przebiegnięcie każdego kolejnego odcinka zajmuje mu znacznie więcej czasu, niż zakładaliśmy, i że utrzymanie stałego tempa sześciu i czterech dziesiątych kilometra na godzinę nawet dla niego okazuje się zaskakująco trudne.

Na Szlaku Appalachów nosi przydomek El Venado, co po hiszpańsku oznacza jelenia. Cechy tego zwierzęcia dostrzegł w nim nieżyjący już Caballo Blanco, widząc jego styl biegania w Miedzianym Kanionie. Większość ludzi zna go jednak raczej jako Scotta Jurka, podobno jednego z najlepszych ultramaratończyków w historii. Dla mnie, począwszy od 2001 roku, w którym poznaliśmy się w Seattle, zawsze będzie po prostu Jurkerem. Tak nazywają go przyjaciele, przekręcając jego nazwisko i wytykając mu stereotypową minnesocką uprzejmość. Dokonał rzeczy, o których innym biegaczom nawet się nie śniło. Na przykład siedem lat z rzędu wygrywał stumilowy Western States. Jednego roku skręcił kostkę w połowie wyścigu, drugiego zagonił niedźwiedzia na drzewo, a jeszcze innego niespełna dwa tygodnie po zwycięstwie w Western States ustanowił rekord na trasie liczącego dwieście siedemnaście kilometrów biegu Badwater. Przez dwadzieścia cztery godziny bez żadnej przerwy zaliczał okrążenia na pętli o długości jeden i sześć dziesiątych kilometra, bijąc rekord Stanów Zjednoczonych. Wygrał bieg Hardrock 100 ze skręconą kostką, a w tabeli najlepszych wyników liczącego dwieście czterdzieści sześć kilometrów Spartathlonu ustępuje jedynie niezrównanemu Yiannisowi Kourosowi. Tym razem jednak postanowił zmierzyć się z wyzwaniem, które może trwale zaszkodzić jego ciału, już nie mówiąc o naszym małżeństwie. Powiedział, że chce, aby ten bieg był prawdziwym majstersztykiem, ale zastanawiam się, czy aby na pewno mówił poważnie.

Jurker, gdzie jesteś?

---

* Nazwa pochodzi od rodziny Spiveyów, która osiadła na przełęczy w połowie XIX wieku.

ROZDZIAŁ PIERWSZY

DAWAJ I BIERZ

ROK WCZEŚNIEJ

W którąkolwiek stronę spojrzałem, widziałem nieskończoność.

I wiedziałem, że dalej, za punktem, w którym nawet nieskończoność osiąga kres, za mglistym horyzontem, gdzie stapia się niebo z ziemią – że nawet tam ciągnie się pustynia. Że jest więcej fałd wzgórz, więcej rozległych dolin, więcej wszystkiego. Na zachodzie leżał Pacyfik, a nad nim moje od lat ulubione miejsce do biegania w Górach Kaskadowych niedaleko Seattle. Na wschodzie, w lasach Minnesoty, znajdował się mój rodzinny dom. Południe stało pod znakiem pustyni, wielkiej pustyni, dużej ilości słońca i znacznie mniejszej – wody.

Natomiast północ – północ była dla mnie czymś nowym.

Pustynia zawsze mnie zadziwiała i wydawała mi się przestrzenią o wręcz duchowym charakterze. Pierwszy raz zetknąłem się z nią, mając dwadzieścia dwa lata. Minęły dwie dekady, a ja nadal zachwycam się jej cudowną nieziemskością. Doskonale rozumiem, dlaczego tak wielu poszukiwaczy doznań duchowych wybiera się na pustynię, aby tam doświadczać oczyszczenia i pogrążać się w myślach.

Anza-Borrego w Południowej Kalifornii to jałowa, nieruchoma pustynia, która wręcz zaprasza do wstąpienia na drogę prowadzącą ku oświeceniu.

Dumając nad skalą wieczności, doszedłem raptem do wniosku, że to, co czuję, chyba jednak nie jest oświeceniem, a łagodnym udarem cieplnym. Temperatura wynosiła trzydzieści pięć stopni Celsjusza i rosła. Niemal wszystkie pozostałe żywe stworzenia ukryły się pod ziemią albo w cieniu, o ile zdołały go znaleźć. Jedynymi istotami oddającymi się jakiejkolwiek aktywności w tych warunkach były dwa dwunożne ssaki, które rytmicznie podążały szlakiem, kryjąc się w cieniu czapki parasolki. Wielu pieszych turystów na szlaku Pacific Crest (dalej PCT) robi przerwę w środku dnia, kiedy panuje największy upał, ale nam się spieszyło. Zdołaliśmy wyrwać się z pracy i codziennego życia tylko na tydzień i zależało nam, aby w tym czasie pokonać jak najdłuższy odcinek.

Przyświecała nam idea lekkiej, płynnej wędrówki. Szybkiej, ale bez przesady. Wyprawa przez pustynię ma to do siebie, że wymaga godzenia sprzeczności. Należy się przemieszczać stosunkowo szybko w słońcu i upale, ale zarazem na tyle wolno, żeby samemu nie wydzielać zbyt dużo ciepła. Trzeba racjonować wodę, którą dźwiga się na plecach, a można zabrać jej tylko tyle, by nie stanowiła przesadnie dużego obciążenia. Jeżeli w tej spiekocie zanadto podkręcisz tempo marszu, zbyt prędko zużyjesz wodę, którą zabrałeś, i skończy się na odwodnieniu i udarze. Jeśli zabierzesz za mało wody, wyschniesz jak rodzynka i przysypie cię pył pustyni. W tych warunkach równowaga nie jest tylko zgrabnym hasłem, lecz koniecznością umożliwiającą przeżycie.

Może to wyglądać cokolwiek głupio. Należeliśmy do grona szajbniętych turystów (Jenny nazywa ich „tułomokami" – od tułania się), którzy bynajmniej nie objuczają się sprzętem, za to w bezlitosnym upale noszą bawełniane bluzki z długim rękawem i skrywają się pod czapkami parasolkami. Każde z nas niosło niewielki plecak, a w nim nie więcej niż dziewięć kilogramów sprzętu, wody i jedzenia. Ograniczyliśmy wyposażenie do absolutnie niezbędnego minimum po to, aby móc się sprawniej przemieszczać, pokonywać dziennie więcej kilometrów i cieszyć się wędrówką bez konieczności dźwigania ciężkich bagaży. Odpuściliśmy sobie nawet kuchenkę turystyczną, po prostu zalewaliśmy wodą wcześniej przygotowane posiłki.

Zawsze marzyła mi się wyprawa długim szlakiem, wędrówka tygodniami albo miesiącami bez konkretnego planu. Wyobrażałem sobie, że będę maszerował przez cały dzień, rozbijał obóz tam, gdzie najdzie mnie ochota, żył chwilą, upajał się swobodą nieograniczonego ruchu. Czułem potrzebę przebywania blisko natury, chciałem zapomnieć o regułach narzucanych przez społeczeństwo. Wykraczać poza normy, jak Thoreau i Muir, wcielać w życie ideały Christophera McCandlessa z *Wszystko za życie*: „Ruszaj się, bądź nomadem, oglądaj codziennie inny horyzont"*.

Uwielbiałem zwłaszcza puszczać wodze fantazji na temat ultralekkich pieszych wędrówek, których pionierem był Ray Jardine. Swoje doświadczenia opi-

* Jon Krakauer, *Wszystko za życie*, przekł. Magdalena Jakóbczyk-Rakowska, Warszawa 2008.

sał w wydanej w 1996 roku książce *The Pacific Crest Trail Hiker's Handbook* (Przewodnik dla wędrujących po szlaku Pacific Crest), która stała się biblią tematu. Teraz, piętnaście lat po tym, jak po raz pierwszy wypożyczyłem podręcznik Jardine'a z biblioteki publicznej w Seattle, wreszcie tu byłem, w końcu wędrowałem PCT. Niczego więcej nie pragnąłem.

Tyle że to nieprawda. Było mi mało. Pokonywaliśmy szlak odcinkami w tygodniowych zrywach. Obliczyliśmy, że w tym tempie przebycie całej, liczącej ponad cztery tysiące dwieście kilometrów trasy zajmie nam mniej więcej dwadzieścia lat. W miarę jak wyruszaliśmy na kolejne etapy wyprawy i spotykaliśmy kolejnych wędrowców na PCT, czuliśmy coraz większą ochotę, by na trzy miesiące zawiesić codzienne życie na kołku i pójść na północ aż do samego końca.

Odwróciłem się i spojrzałem na południe, szukając wzrokiem mojej towarzyszki z parasolem. Czasem nie odzywaliśmy się do siebie przez wiele godzin i kilometrów. Nie musieliśmy. Zatapialiśmy się w rytmie kroków i w dzikości otoczenia. Jak w taoistycznym wu-wei: działaliśmy przez niedziałanie. Kolejny pustynny paradoks. Często się zdarzało, że każde robiło swoje, zagubione we własnych myślach albo ich braku, po czym nagle wracało do siebie i odzywało się, nawiązywało rozmowę, jakby od ostatniej wymiany zdań minęły sekundy, nie godziny. Podobało mi się i tak, i tak. Uwielbiałem chodzić z nią krok w krok. Opowiadaliśmy sobie historie z naszych przeszłości albo zabijaliśmy czas gierkami – na przykład przepytywaliśmy się z przydomków biegaczy i ich nicków na Instagramie lub przerzucaliśmy się dialogami z filmów i cytatami z piosenek. A potem znów zapadało między nami długie milczenie, wyciszał nas spokój pustyni.

To był jeden z tych przypadków, kiedy uklepywaliśmy ziemię na PCT osobno, rozdzieleni półkilometrowym przestworem piachu porośniętego jadłoszynem.

Jej panieńskie nazwisko brzmi Jennifer Lee Uehisa, ale wolę JLu, jak nazwali ją jej znajomi od wspinaczki. Z kolei ona mówi do mnie: Jurker. Niektórym trudno uwierzyć, że na co dzień rzeczywiście zwracamy się do siebie, używając przezwisk, którymi ludzie przekrzykują się w kanionach i przy ogniskach, ale myślę, że to do nas pasuje. Nie przepadamy za ckliwymi, kiczowatymi czułymi słówkami ani za klasycznymi „kochanie" albo „skarbie". Jesteśmy dla siebie przede wszystkim kumplami. Owszem, czasem ze sobą walczymy, ale zawsze pozostajemy najlepszymi przyjaciółmi, niezależnie od tego, czy nasze życie zalicza głęboki kanion, czy wspina się na strzelisty wierch. Jesteśmy zespołem, jedno zna drugie lepiej niż ktokolwiek na świecie.

Uehisa znaczy po japońsku „zawsze do góry" albo „nieustannie się wznosić". Idealne nazwisko dla JLu; to kobieta o niezmiennie pozytywnym nastawieniu, która stale pnie się w górę, tak jak pustynne słońce. Trzydzieści kilometrów pieszej wędrówki dziennie z niespełna dziesięciokilogramowym bagażem to raczej nietypowy sposób powrotu do zdrowia po operacji, ale cóż, JLu nie jest typową dziewczyną. Za tym swoim słodkim, wysokim głosikiem skrywa lwicę, która każdemu wyzwaniu stawia czoło z dobywającym się z gardła rykiem.

Założę się, że przynajmniej część tej siły odziedziczyła po przodkach. Jej japońscy dziadkowie w czasie drugiej wojny światowej stracili dom i farmę w Kalifornii i trafili do obozu dla internowanych. Matka wyjechała z Manili i osiadła w Stanach Zjednoczonych, kiedy miała osiemnaście lat. JLu nie dostała niczego na tacy, a jedyne, co wiedziała, to że w każdej sytuacji trzeba po prostu zakasać rękawy i zapracować na swoje. To między innymi sprawia, że tak dobrze do siebie pasujemy. Zawsze chce mi się śmiać, kiedy ludzie myślą, że zrobiłem z JLu wegankę i że dzięki mnie zaczęła biegać w ultramaratonach. Nic bardziej mylnego: JLu w wieku trzynastu lat została wegetarianką, a bieganiem interesowała się na długo, zanim się poznaliśmy. Podkreśla to przy każdej okazji. Nie mam jej tego za złe. Zawsze szła przez życie dzięki swemu uporowi i samozaparciu, w dodatku robiąc to z wdziękiem i rezonem. Jest też wytrzymała i nieustępliwa, czasem wręcz do bólu. W kontaktach z ludźmi potrafi być urocza i miła, a przecież przestaje z największymi twardzielami. Twierdzi, że nie kręci jej rywalizacja, ale wystarczy popatrzeć, z jakim zapałem rozwiązuje krzyżówki, gra w ping-ponga, planszówki, karty, w cokolwiek.

Dwa miesiące temu ta dziewczyna o mało nie umarła w moich ramionach.

Nigdy nie czułem się bardziej bezradny niż wtedy. Złapałem ją, kiedy zemdlała w środku nocy, i trzymałem, kiedy zwymiotowała na podłogę w kuchni. Na zmianę traciła i odzyskiwała świadomość, a ja błagałem: „Nie zostawiaj mnie, proszę, nie zostawiaj". Nie zostawiła.

Nie wiedzieliśmy, co się dzieje. Zawiozłem ją na pogotowie i tam, po wielu godzinach badań i czekania, wreszcie usłyszeliśmy:

– Jest pani w ciąży – oznajmił lekarz. Zatkało nas. – Ale musimy usunąć zarodek, bo rozwija się w niewłaściwym miejscu.

Nie zdawaliśmy sobie sprawy, że JLu jest w siódmym tygodniu ciąży. Niestety, zarodek zaczął się rozwijać w lewym jajowodzie. Kiedy się powiększył, rozerwał przewód i doszło do krwotoku wewnętrznego.

Po rozpoznaniu wszystko potoczyło się bardzo szybko. Zanim się obejrzeliśmy, JLu podpisała zgodę na zabieg, wysłuchała ostrzeżenia o potencjalnych zagrożeniach związanych z transfuzją krwi i została odwieziona na salę operacyjną. Pamiętam, jak półprzytomna spytała dyżurującego położnika, czy potem będzie mogła mieć dzieci.

– Następnym razem zobaczymy się, kiedy będzie pani rodziła – odparł lekarz.

JLu uśmiechnęła się pod nosem i zamknęła oczy.

Chodziłem tam i z powrotem w poczekalni, dopóki po kilku godzinach nie przywieźli JLu. Nazajutrz o szóstej rano pojechaliśmy do domu i zrobiliśmy bilans. Straciliśmy dziecko, ale na szczęście nadal mieliśmy siebie.

JLu nigdy nie wybierała łatwych rozwiązań, dlatego nie zgodziła się, żebym na trasie to ja niósł większą część naszego bagażu, mimo że niedawno przeszła operację. Przynajmniej udało mi się ją przekonać do tego, że wezmę na siebie cały zapas wody – a trzeba wiedzieć, że na PCT zdarzają się długie odcinki, na których nie ma żadnych kryjówek z wodą. W szczycie sezonu bezinteresowne anioły szlaku zostawiają dla piechurów setki, jeśli nie tysiące litrów wody po to, by uczynić wędrówkę przez Południową Kalifornię choć trochę znośniejszą. Gdyby nie ich pomoc, w suchych latach pięćdziesięcio- albo sześćdziesięciokilometrowe odcinki szlaku bez nawet kropli wody nie byłyby rzadkością. Zapewne równie często napotykałoby się martwe ciała odwodnionych wędrowców.

Temperatura rosła, powietrze falowało od gorąca, a moje myśli powoli ulatywały z głowy, odpływały coraz dalej od JLu. Pustynia, tak jak wszystko, ma swoje surowe i łagodne oblicze, swoją równowagę. Skwarne popołudnia przechodzą w chłodne, różowe zmierzchy. Pozornie jałowy krajobraz skrycie tętni życiem roślin i zwierząt, które zdołały się do niego przystosować. Kiedy byłem ministrantem, często słyszałem powiedzenie: „Bóg daje, Bóg odbiera". Sądziłem, że nie kryje się w tym nic szczególnego, tak się po prostu mówi i tyle.

Tu jednak, na pustyni, wydało mi się ono bardziej obowiązującym prawem. Dawanie i branie. Reguła istnienia, z której ludzie często nie zdają sobie sprawy i której sens dociera do nich dopiero w tak skrajnych miejscach jak to; dopiero tutaj muszą stawić jej czoła. Chętnie przyjąłem tę pustynną zasadę wzajemnych ustępstw. Zaakceptowałem wymagania. Gdzieś pośrodku kryła się harmonia, a natura zawsze narzucała mi dążenie do stabilności. Czym byłaby woda bez wyschłego dna pustyni? Czym byłaby lekkość bez ciężaru? Być może właśnie dlatego wybraliśmy się z JLu na Anza-Borrego; może pragnęliśmy odnaleźć równowagę w wędrówce przez pustynię.

Mogłem sobie pozwolić na rozmyślanie o tajemnicach pustkowia, ponieważ kilka kilometrów wcześniej trochę się poprztykałem z JLu i potrzebowałem przestrzeni, żeby ochłonąć, a tego akurat na pustyni i w ogóle na PCT nie brakuje. Zaczęło się, kiedy zadała mi stare jak świat pytanie: „Gdzie jesteś i dokąd chcesz się udać?", które można przełożyć jako: „Dokąd zmierza twoje życie?". Sprawy nabrały rozpędu po tym, jak sprowokowała mnie słowami:

– Sądziłam, że zakończyłeś karierę. Czemu wciąż powtarzasz, że jest jeszcze kilka wyścigów, w których nie wystartowałeś? Zawsze mówiłeś, że powiesz sobie dość, kiedy skończysz czterdzieści lat. Dlaczego teraz spuszczasz z tonu? Mam po dziurki w nosie tego twojego kręcenia się w miejscu, gadania, że musisz trenować do tego albo tamtego biegu. Twierdzisz, że masz zapał, ale jakoś go nie widzę.

Popełniłem błąd, odgryzając się:

– A t y niby co osiągnęłaś? Jakoś nie zostałaś drugą Coco Chanel. Jakoś nie wygrałaś *Project Runway*! – Oczywiście wybuchnęła śmiechem. Nie wiem, co mi strzeliło do głowy, że wypaliłem z tym *Project Runway*. Tak jakby marzeniem każdego projektanta było trafić do *reality show*. Nigdy nie potrafiłem jej dorównać w utarczkach słownych.

Zjadła mnie żywcem i oblizała kosteczki – i skończyło się na tym, że nawrzeszczeliśmy na siebie pośrodku pustyni. To by było na tyle, jeśli chodzi o spokój i wu-wei.

Problem wynikał po części z tego, że doskonale wiedziałem, co JLu ma na myśli. Może rzeczywiście kręciłem się w miejscu. Może wmówiłem sobie, że pragnę czegoś, co miałem dawniej. To prawda, że bywałem wykończony i wahałem się pomiędzy zadowoleniem a poczuciem, że muszę jeszcze coś zrobić, osiągnąć coś więcej – b y ć kimś więcej. Nie wiedziałem, do jakiego stopnia wynika to z moich osobistych, rzeczywistych pragnień, a do jakiego – mówiąc szczerze – służy jedynie zachowaniu pozorów. Bo przecież każdy chce, żeby mistrz wygrywał. Od bohaterów wymagamy nieśmiertelności; wolimy nie oglądać, jak tracą energię i słabną. Z trudem radziłem sobie z nieustającymi pytaniami o to, co dalej. „W jakim biegu teraz?", „Do którego wyścigu się szykujesz?". Albo w stylu takich, jakim potraktowała mnie JLu na pustyni:

– Może pora ze sportowca stać się ambasadorem i definitywnie zamknąć okres świetności? Nie mogę patrzeć, jak bez przekonania podchodzisz do kolejnego przedsięwzięcia. To niepodobne do Jurkera, którego znam. Nie chcesz być k i m ś?

Jak to możliwe, że rozumiała mnie lepiej niż ja sam siebie?

I dlaczego musiała przy tym doprowadzać mnie do szału?

Wściekłem się, bo miała rację. I zadawała celne pytania, które sprawiały, że zaczynałem się miotać. Opuściło mnie wrażenie oświecenia wędrówką po pustyni; złuszczyło się i odpadło jak wężowa skóra. Później będę wdzięczny JLu. Bo robiła to, za co ją kochałem: była wspaniałą partnerką, stawiającą wysokie wymagania. Nie klepała mnie po plecach, nie łechtała mojego ego, nie wmawiała mi, jaki to jestem cudowny. JLu jak nikt inny potrafiła mnie obdarzyć mądrą miłością.

Nie znaczy to, że zawróciłem i pobiegłem jej podziękować. Nie, nie. Wszystko w swoim czasie.

Poza tym naprawdę wykrzesała we mnie iskrę refleksji, która zaczęła płonąć od środka. Może faktycznie ściganie się i wygrywanie nie jest tym, czego akurat teraz mi trzeba – teraz i w ogóle. Jeśli tak, to niestety nie przychodziła mi do głowy żadna sensowna odpowiedź na pytanie o to, czego pragnę. No bo rzeczywiście: co dalej?

Dalej – szlak. Od tego zacznijmy. Pokonaliśmy dopiero trzydzieści kilometrów z planowanych dwustu czterdziestu. Nie chciałem, żeby ta wędrówka się skończyła. Wolałem iść dalej, dążyć do nieskończoności. JLu uświadomiła mi, że nie wiem, co chcę robić w przyszłości. Za to pustynia przypomniała mi, czego pragnę w tej chwili. Dawać i brać.

Zawsze mnie fascynowały wielodniowe rajdy przygodowe i wędrówki długodystansowe. W czasach mojego dzieciństwa w Minnesocie nigdy nie wyjeżdżałem dalej niż do okolicznych stanów, dlatego byłem pełen podziwu dla kolarzy okrążających Jezioro Górne albo jadących w poprzek całej Ameryki. Później docierały do mnie opowieści o ludziach przemierzających kraj również pieszo albo biegiem. Sama myśl o tym, że miałbym pokonać całe Stany wszerz – przestwór, jakiego nie byłem w stanie objąć umysłem – była przytłaczająca. Obiecałem sobie, że sam – kiedyś, jakoś – też to zrobię. Potem wpadłem w rytm życia: szkoła, letnie prace, staże, college, praca, studia, praca. Kiedy zainteresowałem się bieganiem w ultramaratonach, trafiłem na lekturę poświęconą niezwykłemu Trans-American Footrace i rekordom ustanawianym na długich, malowniczych trasach wiodących przez parki narodowe i ich najsłynniejsze zakątki. Przeważyło jednak oczarowanie bieganiem w wydaniu ultra. Powiedziałem sobie wtedy, że wielodniowymi rajdami i tymi „naprawdę długimi wyścigami" zajmę się pod koniec kariery.

W 2003 roku, biegnąc tym samym szlakiem, którym teraz wędrowałem, tyle że trzy i pół tysiąca kilometrów dalej na północ, w Górach Kaskadowych w stanie Waszyngton, zwierzyłem się mojemu towarzyszowi, Davidowi „Horty'emu" Hortonowi, że chyba jestem gotów zmierzyć się z rekordem szybkości na trasie PCT.

– Stary, to coś w sam raz dla ciebie! – odparł Horty. – Ale zaczekaj trochę, pościgaj się jeszcze, masz czas. Pozwól, że najpierw ja to zrobię, a wtedy będziesz mógł pobić mój rekord!

To właśnie Horty: wujek od dobrych rad, w których zawsze przemyca małe co nieco dla siebie. Wcześniej zdążył ustanowić nowy rekord szybkości na Szlaku Appalachów (dalej AT), toteż wiedział, o czym mówi. W sumie nie zależało mi na tym kiedy, ale żeby w ogóle to zrobić. Miałem mnóstwo czasu na pobicie tego jego marnego rekordu. Wtedy uważałem, że na wszystko mam mnóstwo czasu.

Nie mogłem też zapomnieć o tym, co mi powiedział inny stary towarzysz z tras biegów ultra, Rob „Hollywood" McNair, kiedy po wysłuchaniu jego opowieści naszła mnie chęć na pobiegnięcie w Trans-American Footrace.

– Scotty, to będzie ostatni wyścig, w którym pobiegniesz! Skup się lepiej na stupięćdziesięciomilowcach.

Teraz już wiedziałem, co miał na myśli.

Więc to może rzeczywiście sprawka JLu? Może to przez jej brutalnie szczere przypomnienie, że moja kariera zbliża się do końca? Nagle okazało się, że wcale nie mam aż tak dużo czasu. Skończyły się długie lata, które ciągnęły się po horyzont, odległe dni, do których mogłem przykleić marzenie zapisane na żółtej karteczce i czekać, aż nadejdą. Jedyną rzeczą, jaką teraz przed sobą widziałem, były kamienie, pył i rachityczne zarośla Anza-Borrego.

Mieliśmy tydzień na obcowanie z pustynią, ale pragnąłem więcej. Przecież ledwie dotknęliśmy sedna sprawy, dopiero co zadaliśmy Najważniejsze Pytania. Zależało mi na dłuższej przygodzie – i na ostatecznej odpowiedzi. Koniecznie chciałem wiedzieć, co dalej. Bez unikania tematu i z przekonaniem. Pragnąłem powrotu do lasów Minnesoty, czyli tam, gdzie zakochałem się w wizji niekończących się szklaków i wypraw potrafiących odmienić życie.

Nagle naszła mnie też ochota, żeby zejść z upału.

Plan ułożył się dosłownie w kilka chwil. Postanowiłem, że przebiegnę jeden ze szlaków widokowych należących do Narodowego Systemu Szlaków. Trzy z nich – w tym PCT, na którym się teraz znajdowaliśmy – miały ponad cztery tysiące kilometrów. Fragmenty Pacific Crest znaliśmy jak własne pięć palców. Najdłuższy, Continental Divide Trail, który liczył pięć tysięcy kilometrów, prowadził przez Góry Skaliste i Kolorado, gdzie mieszkaliśmy. Z początku wydał mi się dobrym wyborem, ale odrzuciłem go, bo nie do końca mi pasował.

Jak tylko pomysł przyszedł mi do głowy, momentalnie nabrał impetu: a może pobić rekord szybkości na Szlaku Appalachów? D o s k o n a ł a myśl! Potrzebowałem wyzwania zupełnie nowego rodzaju. Szlakami na wschód od Missisipi rzadko dotychczas wędrowałem – nadawały się w sam raz. JLu miała rację: ultramaratony przestały mi wystarczać. Zresztą trudno się dziwić, miałem za sobą dwadzieścia lat ostrej rywalizacji. No, ale rekord szybkości na leśnej, górskiej trasie? Miesięczna przygoda po to, by na nowo się odnaleźć? Straciłem zapał do biegów ultra, nie miałem już ochoty zmuszać ciała i umysłu do takiego wysiłku. Nadal jednak uwielbiałem biegać i odkrywać świat na piechotę. Przepadałem za bliskim kontaktem z naturą.

Pociągała mnie nawet obcość. Z miejsca zadurzyłem się w idei biegania w zupełnie nowym środowisku, w niezbadanym miejscu w niezaplanowany sposób. „Najlepszym sposobem na poznanie ziemi jest wędrowanie po niej", mawiał dziadek, kiedy snułem się z nim po jego piętnastu hektarach w Wisconsin. Tam, na AT, każda piędź trasy, każdy drogowskaz, każdy widok i głaz, każda krzyżówka będzie dla mnie nowa. Za każdym zakrętem kryć się będzie nieznany, nieodkryty świat.

Jasne, nie będę się snuł jak z dziadkiem, tylko biegł po rekord. Horty ustanowił swój lata temu. Wiedziałem, że ja też jestem w stanie to zrobić. Być może to było to, czego potrzebowałem, aby na nowo rozniecić dogasający płomień, o którym mówiła JLu.

Postanowiłem, że później dopracuję szczegóły, ale trybiki w mojej głowie z miejsca zaczęły się obracać. Przez mniej więcej czterdzieści pięć dni przebiegnę i przewędruję przeciętnie osiemdziesiąt albo więcej kilometrów dziennie na jednym z najbardziej wymagających szlaków na świecie. Zaliczę trzy tysiące pięćset dwadzieścia trzy kilometry, wbiegając i zbiegając setki tysięcy metrów. W czasie około sześciu tygodni pokonam Szlak Appalachów najszybciej ze wszystkich, którzy się z nim zmierzyli.

To znaczy, s p r ó b u j ę to zrobić.

Zdawałem sobie sprawę, że nawet nie ma mowy, abym podszedł do tego wyzwania bez wsparcia.

Nasze pokłótniowe milczenie trwało wiele kilometrów. W końcu zatrzymałem się na jednej z serpentyn i wydałem z siebie gardłowe *kraaa*. JLu na szlaku jest Krukiem, bo ma czarne włosy, a poza tym kruk to w tych stronach najbystrzejszy ptak. Opowiedziała identycznym odgłosem, a kiedy mnie dogoniła, od razu wyłożyłem jej plan.

– Chcę przebiec Szlak Appalachów i spróbować pobić rekord. Szlak w wielu miejscach krzyżuje się z drogami, więc będziemy się mogli spotykać i spędzać trochę czasu razem. Wiesz, zjemy wspólnie lunch albo może pobiegniesz ze mną kawałek. Będzie jak na wakacjach, fajna zabawa dla nas obojga!

Uznałem, że jeśli będę paplał, nie dam jej szansy powiedzieć „nie".

JLu zatrzymała się i popatrzyła na mnie z niepokojem podszytym konsternacją. Słyszała wprawdzie, jak wspominam o biciu rekordów szybkości i wędrówkach długodystansowych, ale sądziła, że to jedynie mrzonki. Poza tym bliżej naszego domu znajdował się inny szlak, który w dodatku oboje bardzo lubiliśmy. Przez wiele lat mieszkaliśmy w Seattle i uważaliśmy PCT za własne podwórko. Pokonałem większość szlaku w stanie Waszyngton i sporo fragmentów w Oregonie, a także brałem udział w wyścigach rozgrywanych na jego kalifornijskich odcinkach. Kiedy mieszkaliśmy w Południowej Kalifornii, JLu uwielbiała zabawę w znajdowanie krzyżówek dróg z Pacific Crest podczas naszych weekendowych wypadów. PCT to były takie „moje śmieci", które potem stały się naszymi.

– Szlak Appalachów... – powtórzyła JLu z miną, którą znałem aż za dobrze. – Ale... d l a c z e g o?

Potem zaległa cisza, ogłuszająca cisza, z którą nie mógł się równać nawet wieczny bezruch Anza-Borrego.

Ponieważ tkwię w miejscu.

Ponieważ mam czterdzieści lat i chcę znów poczuć, jak to jest dotrzeć nad krawędź – i zrobić krok dalej.

Ponieważ jestem tak wdzięczny za wszystko, co mam, że choć na chwilę muszę sobie przypomnieć, jakie to uczucie, kiedy jest się bez niczego.

* * *

MAJ 2015

Zanim zgodziłam się na tę wyprawę, kazałam Jurkerowi przysiąc, że zrobimy próbę generalną. Nie dla niego – on musiał tylko biec – ale dla m n i e. Bo to ja miałam jeździć vanem do odległych miejsc i kilka razy dziennie robić za mobilny punkt odżywiania i pomocy medycznej w jednym. Martwiłam się, choć miałam spore doświadczenie. Biegałam w ultramaratonach od trzynastu lat i wzięłam udział w dwóch górskich biegach stumilowych, wiedziałam więc, z jakiego rodzaju logistyką będę miała do czynienia. Tyle że tu nie chodziło o wyścig ani zawody, a raczej wielotygodniowe poszukiwanie olśnienia, i zapowiadało się na coś znacznie bardziej skomplikowanego od wszystkiego, co oboje do tej pory robiliśmy. Dlatego chciałam najpierw poćwiczyć.

Nic z tego.

Nie ma w tym winy Jurkera – ani w ogóle czyjejkolwiek. W kwietniu, akurat kiedy mieliśmy się wybrać na trzydniowy bieg po Szlaku Arizońskim, poroniłam po raz drugi, a potem trzydziestego kwietnia, dziewięć dni przed planowanym odbiorem vana, po którego mieliśmy jechać do Chicago, przeszłam łyżeczkowanie macicy. Liczyliśmy, że kupimy auto miesiąc wcześniej, ale ze względu na dodatkowe wydatki na leczenie, refinansowanie kredytu hipotecznego na dom zajęło dłużej, niż przewidywaliśmy. Choć były to jedynie mniejsze i większe komplikacje, a nie problemy przekreślające szanse na wyprawę, to jednak sprawiły, że przez pewien czas nie mogliśmy się pozbierać i w efekcie zabrakło nam czasu na próbę generalną. Dzień wyjazdu zbliżał się wielkimi krokami, a my nie tylko byliśmy w niedoczasie, ale też zdecydowanie za słabo przygotowani do wyzwania. Każdy z rekordzistów AT przewędrował go w całości – albo przynajmniej w dużych fragmentach – zanim podjął próbę ustanowienia FKT, czyli najszybszego znanego czasu (*fastest known time*). Tymczasem myśmy nawet nigdy nie byli w połowie spośród czternastu stanów, przez które prowadzi szlak. Z drugiej strony trudno nas było nazwać zupełnymi nowicjuszami. Kilka lat wcześniej Scott przemawiał podczas imprezy biegowej w Pensylwanii niedaleko jednej z krzyżówek z AT. Pojechaliśmy wypożyczonym autem i przebiegliśmy się pięć kilometrów szlakiem tam i z powrotem. Do tego – do tych pięciu kilometrów stanowiących raptem czternaście setnych procenta całego AT – sprowadzała się moja wiedza.

Ja się martwiłam, Jurker – nie. Zdawał się nie czuć presji uciekającego czasu. Nie ślęczał nad arkuszami kalkulacyjnymi i nie studiował międzyczasów poprzednich rekordzistów. Nie skakał obsesyjnie po blogach i nie zaczytywał się w opisach wcześniejszych prób pobicia rekordu. Zresztą, nawet gdyby chciał to robić, i tak niewiele by mu to dało, ponieważ w ostatnim czasie wszyscy atakowali rekord, zmierzając na południe, a myśmy się wybierali na północ. To miał być zupełnie inny bieg.

Całe planowanie Scotta sprowadziło się do tego, że stworzył pojedynczy arkusz kalkulacyjny, w którym rozpisał dzienny kilometraż, oraz kupił *The A.T.*

Guide: A Handbook for Hiking the Appalachian Trail, Northbound 2015 (Przewodnik po AT. Jak wędrować Szlakiem Appalachów w kierunku północnym, edycja 2015). I już. Milczałam i nie komentowałam.

Szczerze mówiąc, niedomaganie logistycznego planowania nie trapiło mnie aż tak, jak dręczyła obojętność Jurkera wobec treningu. Nie robił tego, co zapowiadał: nie biegał całymi dniami po górach, obarczony ciężkim plecakiem; nie zatrudnił trenera od przygotowania siłowego; nie nocował na szlaku. Ilekroć wierciłam mu dziurę w brzuchu o zaprawę, nieodmiennie słyszałam:

– Moim treningiem jest te dwadzieścia lat biegania w ultramaratonach.

Brakowało mi na to odpowiedzi. Sama mam dość swobodne podejście do treningów. Przeważnie biegam w pojedynkę, z hip-hopem i elektroniką w uszach; czasem towarzyszą mi przyjaciele, ale nigdy nie zabieram ze sobą zegarka. Kiedyś – po tym, jak zabrakło mi dwóch minut, żeby się zakwalifikować do maratonu w Bostonie – zapytałam Jurkera, dlaczego nie mogę biegać szybciej.

– Możesz – odparł. – Ale wolisz to robić bez bólu.

Miał całkowitą rację. Lubię biegać bez zbytniego wysiłku, co przekłada się na to, że nigdy nie wycofałam się z wyścigu – ale też nigdy żadnego nie wygrałam. W ciągu sześciu lat widziałam, jak Jurker rezygnuje (albo jest tego bliski) z siedmiu zawodów wysokiej rangi. Tłumaczył się zawsze w taki sam sposób, którego nigdy nie potrafiłam zrozumieć: że stracił zapał.

Lepiej, żeby teraz go miał.

Nie zamierzałam marnować wiosny i lata na przedsięwzięcie, które on odwali na pół gwizdka. Wiedziałam, po czym poznać, że Jurker symuluje zaangażowanie. Najlepszym przykładem był wyścig Leadville Trail 100 w 2013 roku. Scott wmówił sobie, że będzie to jego wielki powrót i że wygra legendarne ultrazawody, w których dekadę wcześniej zajął drugie miejsce. Po czym zaczął stwarzać pozory, że się zabiera do rzeczy. Wczuł się w rolę, mówił, co trzeba, dopiął wszystko na ostatni guzik – poza samym biegiem. Nie wiem, czy liczył na pamięć mięśniową, czy może chciał dobiec do podium s i ł ą w o l i, w każdym razie zabrakło zmysłu rywalizacji. Nawet ja się zorientowałam. Na trasie z trudem się utrzymywał w pierwszej dziesiątce. A potem, na mniej więcej trzydzieści kilometrów przed metą, zobaczyłam, że się poddaje. Nie udawał, że złapał kontuzję; nie zszedł ze szlaku. Po prostu się o d p r ę ż y ł. Przestał walczyć, zaczął biec tak jak ja: na luzie. Widocznie przeszła mu ochota na ból.

Pięć kilometrów przed końcem wyścigu biegł już truchtem. Ale kiedy zobaczył linię mety, ożywił się i krzyknął:

– JLu! Chodź, dobiegniemy razem!

Wzdrygnęłam się. Było mi za niego wstyd, ale jak miałam mu to powiedzieć? Owszem, byłam dumna, że ukończył wyścig i że dopingował zawodników, którzy wyprzedzali go na trasie, ale też było mi przykro. Wiedziałam bowiem, że nie tego się spodziewał. Za metą krążył wśród uczestników i z pozoru niewzruszony przegraną chętnie rozmawiał ze wszystkimi. Może przyzwyczajał się do tego, że nie będzie więcej stawał na podium, a może rzeczywiście nie miało to już dla niego większego znaczenia. Wydawał się szczęśliwy.

Nie jestem tak łaskawa i życzliwa jak Jurker. Myślałam tylko o tym, żeby jak najprędzej się stamtąd ulotnić.

Znam go od piętnastu lat i mogę powiedzieć, że zawsze taki był: supermiły. Przeprowadziłam się do Seattle dwudziestego szóstego marca 2000 roku. Zapamiętałam datę, ponieważ tego samego dnia zburzono stadion Kingdom i całe miasto przeżywało żałobę. Wcześniej jakoś nieszczególnie mnie ciągnęło do biegania, ale ponieważ nie miałam w Seattle żadnych znajomych, pomyślałam, że może poznam kogoś poprzez sport, i zaczęłam startować w miejscowych wyścigach na pięć kilometrów. Scott pracował w Seattle Running Company, pobliskim sklepie z akcesoriami dla biegaczy, i nawet w szczytowym okresie swojej kariery był do tego stopnia przystępnym człowiekiem, że długo nawet nie zdawałam sobie sprawy z jego statusu gwiazdy, jaki miał w niektórych kręgach. Pamiętam, że spotkałam go po tym, jak ukończyłam swój pierwszy półmaraton; pogratulował mi wylewnie, jakbym się zakwalifikowała na igrzyska olimpijskie.

Złapałam bakcyla biegania i już dwa lata później wystartowałam w swoim pierwszym ultramaratonie na dystansie pięćdziesięciu kilometrów. Moim sparingpartnerem był chłopak imieniem Charlie, znajomy Jurkera. W 2004 roku Charlie postanowił wziąć udział w Western States 100. Zgłosiłam się do jego ekipy jako techniczna i pacemaker, inaczej zwany zającem. Mniej więcej sześćdziesiąt kilometrów przed metą dotarła do nas wiadomość, że Jurker wygrał wyścig i ustanowił nowy rekord trasy. Podczas ceremonii wręczenia nagród ludzie kłębili się wokół Scotta i ktoś z tłumu rzucił pytanie:

– Jak długo zamierzasz to robić?

To było jego szóste zwycięstwo z rzędu. Był na szczycie. Do dziś pamiętam jego odpowiedź, udzieloną natychmiast i tchnącą pewnością siebie.

– Jest jeszcze kilka rzeczy, które chcę osiągnąć – odparł. – Ale nie będę tego robił wiecznie. Przejdę na sportową emeryturę, kiedy skończę czterdzieści lat.

Teraz, mając czterdzieści jeden lat, nie był już tak pewny. Słyszałam to w jego głosie, widziałam w zachowaniu. Kiedy pytano go, czy skończył z wyścigami, robił się drażliwy. Jedenaście lat temu planował, że na tym etapie życia zawiesi buty na kołku, ale teraz odnosiłam wrażenie, że nie potrafi się rozstać z bieganiem. Rozumiałam go – w końcu cała jego kariera opierała się na wygrywaniu zawodów biegowych na całym świecie. Z drugiej strony zawsze mnie zapewniał, że nie może się już doczekać, kiedy będzie mógł zwolnić obroty, sypiać dłużej i spędzać więcej czasu w domu.

Cóż więc takiego próbował udowodnić na Szlaku Appalachów?

Nie miałam czasu zastanawiać się nad odpowiedzią. Mieliśmy raptem dwa tygodnie na to, by przerobić nasz czarny van – który pod wpływem *Gry o tron* ochrzciliśmy Czarnym Zamkiem – na prowizoryczną sypialnię, a następnie wyładować go wszystkim, co mogło nam się przydać na trasie liczącej trzy tysiące pięćset dwadzieścia trzy kilometry.

Elektryk zainstalował nam dwustuwatowe ogniwo fotowoltaiczne na dachu.

Zbudowaliśmy ramę łóżka, w której umieściliśmy szeroki materac piankowy.

Scott zrobił nieduży blat pod gazową kuchenkę turystyczną.

Uszyłam zasłony zaciemniające.

Zabrakło nam czasu na zainstalowanie wentylatora i okien.

Skleciłam ocieplenie z kawałków bąbelkowej maty termoizolacyjnej, które posklejałam szarą taśmą i przymocowałam do ścian.

Wmontowaliśmy sześć tanich koszy bagażowych, żeby mieć gdzie przechowywać rzeczy.

Przekształciliśmy te pięć i pół metra kwadratowego surowego metalu w dom na kółkach. No, powiedzmy...

Z mojego punktu widzenia im wcześniej byśmy wyruszyli, tym lepiej. Potwierdziłam naszą obecność na zaplanowanym na dwudziestego trzeciego maja weselu znajomych z Karoliny Południowej. Jurker uparł się, że zdążymy; widział, jak bardzo mi zależy, i obiecał, że do tej pory na pewno damy radę się ogarnąć. Dłubaliśmy przy samochodzie niemal na okrągło – i niemal na okrągło padało. To był jeden z najbardziej deszczowych majów w historii Boulder. W strugach lejącej się z nieba wody nie dało się łatwo zbudować ramy łóżka. Chmury zlitowały się któregoś wieczoru dopiero około dwudziestej trzeciej. Nie chcieliśmy budzić sąsiadów, ale ponieważ czas nam uciekał, uznaliśmy, że nie mamy wyjścia, i wierciliśmy i szlifowaliśmy do świtu.

Im dłużej siedzieliśmy w domu, tym więcej rzeczy Jurker pakował do vana. Codziennie przetrząsał garaż i wygrzebywał jakiś stary, zakurzony sprzęt, który natychmiast przenosił do auta.

– Zabrać te moskitiery? Może lepiej tak, wiesz, na wszelki wypadek.

Dwie minuty później:

– Potrzebna nam ta żeliwna patelnia? A jak będziesz chciała mi usmażyć naleśniki? Zabieramy.

– Naprawdę zamierzasz wziąć dwadzieścia par skarpetek? – spytałam.

– JLu! Nie rozumiesz, że na szlaku stan moich stóp będzie miał decydujące znaczenie? Muszą być suche!

Przewróciłam oczami i kiedy nie patrzył, zmniejszyłam zapas skarpet o połowę.

Działaliśmy pod presją czasu, ale w sumie wspominam przygotowania do wyprawy jako chwile całkiem przyjemne. Dzięki nim nie myślałam o rzeczach, które miałam nadzieję zostawić za sobą w Boulder: bólu, frustracji, igłach, lekarzach, operacjach. Zaglądali do nas znajomi, pomagali w przebudowie vana i nierzadko się zdarzało, że pracowaliśmy do drugiej w nocy, starając się dopiąć wszystko na ostatni guzik.

Któregoś popołudnia zadzwonił telefon, ale nie mogłam odebrać, bo dłonie miałam w taśmie klejącej. Mój przyjaciel Timmy O'Neill zostawił wiadomość na poczcie głosowej: „JLu, złe wieści z doliny. Wczoraj zginął Dean Potter".

Kolana się pode mną ugięły. Jak to: zginął? Przecież rozmawiałam z nim dziesięć dni temu. Zamierzaliśmy odwiedzić Deana w Yosemite w kwietniu, ale przeszkodziło nam poronienie. Byłam zdruzgotana. Moje zaskoczenie jego śmiercią może się wydawać nieco niemądre, zważywszy że Dean żył na krawędzi. Był mistrzem mrocznych sztuk, poświęcił prawie trzy dekady życia na obarczone bardzo wysokim ryzykiem, bezkompromisowe pasje, takie jak wspinaczka solo i bez asekuracji na strzelistych, trudnych skałach. A także loty w wingsuicie: skakał z urwisk i mknął lotem ślizgowym, byle jak najbliżej skał.

Nie chodzi o to, że życie było mu niemiłe. Dean zawsze dążył do realizacji niemożliwego. Był jednym z najbardziej drobiazgowych, precyzyjnych i poukładanych ludzi, jakich znałam; przewyższał w tym nawet Jurkera. Mrocznego Czarodzieja, jak go nazywaliśmy, cechowało całkowite skupienie i oko do szczegółów. Był za pan brat z wiatrem, przyrodą i drzewami. Był też ostatnią osobą, której śmierci mogłabym się spodziewać.

Naraz nasza wyprawa nabrała głębszego sensu. Poczułam wielką chęć, żeby zniknąć w górach. Właśnie tam zaszywamy się z Jurkerem, kiedy mamy ochotę przewietrzyć głowy, przyjrzeć się naszemu życiu i na nowo ustalić priorytety. Nadal się przejmowałam, że nie jesteśmy wystarczająco dobrze przygotowani, ale już nie mogłam się doczekać, kiedy wskoczymy do Czarnego Zamku i pomkniemy na wschód.

Dwudziestego trzeciego maja o pierwszej dwadzieścia w nocy zamknęliśmy dom i ruszyliśmy. Do ślubu mojej przyjaciółki zostało piętnaście godzin. Od kilku dni patrzyłam na Jurkera krzywo. Wiedział, że grozi nam spóźnienie, i zaproponował, że będzie prowadził przez całą noc, byśmy mogli podgonić, i być może dotrzeć na miejsce na czas. Próbowałam się wściekać, ale tak naprawdę byłam zbyt przejęta. Zapuściłam mój ulubiony kawałek, który zawsze dodawał mi energii, podkręciłam głośność i po raz ostatni obudziłam sąsiadów. Wreszcie byliśmy w drodze.

GŁĘBOKIE POŁUDNIE

748 KILOMETRÓW

Prosta może być linia albo ulica, lecz nie ludzkie serce.
O, nie. Ono jest kręte jak górska droga.

„TRAMWAJ ZWANY POŻĄDANIEM", REŻ. E. KAZAN

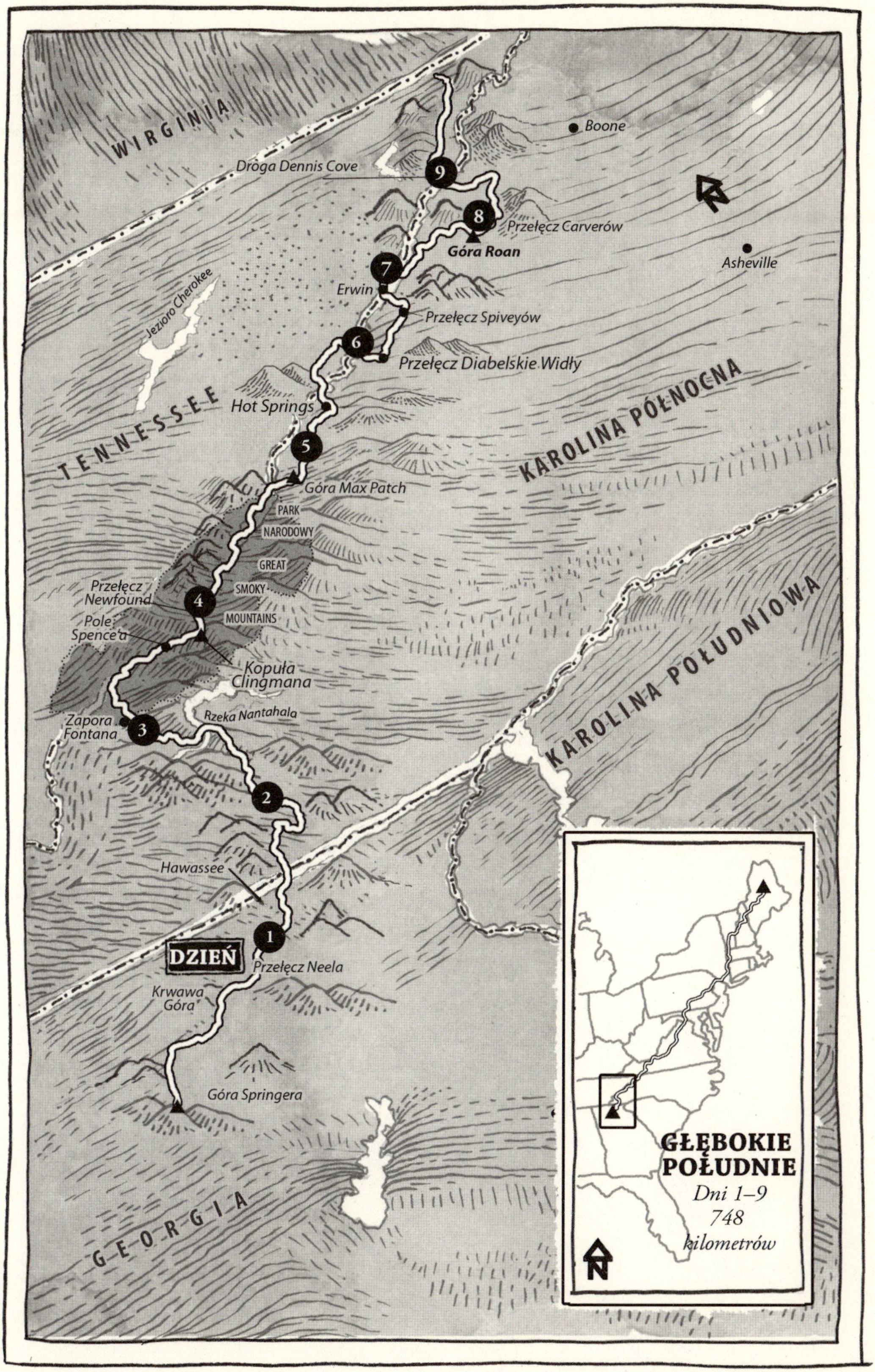

WIRGINIA
Boone
Droga Dennis Cove
9
8
Przełęcz Carverów
Góra Roan
Asheville
7
Erwin
Jezioro Cherokee
Przełęcz Spiveyów
6
Przełęcz Diabelskie Widły
KAROLINA PÓŁNOCNA
Hot Springs
TENNESSEE
5
Góra Max Patch
PARK
NARODOWY
GREAT
SMOKY
MOUNTAINS
Przełęcz Newfound
4
Pole Spence'a
Kopuła Clingmana
KAROLINA POŁUDNIOWA
Rzeka Nantahala
Zapora Fontana
3
2
Hawassee
1
DZIEŃ
Przełęcz Neela
Krwawa Góra
Góra Springera
GEORGIA
GŁĘBOKIE POŁUDNIE
Dni 1–9
748
kilometrów

ROZDZIAŁ DRUGI

ŻYJ TYM, CO KOCHASZ

24 MAJA

Za oknem przesuwały się bezkresne równiny. Z ponad setką na liczniku zostawialiśmy za sobą Boulder i Góry Skaliste – a wraz z nimi zmartwienia i rozczarowania. Wreszcie byliśmy w drodze, na końcu której znajdował się cel: szlak.

Najpierw jednak musieliśmy przejechać połowę Stanów.

Kiedy kierujesz się na wschód, wyruszając ze środkowej części kraju, czeka cię jedna długa jazda w dół. Marsjańskie wydmy piaskowe wschodniego Kolorado przechodzą w pofałdowany krajobraz Kansas, który na wysokości potężnej Missisipi zmienia się w monotonną równinę. To kraina stworzona do podróży samochodem. I rzeczywiście: doskonale mi się prowadziło, mimo że byłem zmęczony.

Przed wyjazdem jeszcze to, jeszcze tamto – trochę martwiliśmy się na zapas – dlatego ostatecznie ruszyliśmy w trasę znacznie później, niż zakładaliśmy. Pora za zegarze była jednak wczesna. Bardzo wczesna. Po dwóch godzinach na autostradzie międzystanowej I-70 zjechaliśmy na postój dla ciężarówek, żeby się trochę przespać. Niestety, fakt, że już na dzień dobry rozminęliśmy się z grafikiem, oznaczał, iż nie damy rady dojechać na pierwszy przystanek. Obiecałem JLu, że zboczymy z trasy, aby stawić się na ślubie jej przyjaciółki w Karolinie Południowej. Nie było szans. Zresztą i tak zasnęlibyśmy na stojąco podczas ceremonii. Przez ostatnie dwa tygodnie niedosypialiśmy, bo w pośpiechu przygotowywaliśmy vana (i siebie) do podróży.

Przegrywaliśmy zatem jeden do zera z celami wyprawy. Aczkolwiek ten najważniejszy – a wraz z nim harmonogram całej podróży – nadal pozostawał niezagrożony. W dodatku wyjechaliśmy na drogowy przestwór.

Jako człowiek podzielający typowo amerykańską słabość do długich, niczym niezmąconych wstęg jezdni, z przyjemnością obserwowałem odsłaniającą się przed nami i pogłębiającą przestrzeń wschodnich stanów. Tęskniłem za tym poczuciem przejściowości: że już nie jestem w domu, ale jeszcze nie dotarłem na miejsce; za tym wrażeniem zarówno fizycznego, jak i duchowego oderwania. Jak to ujął Kerouac: „Za mną nic, przede mną wszystko – jak to często bywa w drodze". Poczułem się jak w raju miłośnika szos.

Wtedy zabrzęczał telefon.

JLu zerknęła na wyświetlacz i powiedziała: „Speedgoat", nawet nie próbując ukryć niepokoju w głosie.

Na palcach jednej ręki pracownika tartaku mógłbym policzyć, ile razy Karl „Speedgoat" Meltzer dzwonił do mnie na przestrzeni lat. Jakoś nie potrafiłem sobie wyobrazić, że w ogóle ma takie urządzenie. Próba kontaktu z jego strony mogła oznaczać tylko jedno: dowiedział się. Ale jak?

– Może lepiej odbiorę... Dam go na głośnik.

JLu zaczęła gmerać przy telefonie i nowym systemie audio, który zainstalowaliśmy w aucie; zgodziłem się tytułem ustępstwa, chcąc zapewnić żonie rozrywkę podczas długich, samotnych podróży. Głos Karla wypełnił przestrzeń w kabinie.

– Staaary, czemuś mi nie powiedział?

Szanuję Karla. Podziwiam go. Od dawna biegamy razem – i ścigamy się ze sobą. Speedgoat przyczynił się do rozkrzewienia wiedzy o naszej dyscyplinie. Jest oldschoolową legendą, która nie boi się chadzać własnymi ścieżkami. Nikt nie wygrał tylu stumilowych wyścigów, co on. Nie byłem jednak przekonany, czy chcę usłyszeć, co sądzi na temat mojej próby pobiegnięcia AT. Skupiłem się na prowadzeniu, a jego pytaniu pozwoliłem wybrzmieć w szumie autostrady.

– No dooobra – odezwał się po chwili. – Po pierwsze i najważniejsze: nie w tę stronę! Po kiego, powiedz mi, biegniesz na p ó ł n o c?

Zaczyna się. Karl przeprawę Szlakiem Appalachów miał już za sobą – dwa razy zaatakował rekord prędkości – i odbył niezliczoną ilość rekonesansów na tej krętej trasie. Nie ulega kwestii, że znał ją o wiele lepiej niż ja. Rzecz jednak właśnie w tym, że nie chciałem się dokształcać, nie chciałem korzystać ze ściąg i gotowców, żeby zdobyć ocenę, na którą wówczas bym nie zasłużył. Pragnąłem wyzwania. Pragnąłem przygody.

A także – wbrew zdrowemu rozsądkowi – pragnąłem pobiec na północ.

Nie przejmowałem się tym, że obecny rekord został ustanowiony na trasie wiodącej z północy na południe i że wszystkie poprzednie rekordy i próby ich pobicia również dotyczą tego kierunku. Wiedziałem, że ten, który sobie wybrałem, jest prawdopodobnie wolniejszy. Karl nie bawił się w subtelności, lecz z miejsca oświadczył, że podchodzę do sprawy w niewłaściwy sposób. Wychodził ze słusznego założenia. Miał po swojej stronie zarówno lata wiedzy i doświadczenia, jak i fakty, liczby, świadectwa. Tymczasem jedyna przesłanka mojej decyzji o pobiegnięciu na północ, jaką mogłem mu podać, brzmiała wręcz żenująco wymyślnie: chciałem pobiec z wiosną. Tak jak większość wędrowców długodystansowych. Tak jak wizjoner Earl „Szajbus" Shaffer w 1948 roku, kiedy został pierwszym człowiekiem, który przebył pieszo całą trasę AT za jednym podejściem; opublikował wspomnienia z tej przygody pod tytułem *Walking with Spring* (Wędrówka z wiosną). Bałem się, że jeśli głośno się do tego przyznam, zostanie to odebrane, jakbym próbował ustanowić FKT, nie będąc w stu procentach skupiony na zadaniu. Czyżby czysto estetyczna przyjemność z biegu nie była wystarczająco silnym argumentem? I czyżbym miał przerąbane, zanim w ogóle postawiłem nogę na szlaku?

Na szczęście Karl miał też inne tematy do obgadania, choć może „inne" to za dużo powiedziane – po prostu wszystko, co związane z AT. Nadawał jak nakręcony. Uwielbiałem to w nim. AT był jego pieszczochem. Karl zapowiedział, że zawita do nas za dwa tygodnie, kiedy będziemy w Wirginii, i pomoże Jenny w supportowaniu mnie. Miał ku temu ukryty powód: chciał się rozejrzeć przed własną próbą pobicia rekordu, do której przymierzał się w następnym roku. Poza tym i tak musiał przejechać się swoim vanem na Wschodnie Wybrzeże na osiemsetkilometrowy próbny bieg z Kathadin na Górę Waszyngtona. W kierunku południowym, ma się rozumieć.

JLu i ja wyruszyliśmy na wyprawę celowo tylko we dwoje. Przyświecała nam romantyczna wizja, w której mieliśmy wzajemnie się wspierać i razem, bez niczyjej pomocy, przedzierać na północ, na nowo odkrywając to, co w nas najlepsze. Tymczasem już na starcie zaliczyliśmy opóźnienie i zyskaliśmy towarzystwo.

W Tennessee zatrzymaliśmy się przy przecięciu Szlaku Appalachów z autostradą międzystanową I-40. Pobiegliśmy szlakiem na południe, tak po prostu, dla rozprostowania nóg po długiej podróży, wiedząc, że za kilka dni ponownie będziemy musieli pokonać ten sam odcinek. Po powrocie do auta wykonałem jeszcze jeden telefon – do Jennifer Pharr Davis. Kiedy w 2011 roku ustanowiła aktualny rekord prędkości na AT, byłem pod ogromnym wrażeniem jej wyczynu. Wiedziałem, że należy do grona najsilniejszych wędrowców długodystansowych, w dodatku pokonała całą trasę marszem, nie biegiem. Chciałem jej wyznać, jak wielki mam szacunek dla tego osiągnięcia.

W nagraniu na poczcie głosowej, które zostawiła w odpowiedzi na mój telefon, powiedziała, że „Szlak Appalachów znacznie się różni od innych", i że ma nadzieję, iż pokonanie go „odmieni nasze życie". Życzyła nam też wszystkiego najlepszego. Nie roztrząsałem sposobu, w jaki zawiesiła głos przy „różni się" i „odmieni", ale wiedziałem, jak wiele wysiłku kosztowało to, przez co przeszła.

Dwudziestego piątego maja przekroczyliśmy granicę Georgii. Bieg miał się rozpocząć za dwa dni.

Tyle że wciąż prześladowały nas kłopoty.

Choć tym razem wina nie leżała po mojej stronie. Pogoda w Georgii była pod zdechłym psem: lało i wiało. Z jakiegoś powodu ubzdurało mi się, że klimat na południu jest przyjemnie łagodny. Jako dzieciak wychowany na Środkowym Zachodzie wyobrażałem sobie, że w południowej części kraju żyje się łatwiej i spokojniej. Tymczasem na pierwszy dzień mojej przygody z AT prognozowano tornada i gwałtowne powodzie.

Pogoda sprawiła, że nasz przyjaciel i fotograf Luis „El Coyote" Escobar nie zdołał dotrzeć na czas. Luis, który biegał w ultramaratonach od początku lat dziewięćdziesiątych, miał dołączyć do mnie i JLu na kilka pierwszych dni i udokumentować mój wysiłek na początkowych odcinkach szlaku, biegnąc i wędrując u mego boku. Wyruszył z Kalifornii, ale jego przewidywany czas przybycia wciąż się przesuwał ze względu na opóźnienia w lotach i trudne warunki pogodowe w Atlancie. W końcu dobrnął.

Zjawił się późno w nocy, musieliśmy więc z JLu pojechać i odebrać go z doraźnego miejsca spotkania, którym okazał się parking przed sklepem Whole Foods w Duluth w Georgii. Kiedy zajechaliśmy pod wskazany adres, Luis wysiadł z taksówki i ruszył w naszym kierunku pochylony pod wiatr, żeby wichura go nie zdmuchnęła. Po chwili był przemoczony do suchej nitki.

Dźwigał plecak, który wyglądał, jakby Luis wybierał się na wyprawę na Everest. Przyszło mi do głowy, że może wie o czymś, o czym my nie mamy pojęcia. Smagany wiatrem i zmoknięty jak kura Luis wyglądał na przygnębionego – i zarazem sprawiał wrażenie, jakby zupełnie się nie przejmował przeciwnościami. Cały El Coyote.

– *Amigo*, jak mogłem ci odmówić? Przecież wiem, że jeśli dzwonisz, to na pewno chodzi o coś świetnego i szalonego! – Był chętny na wszystko. Miał lekko po pięćdziesiątce, ale swym młodzieńczym duchem zawstydzał licealistów, których trenował, i dwudziestokilkulatków, z którymi się zadawał. Zawsze powtarzał, że tym, co nie pozwala mu się zestarzeć, są ultramaratony – to, a także jego pełna energii, trzydziestoparoletnia żona. „Ja jestem jak pedał gazu, a ona – jak hamulec", mawiał, ale z tego, co zauważyłem, jakoś nie powstrzymywała jego szalonych zapędów przesadnie często.

W 2006 roku zaprosiłem go do Miedzianego Kanionu na wyścigi z legendarnymi biegaczami z plemienia Tarahumara. Ilekroć wybieraliśmy się razem za granicę, musieliśmy uwzględnić dłuższy pobyt na lotnisku, ponieważ nazwisko Luisa, które współdzielił ze słynnym byłym kolumbijskim baronem narkotykowym, zawsze sprawiało, że sprawdzano nas wyjątkowo skrupulatnie. Tym razem jednak postanowiliśmy pojechać autokarem. Podczas dwunastogodzinnej podróży powrotnej do El Paso w Teksasie pojazd się zepsuł, przez co musieliśmy się przesiąść do innego, zdezelowanego i zatłoczonego. Usiadłem na podłodze między rzędami siedzeń, razem z resztą naszej grupy, a El Coyote wgramolił się na znajdującą się nad fotelami lepiącą się od brudu półkę na bagaże i tam wyciągnął. Luis nie kapitulował przed byle czym. Był twardy jak skała, ale też wiedział coś znacznie ważniejszego, znał sekret długowieczności w świecie biegów ultra – mianowicie potrafił śmiać się wtedy, kiedy chciało mu się płakać.

Luis dysponował wprawdzie własnym sprzętem do biwakowania, ale ponieważ kiedy wróciliśmy do obozowiska, nic nie wskazywało na to, aby deszcz zamierzał odpuścić, zaproponowaliśmy El Coyote przenocowanie w samochodzie – o ile się zmieści. Jakoś się udało.

Zamierzaliśmy poświęcić ostatnie dwadzieścia cztery godziny przed początkiem biegu na odpoczynek i nadrobienie zaległości we śnie, ale noc spędziliśmy z Jenny przytuleni na pryczy w ruchomym sztabie naszej operacji, leżąc obok biednego El Coyote, który wcisnął się zwinięty pomiędzy puszki z wegańskim chili i oparł głowę o poduszkę z mleka kokosowego w proszku.

Kołysząc się na porywistym wietrze, Czarny Zamek ani trochę nie przypominał górskiej fortecy. Deszcz siekł w dach, gałęzie rysowały karoserię, a noc ciągnęła się w nieskończoność.

Przez to postanowiliśmy przesunąć początek wyścigu o jeden dzień.

Gdy obudziliśmy się nazajutrz, okazało się, że podjęliśmy słuszną decyzję. Niebo nadal było ciemne, wietrzysko wciąż zmiatało wszystko, co napotkało na swej drodze, i warunki ogólnie nie zachęcały.

Namierzyliśmy miejsce, w którym mogliśmy nabić niedawno zakupioną niewielką butlę na propan. Miała nam służyć do przygotowywania ciepłych posiłków, a także, gdyby taka pogoda się utrzymywała, jako źródło ciepła pod koniec długich, mokrych dni. Znaleźliśmy południowy początek szlaku, przeszliśmy półtora kilometra do Springer Mountain* (Góra Springera) i posmakowaliśmy kultury Południa pod postacią gotowanych orzechów ziemnych, które kupiliśmy na przydrożnym straganie. Poprawił mi się nastrój. Polubiłem Południe i żałowałem, że nie będę miał okazji poznać go lepiej.

Postanowiliśmy zjeść ostatnią wieczerzę z Luisem i niezależną ekipą filmową, która miała nam towarzyszyć przez kilka dni, kręcąc materiał do filmu dokumentalnego o sportowcach-weganach. Spotkaliśmy się w lobby hotelu w Parku Stanowym Wodospadu Amicalola. Wszedłem do środka i zatrzymałem się przed ogromną mapą ścienną Szlaku Appalachów, próbką tutejszego gustu dekoratorskiego. W hotelu wędrowcy długodystansowi mogą po raz ostatni skorzystać z nowoczesnych udogodnień, zanim wyruszą w liczącą ponad trzy i pół tysiąca kilometrów podróż.

Mapa jednocześnie wzbudziła we mnie niepokój i napełniła entuzjazmem. Próbowałem uchwycić spojrzenie JLu, która zadzierała głowę i usiłowała objąć wzrokiem całe dziewięć metrów mapy. Było widać, że też się trochę wystraszyła. Bo plan był naprawdę gigantyczny, wyglądał jak mapa świata albo Śródziemia.

Pomyślałem, że może personel hotelu igra sobie z przejętymi wędrowcami, racząc ich miejscową wariacją na temat przestrogi: „Ty, który wchodzisz, żegnaj się z nadzieją"**. W każdym razie to imponujące odzwierciedlenie szlaku podziałało na nas tak, że pozwoliło nam pogodzić się ze skalą zadania, którego się podjęliśmy. Siedząc w Boulder – robiąc notatki, oglądając mapy w internecie i czytając książki – próbę pokonania AT schematyzowaliśmy, zaś samą trasę pomniejszaliśmy. Teraz jednak dotarło do nas, że naprawdę tu jesteśmy. Gdy tak patrzyłem na ten imponujący model szlaku, napawał mnie on strachem.

W mapie – ani w samym szlaku – nie było nic, co dawałoby nadzieję na pobicie rekordu prędkości. Weźmy samą jego – AT – wielkość. Powiedzmy, że zaczniesz podróż od północnego krańca, od szczytu Katahdin w Maine, i wskutek porażającego błędu w obliczeniach zamiast zdążać na południe, kierując się białymi oznaczeniami, udasz się na północny wschód. Wówczas, pokonawszy dystans odpowiadający długości Szlaku Appalachów, znajdziesz się na przedmieściach Rejkiawiku. AT liczy trzy tysiące pięćset dwadzieścia dwa kilometry,

* Nazwa pochodzi od nazwiska żyjącego w XIX wieku prawnika Williama G. Springera bądź od żyjącego na przełomie XVIII i XIX wieku prezbiteriańskiego pastora Johna Springera.
** Dante Alighieri, *Boska komedia*, przeł. Edward Porębowicz, Kraków, 2018, s. 35.

tyle co odległość pomiędzy Los Angeles a Atlantą. Albo połowa obwodu Plutona. Z tych porażających trzech tysięcy pięciuset dwudziestu dwóch kilometrów pokonałem zaledwie trzydzieści z niewielkim okładem: kilka w Vermoncie, trochę w Wirginii, parę w Pensylwanii, łącznie mniej niż jeden procent trasy. Liczby zniechęcające, nawet przy całym moim doświadczeniu w biegach ulicznych i w terenie.

Wyobraź sobie, że masz przed sobą osiemdziesiąt cztery maratony. I masz je przebiec jeden po drugim. W dodatku w jednych z najstarszych i najbardziej postrzępionych gór świata. AT wiedzie grzbietem Appalachów, poprzez pomniejszone przez erozję szczyty, które niegdyś dorównywały strzelistym wierzchołkom Himalajów.

Pacific Crest Trail liczy cztery tysiące dwieście siedemdziesiąt kilometrów i jest dłuższy od AT; Continental Divide Trail ma jeszcze więcej, bo cztery tysiące dziewięćset osiemdziesiąt dziewięć kilometrów. Wielu mieszkańców Zachodu chełpi się różnorodnością obu tras – zaśnieżonymi szczytami i pustyniami, granitowymi wychodniami i alpejskimi łąkami, dosłownie zapierającymi dech w piersiach wysokościami – ale tak naprawdę wędrowcom w dobrej kondycji szlaki te nastręczają stosunkowo niewiele kłopotów. Zachodnie szlaki mają swoje zmarznięte przełęcze i postrzępione wierzchołki, lecz w przeważającej części zostały wytyczone w sposób sprzyjający jeździe konnej i rzadko można się na nich natknąć na zakosy, które wspinają się bądź opadają pod kątem większym niż dziesięć stopni. AT, przeznaczony wyłącznie do pieszych wędrówek, jest znacznie bardziej zdradliwy i wymagający. Potrafi zanurkować prosto w jar. Potrafi wić się zamglonym korytem rzeki, by nagle wystrzelić w górę wzniesienia tak gęsto porośniętego roślinnością, że utrudnia wspinaczkę nawet jeleniom. Trudno nawet opisać AT, dopóki nie wkroczy się w jego labirynt kamieni, skał i korzeni. Kłącza są niczym ramiona ośmiornic, chwytają cię z różnych stron, kiedy najmniej się tego spodziewasz, i zamieniają wędrówkę w uciążliwą, nerwową batalię. Na tym poskręcanym fundamencie wznoszą się ściany lasu zwieńczone stropem ze splątanych konarów. Roślinność porastająca Szlak Appalachów jest tak gęsta i zwarta, że nadano trasie przydomek Zielonego Tunelu.

Kiedy dopiero zaczynaliśmy rozważać pomysł zmierzenia się z AT, nie brzmiało to wcale źle. „Tunel" – miło. Ucieczka od poronień i nieudanych prób założenia rodziny z prawdziwego zdarzenia. Okazja do skupienia się wyłącznie na jednej rzeczy, do przeżycia surowej przygody, do oderwania się od ciepłego łóżka, naleśników w niedzielę i życia, które co prawda uwielbiałem, ale które przestało mi wystarczać. Każdy z nas sądzi zapewne, że będzie się buntował przeciwko wtłaczaniu w ramy zwyczajnego życia, lecz przecież konformizm jest groźny nie dlatego, że jest nieprzyjemny. Prawdziwe związane z nim niebezpieczeństwo polega na tym, że z czasem zaczyna się on podobać.

JLu też to widziała. Zdawała sobie sprawę z tego, jak wygodny się stałem. Pragnęła czegoś nowego dla nas obojga. Niemniej stojąc przed dwupiętrową mapą labiryntu AT, podczas gdy na zewnątrz szalał deszcz wspierany wiatrem, musieliśmy zadać sobie pytanie, czy przypadkiem nieco się nie pospieszyliśmy w wyborze wyzwania.

Nazajutrz rano, dwudziestego siódmego maja 2015 roku, wystraszył mnie budzik. Nie dlatego, że zadzwonił jakoś szczególnie głośno, ale ponieważ byłem zdziwiony, że w ogóle udało mi się zasnąć. Deszcz siekł bez ustanku, a że przed wyjazdem z Boulder zabrakło nam czasu na porządne uszczelnienie dachu, to teraz każda kropla, która lądowała na cienkiej blasze niecały metr nad naszymi głowami, brzmiała jak siarczysty policzek. Nie tylko hałas utrudniał sen – robiła to również ciasnota. JLu i ja byliśmy co prawda przyzwyczajeni do spartańskich warunków, ale mieliśmy wrażenie, że przez tę wilgoć łóżko, na którym spaliśmy, dziwnie się skurczyło.

No i był jeszcze Luis. Zwinął się w kłębek na półmetrowym kawałku podłogi, który udało nam się dla niego wygospodarować. Dobrze, że chrapał, bo inaczej byłbym na niego nastąpił, kiedy zeskakiwałem z łóżka. Potem zrobił sobie siedzenie z paru kartonów mleka kokosowego. Było jeszcze ciemno, gdy włączyliśmy silnik i w milczeniu pojechaliśmy do miejsca, w którym zaczynał się szlak. W deszczu kręta droga zdawała się nie mieć końca. Byliśmy zmęczeni i spięci. Wciąż dręczyło nas wiele wątpliwości.

Czasem trzeba się cofnąć, aby móc ruszyć do przodu. Weszliśmy na szlak i skierowaliśmy się na p o ł u d n i e, ku Górze Springera, najkrótszą drogą do południowego krańca szlaku. Ze względu na mgłę nie mogliśmy się cieszyć widokami ze szczytu. Kamienie i skały były śliskie od deszczu i błota, ale kolejne przesunięcie w czasie początku wyścigu nie wchodziło w rachubę. Wiedziałem zresztą, że w ciągu najbliższych czterdziestu kilku dni jeszcze nieraz będę miał do czynienia z takimi warunkami. Nie mogliśmy przecież czekać nie wiadomo ile na idealną pogodę. Od samego początku moje i JLu przygotowania do wyprawy były pod wieloma względami niepełne.

Nie widzieliśmy więc powodu, dla którego akurat teraz powinniśmy zachować przesadną ostrożność. Pora zaczynać i tyle.

Po dotarciu na szczyt włączyliśmy czołówki i wpisaliśmy się do rejestru.

Ja napisałem: „To jedna z największych przygód mojego życia. Z Georgii do Maine! – Scott «El Venado» Jurek".

A JLu: „Żyj tym, co KOCHASZ! Jenny «Raven» Jurek".

Poprawiłem jeszcze to i owo; pogmerałem przy lokalizatorze GPS i zegarku. Potwierdziliśmy plan z Luisem, który tego ranka miał zasiąść za kierownicą vana po to, żeby JLu mogła pobiec ze mną. Uściskaliśmy się, a potem oznajmiłem: „No, to do Maine!" – i o piątej pięćdziesiąt sześć rozpoczęła się nasza odyseja.

Na dwa miesiące zawiesiliśmy wszystkie nasze sprawy na kołku. Na ten czas ten niezwykły Zielony Tunel i otaczający go krajobraz miał stać się moim życiem – naszym życiem. Będziemy tu jedli, spali, myśleli, marzyli. Plan działania został ustalony, wątpliwości przestały mieć znaczenie.

Miałem pewne obawy, ale okazało się, że moje ciało jest gotowe na wyprawę. Nigdy wcześniej nie biegałem więcej niż trzysta dwadzieścia kilometrów tygodniowo – teraz w tym samym czasie miałem pokonywać ponad pięćset sześćdziesiąt kilometrów i jako fizjoterapeuta doskonale zdawałem sobie sprawę z ryzyka, jakie to ze sobą niesie. Ale wiedziałem też, jak słuchać własnego organizmu. Nie jestem bynajmniej zbudowany symetrycznie ani też nie dysponuję najodpowiedniejszą budową ciała do biegania, niemniej dzięki starannemu przygotowaniu i profilaktyce, przez dwie dekady ścigania się w trudnych zawodach nigdy mi się nie zdarzyło, żeby kontuzja odsunęła mnie od udziału w rywalizacji na dłużej niż kilka tygodni.

W tym właśnie rzecz, że kontuzje i problemy były nieuniknione, byliśmy do nich zresztą przyzwyczajeni. Wyzwanie, którego się podjęliśmy, postrzegaliśmy w kategoriach wielkiego – bo mierzonego w trzech tysiącach kilometrów – problemu, który mieliśmy rozwiązać na własnych warunkach i wspólnie. Zawierały się w nim możliwości rozwoju, aczkolwiek mieliśmy nadzieję, że nie będzie ich znowu aż t a k wiele.

Nie pamiętam, czy rozmawialiśmy, a jeśli tak, to o czym. Przypominam sobie jedynie dostrajanie się do nowego otoczenia i to, jak dawaliśmy się prowadzić białym, malowanym farbą na drzewach oznaczeniom w kształcie prostokątów o wymiarach pięć na piętnaście centymetrów. Mówiło się, że niezależnie od tego, na którym odcinku trasy się znajdziesz, jeśli spojrzysz na północ albo na południe, zawsze dostrzeżesz biały prostokąt. Choć surowy i nierówny, AT jest też jednym z najlepiej oznakowanych szlaków na świecie. Charakterystyczny biały kształt utwierdza wędrowców w przekonaniu, że znajdują się na właściwej drodze: miałem za sobą dopiero kilka kilometrów, ale zdążyłem już odczuć jego dodające otuchy działanie.

Jeszcze nie myślałem o biegu, do którego właśnie wystartowałem, jak o próbie pobicia rekordu – jak o tym właściwym biegu, ataku na FKT. Czerpałem przyjemność z prostoty, z układania sobie wszystkiego w głowie. Czułem się jak dociekliwe dziecko, które marzy o tym, że pewnego dnia wyruszy na prawdziwą, dorosłą wyprawę w dzicz. Oto dla mnie wreszcie nadszedł ten dzień.

JLu zauważyła, że mamy nawet niezły czas. Zerknąłem na zegarek, obliczyłem to i owo i odparłem, że muszę utrzymać takie tempo przez kolejne czterdzieści sześć dni. Zbladła (nigdy nie potrafiła ukrywać niepokoju). Sześć i cztery dziesiąte kilometra na godzinę – stale, regularnie, wydajnie. To tylko liczby. Wiedziałem, że mogę być od nich lepszy.

Na trzynastym kilometrze, na Hightower Gap* (przełęcz Hightower), przy leśnym skrzyżowaniu dróg, Luis zajął miejsce JLu, a ona zasiadła za kierownicą Czarnego Zamku.

Tamtego pierwszego dnia wpadłem w rytm, który później, podczas bardziej wymagających okresów, usiłowałem przywołać z pamięci i odtworzyć. Tunel połknął mnie, wypluł – i znów połknął. Deszcz ustał, rozpadał się na nowo – i znów ustał. Myśli o niezapłaconych rachunkach i zleceniach wyparowały z głowy. Tak jak podczas podróży samochodem przez pół kraju, tak i teraz mój umysł się rozluźnił, kiedy zacząłem się beznamiętnie przyglądać rzeczom, które dotąd uważałem za oczywiste. Zamieniliśmy cztery ściany i przewidywalną egzystencję w domowych pieleszach na cztery kółka i życie w trasie. A w moim przypadku również na pokonywanie biegiem tysięcy kilometrów porośniętych lasem gór.

To uczucie, którego schemat ukształtowały pierwsze kilometry szlaku, miało mi towarzyszyć przez kolejne czterdzieści kilka dni. Nie wiedziałem, co mnie dalej czeka – i bardzo dobrze. Nawet lepiej niż dobrze. Na każdym kroku czułem się, jakby pchała mnie do przodu jakaś nieznana siła. Powody, dla których zdecydowałem się na tę wyprawę, objawiały mi się z pełną przejrzystością, potem zamazywały – i znów wyostrzały; i tak wiele razy przez następne tygodnie. Ani na chwilę jednak nie straciłem z oczu drogi, którą podążałem. Po latach biegania

---

* Nazwa pochodzi od zanglicyzowanego słowa *italwa* (miasto) z języka Krików bądź od zanglicyzowanego słowa *etowah* (martwe drewno) z języka Czirokezów.

i wygrywania – a potem niespieszenia się donikąd – zmierzałem w konkretnym kierunku. Po raz pierwszy od dłuższego czasu miałem określony cel. A była nim północ.

Nie zawsze biegliśmy z Luisem tym samym tempem. Zdarzało się, że El Coyote pruł do przodu i robił swoje, a ja zostawałem sam na długich odcinkach szlaku.

Mój umysł chłonął zalegającą wtedy ciszę, tak jak to robił przez całe życie. Myślałem o JLu. O tym, co jest i było naszym udziałem. Myślałem o naszym serdecznym druhu Deanie. Myślałem też o matce. Stwardnienie rozsiane i walka z chorobą pozbawiły ją tak wielu przyjemności, że sam robiłem wszystko, aby żadnej nie przegapić. I myślałem o ojcu, a także o dyscyplinie i samokontroli, na fundamencie których zbudował swoje życie i umocnił się w nich po śmierci matki. Przypomniałem sobie, jak stoicko matka znosiła ból. I jak uformowała mnie surowość ojca. Obracając w myślach te dobrze mi znane wspomnienia i emocje, czułem, jak zmieniają kształt. Wyrosłem ze swych korzeni, ale nie t y l k o z nich. Znajdowałem się teraz w nowym miejscu, na początku długiej podróży, i miałem wrażenie, jakbym pozbywał się bagażu, który dźwigałem.

Kiedy Luis ponownie znalazł się u mego boku, zbliżałem się już do Big Cedar Mountain* (Wielka Góra Cedrowa); miałem za sobą trzydzieści dwa kilometry, zostało jeszcze czterdzieści osiem. Pokonaliśmy trawiasto-paprociowe zarośla podnóża Blood Mountain (Krwawa Góra) i znów zaczęliśmy się wspinać. Zacząłem o świcie na wysokości tysiąca stu dwudziestu siedmiu metrów, potem przez większość dnia przedzierałem się przez dolinki i walczyłem z broniącymi do nich dostępu błotem i lasem, po czym wróciłem na tysiąc sto metrów. Zatrzymaliśmy się na chwilę, żeby ogarnąć wzrokiem panoramę. W znacznym stopniu zasłaniały ją burzowe cumulusy i gęste chmury, ale i tak dojrzeliśmy odległe granie, które wymownie przypomniały nam, że Georgia bynajmniej nie jest płaska.

Ze skromnych przygotowań, które m i m o w s z y s t k o poczyniłem, zapamiętałem, że nazwa góry pochodzi od krwawej bitwy pomiędzy Czirokezami a Krikami; oba plemiona tak bardzo ukochały akurat tę część Georgii, że były gotowe o nią walczyć. Podczas ostatecznego starcia Slaughter Creek (dosłownie Potok Rzezi) spłynął czerwienią. Zwycięzcy – Czirokezi – obwołali górę Krwawą.

* Niektórzy autorzy przewodników po AT zwracają uwagę, że choć nazwa góry wskazuje na liczny drzewostan cedrowy, to jednak próżno tam szukać cedrów, dominują zaś sosny. Może to świadczyć o pomyłce wędrowców, którzy nadali górze miano Wielkiej Góry Cedrowej, bądź sugerować inne, nieznane źródło nazwy.

Echo boju podszyło piękno krajobrazu pewnym niepokojem. Miejsce wydało się dzikie, przesycone życiem – i śmiercią; gęste od historii, pełniejsze jej niż zachodnia część kraju. Pchnęło mnie ku rozważaniom o moich własnych wspomnieniach związanych z życiem i umieraniem.

Pod koniec pierwszego dnia byłem przemoknięty i zmęczony. Zresztą tak jak przez kilka kolejnych. Ale odzyskałem p ł y n n o ś ć, odnalazłem ducha El Venado, który wczuwa się w rytm szlaku. Czekałem na to i pragnąłem tego bardziej, niż sądziłem. Przypomniały mi się słowa, które padły z ust Jenny w czasie kłótni w prażącym słońcu pustyni Anza-Borrego: „Chcę zobaczyć d a w n e g o Jurkera. Tego, któremu na czymś z a l e ż y. Tego, który w y g r y w a!".

Czułem go w sobie, tamtego „dawnego Jurkera"; pojawiła się iskra, która powoli przeradzała się w coraz jaśniejszy płomień. „Chłopaku, tyś został do tego stworzony!" – powiedział kiedyś Horty i rzeczywiście znów zacząłem się o tym przekonywać.

* * *

Wspomagałam Jurkera podczas niezliczonej liczby wyścigów, ale tym razem zanurzył się w przygodzie tak dokumentnie, że dla mnie oznaczało to wzięcie na siebie obowiązków, w których nie miałam dużego doświadczenia. Do niektórych brakowało mi jakichkolwiek uzdolnień. Każdy, kto mnie zna, ze zdumieniem i lekkim przerażeniem przyjmował wiadomość, że zajmę się gotowaniem, które, przyznaję bez bicia, nie jest moją mocną stroną. Mogę się wspinać, biegać, chodzić po linie, projektować, szyć, robić na drutach – ale gotowanie? Gdybym nie wyszła za Scotta, pewnie nadal żywiłabym się płatkami zalanymi zimnym mlekiem migdałowym przez pięć dni w tygodniu; w pozostałe dwa jadałabym grzanki posmarowane masłem orzechowym z kawałkami orzechów.

Jurker miał obsesję na punkcie jedzenia, było jego językiem miłości. A ja? *No comprende.* To jedna z tych różnic, które sprawiają, że tak dobrze do siebie pasujemy. Scott stał po stronie dyscypliny i precyzji, a ja doskonaliłam sztukę *wabi sabi**. Zajmowałam się projektowaniem, podczas gdy on biegał, przemawiał i pisał. Wybieraliśmy się na wspólne bieganie tak często, jak to było możliwe, ale już wspinaczkę uprawiałam bez niego, za to z moimi znajomymi

* *Wabi sabi* to wywodzący się z estetyki japońskiej światopogląd, który polega na akceptacji przemijalności i subtelnego piękna niedoskonałości.

z męskiego grona; z kolei on gotował dla swoich przyjaciółek. Zajmowałam się planowaniem naszego życia towarzyskiego, zaś Jurker odpowiadał za codzienne aspekty bytu: płacił rachunki, wynosił śmieci, kompostował odpadki, przetwarzał, co się dało przetworzyć, przycinał krzewy, odśnieżał, grabił, przygotowywał jedzenie, zmywał po posiłkach. Na czas wyprawy Szlakiem Appalachów miałam się zamienić w jego asystentkę, ale nie przeszkadzało mi to. Bo w domu to on spełniał moje zachcianki, a nie odwrotnie. Zamiana ról na kilka tygodni nikomu nie zaszkodzi.

To nie tak, że cała przyjemność z przebywania na szlaku była po stronie Jurkera: lubiłam to tak samo jak on i tak jak on odkrywałam mnóstwo ciekawych rzeczy. Zajechałam vanem na Neels Gap* (Przełęcz Neela) na czterdziestym dziewiątym kilometrze i zaparkowałam wóz przed starym kamiennym budynkiem, w którym urządzono sklep Mountain Crossings. Zaczęłam robić kanapki dla Scotta, a Luis poszedł załatwić kawę. Wrócił po półgodzinie i rzucił:

– Nie no, musisz tam zajrzeć. Odjazd.

Poszłam – i rzeczywiście: w Mountain Crossings handlowano, czym się dało, od liofilizowanej żywności i filtrów do wody po pamiątki z AT, takie jak naklejki na zderzaki i koszulki z napisem: „Przewędrowałem całą szerokość Szlaku Appalachów". U sufitu wisiały zakurzone, znoszone, przedwieczne pionierki. Przed sklepem rosło drzewo o gałęziach przyozdobionych współczesnymi butami, porzuconymi przez wędrowców, którzy na tym etapie, zaledwie czterdzieści dziewięć kilometrów przed końcem szlaku, zrezygnowali z dalszej drogi. Było to miejsce przesycone atmosferą swego rodzaju nabożności, przesiąknięte historią i wspomnieniami, zupełnie jakby stanowiło ostatni przyczółek cywilizacji dla pielgrzymów wyruszających w długą i niebezpieczną podróż. Dzień wcześniej, kiedy stałam przed tamtą ogromną mapą AT, zmroził mnie rozmiar wyzwania, którego się podjęliśmy. Wydało mi się obce i przerażające. Dopiero tutaj, zadzierając głowę i przyglądając się parze wytartych butów po jakimś anonimowym wędrowcu, w końcu zrozumiałam, na czym polega magnetyzm Szlaku Appalachów – urok, który ten rzucił na Scotta i wielu innych. Czułam to wspólne poświęcenie i niezwykły szacunek ludzi dla szlaku.

Z zadumy wyrwał mnie znajomy odgłos: charakterystyczne „juhu!" Jurkera. Poszłam w stronę, z której doleciał, ale natrafiłam jedynie na nieprzebytą ścianę

* Nazwa pochodzi od W.R. Neela, kierownika ekipy pomiarowej, która przygotowywała grunt pod przebiegającą przez przełęcz Amerykańską Autostradę Krajobrazową.

listowia. Powoli przyzwyczajałam się do tego, że Szlak Appalachów lubi skrywać swoich mieszkańców. Scott gdzieś tu był – i zbliżał się.

Wreszcie ponownie wydał ten okrzyk i wyłonił się z gęstwiny. Był to wprawdzie dopiero pierwszy dzień naszej wyprawy, ale od razu poznałam, że mój mąż doskonale się bawi.

Drugi dzień zaczął się dla nas o wczesnej porze, jeszcze w ciemnościach przedświtu. Zaczęliśmy się krzątać wokół vana, którym poprzedniego wieczoru zatrzymaliśmy się na poboczu. Luis szybko ogarnął swój namiot, a Scott przygotowywał się do pierwszego tego dnia osiemnastokilometrowego odcinka trasy. Kiedy światło jego czołówki zniknęło za zakrętem, ciemność i cisza sprawiły, że doceniłam obecność Luisa. Pomimo worków pod oczami wciąż emanował tą dawną energią El Coyote. Sennym głosem oświadczył, że musi namierzyć trzy najniezbędniejsze rzeczy: kawę, Wi-Fi i toaletę. Wszystko, czego mu było trzeba, znalazł w McDonaldzie w pobliskim miasteczku Hiawassee.

Oboje sprawdziliśmy swoje skrzynki pocztowe i zajrzeliśmy na konta na portalach społecznościowych. Zaskoczyło mnie to, jak wiele osób śledziło i komentowało posty Scotta; po raz kolejny uświadomiłam sobie, że nie doceniłam magii AT. W większości były to głosy poparcia i zachęty, choć znalazło się, rzecz jasna, kilku krytyków. Ich słowa niespecjalnie mnie obeszły, za to Luis wyglądał na autentycznie wzburzonego. Wśród negatywnych wypowiedzi znalazły się, jak łatwo przewidzieć, pouczające wyłuszczenia („AT służy do wędrowania. Idź się ścigać na bieżni"), zgryźliwe uwagi („Nie zapomnij wąchać kwiatków na szlaku"), a także bardziej osobiste wycieczki („Popłuczyny po dawnej formie"; „Nie ma doświadczenia w biegach wielodniowych"). Niemniej niektórzy spośród kanapowych krytyków mieli rację: Scott na AT był osobą z nieco innej bajki. Ale za to miał świetne referencje.

ROZDZIAŁ TRZECI

MAJSTERSZTYK *WABI SABI*

DZIEŃ CZWARTY

Nigdy wcześniej nie byłem w tym miejscu, nie byłem nawet w okolicy. Spence Field* (Pole Spence'a) to jedno z wielu urokliwych miejsc w spokojnym sercu Parku Narodowego Great Smoky Mountains. Znajdowało się wysoko na wietrznym grzbiecie mojej własnej prywatnej *terra incognita* – dokładnie tam, gdzie chciałem być.

Od domu i codzienności dzielił mnie cały świat. U moich stóp leżało niespotykane znalezisko na Szlaku Appalachów: trawiasta, miękka jak marzenie łąka. Nad głową miałem samotny dąb o szeleszczących zielonych i żółtych liściach. Dokoła nic, co nawet w odległy sposób kojarzyłoby się z obowiązkiem, rutyną, telefonem, e-mailem, prezentacją... Był tylko szlak i nic innego przez wiele, w i e l e kilometrów.

Od rana pokonałem dystans maratonu, ale wciąż pozostawało mi do przebiegnięcia jeszcze czterdzieści kilometrów. Dopiero wtedy spotkam się z JLu, przysiądę na progu odsuwanych drzwi Czarnego Zamku, zdejmę ubłocone buty i opłuczę się pod prysznicem turystycznym. Nie będziemy odpowiadali na telefony od lekarza, nie będziemy chodzili na wizyty ani robili badań. Kiedy się umyję, usiądziemy w aucie i zjemy tajskie kokosowe curry z makaronem ryżowym na kolację. Będąc tu, doceniamy tę niewielką ilość rzeczy, które mamy. Lepsze to niż opłakiwanie tego, co straciliśmy.

Fizycznie byłem w niezłej formie. Rozglądałem się po okolicy i oddychałem miarowo, czując, jak stygnie mi skóra. Byłem zmęczony, to jasne, ale akurat taki ból

* Nazwa pochodzi od Jamesa Spence'a, osadnika, który na początku lat 30. XIX wieku oczyścił teren z drzew – nadając mu obecną postać łąki – i wybudował na nim dom.

w mięśniach sprawiał mi przyjemność; żyłem, robiłem to, w czym byłem najlepszy, i starałem się dawać z siebie jeszcze więcej. W końcu po to tu przyjechałem.

Wciąż jeszcze byłem pełen uniesienia po inauguracji wyścigu; czułem się jak nowożeniec w podróży poślubnej. Ledwo zdążyliśmy się zagłębić w ostępy Smokies, jak potocznie się nazywa Great Smoky Mountains, a już zaczęli nas odnajdywać przejęci biegacze. Mówili o nas zarówno miejscowi, jak i wymieniający się doświadczeniami w sieci entuzjaści AT. O wpół do szóstej rano podszedł do mnie mężczyzna z Louisville, który spędził za kółkiem sześć godzin po to tylko, by móc się ze mną przebiec. Z przykrością poinformowałem go, że JLu i ja chcemy rozpocząć ten dzień we dwoje. Zaproponowałem, żeby dołączył do mnie po pierwszych dziesięciu kilometrach. I dołączył – a wraz z nim mój jednooki przyjaciel i miłośnik przygód Mikey Ray oraz jego znajomi z działającego w Charleston Macho Beach Running Club, w tym młody biegacz imieniem Victor.

Victor przyjechał w konkretnym celu: chciał mi towarzyszyć na ponad pięćdziesięciokilometrowym odcinku szlaku, wiodącym przez głębokie ostępy i nieprzecinającym się z żadną drogą; ten fragment łączył zaporę Fontana* z Clingmans Dome** (Kopuła Clingmana) w Parku Narodowym Great Smoky Mountains. Chętnie się zgodziłem. Po mniej więcej sześciu godzinach wspólnego biegu Victor zaproponował, że skoczy do schroniska na Polu Spence'a po wodę. Uznałem, że wykorzystam ten czas na drzemkę. Miałem niezły czas i byłem w dobrym nastroju, ale strasznie mi się chciało spać. Długie dni na szlaku zaczęły dawać mi się we znaki do tego stopnia, że około południa zamykały mi się oczy. Zanim pobiegł do schroniska, uprzedziłem go, żeby mnie obudził za dwadzieścia minut. Choćby się paliło i waliło.

Podłożyłem sobie plecak z bukłakiem pod głowę, przeciągnąłem się, przykryłem tors cienką kurtką i ułożyłem się do snu. Zasypiając, dokonałem szybkich, pobieżnych obliczeń w głowie. Utrzymywałem niezłe tempo. Jeśli uda mi się pociągnąć dalej tak, jak biegłem przez te trzy i pół dnia – trudne, ale wykonalne – znajdę się na prostej drodze do nowego FKT. Jak na razie wszystko szło zgodnie z planem. Właściwie to nawet lepiej, niż zakładałem. Niemniej wraz z sennością pojawiły się wątpliwości. W co ja nas wpakowałem? Czy dam radę zasuwać jeszcze przez czterdzieści dni? Co też mi, u diabła, strzeliło do głowy?

---

* Zapora Fontana stoi na rzece Little Tennessee, będącej dopływem Tennessee. Jej nazwa pochodzi od miasteczka Fontana, leżącego dawniej u ujścia Eagle Creek i zatopionego po wybudowaniu zapory.

** Górę nazwano na cześć senatora i prawnika (konfederata, a po wojnie secesyjnej badacza gór Karoliny Północnej i Tennessee) Thomasa Laniera Clingmana z Asheville.

Gęste, majestatyczne chmury płynęły niespiesznie po niebie. Szemrzące na wietrze listowie górskich roślin kołysało mnie do snu.

Zamknąłem oczy. I nic.

Odczekałem kilka chwil. Nadal nic.

Moje umysł i ciało jakoś się nie zgrały. Udało mi się skraść kilka chwil odpoczynku dla zmęczonych nóg, ale umysł wziął sprawy w swoje ręce. Myśli wrzuciły wyższy bieg.

Z ukłuciem zażenowania przypomniałem sobie, jak wieczorem dwa dni wcześniej zadzwonił do mnie dziennikarz, żeby porozmawiać o mojej próbie pobicia rekordu AT. Próbowałem wyrazić to, jak bardzo obecna wyprawa jest dla mnie ważna i jak bardzo różni się od zwycięstw w wyścigach stumilowych na rozmaitych szlakach i od rekordu w ulicznym biegu dwudziestoczterogodzinnym, ale problem polegał na tym, że odwoływałem się do odczuć i wyobrażeń wciąż będących w stadium początkowym, mimo że miałem za sobą już całkiem sporo kilometrów na AT. Dlatego to, co usłyszał ode mnie dziennikarz, było gorzej niż nieskładne. Oświadczyłem coś na kształt: „To będzie mój majstersztyk". Chciałem zabrzmieć jak pewny siebie biegacz, a wyszedłem na zarozumialca. Tak naprawdę to chyba bałem się powiedzieć: „Właściwie nie wiem, co tu robię. Mam nadzieję, że kolejne trzy tysiące kilometrów pomogą mi to ustalić".

To moje własne niepoukładanie było dla mnie czymś nowym; bardziej pasowało do *wabi sabi* JLu niż do wyrachowania moich dawnych osiągnięć. Ale może rzecz w tym, że należało połączyć w jedno dwa aspekty – rozmarzonego artystę i zręcznego taktyka. Nie miałem czasu się nad tym zastanawiać, bo minęła już połowa z dwudziestu minut, które przeznaczyłem na drzemkę. Lada moment wróci Victor z wodą. Przegapiłem szansę na sen.

Skupiłem się na odzyskaniu pozytywnego podejścia i wróciłem myślami do poprzedniego dnia. Ranek był jak z obrazka: blask słońca, ptaki śpiewające ile sił w maleńkich gardłach. Słuchaliśmy treli jak urzeczeni. Biegliśmy gęsto zarośniętą granią pod baldachimem gałęzi, przez które przeświecały promienie świtu, i nie mogliśmy uwierzyć, jak głośno i melodyjnie potrafią śpiewać strzyżyki, wróble, a zwłaszcza gajówki. Nabraliśmy zwyczaju wspólnego porannego biegania; wstrzymywaliśmy się wtedy od rozmów o logistyce, strategii i w ogóle o czymkolwiek „ważnym", tylko zwyczajnie cieszyliśmy się szlakiem. A potem JLu wracała do vana.

Nieco później, w trakcie kolejnej burzy z piorunami, wpadłem na dwie sześćdziesięcioparoletnie kobiety. Zatrzymaliśmy się, żeby zamienić kilka słów. Zapytałem, jak daleko zamierzają dotrzeć. Spodziewałem się odpowiedzi, że wybrały się na jednodniową wycieczkę, ewentualnie – szaleństwo! – zamierzają spędzić noc na szlaku albo że ktoś je odbierze po drugiej stronie lasu. Tymczasem panie uśmiechnęły się i odparły: „Do Katahdin!". Zaraziły mnie entuzjazmem na resztę dnia. Kiedy rozmawialiśmy, zaczęło mocniej padać, ale nie miało to znaczenia. Mam nadzieję, że za te dwadzieścia kilka lat będę tak jak one tryskał energią – i przemierzał szlak.

Spotkałem się z JLu na lunch, a potem zanurzyłem się w lodowatych wodach rzeki Nantahala. Miałem w sobie tyle pewności siebie, że na ostatni etap nie zabrałem czołówki przekonany, że zdołam zaliczyć dniówkę przed zapadnięciem zmroku. Ale zanim wspiąłem się na owiany złą sławą odcinek nazwany Jacob's Ladder (Drabina Jakubowa) i zszedłem z niego, słońce zdążyło się schować za horyzontem. Musiałem się więc posiłkować latarką wbudowaną w telefon komórkowy. Gdyby jednak nie ten błąd, nie ujrzałbym pięknego widoku (z czasem odkryłem, że pomyłki na AT nierzadko skutkują niezwykłymi odkryciami): nieprzenikniona ciemność ostatnich dwóch czy trzech kilometrów mieniła się blaskiem tysięcy świetlików, przez co czułem się, jakbym z Karoliny Północnej przeniósł się w przestrzeń kosmiczną. Przypomniało mi się dzieciństwo w Minnesocie, kiedy w bezkresne letnie dni słońce ustępowało zmierzchowi, mama, która wtedy jeszcze nie odczuwała wpływu choroby na swój organizm, rzucała mi piłkę do baseballu, nie bacząc na to, że przyświecają nam już tylko robaczki świętojańskie. Nagle wypełniła mnie mieszanina radości i smutku, która wzięła się ze skrajności natury. JLu nigdy wcześniej nie widziała świetlików. Kiedy się spotkaliśmy jakiś czas później, szeroko otworzyła oczy ze zdumienia. Szybko zapomniałem o smutku.

Niechętnie podniosłem się z ziemi przed powrotem Victora. Postanowiłem oszczędzić mu trudu zwlekania mnie z posłania. Pora zbierać się do dalszej drogi. Co prawda nie zdrzemnąłem się, ale przynajmniej przypomniałem sobie, co tu robię – dobre i tyle. A nawet chyba lepsze. Doszedłem do wniosku, że nie ma nic złego w tym, że ten spontaniczny wywiad odbył się na wczesnym etapie podróży, bo zmusił mnie do konfrontacji z rzeczywistością. Przyjąłem do wiadomości, że będą się zdarzały chwile zwątpienia, i postanowiłem, że nie pozwolę dać się zepchnąć z kursu. Powiedziałem sobie, że tamta osobliwa rozmowa na Polu Spence'a w istocie mi się przysłużyła.

Już wtedy wiedziałem, że muszę zapamiętywać i gromadzić przyjemne chwile. To był dopiero czwarty dzień wyprawy. Czterdziestego czwartego dnia będę mógł jedynie pomarzyć o chłodnej rzece i świetlikach.

Po powrocie Victora ruszyliśmy do Kopuły Clingmana, gdzie miała czekać JLu ze *smoothies*. Na etapie planowania nawet nie myśleliśmy o biciu rekordu AT w formule *self-supported*, w której biegacz całe niezbędne wyposażenie niesie w plecaku. Owszem, taki sposób zdobywania trasy robił wrażenie, ale nie pasował do mojego stylu życia. Obejmował nadawanie paczek z ekwipunkiem i prowiantem do samego siebie (do placówek pocztowych albo sklepów współpracujących w ramach systemu *mail drop*), schodzenie ze szlaku w celu uzupełnienia zapasów, elastyczność polegającą na obozowaniu tam, gdzie zastanie nas noc, no i rozłąkę z partnerem albo partnerką. Estetyka i zasady tej metody przemawiały do mnie, nie powiem, ale przygodę na Szlaku Appalachów chciałem przeżyć razem z JLu.

Ludzie, z którymi stykałem się na szlaku, tacy jak tamte dwie starsze panie, albo jak Victor, podnosili moje morale już od pierwszych dni wyprawy.

Jednocześnie zacząłem zdawać sobie sprawę, że stałem się swego rodzaju punktem zapalnym łatwego w sumie do przewidzenia sporu, podsycanego przez wędrowców i biegaczy, których spotykałem na drodze. Ciekawe, że mnie samemu było bliżej do stanowiska krytyków – ludzi podających moją postawę jako przykład nastawienia sprzecznego z duchem AT.

Kontrowersje dotyczące mnie i mojej wyprawy najlepiej podsumował pewien wędrowiec, który zawołał za mną: „Ej, dokąd się tak spieszysz?", kiedy na granicy Karoliny Północnej i Tennessee zbiegałem z grani w kierunku Buckeye Gap (Przełęcz Kasztanowa). Nie odpowiedziałem od razu. Wiedziałem, co tak naprawdę mężczyzna miał na myśli.

Niektóre osoby – wiele z nich głośno wyraża swoje zdanie w internecie – utożsamiają Szlak Appalachów z okazją do odłączenia się od sieci i dostrojenia do znacznie subtelniejszego rytmu natury; do uwolnienia się od nowoczesnej techniki i poddania siłom znajdującym się poza kontrolą człowieka. Posługując się dzisiejszym językiem, można powiedzieć, że szlak sprzyja *mindfulness*, czyli uważności. W ich mniemaniu uważność nie idzie w parze z ambicją. Kiedy ja i wielu innych – zawodowców i amatorów – zawiązywaliśmy buty do biegania, zakładaliśmy plecaki z minimalnym wyposażeniem i pokonywaliśmy szlak nie piechotą, a biegiem, ludzie ci widzieli w nas bandę pretensjonalnych heretyków. Kiedy Jenny opowiedziała mi o sklepiku-kapliczce niedaleko początku szlaku w Georgii – tym, w którym przechowywano zdarte buty jak relikwie – tylko się uśmiechnąłem. Ale potem uświadomiłem sobie, że naprawdę istnieją ludzie, którzy traktują AT jak swego rodzaju świątynię. Odwiedzając kościół – w dowolnej części świata – przestrzegasz obowiązujących w nim reguł i zachowujesz się godnie. Nie biegasz między ławkami. Dlatego nie mogłem mieć pretensji do swoich krytyków.

W znacznym stopniu podzielałem ich poglądy. Miałem trudności z pogodzeniem obu postaw. Najradośniejsze chwile na szlaku przeżywałem wtedy, gdy doświadczałem naturalnej szczęśliwości i łaski; chwile niespieszne, chwile spokoju, w których zdawałem sobie sprawę z własnej małości. Zgadzałem się z tymi, który postrzegali AT jako miejsce kultu.

Z drugiej strony pragnąłem pobić rekord i przesunąć granice własnych możliwości. Wydawało mi się, że zdołam pogodzić jedno z drugim. Jak dotąd szło mi nieźle.

Wędrowiec z Przełęczy Kasztanowej zapewne nie zgodziłby się z moim przekonaniem, że można jednocześnie upajać się pięknem i brnąć przed siebie pomimo bólu. Nie chciało mi się robić mu wykładu, mimo że miałem w tym niejakie doświadczenie. Nie wiedział, jak sądzę, że poruszałem się z prędkością niespełna pięciu kilometrów na godzinę – mniej więcej tyle co sprawny wędrowiec długodystansowy – a nie piętnastu, jak prawdopodobnie wyobrażał sobie prędkość biegacza. Czy zrozumiałby, gdybym mu powiedział, że choć dusza człowieka znajduje pociechę w urodzie natury, to jednak wykuwa się w ogniu cierpienia? I że gdybym chciał odnaleźć prawdziwy spokój, wówczas każdego dnia musiałbym pokonywać jeszcze więcej niż mordercze osiemdziesiąt kilometrów? Raczej nie. Czy dotarłoby do niego, że w szybkości biegu można znaleźć przyjemność i że w ogóle „szybkość" to pojęcie względne? Może powinienem był mu uświadomić, że nie tylko robię dziennie więcej kilometrów niż większość pozostałych wędrowców, ale też spędzam na szlaku więcej godzin niż inni, dlatego mogę czerpać przyjemność z niego i ze spotkań z jego mieszkańcami zarówno w ciągu dnia, jak i po zapadnięciu zmroku.

Uznałem, że jest czas na dyskusję nad sensem życia i czas na prostą, niekonfrontacyjną odpowiedź. Dlatego mijając tego mężczyznę, rzuciłem krótko:

– Muszę zdążyć na autobus.

Kilka godzin wcześniej snująca się jak dym mgła, która spowijała niekończące się grzbiety i doliny, rozpłynęła się w rzadkim górskim powietrzu. Gdy natrafiłem na jedną z nielicznych przerw w gęstym baldachimie drzew, spłynęły na mnie promienie solidnie przygrzewającego słońca. Nie mogłem się doczekać, kiedy dotrę do Smokies, choć wiedziałem, że każdy spędzony w nich kilometr okupię wielkim wysiłkiem.

Czirokezi czcili te góry jako święte. Nazywali tę okolicę Shaconage, krainą „błękitnego dymu". Współcześnie naukowcy odkryli, że ów święty, tajemniczy dym jest w istocie mgłą, za którą odpowiadają miejscowe rośliny. Za dymem spowijającym Smoky Mountains (dosłownie „zadymione góry") stoją te same procesy biologiczne, które odpowiadają za zapach świeżo skoszonej trawy, tyle że pomnożone przez jakiś miliard. Są niemal jak oddech ziemi.

Uzupełniałem to wielkie zbiorowe tchnienie o własny oddech, mozoląc się AT raz w górę, raz w dół. Zbiegasz dwadzieścia pięter, wbiegasz trzydzieści; zbiegasz dziesięć, wbiegasz dwadzieścia. Tak wygląda pokonywanie wstępującej grani. Trzydzieści metrów tu, piętnaście tam i ciągle, nieustająco do przodu. Niespiesznym tempem. Szlak biegł kamienistą ścieżką prosto w górę, potem prosto w dół, w górę, znowu w dół. Zyskałem sześćset metrów, straciłem sto pięćdziesiąt, wspiąłem się kolejne trzysta. Na papierze różnica wysokości pomiędzy zaporą Fontana a Kopułą Clingmana wynosi skromne tysiąc trzysta metrów. W rzeczywistości to nieustanne wbieganie i zbieganie daje w sumie trzy razy tyle, ponad trzy tysiące sześćset metrów na odcinku pięćdziesięciu trzech kilometrów.

Kiedy mowa o przewyższeniach i górach na Szlaku Appalachów, większości z nas przychodzą do głowy szczyty Nowej Anglii: Góry Zielone w Vermoncie, Góry Białe w New Hampshire, pasmo Mahoosuc w Maine. Tymczasem siedem z dziesięciu najwyższych gór AT leży na południe od Wirginii, z czego cztery na terenie Parku Narodowego Great Smoky Mountains; trzy z nich mają ponad tysiąc osiemset metrów wysokości.

Kiedy z Victorem dotarliśmy wreszcie do górującej nad całym szlakiem Kopuły Clingmana, zastaliśmy tam niewielką grupę biegaczy, którzy spędzili trzy godziny za kółkiem po to, by móc mnie złapać na dachu AT. Byłem kilka godzin do tyłu z harmonogramem i miałem wyrzuty sumienia, że kazałem im czekać. Pogawędziliśmy kilka chwil, a potem wszedłem kręconymi schodami na betonowy taras wieży widokowej. Poświęciłem cenne minuty, bo ciekawiła mnie panorama. Turyści z aparatami fotograficznymi wychylali się daleko za barierkę, a parę osób z Alabamy wyglądało na wstrząśniętych, kiedy się dowiedziało, że zamierzam przebiec całą trasę AT. Pewien przysadzisty mężczyzna wydawał się zaintrygowany pomysłem. Powiedziałem, że sam powinien spróbować przewędrować cały szlak. Odparł, że pewnego dnia to zrobi. Mam nadzieję, że mu się udało.

Spojrzeliśmy na porośnięte nieprzeniknionym gąszczem grzbiety pogranicza Georgii i Karoliny Północnej. Z naszej perspektywy te góry sprawiały wrażenie niewinnych, gęsto zalesionych pagórków. Ale nie pozwalałem się już zwodzić elegancji Południa, z jaką granie ukrywały czające się na nich niebezpieczeństwa. Nie tylko ja żywiłem szacunek dla tego odcinka AT. Wspaniały wędrowiec długodystansowy Daniel Boone opisał tamtejsze góry jako „do tego stopnia dzikie i straszne, że nie sposób patrzeć na nie bez przerażenia w oczach".

Reputacja Smokies przetrwała stulecia, ale jakimś sposobem zaledwie kilka minut później, kiedy szedłem wolnym krokiem pod jodłami i świerkami, zza których przebijały pomarańczowe promienie zachodzącego słońca, postrachowi szlaku udało się mnie wprawić w zachwyt. Trasę znaczyły sploty korzeni wielkości wywrotek, przypominały mi o mojej własnej małości w obliczu potęgi Matki Natury. Mój pierwszy dzień w Smokies okazał się długi i wyczerpujący, ale gdy się kończył, byłem zadowolony i czułem się pełny życia.

Kiedy dotarłem do vana kilka minut po dwudziestej trzeciej, marzyłem już tylko o tym, żeby się położyć do łóżka. Ale JLu uparła się, żebym się umył pod prysznicem turystycznym; wiedziała, że będzie mi się lepiej spało, jeśli spłuczę z siebie brud szlaku. Z ociąganiem wygramoliłem się więc z samochodu i opłukałem zimną wodą na wietrze i we mgle. Kiedy kończyłem toaletę, zobaczyłem reflektory auta. Pomyślałem, że zaraz wyskoczy strażnik leśny i powie, że tu się nie wolno zatrzymywać na noc. Zamiast tego usłyszałem czyjś donośny, podniecony głos, który przebił się przed podmuchy wiatru:

– Słuchajcie, nie wiecie, o której się zjawi Scott Jurek?

Wiedziałem, co pomyślała Jenny, która w tym czasie podgrzewała kolację w vanie: „Powiedz mu, że Scott Jurek przebiegł tędy przed kilkoma godzinami!" – wiedziałem, bo to samo przyszło mi do głowy. A jednak nie zdołałem się powstrzymać. JLu zdawała sobie sprawę, że nie potrafię odmówić fanom. Więc mimo że trząsłem się półnagi na wietrze, odparłem:

– E... to ja jestem Scott Jurek.

– O rany! Synu, wysiadaj! No nie wierzę. Znaleźliśmy go! Ale fart! Scott Jurek! Krążymy od paru godzin. Jesteśmy wielkimi fanami. Mój syn ma jedenaście lat. Razem biegamy w ultramaratonach. Możemy sobie zrobić zdjęcie z panem?

Było ciemno, więc może po prostu nie zauważyli, że mam na sobie jedynie gęsią skórkę i ręcznik. Powiedziałem, że pójdę się ubrać i zaraz wracam. Jenny rzuciła mi szorty, nawet na mnie nie patrząc. Wiedziałem, że wolała, żebym wreszcie usiadł i zjadł – posłuchałem jej, ale dopiero po tym, jak zapozowałem do kilku zdjęć i zachęciłem chłopaka, by nadal robił to, co kocha. Przy okazji wyścigów i wystąpień poznałem mnóstwo ludzi i przekonałem się, że tym, co mnie napędza, są ich historie. Przez całą moją karierę inspirowało mnie wielu sportowców.

Dziś czuję się w obowiązku przekazywać to natchnienie dalej w ramach wielkiego kręgu motywacji.

Kiedy wróciłem do auta, wybuchliśmy z JLu śmiechem. O mały włos ta dwójka fanów zobaczyłaby więcej Scotta Jurka, niżby chciała.

* * *

Szarym przedświtem czwartego dnia niedaleko naszego czarnego vana zatrzymał się biały sedan. Poczułam się dziwnie, widząc inne auto w takim miejscu o tak wczesnej porze, ale uznałam, że może ktoś się zgubił i zobaczył światło sączące się z naszego wozu. Jurker i ja przygotowywaliśmy się do porannego biegu, tak jak dzień i dwa dni wcześniej, do wspólnego pokonania pierwszego odcinka – razem i tylko we dwoje. To była zdecydowanie moja ulubiona część każdego dnia.

Ale kiedy wyszliśmy z samochodu i włączyliśmy czołówki, przybysz też wysiadł. I bynajmniej nie wyglądał na zagubionego. Był w pełnym biegowym rynsztunku.

Okazało się, że spędził sześć nocnych godzin za kółkiem, jadąc z Louisville, tylko po to, żeby poznać Jurkera. Zrobił na mnie wrażenie tym, że nas odnalazł – nasz lokalizator GPS działał z przerwami – niemniej pora była zbyt wczesna na towarzystwo. Przyjaciele jak przyjaciele, ale nieznajomi wymagają jednak zupełnie innego nastawienia. Przyznaję, nie jestem zbyt dobra w konwenansach, za to Jurker jest w nich mistrzem. Typowy Minesotczyk. Bez skrępowania zagaduje sąsiadów na podwórzu, podczas gdy ja unikam kontaktu wzrokowego i szukam wymówki, żeby się ewakuować do domu. W normalnych okolicznościach podziwiam to jego przyjazne, otwarte usposobienie, ale akurat teraz wolałam schować się między drzewami razem z mężem i posłuchać śpiewu ptaków.

Skoro już wiedziałam, że jednak będziemy mieli towarzystwo, ruszyłam szlakiem bez nich, bo zależało mi przynajmniej na kilku chwilach ciszy i samotności. Zeszłam z drogi, wkroczyłam w zielony tunel i znów zrobiło się ciemno. Na Południu noc utrzymuje się długo po tym, jak wstanie świt, zwleka z odejściem z gęstego lasu. Mokre pajęczyny przyklejały mi się do policzków. Szybko zaczęłam naśladować Jurkera i ruszyłam raźniejszym krokiem, trzymając przed sobą kijki ułożone w wielkie „X". Po drugiej stronie Pająkowa minęłam szałas, w którym spali dwaj wędrowcy. Pięknie i spokojnie. Poczułam tęsknotę za naszymi własnymi wyprawami na PCT, kiedy sypialiśmy w takich miejscach; rano jako ostatni opuszczaliśmy szałasy, a i tak przed zmierzchem udawało nam się doścignąć resztę załogi. Obejrzałam się i zobaczyłam zbliżające się światło czołówki. Dobrze, że tylko jedna, pomyślałam z ulgą.

– Gdzie twój nowy znajomy?

– Wytłumaczyłem mu, że chcę pobiegać tylko z tobą. Obiecałem, że będzie mógł dołączyć do mnie za zaporą.

Tak więc jednak udał nam się ten wspólny poranny bieg i okazał się jednym z najwspanialszych podczas całej wyprawy. Czytałam o zaporze Fontana w przewodniku, ale opis nie umywa się do rzeczywistości. Rozmiar konstrukcji zapiera dech w piersiach. Z jej szczytu roztacza się widok na dolinę rzeki Little Tennessee i okolicę: białe brzegi koryta, wzgórza i to samo dalej, hen po horyzont. Zjeździłam cały świat, biegałam w wielu niesamowitych miejscach, ale chwile spędzone tamtego poranka na potężnej tamie należą do najwspanialszych w moim życiu. Miałam poczucie doniosłości, jakbyśmy biegli do innego etapu naszego wspólnego życia. Przypomniała mi się historia z Miedzianego Kanionu, którą lubił opowiadać Luis.

Penetrując szlaki w okolicy Batopilas, Luis, Jurker i ich przewodnik Caballo Blanco zatrzymali się przed starym mostem wiszącym.

– Po drugiej stronie czeka nas przygoda – odezwał się złowieszczo Caballo. – Po przekroczeniu mostu nie będzie już odwrotu. Podnieście prawą dłoń i powtarzajcie za mną: „Jeśli się zranię, zgubię albo zabiję, to sam będę sobie winien".

Scott i ja robiliśmy widoczne postępy w drodze na północ – i już nie mogliśmy się cofnąć. Po drugiej stronie zapory znajdowała się tabliczka z napisem: „Park Narodowy Great Smoky Mountains", która powitała nas w kolejnym etapie podróży.

Stał przy niej entuzjastyczny biegacz, ten sam, który rano złożył nam wizytę, a z nim kilku innych.

Tym razem nie miałam nic przeciwko ich obecności. Bałam się puścić Scotta samego na szlak. W Smokies dostęp do dróg i zasięg telefonów jest ograniczony, za to często dochodzi do spotkań z niedźwiedziami. Towarzystwo było zatem mile widziane, zwłaszcza że najbliższe pięćdziesiąt dwa kilometry Scott miał pokonać bez wsparcia, ponieważ na tym odcinku AT prowadzi przez całkowicie dziki obszar.

Kiedy Jurker i biegacze ruszyli w trasę, wsiedliśmy z Luisem do vana i przemieściliśmy się do niewielkiej oazy o nazwie Nantahala Outdoor Center, którą odkryliśmy dzień wcześniej. Luis chciał zrobić pranie. Zaskoczył mnie: byliśmy na szlaku zaledwie od czterech dni, za dwa dni miał nas opuścić, a jemu się zebrało na praniu! Życie w vanie nie jest dla każdego...

Załadował ciuchy do starej jak świat, lepiącej się od brudu pralki i włączył program, licząc na cud. W oczekiwaniu na niego poszłam do restauracji, z której roztaczał się widok na rzekę Nantahala, i sprawdziłam skrzynkę pocztową. Dostałam przypomnienie od lekarza, że tego dnia powinnam przyjść na pobranie krwi – chodziło o sprawdzenie, czy po poronieniu poziom hormonu hCG w moim organizmie obniżył się do zera. Ożeż. Kompletnie zapomniałam. W ogóle wszystko to wyleciało mi z głowy, nie myślałam o tym od dnia, w którym zameldowaliśmy się w Georgii. Poczułam się dobrze w objęciach zapomnienia po wielu miesiącach roztrząsania, mogąc wreszcie wydostać się z ciemnej chmury smutku i frustracji. Nie zmieniało to jednak faktu, że naprawdę powinnam zbadać krew. Namierzyłam niewielką przychodnię, od której dzieliło nas raptem pół godziny jazdy samochodem. Luis zaczekał w wozie, a ja poszłam na pobranie krwi, aby móc wreszcie zamknąć ten rozdział księgi mojego zdrowia. Wychodząc stamtąd, czułam się lżejsza (i trochę kręciło mi się w głowie).

Ta obecna podróż wynikła z innej, w którą wyruszyliśmy trzy lata wcześniej, kiedy zaczęliśmy się starać o dziecko. Okazało się to najtrudniejszą rzeczą, jakiej kiedykolwiek się podjęłam. Nie rozumiałam dlaczego. Czy jako kobieta nie miałam prawa do macierzyństwa? Wszystko inne w życiu zdołałam osiągnąć mniejszą lub większą ilością ciężkiej pracy, natomiast w tym przypadku... Zrobiliśmy wszystkie niezbędne badania, skonsultowaliśmy się z różnymi specjalistami, sięgnęliśmy do tradycji medycyny zarówno Wschodu, jak i Zachodu – i nic. Zaliczono nas do niejednoznacznej kategorii „bezpłodnych z niewyjaśnionych przyczyn". Przeżyliśmy dwa rozczarowania. Pierwsze o mało mnie nie zabiło. W przeszłości zawsze gdy słyszałam od życia: „Nie!", pochylałam głowę, odpowiadałam bezgłośnie: „Tak!" i parłam przed siebie. Nie zamierzałam rezygnować z marzeń.

El Coyote spał na kierownicy, a silnik pracował na jałowym biegu. Mogłam zrugać Luisa, ale nie zrobiłam tego, bo widziałam, że jest wykończony. Te cztery dni suportowania wyprawy Jurkera okazały się bardziej wyczerpujące, niż się spodziewaliśmy. Obojgu nam potrzebny był odpoczynek, ale mieliśmy listę sprawunków, które wymagały załatwienia, zanim udamy się w kolejne miejsce spotkania ze Scottem.

Wyczekiwanie i niepewność nie były jedynymi męczącymi aspektami wyprawy. Spod przychodni pojechaliśmy do sklepu spożywczego, na stację benzynową i do punktu obsługi podróżnych, gdzie mogliśmy umyć naczynia. Luis wyskoczył z vana ubrany w obcisłe szorty do biegania (tak obcisłe, że śmiałam się, że wygląda, jakby próbował przemycić w nich orzeszki...), z ceramicznym medalionem na szyi i w huarache'ach na nogach. Cały El Coyote. Nic niezwykłego. A potem wyłoniłam się ja: w odblaskowych szortach do biegania i w kropkowanej koszulce na ramiączkach – w moim przekonaniu prawdziwa elegancja rodem z Boulder.

Kilkunastu motocyklistów, którzy zatrzymali się obok nas na parkingu, miało na ten temat inne zdanie. Wszyscy byli ubrani od stóp do głów w skóry i nie ukrywali zainteresowania naszą dwójką. Robiliśmy swoje, nie zważając na nich. W końcu jeden z nich nie wytrzymał i skomentował: „Dobry Boże!". Nie wiem, czy poruszyły go nasze stroje, czy może fakt, że Latynos i Azjatka przemieszczają się wielkim czarnym vanem z rysunkiem batona Clif Bar i sloganem: „Biegaj z przyjemnością" na drzwiach. Tak czy owak, facet wzbudził w nas wesołość.

Wybuchnęliśmy śmiechem, ale dopiero p o t y m, jak wsiedliśmy z powrotem do auta. Dokoła powiewały liczne flagi konfederatów. Bałam się o los Luisa i jego orzeszków, gdyby przyszło co do czego.

ROZDZIAŁ CZWARTY

OTO KIM JESTEM, OTO CO ROBIĘ

DZIEŃ PIĄTY

Nie tylko obcy ludzie odnajdowali mnie na szlaku. Robili to również starzy przyjaciele.

Był ucieleśnieniem zrzędliwego proroka, samozwańczego szkoleniowca, który próbuje stymulować twój rozwój, ucinając ci nogi na wysokości kolan. Włączyłem go do grona tych moich znajomych, których towarzystwo bywa uciążliwe, ale za którymi zaczynam tęsknić, jak tylko się z nimi rozstaję. Był moim Yodą z Południa.

Nazywał się David Horton; niektórzy wołali na niego Horty, za czym nieszczególnie przepadał. Przydomkiem obdarzył go jeden z jego licznych uczniów, apostołów biegowego cierpienia. Horty brzmiało zapewne o niebo lepiej wypowiadane południowokarolińskim nosowym akcentem, ale nie wyobrażaliśmy sobie z JLu, że moglibyśmy nazywać go inaczej. Na pewno nie imieniem, które dali mu rodzice, bo przecież był kimś więcej niż po prostu Davidem: był Hortym. Sam wolał, a nawet wymagał, aby ludzie zwracali się do niego z szacunkiem per Doktorze Horton albo nawet Królu D-Ho.

Poznaliśmy się w 1998 roku w Lynchburgu w Wirginii podczas spotkania organizacyjnego przed pięćdziesięciomilowym wyścigiem Mountain Masochist. Miesiąc wcześniej przybiegłem jako drugi w Angeles Crest, swoim pierwszym stumilowcu, a jeszcze wcześniej wygrałem trzy pięćdziesięciomilowce i w trzech innych zająłem miejsce na podium. Miałem dwadzieścia cztery lata i włosy do ramion. Dopiero zaczynałem nadbudowywać swoją ultramaratońską karierę nowymi rodzajami rywalizacji – po to przyjechałem do Lynchburga w Paśmie

Błękitnym. Uznałem, że pora zmierzyć się z biegową konkurencją na wschód od Missisipi. Wyróżniałem się z towarzystwa. Kierownik zawodów, który prowadził spotkanie tamtego piątkowego wieczoru, obrzucił mnie wzrokiem, łypnął na miseczkę ze stali nierdzewnej, z której jadłem kolację: komosę ryżową z czarną fasolą, i uśmiechnął się z wyższością. Był chudy i muskularny. Jeszcze nie tak posunięty w latach, by zacząć siwieć, ale niewiele mu brakowało. Rzut oka na jego białą koszulkę polo i starannego jeża na głowie wystarczył, bym się zorientował, że moje długie kędziory i luzacka postawa Zachodniego Wybrzeża, którą emanowałem, nie pasują do tych okolic.

– Ej, Juuurek – odezwał się, mocno przeciągając samogłoski; z czasem nieźle się osłuchałem z tym akcentem. – Wyglądasz, d z i e w c z y n o, pieeerwsza klasa! Co tam chowasz w tej miseczce? Psiego bełta?

Tak brzmiały pierwsze słowa wypowiedziane do mnie przez Horty'ego. (Znacznie później przedstawił się Jenny w równie dziwaczny sposób). A potem dorzucił w swoim stylu:

– Myślisz, że będziesz pan gnał jak ta strzaaała w Appalachach, panie Jurek? Tu, na wschodzie, mamy góry dla prawdziwych twardzieli!

Sądziłem, że nie jestem typem człowieka, który ocenia innych na podstawie opinii, jakimi się cieszą, ale w przypadku Horty'ego reputacja zdecydowanie go wyprzedzała. Może to była próbka ciętego południowego humoru albo sposób na zabawienie się moim kosztem. W każdym razie wiedziałem, że pod tą pozornie grzeczną powierzchownością kryje się niezły szelma. Mimo że dzieliło nas niemal wszystko, zostaliśmy kumplami od biegania i chętnie spotykaliśmy się na trasach górskich wyścigów.

Miał doktorat z pedagogiki i wykładał fizjologię treningu na Liberty University w Lynchburgu, uczelni założonej przez telewizyjnego kaznodzieję Jerry'ego Falwella. Oprócz teorii treningu uczył też biegania – przez semestr jego studenci do krwi taplali się w błocie na szlakach, które Horty wyznaczył w sąsiedztwie Liberty. W swoim stylu każdemu studentowi, który ukończył ultramaraton, podwyższał ocenę końcową z zajęć.

Na tworzonych przez siebie trasach, zwłaszcza na długich podbiegach, umieszczał tabliczki z hasłami typu: „Tłuszcz wrogiem szybkości". Od ponad piętnastu lat organizował i prowadził rocznie pięć imprez ultra. Nie znam nikogo, kto tak jak on ukochałby biegi terenowe i skupioną wokół nich społeczność. Większość ultramaratończyków bała się Króla D-Ho. Albo szanowała go. Albo unikała. Albo wszystko naraz.

Uwielbiał deptać mi po piętach. Był jednym z niewielu, którzy mogli mnie przegonić, jeśli chodzi o doświadczenie. Wygrał dwadzieścia pięć ultramaratonów, w tym kilka imprez wytrzymałościowych na najbardziej osławionych i szalonych trasach na świecie. Zajmował trzecie miejsce w zestawieniu najszybszych biegaczy transkontynentalnych: przebiegł Amerykę wszerz w sześćdziesiąt pięć dni, pokonując średnio siedemdziesiąt dwa i pół kilometra dziennie, przy czym jego tempo wynosiło przeciętnie pięć minut i czterdzieści pięć sekund na kilometr – niezły wynik, jeśli uwzględnić liczne utrudnienia w postaci Sierra Nevada, Wielkich Równin, Gór Skalistych, Appalachów i całej reszty atrakcji na liczącej cztery tysiące dziewięćset trzydzieści pięć kilometrów trasie. W 1991 roku ustanowił rekord prędkości AT. W 2005 roku, na późnym etapie swojej kariery, osiągnął FKT na mierzącym cztery tysiące dwieście siedemdziesiąt kilometrów PCT, rysując na mapie Stanów Zjednoczonych, jak to ujął „wielkie H jak Horton": zaliczył dwa szlaki prowadzące z północy na południe (albo odwrotnie) i bieg transkontynentalny z zachodu na wschód przez środek kraju.

Horty nie był najwybitniejszym sportowcem, ale chełpił się mianem jednego z najwytrzymalszych. Dwa razy zwyciężył w Hardrock, będącym zarówno jeśli chodzi o reputację, jak i rzeczywistość, najbardziej wyczerpującym wyścigiem stumilowym w Ameryce Północnej. Trasa biegu, który ma start i metę w Silverton w Kolorado, w sercu gór San Juan, prowadzi przez szczyt wznoszący się na wysokość czterech tysięcy dwustu osiemdziesięciu jeden metrów, sześć zaśnieżonych przełęczy powyżej trzech tysięcy dziewięciuset metrów każda, wartkie, lodowate rzeki i stoki piargowe tak strome, że nawet biegacze, którzy wspinają się na czworakach, tracą przyczepność i zsuwają się po kamieniach. Suma przewyższeń na trasie to ponad dziesięć tysięcy metrów; w ulotce na temat wyścigu można przeczytać, że to jakby wbiec na Mount Everest i z powrotem.

Jednakże nie same zwycięstwa w Hardrock przydały Horty'emu odporności, lecz to, w jaki sposób je wywalczył.

Kiedy podczas zawodów w 1998 roku Horty wbiegał na zbocze przełęczy Grant Swamp, potrącony przez znajdującego się wyżej zawodnika kamień wielkości melona uderzył go w prawą dłoń. „Nieco później – napisał pięćdziesięciojednoletni wtedy Horty we wspomnieniach z biegu – zauważyłem, że rękawiczka jest cała we krwi". Po zawodach okazało się, że doznał złamania wieloodłamowego. W 2001 roku Horty i Blake Wood dołączyli do nielicznego, bo jednoosobowego (mowa o Marku Williamsie, zwycięzcy z 1995 roku) grona osób, które ukończyły Barkley Marathons, bieg zaprojektowany tak, by dotarcie na metę graniczyło z cudem; hasło zawodów brzmiało: „Wyścig, który pożera swoje młode".

Nie jestem pewien, jak to nazwać: zaciętością, głupotą czy może hartem dzikusa, ale w 2011 roku Horty jakimś sposobem zdołał przekonać swojego kardiologa, żeby ten przesunął operację na otwartym sercu Horty'ego o trzy dni po to, aby Horty mógł spełnić obowiązek kierownika stukilometrowego wyścigu Hellgate. Niczym kot o dziewięciu życiach, przetrwał biegowy weekend, by w poniedziałek położyć się do szpitala na operację wszczepienia siedmiu bypassów. Oczywiście konieczność wykonania zabiegu zrzucił na karb genów, a nie podłego jedzenia ze stacji benzynowych, jakim się żywił.

Ostatni raz widziałem się z nim podczas Hardrocka w 2014 roku. Krótko przed zawodami przeszedł wymianę stawu kolanowego w lewej nodze; kursował między punktami odżywiania na rowerze górskim. Od tamtej pory niewiele złagodniał.

– Ładniutko tu na górze, co nie? – dobiegł głos z ciemności.

Odnalazł mnie późnym wieczorem piątego dnia niczym szlakowy posokowiec, którym w istocie był, i zaskoczył na trawiastym szczycie Max Patch* na wysokości tysiąca czterystu dziesięciu metrów. Spoglądaliśmy na wielopoziomowe północnokarolińskie doliny, skąpane w łagodnym świetle księżyca. Niezwykłe, wzniosłe chwile – dla każdego, nawet dla mnie, przez cały dzień przedzierającego się przez zlany deszczem Zielony Tunel i mającego za sobą mordercze siedemdziesiąt dwa kilometry na postrzępionych jak zęby tępej piły graniach Smokies. Przed nami rozciągał się wysoki, samotny raj o kantach i nierównościach wygładzonych przez rozproszony księżycowy blask, przełamany jedynie tu i tam niebieskawo-zieloną bioluminescencją grzybów, która sprawiła, że butwiejące drewno zaczęło świecić.

Horty kochał AT i uwielbiał przebywać w górach, ale nie dla niego upajanie się pejzażami i pławienie w nastroju. Nie przepadał za dłużyznami. Bo przecież musiał załatwić to i tamto, spotkać się z tym i tamtym. To jego wieczne, nomen omen, zabieganie, to nieustające parcie do przodu, nie dotyczyło wyłącznie szlaku, ale każdego aspektu życia.

Szybko zrozumiałem, że nasze podejście do Szlaku Appalachów różni się diametralnie. Obu nam zależało, żebym ustanowił FKT, ale odmiennie postrzega-

* Nazwa góry, tak jak wiele innych w Appalachach, pochodzi od nazwiska farmera (tu: Max), który osiedlił się tam w XIX wieku i oczyścił teren pod pastwiska. *Patch* zaś to skrawek, spłacheć, innymi słowy działka położona na „łysym", porośniętym jedynie niską, trawiastą roślinnością grzbiecie.

liśmy sposób, w jaki miało się to odbyć. Horty pojawił się akurat wtedy, kiedy zdobyłem szczyt w Appalachii, który po zachodzie słońca prezentował się szczególnie pięknie. Miękkie, pulsujące barwy, cisza, chłodne wieczorne powietrze, gwałtowny skok dopaminy – wszystko to sprawiło, że zapragnąłem godzinami chłonąć ból nocy, kąpać się w morzu endorfin, na które zasłużyłem wysiłkiem. Horty niczego nie chłonął. Horty się nie rozkoszował. Nie sądzę, aby kiedykolwiek to robił. Miał za to w zanadrzu garść porad. Powiedział, że powinienem zakończyć dzień na Lemon Gap*. Powiedział, że jeśli na serio myślę o FKT, muszę biegać wydajniej. Powiedział, że powinienem wcześniej kłaść się spać, żeby nie musieć biegać po ciemku. A potem ruszył na południe, tam skąd przybył, na początek szlaku, gdzie zostawił swoją hondę element. Kiedy odwróciłem się od rozświetlonej grzybami doliny i skierowałem na północ, krzyknął za mną:

– Tylko uważaj, chłopcze, na oznaczenia trasy! Tam na dole szlak nieeeźle daje w kość!

Miał rację: szlak dał mi w kość. Mokra, kamienista ścieżka okazała się sporym obciążeniem dla moich stawów. W trakcie zbiegania czułem nasilające się ukłucia bólu w prawym kolanie. Nieustanny nacisk na kostki i golenie wytrącał mnie z równowagi i osłabiał krok, zamieniał nogi w niepewną podstawę. Nie wiem, co było przyczyną, ale ból kolana pojawił się już wcześniej tego dnia, na czterdziestoośmiokilometrowym odcinku w dół, prowadzącym poza granicę parku narodowego, i na szesnastokilometrowym fragmencie szlaku, po tym jak dołączyła do mnie JLu. Zorientowałem się, że coś jest na rzeczy, kiedy zacząłem zostawać w tyle podczas zbiegania: to się nigdy nie zdarza, nawet gdy mam w nogach prawie pięćdziesiąt kilometrów. Skwitowaliśmy problem śmiechem, biegnąc radośnie pośród popołudniowej burzy, a potem pochłonąłem rozmiękłe wegańskie chipsy serowe. Nieco później JLu spróbowała podnieść mnie na duchu i jednocześnie zakpić sobie ze mnie: widząc, że ciągnę ostatkiem sił, puściła na telefonie motyw przewodni z *Rocky'ego*. Dzięki krótkim przerwom na śmiech podczas tych na pozór niekończących się wspólnych błotnych kilometrów Jenny i ja wiedzieliśmy, że znajdujemy się we właściwym miejscu. A przeszywający ból kolana? Na pewno nie zepsuje nam przyjemności. Tak jak każdy zaprawiony w boju biegacz starałem się o nim nie myśleć, kiedy zbliżałem się do mety odcinka na Lemon Gap; liczyłem, że przez noc po prostu przejdzie.

---

* Nie ma zgody co do pochodzenia nazwy tej przełęczy. Jedni wywodzą ją po prostu od cytryn (*lemon*), inni od cieniasa, mizeraka (też *lemon*), potocznego określenia osoby o kiepskich możliwościach sprawnościowych.

Nie przeszedł.

Rano kolano było opuchnięte, wrażliwe i obolałe. Jako fizjoterapeuta podejrzewałem, że podrażniłem chrząstkę znajdującą się pod rzepką. Ta dolegliwość dotyka biegaczy tak często, że zyskała dość oczywistą nazwę: kolano biegacza.

Przypadłość była bolesna i denerwująca, ale nie przekreślała szans na ukończenie trasy; na pewno nie zamierzałem pozwolić, by mnie powstrzymała. Znałem ultramaratończyków, którzy docierali na metę z ledwo wydolnymi nerkami albo którzy tracili kontrolę nad jelitami. W 1998 roku Joel Zucker, weteran górskich biegów, pokonał ostatnie trzydzieści parę kilometrów Hardrock z paraliżującym bólem głowy. Po wyścigu, jadąc samochodem na lotnisko, żeby zdążyć na samolot do domu w północnej części stanu Nowy Jork, zmarł wskutek pęknięcia tętniaka mózgu. Kolano biegacza nie było zatem najgorszą rzeczą, jaka mogła mi się przytrafić. My, biegacze, nie kapitulujemy przed tym.

Przez początkowe trzynaście kilometrów pierwszego czerwca, szóstego dnia wyprawy, musiałem wbiec dwieście metrów, potem zbiec trzysta sześćdziesiąt, następnie znów wbiec i ponownie zbiec. Pocieszało mnie to, że deszcz wreszcie przestał padać, a po kilku kilometrach kolano rozluźniło się i jakby przypomniało sobie, do czego służy; wymagałem od niego, żeby pozwalało mi wędrować i biegać osiemdziesiąt kilometrów dziennie. Interesujące w kolanie biegacza (zespole bólu rzepkowo-udowego, jak brzmi oficjalna nazwa schorzenia) jest to, że częstokroć ból łagodnieje, kiedy się ruszasz, oczywiście o ile ograniczysz nacisk chrząstki na spód rzepki. Chrząstka stawowa, która została podrażniona albo jest w stanie zapalnym, nie lubi, kiedy się ją trąca albo pociera; jest jak świeży bąbel. Raczej nie dojdzie do siebie, jeśli będziesz gnał zbyt szybko, sporo zbiegał albo zaliczał przesadnie dużo kilometrów. Jeśli chodzi o kilometry, nie miałem wyboru, ale postanowiłem spróbować przenieść choć część obciążenia z prawej nogi na lewą. Ryzyko chyba się opłaciło i poranna ulga od bólu podziałała zachęcająco.

Kiedy dotarłem do północnokarolińskiego odcinka autostrady 212, byłem nieźle obolały i do tyłu z czasem. Obłożyłem prawe kolano workiem z lodem i nie tyle biegłem, co szedłem, kuśtykając. A przecież pokonałem dopiero niecałe pięćset kilometrów trasy AT.

Mimo to chłonąłem ducha szlaku. Kilka kilometrów wcześniej minąłem mogiłę, w której spoczywają ofiary masakry, jakiej w styczniu 1863 roku dopuścili się konfederaci, brutalnie mordując rodzinę Sheltonów oraz trzynaścioro innych rzekomych sympatyków Unii, w tym kobiety i dzieci. (Do zdarzenia nawiązuje jedna ze scen w filmie *Wzgórze nadziei*).

Dalej: bezkresny grzbiet, a za nim ponad sześćset metrów w dół ku Devil Fork Gap (przełęcz Diabelskie Widły) i spotkanie z JLu. Pokonałem osiemdziesiąt kilometrów. Słońce zachodziło i klimat stuletnich grobowców, mgły, deszczu i ciemności robił upiorne wrażenie – jak z horroru. Jakby tego było mało, kiedy dotarłem do JLu i vana, Horty poinformował nas, że okolica słynie z mieszkańców wrogo nastawionych do szlaku i wędrowców. Korzenie ich urazy tkwią w czasach, gdy rząd Stanów Zjednoczonych dokonywał rekwizycji ziemi w celu ustanowienia służebności drogi na nowo utworzonym szlaku turystycznym. Kiedy w 1991 roku Horty bił rekord AT, na tym odcinku roiło się od pułapek; na przykład rozwieszano żyłki zakończone haczykami z zadziorami, które zaczepiały się o skórę i rozrywały ją. Obok skrzyżowania, przy którym JLu postawiła nasz Czarny Zamek, znajdowała się tabliczka z napisanym odręcznie oskarżeniem pod adresem wszystkich „*tfu!*rystów", ponoć odpowiedzialnych za śmierć psa, który pobiegł za nimi i został potrącony przez samochód. Określenie „*tfu!*rysta" zaczęło krążyć wśród wędrowców jako mem; zaczęli mówić tak jeden na drugiego, jakby byli bandą wyjętych spod prawa wyrzutków toczących spór z miejscowymi Południowcami.

Dokuśtykałem do Czarnego Zamku, uchylając się przed wyimaginowanymi haczykami. Stawało się dla mnie jasne, że przegrałem konfrontację z prawym kolanem. W dodatku pojawił się kolejny problem: kłujący ból w lewym udzie. Tak bardzo starałem się oszczędzać prawą nogę, że nadwerężyłem i najprawdopodobniej uszkodziłem mięśnie lewej. Szybka diagnoza: naderwany mięsień czworogłowy uda.

Na szczęście – i niestety – wiedziałem, co mi pomoże: RICE, czyli R jak *rest* (odpoczynek), I jak *ice* (lód), C jak *compression* (ucisk), E jak *elevation* (uniesienie) – akronim, który równie dobrze mógł wyglądać tak: PRZERĄBANE. Łagodne nadwyrężenie przechodzi z reguły po jakichś dziesięciu dniach, średnie potrzebuje do czterech tygodni, natomiast mocno naciągnięty mięsień może uziemić biegacza nawet na dwa miesiące.

Czas nie pracował na moją korzyść. Leżałem na łóżku w vanie, zimna woda ściekała mi po nogach, w jednym ręku trzymałem rondel z pływającym w oliwie z oliwek pełnoziarnistym makaronem, a w drugim przewodnik po AT. Dwadzieścia cztery godziny po pojawieniu się bólu w prawym kolanie uszkodziłem sobie również l e w ą nogę, próbując zrównoważyć nacisk na kończyny. Okazało się, że oprócz wygranej z czasem, przydałaby się też nagroda specjalna w postaci pary nowych nóg.

Zasypiając, pomyślałem o pokrzepiających słowach Horty'ego: „To coś w sam raz dla ciebie, stary!", które wypowiedział w Waszyngtonie na PCT dwanaście lat wcześniej. A potem przypomniała mi się wędrówka z Hortym ostatniej nocy. Żałuję, że nie zostałem tam, na górze, w świetle księżyca.

Poprzednie dwa dni upłynęły pod znakiem kolejnych kilometrów, kolejnych opadów deszczu, kolejnego bólu i kolejnych wątpliwości. Podróż poślubna zdecydowanie dobiegła końca. Pod koniec szóstego dnia natrafiłem na ustawioną w poprzek Zielonego Tunelu barierę z pozoru nie do pokonania...

...która z każdym dniem zdawała się coraz wyższa.

Wyruszyłem wczesnym rankiem, samotnie, kuśtykając i krzywiąc się z bólu, ale jakoś parłem do przodu, dopóki...

Zamrugałem i odchyliłem głowę nieco do góry.

Najpierw usłyszałem, a potem zobaczyłem.

Wysoko ponad sufitem z dębowych gałęzi, ponad szmaragdowym tunelem, który stał się całym moim światem, niebo pękło z donośnym trzaskiem. Wędrowałem AT dopiero od tygodnia, ale już wiedziałem, jak trudno pozostać suchym pod powałą szlaku.

W miarę jak deszcz nabierał intensywności, strop z listowia okazywał się coraz bardziej dziurawy. Wystarczyło kilka chwil, by ścieżka zamieniła się w płynącą niespiesznie rzekę błota i bym przemókł do suchej nitki. W szumie deszczu ginęły wszelkie inne dźwięki: oddech, bicie serca, plusk wody w kałużach, w których lądowały moje stopy. Ucichły nawet śpiewające ptaki. Znowu byłem sam. Znowu mokry od stóp do głów.

Bywały chwile, w których bezkresny szlak na północ wydawał się przytulny jak ciepły szałas, ale zdarzało się też, że był niczym ciemna jaskinia-samotnia. Od czasu do czasu miałem wrażenie, że powoli spadam ku czemuś odległemu. Nie wiedziałem, co takiego pchało mnie do przodu.

To była jedna z t a k i c h chwil. Minęły zaledwie trzy dni, od kiedy stanąwszy na wysokiej polanie, poczułem falę zwątpienia co do wyprawy, na którą wreszcie zdecydowałem się wyruszyć, i zacząłem się użalać nad sobą. Jak się miałem wielokrotnie przekonać na AT, trzy dni w zupełności wystarczą, by ze szczytu znaleźć się w dolinie.

Brnąłem przez błoto, kamienie i korzenie, biegłem wijącym się jak wstęga szlakiem, który wznosił się i opadał do rytmu jakiejś niepoznawalnej przedwiecznej geologii tego regionu. Zmierzałem na północ.

Nie to, żeby brakowało urozmaiceń. Bieg Szlakiem Appalachów w Karolinie Północnej nie przypomina bynajmniej jednostajnej, nieciekawej wędrówki traktem bólu i cierpienia. Jest w nim poezja i są też, rzecz jasna, atrakcje. Na przykład każda z moich nóg doświadczała obrażeń zupełnie innego rodzaju.

Kuśtyk. Utyk. Kuśtyk. Utyk.

Szarpnięcie. Ból. Szarpnięcie. Piekący ból.

Minęło dopiero siedem dni wyprawy, a ja zdążyłem się dorobić naderwanego mięśnia czworogłowego lewego uda i wściekle bolesnego zapalenia rzepki w prawym kolanie. Kiedy lądowałem na prawej nodze, przechodził mnie prąd i czułem się, jakby dentysta borował mi w kolanie; kiedy lądowałem na lewej, udo przeszywał palący ból i wyobrażałem sobie wtedy, jak ktoś próbuje przekroić mi mięśnie nożem do masła.

Przez całe życie wystawiałem swój organizm na ciężkie próby. Doznawałem urazów, które śmiało mógłbym porównać ze średniowiecznymi torturami. Cierpiałem. Dwukrotnie przebiegłem dwieście siedemnaście kilometrów przez Dolinę Śmierci w temperaturze sięgającej pięćdziesięciu dwóch stopni Celsjusza. W zestawieniu z pustynią Mojave, Szlak Appalachów to była sielanka.

Wszystko to było prawdą – i zarazem nie miało żadnego znaczenia.

Nigdy nie czułem takiego bólu jak teraz. Nigdy. Bywałem kontuzjowany, dopadało mnie zniechęcenie i poczucie porażki. Ale tym razem to było coś innego.

Po siedmiu dniach zmagań z FKT na szlaku zaczęło do mnie docierać, że istnieją dwa rodzaje bólu. Jeden to ten, który znałem od lat: katalityczny, gwałtowny i wściekły, taki, co sprzedaje ci kopniaka w żebra i wali otwartą dłonią w twarz, żebyś dźwignął się z ziemi i parł przed siebie. Wrzeszczy na ciebie, kiedy zbliżasz się do przeszkody niemożliwej do pokonania – i sprawia, że odpowiadasz mu krzykiem. Ten ból cię wypełnia. Dodaje skrzydeł. Czyni cię wielkim.

Drugi jest jego przeciwieństwem.

Ten ból o d b i e r a, wydrąża, sprawia, że człowiek czuje się pusty. Miałem wrażenie, jakbym zostawiał na szlaku fragmenty siebie. R o z p a d a ł e m s i ę. Traciłem siły, i to w szybkim tempie.

Przez ponad dwadzieścia lat nogi były moim drugim co do ważności atutem. Dzięki nim startowałem w zawodach na całym świecie i pokonywałem tysiące kilometrów. Nigdy wcześniej mnie nie zawiodły. Jednakże moim najważniejszym atutem – który traciłem tylko od czasu do czasu – była głowa.

Rzeczywiście: b y ł a.

Siódmego dnia wyprawy, kiedy nogi bezdyskusyjnie zaczęły odmawiać posłuszeństwa, deszcz się nasilił, a wątpliwości odzywały się coraz mocniejszym głosem, zrozumiałem, że pośród przygotowań i uwagi, jaką poświęciłem odpowiedniej diecie, zaniedbałem pracę nad motywacją, nad odpowiedzią na pytanie o to, co ja tu właściwie robię.

Mam na swoim koncie wiele sukcesów. I wiem jedno: kiedy wygrywasz, rzadko zadajesz sobie pytanie o to, d l a c z e g o. Możesz to słowo przyćmić osiągnięciami, możesz przykryć triumfami. Burza oklasków sprawia, że nie słyszysz nawet własnych myśli. Ale to, że je zignorujesz, nie oznacza, że „dlaczego" przestanie istnieć. Ono się nie starzeje, nie męczy. Dogania cię, gdy przed nim uciekasz, i staje się głośniejsze. Naprzykrza się, mąci myśli, które najchętniej położyłbyś spać w ciemnym kącie.

Może jestem na to za stary?

Zżerany wątpliwościami i osamotniony spojrzałem na zegarek i pokuśtykałem dalej.

Nawet jeżeli wszystko pójdzie zgodnie z planem, czeka mnie jeszcze c o - n a j m n i e j trzydzieści pięć dni na szlaku. Trzydzieści pięć dni na wyścig z czasem, na próby przegonienia duchów wędrowców i biegaczy, którzy przede mną dowiedli swojej wartości na AT. W teorii byłem mocnym kandydatem na rekordzistę szlaku. Ścigałem się w górach, na pustyni, na szosach i szlakach, pokonałem wiele przeciwności.

I wcale nie byłem sam.

Wiedziałem, że JLu czeka na mnie, zastanawia się, co się ze mną dzieje, i zapewne czuje się równie samotna jak ja. Postanowiliśmy zmierzyć się z tym zadaniem razem, we dwoje, ale przecież jej obowiązki i wyzwania wyglądały zupełnie inaczej od moich. Przygoda, którą przeżywaliśmy, była tak samo moja, jak i JLu – była nasza. Pomysł wyszedł ode mnie, ale szybko go podchwyciła. Początkiem naszej współpracy przy wyprawie na AT była kłótnia na pustyni Mojave.

Miałem czterdzieści jeden lat, wkraczałem w wiek średni. Niektóre spośród dróg, którymi szedłem, były gładkie i pozbawione przeszkód; inne wymagały pospiesznego wycinania ścieżki przez busz. Śmierć matki, rozwód, częste zmiany pracy, niezrealizowane plany założenia rodziny – wszystko to zaczęło się ostatnio nawarstwiać. Na zmianę wpadałem w długi i wychodziłem z nich, niedawno po raz pierwszy w życiu zaciągnąłem kredyt hipoteczny, musiałem spłacać pożyczkę na samochód, miałem do uregulowania rachunki za leczenie

– wszystkie te troski finansowe odczuwałem jak dokuczliwą kontuzję, której nie umiałem się pozbyć.

Ale przecież miałem doświadczenie w starciach z bólem i jakoś dawałem sobie radę, a nawet więcej – byłem zadowolony. Wytrzymałość odpłaciła głęboko zakorzenionym ciepłem; wiele osiągnąłem, zaś wyboista droga mojego życia uczyniła mnie człowiekiem takim, a nie innym. Wraz z wiekiem średnim pojawił się paradoksalny spokój duszy: nagromadzenie wspomnień, zarówno dobrych, jak i złych, złagodziło ból związany z pamięcią i tymi pojedynczymi jej przebłyskami, które wiązały się z cierpieniem. Czym jest jeszcze jeden kilometr, kiedy przebiegło się ich siedemdziesiąt dziewięć?

Miałem również wiele powodów do wdzięczności. Przede wszystkim byłem wdzięczny JLu, mojej najlepszej przyjaciółce i żonie za gotowość współpracy i za to, że dała mi możliwość zastanowienia się nad tym, d l a c z e g o robię to, co robię.

Na pustyni odpowiedź wydawała się oczywista, najpierw mnie, potem jej. Uznaliśmy, że starcie w bitwie charakterów ze Szlakiem Appalachów było mi po prostu pisane.

Charakter, czy też siła woli, to jednak tylko jeden z wielu składników przepisu na sukces, tak jak wykonanie i zdolności adaptacyjne. Dowolna osoba może kupić składniki z listy, ale nie każdy potrafi upichcić z nich smaczne danie. Na przestrzeni trzech tysięcy kilometrów wszystko się może zdarzyć. Taki dystans opiera się wszelkim próbom ustalenia jakiegokolwiek planu działania. W początkowej fazie wyprawy uważałem to za zaletę. Zdawałem sobie sprawę, że moją tajną bronią będzie doświadczenie w radzeniu sobie z nieprzewidzianymi trudnościami. Przeżyłem już wiele kryzysów, dlatego wiedziałem, że w razie czego potrafię po raz kolejny odwołać się do tego, co we mnie najlepsze, i stawię czoło wyzwaniom, których z pewnością nie unikniemy przez te sześć tygodni.

Musiałem jedynie odnaleźć w sobie to, co najlepsze. I to szybko.

Docierało bowiem do mnie, że u podstaw mojej podróży na północ leży konflikt. Owe dwa powody, które na początku wydawały mi się jasne i przejrzyste, zaczęły się rozmywać na deszczu i tracić wyrazistość. Co więcej, zaczęły mi się jawić jako s p r z e c z n o ś ć.

Wyprawiłem się na szlak w poszukiwaniu przygody, bo chciałem się sprawdzić, odkryć siebie i napełnić tą pozytywną energią, którą znajdę po drodze, abym mógł z otwartym umysłem i sercem zmierzyć się z wiekiem średnim?

Czy może zwyczajnie zależało mi na wygranej?

Ponad sufitem Zielonego Tunelu przetoczył się grzmot i wyrwał mnie z zamyślenia. Szlak nie dbał o to, dlaczego nim wędrowałem. Ale uświadomiłem sobie, że skoro mam w perspektywie jeszcze co najmniej trzydzieści pięć dni wyprawy, to ważne jest – najważniejsze, od tego wszystko zależało – abym ja sam to wiedział.

Deszcz, błoto, kamienie i wątpliwości, o które mogłem się potknąć boleśniej niż o wystający korzeń, przypominały, jak bezwzględny i groźny potrafi być AT. Zarazem był uosobieniem piękna.

Wcześniej tego samego dnia, w miejscu zwanym Przełęczą Samsów, gdzie autostrada międzystanowa I-26 przecina podbrzusze Smokies, dołączył do mnie Will Harlan, stary kumpel z tras ultramaratonów. Szlak przez wiele kilometrów wiedzie tam wzdłuż granicy Karoliny Północnej z Tennessee. Will znał te góry jak własną kieszeń. Mieszkał w Asheville w Karolinie Północnej, był więc praktycznie u siebie. Przyłączywszy się do biegu, opowiedział mi o historii tego regionu, o florze i faunie, o tubylczych ludach, których członkowie jako pierwsi wędrowali po Smokies, i o tajemniczych preriowych szczytach, na które się wspinaliśmy. Wdrapaliśmy się na mierzącą tysiąc sześćset siedemdziesiąt metrów górę Big Bald – i na niższą o sto metrów Little Bald, by ujrzeć przestwór traw i niewysokich krzewów.

– Tutejsze *balds*, czyli „łysiny", to ekologiczna zagadka i dylemat służb ochrony przyrody. Naukowcy nadal nie potrafią stwierdzić, skąd się właściwie wzięły – powiedział Will, kiedy moje obolałe ciało usiłowało dotrzymać kroku przewodnikowi.

Uraczył mnie zestawem podstawowych informacji na temat małych zielonych traszek w czerwone kropki – ich oficjalna nazwa brzmi: atlantotryton zielonawy – które co rusz przemykały po szlaku, i wyjaśnił, że na tym w sumie niewielkim wycinku Appalachów żyje kilkanaście gatunków płazów, których nie spotkam nigdzie indziej na świecie. Lekcja biologii w wykonaniu Willa pozwoliła mi na chwilę zapomnieć o bólu, ale mimo to przez cały ranek czułem, że stan naderwanego mięśnia czworogłowego w lewym udzie nie poprawia się, a wręcz pogarsza. Ból najwyraźniej wpływał na moją zdolność prowadzenia rozmowy, bo Will co rusz przerywał wykład i przypominał mi, że kto jak kto, ale ja pewno dam radę.

Miał chyba rację i byłem mu wdzięczny za te słowa, tyle że akurat wtedy wcale nie czułem, że były prawdziwe.

W chwilach ciszy mój umysł porzucał traszki i trawiaste *balds*, by skupić się na bólu. Chcąc odzyskać kontrolę nad myślami, zacząłem powtarzać sprawdzone mantry: „Czasami po prostu trzeba. W końcu po to tu przyjechałeś". Zdecydowałem się pójść tą drogą. Postanowiłem poddać ciało i umysł ciężkiej próbie.

Wiedziałem, że na nawozie ze znoju wykiełkuje przemiana i że pod koniec wędrówki dostąpię pouczającej błogości, która będzie dla mnie najlepszą nagrodą, bo nic nie jest w stanie zagwarantować tego uczucia: ani pieniądze, ani władza – ani zdrowe mięśnie czworogłowe. Istnieje ono w każdym z nas. „Trzymaj się kursu – mówiłem sobie. – Ciśnij dalej". Sęk w tym, że część mnie – znaczna część – uparcie kwestionowała wybory, których dokonałem i które przywiodły nas tutaj.

Harmonogram biegu i logika FKT dodatkowo pogarszały moje kłopotliwe położenie. Nie potrafiłem pojąć, jak to się stało, że tak szybko wpadłem w przygnębienie i zacząłem się nad sobą rozczulać. Zaledwie po tygodniu. A przecież na początku szło tak dobrze. Zanim uszkodziłem sobie mięśnie i rzepkę, wydawało mi się, że powoli łapię rytm i że razem z JLu ogarniamy tę przygodę, biorąc ją taką, jaka jest.

Przerzuciłem winę na Smokies i strome zbocza, po których musiałem zbiegać. I Horty'ego, gdziekolwiek go poniosło. Powinienem był pozostać na szczycie Max Patch i podziwiać świecące grzyby, zamiast słuchać jego rad.

Nadal czekałem, aż mi się zmaterializują nowe nogi. Dzieliło nas zaledwie kilka kilometrów od najbliższego skrzyżowania przez Przełęcz Spiveyów, gdzie miała czekać JLu. Widząc, że kuśtykam i poruszam się coraz wolniej, Will postanowił pobiec przodem i poszukać wędrowca, który poczęstowałby mnie ibuprofenem. Był zaskoczony, że nie mam leku przy sobie, a nie miałem, bo nigdy nie używałem.

Strumień myśli wysechł i znów zacząłem czuć deszcz na skórze. Gdyby tylko to jego miarowe bębnienie na baldachimie z liści choć trochę mnie uspokajało... W Seattle nawet udało mi się polubić szum wody i stukanie kropel o parapet. Ale w Seattle deszcz nie sprawiał wrażenia niewygodnej metafory załamującego się świata, którego pozostałości płyną wezbranym szlakiem.

W naprawdę trudnych chwilach moje myśli instynktownie wędrowały ku Jenny. Doszedłem do wniosku, że jeśli zrezygnuję, JLu będzie chyba bardziej zawiedziona ode mnie. Przyznałem się przecież, że podjąłem się tej wyprawy dla niej. Wiedziałem niemal co do słowa, jak zareaguje, jeśli się zwierzę, że zastanawiam się nad wywieszeniem białej flagi, i myśl o tej rozmowie jeszcze bardziej mnie dobijała.

Kuśtyk. Utyk. Kuśtyk. Utyk.

Skrzyp. Łup. Przeszywające szarpnięcie. Łup.

I oczywiście...

Piekący ból.

Czułem się fatalnie, jak nigdy wcześniej, i nie potrafiłem sobie wyobrazić, że może być jeszcze gorzej. Wtedy usłyszałem znajomy głos.

– Oto i nasz biegacz! Jak się trzymasz, chłopaku?

Szczerze mówiąc, nie byłem w nastroju na Horty'ego i jego nieokiełznaną energię. Nie jestem pewien, czy w ogóle miałem ochotę na cokolwiek, ale jeśli już, to na pewno nie na słuchanie go. Tyle że Horty znał szlak. Ćwierć wieku wcześniej, niemal co do dnia, zmierzył się z rekordem AT. Dziś ten sześćdziesięciosześciolatek był skarbnicą wiedzy i doświadczenia, o czym – niestety – doskonale wiedział.

– No co jest?! – zagrzmiał tak, że usłyszał go cały las. – Wyglądasz jak połamaniec!

Pokręciłem głową, krzywiąc się z bólu. Niech zobaczy, w jakim jestem nastroju. „Nawet nie zaczynaj" – pomyślałem, a na głos powiedziałem:

– Jest źle, i to bardzo. Nigdy wcześniej tak mocno nie naderwałem czworogłowego. Ledwo mogę kuśtykać. Pokonanie ostatnich trzech kilometrów zajęło mi dwie godziny, a czuję się coraz gorzej i biegnę coraz wolniej.

Horty wiedział, na jakim etapie się znajduję, zarówno fizycznie, jak i psychicznie, i muszę oddać mu sprawiedliwość, że zamiast zalać mnie słowotokiem, podał mi pomocną dłoń.

Na szczęście nie mieliśmy daleko do krzyżówki.

– Zaprowadzę cię do vana. Jenny zrobiła kanapki. Przebierzesz się w suche ciuchy. Will załatwił ibuprofen. Przed nami długa, przyjemna wspinaczka. Poczujesz się lepiej. Najgorsza dla mięśni czworogłowych i dla kolana jest praca ekscentryczna. Zbieganie potrafi napraaawdę dać w kość!

Westchnąłem z rozdrażnieniem i powiedziałem:

– Horty, słuchaj, sam nie wiem, co mam robić.

Ruszył przodem. Pokuśtykałem za nim, próbując poprawić przekrzywioną maskę twardego zawodnika, ale nad moimi emocjami zbierały się ciemne chmury. Poczułem, że łzy napływają mi do oczu. Akurat kiedy pomyślałem, że nie zdołam ich dłużej powstrzymywać, Horty odwrócił się i zajrzał w głąb mojej duszy.

– Zapamiętaj sobie, chłopcze: „Oto kim jestem, oto co robię".

W innych okolicznościach słowa starego, stukniętego Horty'ego zabrzmiałyby jak bajdurzenie starego, stukniętego Horty'ego. Ale tu i teraz odebrałem je jak doskonałą odpowiedź na pytanie, którego nie potrafiłem wyrzucić z głowy.

Dlaczego?

Ponieważ oto kim jestem.
I oto co robię.

* * *

Sięgnęłam po atlas leżący na fotelu pasażera, otworzyłam go i przesunęłam palcem po przerywanej czerwonej linii, którą oznaczono Szlak Appalachów. Od dwóch dni jechałam na północ wzdłuż granicy Tennessee z Karoliną Północną. Nie wiedziałam, w którym stanie formalnie się znajduję, jedynie tyle, że najbliższym miastem jest Erwin w Tennessee.

Po raz ostatni widziałam Jurkera na Przełęczy Samsów. Chwilę po tym, jak go tam zostawiłam, nagle się rozpadało. Chlusnęło z chmur tak niespodziewanie i mocno, że wyglądało to jak sztuczny, tandetny deszcz ze starych filmów. Jurek w *Parku Jurajskim*. Scott miał na sobie szorty i koszulkę bez rękawów, spod której było widać gęstą jasnoczerwoną wysypkę, która wystąpiła z dnia na dzień i rozprzestrzeniła się na cały tors. Oprócz tego miał ślady po oparzeniu sokiem sumaka jadowitego sprzed wyjazdu w Appalachy. Dodatkowo duża wilgotność powietrza sprawiała, że ubrania bez przerwy podrażniały mu skórę. Tkaniny bardzo łatwo nasiąkały i długo trzymały wilgoć. Przyzwyczailiśmy się, że w Kolorado ciuchy błyskawicznie wysychają. Tutaj było inaczej.

Przemieszkałam na Północnym Zachodzie wiele lat i deszcz nie był dla mnie niczym niezwykłym. Właściwie to nawet darzyłam go sympatią, lubiłam zwłaszcza biegać w strugach. Co innego w Appalachach; tutaj człowiek przemakał, nawet kiedy siedział pod dachem. Wilgotność sprawiała, że po wewnętrznej stronie kolan nieustająco spływały mi kropelki potu, choć przecież to nie ja pokonywałam biegiem osiemdziesiąt kilometrów dziennie. Nie było ucieczki przed wilgocią. Atakowała wszystko, również to, co się znajdowało w e w n ą t r z vana. Torba z brudnymi ciuchami Scotta cuchnęła jak zmokły kundel, pieczywo pleśniało w kilkanaście godzin, owoce psuły się równie szybko, dodając swoją szczególną woń do wachlarza zapachów na tych niespełna sześciu metrach kwadratowych, które nazywałam domem.

Mimo to nie zamieniłabym się miejscami z Jurkerem.

Gdziekolwiek teraz był.

Scenariusz działania ekipy wsparcia biegacza wygląda następująco: zwijasz sprzęt, pędzisz na następny przystanek, przygotowujesz wszystko, co trzeba, i przez resztę czasu wślepiasz się w szlak, wyciągając szyję i wypatrując oznak ruchu. Mówi się, że to robota z gatunku „spiesz się i czekaj". Spoglądając na zegarek, jedynie dodawałam sobie trosk. Bałam się, że jakimś cudem nie zdążyłam na spotkanie albo że rozminęłam się ze Scottem, choć to było mało prawdopodobne. Przecież niemożliwe, żeby zdążył dotrzeć na miejsce przede mną – chyba nie biega aż tak szybko? W większości wypadków ustawialiśmy się w miejscach nieobjętych zasięgiem sieci komórkowej, więc nawet nie mogłam sprawdzić wskazań lokalizatora GPS, a przecież umawialiśmy się, że będę to robiła. Najzabawniejsze, że wszyscy ci ludzie, którzy śledzili postępy Scotta na ekranach komputerów, lepiej ode mnie znali jego aktualną pozycję.

Wiedziałam tylko tyle, że z Jurkerem biegnie Will Harlan, którego nie znałam osobiście. Przed wyprawą Jurker nie chwalił się, dokąd się wybiera – zdradził swoje zamiary garstce osób – ale gdy tylko zamieścił na swoim profilu zdjęcie białego prostokątnego oznaczenia, posypały się propozycje pomocy.

Okazuje się, że „pomoc" jest słowem o wielu tonacjach.

Wiem, że ludźmi kierowały dobre chęci, ale niestety nie byłam ani tak przystępna, ani cierpliwa jak Jurker. Ostatnia rzecz, jakiej potrzebowałam, to żeby tłum przyjaciół, biegaczy i nieznajomych próbował jeden przez drugiego uzgadniać ze mną swoje plany, zwłaszcza tutaj, gdzie komunikacja z kimkolwiek znajdującym się poza zasięgiem głosu była mocno utrudniona.

Zgubić się na AT jest prawie niemożliwe, ale jeżdżenie po tych wszystkich wiejskich dróżkach, które przecinają szlak, i odnajdywanie właściwych to zupełnie inna para kaloszy. Jak dotąd wyglądało to tak, że na każde przebiegnięte przez Jurkera piętnaście kilometrów pokonywałam samochodem pięćdziesiąt. Ilekroć wydawało mi się, że zbliżam się do szlaku, musiałam zwalniać i, jadąc w żółwim tempie, wypatrywać na drzewach śladów maźnięć białą farbą.

Podjechałam kawałek dalej, wzięłam kolejny zakręt na wąskiej drodze i zobaczyłam charakterystyczną hondę element należącą do Horty'ego, zaparkowaną przy skrzyżowaniu ze szlakiem. Ulżyło mi. Wiedziałam, że prędzej czy później znajdę właściwe miejsce.

Przyznaję: wzdrygnęłam się, kiedy usłyszałam, że spotkamy się z Hortym na szlaku. Jedyny raz miałam z nim do czynienia w 2003 roku, kiedy to na starcie mojego pierwszego w życiu pięćdziesięciomilowca zaczął się nabijać z mojego piskliwego głosu. Zaczęłam biegać raptem dwa lata wcześniej, byłam przejęta i denerwowałam się, a tu jeszcze uwziął się na mnie ten słynny David Horton.

– Ginny! – odezwał się, naśladując mój głos. – Ginny, będziesz się ścigała? Ale to przecież wyścig dla f a c e t ó w, Ginny!

Odsunęłam się od niego i pomyślałam: „Jak to, u diabła, możliwe, że ten krzykacz wykłada na chrześcijańskiej uczelni?". Kiedy wpadłam na metę (raptem piętnaście miejsc za Hortym, gdyby ktoś pytał) i zobaczyłam, jak leży na łóżku w namiocie medycznym, zrozumiałam, że ten stary pies więcej ujada, niż gryzie. Drwiną wyrażał sympatię. Jeśli potrafiłeś ją przyjąć albo – jeszcze lepiej – samemu odciąć się szyderczą uwagą, wówczas byłeś w dechę. Pomimo mentalności klasowego zakały Horty okazał się całkiem uczynnym gościem.

Zaparkowałam Czarny Zamek za jego autem i zobaczyłam, że Horty siedzi pochylony za kierownicą wozu. Studiował swoje stare zapiski z AT i uzupełniał je o nowe spostrzeżenia. Pomyślałam, że pewnie wraca pamięcią do własnej próby ustanowienia FKT, i stwierdziłam, że mógłby mieć w zanadrzu jaką pożyteczną radę dla Jurkera.

Zostawiłam Horty'ego z jego planami i wzięłam się do szykowania kanapek dla Jurkera i przygotowywania ekwipunku. Deszcz tłukący o dach vana wywoływał senność. Podkręciłam muzykę, bo nie wolno mi było zmrużyć oka. Na chwilę udało mi się pozbyć trosk. Nagle zobaczyłam, że ktoś biegnie w moją stronę.

– Cześć! Scott zaraz tu będzie – oznajmił Will. – Boli go, kiedy obciąża lewą nogę, a z prawą wcale nie jest lepiej.

Jakieś pięć minut później spomiędzy drzew wyłonił się Jurker. Szedł, podpierając się kijami trekkingowymi, jakby poruszał się o kulach. Nie zdążyłam powiedzieć, żeby usiadł i wyspowiadał się z tego, co się dzieje, bo Horty natychmiast przejął inicjatywę.

– Kiedy byłem na tym odcinku AT, golenie bolały mnie tak, że myślałem, że odpadną, więc zamiast biec, po prostu szedłem i tak zaliczałem kilometry.

Chciałam powiedzieć: „Jurker, zaczekaj. Porozmawiaj ze mną. Nie biegnij dalej tylko dlatego, że Horty sobie tego życzy", ale ugryzłam się w język. Horty znał AT. Za to ja znałam J u r k e r a i widziałam, że myśli o przerwaniu wyprawy. Wgramolił się do auta i usiadł po stronie pasażera. Gapił się tępo przez przednią szybę, przez strumienie wody.

Horty zastukał w okno. Miał plan. Postanowił, że zostawi tu swój wóz i przemaszeruje z Jurkerem kolejny piętnastokilometrowy odcinek. Uznałam to za fatalny pomysł. Wiedziałam, że latem rok wcześniej Horty przeszedł zabieg wymiany stawu kolanowego i od tamtej pory nie pokonał piechotą więcej niż osiem, może dziesięć kilometrów naraz. Mimo to znów powstrzymałam się od komentarza. Może towarzystwo Horty'ego pomoże Scottowi ukoić ból. Jeśli nie, będę miała pod opieką dwie kaleki na szlaku.

Zabrakło czasu na zastanowienie. Od razu wyruszyli. Dwaj starzy kumple przecięli drogę i zniknęli między drzewami. Słyszałam ich głosy długo po tym, jak straciłam ich z oczu.

Horty zostawił mi instrukcje przepisane ze starych notatek.

Pojechałam do Erwin i wynajęłam pokój w hotelu stojącym najbliżej szlaku. Nazywał się Mountain Inn and Suites. Nie chciałam kończyć tam dnia, bo wtedy zaliczylibyśmy opóźnienie. Niemniej przemówiła do mnie wizja gorącego prysznica – pierwszego od prawie tygodnia – i szansy na wysuszenie ciuchów. Potem poszłam do Walgreens i kupiłam najsilniejszy lek przeciwzapalny, jaki mieli na składzie. Dopiero wtedy dotarło do mnie, że jest n a p r a w d ę źle. Jurker nigdy nie przyjmował leków. Poważnie: nigdy. Stojąc w sterylnym, rozświetlonym lampami fluorescencyjnymi wnętrzu Walgreens, które raptem wydało mi się obce, doszłam do wniosku, że nasza podróż dobiegła końca. „No to pięknie. Jak on się teraz wytłumaczy przed internetem?" – zastanawiałam się. Może: „Za szybko się wyprztykałem... i tyle". Albo: „Następnym razem się uda; to była tylko próba generalna".

Nie, nie byłoby następnego razu. Temat Szlaku Appalachów zostałby zamknięty.

Załatwiwszy sprawunki, pojechałam na krzyżówkę ze szlakiem w pobliże hostelu Uncle Johnny's. Dostałam wiadomość od Horty'ego, w której napisał, że są z Jurkerem bliżej drogi, niż się spodziewałam. Jakimś sposobem, jakimś cudem, poruszają się miarowym tempem. Odpisałam słowami: „Doskonale! Mam tu dla was, chłopaki, koktajl z witaminek dla seniorów i dwa wózki inwalidzkie!".

Wyszłam im naprzeciw. Akurat przestało padać. Horty bawił się w przewodnika, tłumacząc, którędy dawniej przebiegał szlak, a kiedy naszym oczom ukazał się rozległy widok na Erwin, nasz towarzysz krzyknął ile sił w płucach „Heeej", a dolina mu odpowiedziała. Jurker wciąż skręcał się z bólu. Na chwilę udało mi się jednak zapomnieć o niemożliwości tego, co tu robimy, i odgrzebać uczucie, które stało się udziałem nas obojga, kiedy jechaliśmy przez pół kraju, żeby dotrzeć do Appalachów. Przeżywaliśmy przygodę. Nieco bardziej burzliwą, niż się spodziewaliśmy, ale jednak przygodę.

Scott i Horty spiknęli się z wędrowcem o przezwisku „Bezkij", który utykał jak Jurker, bo miał okropnie niewygodne buty. Kiedy cała nasza czwórka dotarła do vana, Jurker wyciągnął swoje nowiutkie brooks cascadia do biegów górskich. (Normalnie nosił rozmiar czterdzieści sześć, ale zabrał czterdzieści siedem na wypadek, gdyby spuchły mu stopy). Razem z Hortym złożyli autografy na obu butach, po czym wręczyli je Bezkijowi. Gdyby nasza wyprawa miała się tu zakończyć, Jurker i tak by ich nie potrzebował.

Odwiozłam Horty'ego do auta, a potem całą trójką pojechaliśmy do hotelu. Zrobiłam kolację: makaron fusilli z czerwonym sosem i kawałkami wegańskiej kiełbasy. Horty był zbyt zmęczony, by żartować z mojego gotowania, i nawet poprosił o dokładkę.

Dwaj sterani szlakiem mężczyźni położyli się do osobnych łóżek, pomiędzy którymi stała szafka nocna ze staroświecką lampką, a ja zabrałam się do sprzątania po kolacji i szykowania rzeczy na kolejny dzień, który miał się dla nas rozpocząć wczesnym rankiem. Wtedy Jurker, który od pewnego czasu nietypowo milczał, przyznał się:

– Nie wyobrażam sobie, żebym był w stanie pokonać choćby sześćdziesiąt kilometrów na bolących obu nogach. – Nie odpowiedziałam. Nie chciałam, żeby się skończyło, ale też wiedziałam, że to, czego chcę, nie ma znaczenia.

Scott wziął leki. Horty wychylił się z łóżka, wyciągnął dłoń i powiedział:

– Rzuć no parę, co?

To nie było nic szczególnego, ot, chwila wspólnego bólu i rezygnacji, odrobina pokory ze strony dwóch stukniętych biegaczy. Mimo to wybuchłam śmiechem. Stoczyliśmy się na samo dno.

– Twój organizm znajdzie sposób na uśmierzenie bólu. Bo dysponuje pamięcią – oświadczył Horty z przekonaniem. – Przypomni sobie – dodał, wyłączył lampkę i zasnął.

ROZDZIAŁ PIĄTY

ZAWSZE STAWIAJ NA MISTRZA

DZIEŃ ÓSMY

Horty powiedział, że mój organizm sobie przypomni.

Nie sprecyzował jednak, c o konkretnie miałby wydobyć z pamięci. Chyba chodziło mu o to, że pojawią się reminiscencje dawnych triumfów, które zmobilizują mnie, niczym okaleczonego w walce weterana, do jeszcze jednej, ostatecznej wiktorii. Coś jak długoterminowa przechowalnia wspomnień z życia będącego pasmem zwycięstw. Tyle że kiedy obudziłem się nazajutrz w hotelowym łóżku, moje ciało dysponowało jedynie wspomnieniami z ostatnich ośmiu dni – echem każdego kroku, prostego i krzywego, jaki postawiłem na szlaku, każdego korzenia i kamienia – skupiały się one w prawym kolanie i lewym udzie, sklejały się w zakrzep.

Kontuzje nie rokowały dobrze. Wiedziałem o tym ja, wiedział Horty i wiedziała JLu, która pragnęła tego rekordu równie mocno jak ja, ale martwiła się, bo byłem zmuszony sięgnąć po lekarstwa. Prawdę mówiąc, mogłem nie zawracać głowy; odpuściłem sobie po jednym dniu, bo nie pomagały.

Ale dla pewności – dla potwierdzenia, że mój umysł nie próbuje znaleźć wymówki po to, abym mógł łatwo zrezygnować – wstałem z łóżka, zrobiłem krok i... zacisnąłem zęby z bólu. Położyłem się z powrotem z odrobinę pocieszającą refleksją, że tym razem nikt nie powie, że się poddałem. Bo to organizm poddał się za mnie.

A potem odezwał się głos okrutnej rzeczywistości.

– Wystarczy, jeśli dotrzesz do Roan Mountain* (góra Roan) i Carvers Gap** (Przełęcz Carverów) – powiedział Horty. – Roan jest najważniejsza. Łagodna wspinaczka, od razu poczujesz się lepiej, a podbieg dobrze ci zrobi na kontuzje. Zobaczysz, że ci się skojarzy z Wybrzeżem Północno-Zachodnim. Wysokie, stare sosny, mgła. Jenny, kiedy już będziesz na Przełęczy Carverów, podjedź bliżej szczytu, a później wejdź na punkt widokowy. Po prostu pięknie! Kawałek drogi, ale warto się przejść!

Horty tryskał optymizmem. Plótł jakieś bzdury, coś o tym, żebym... wstał z łóżka i wrócił na szlak. Pozwalałem jego wygłaszanym z południowym akcentem komentarzom przepływać obok mnie i nie reagowałem. Zamiast tego skupiłem się na rozważeniu kilku spraw, które ułożyłem sobie w głowie według ważności. Po pierwsze, ledwo mogę chodzić. Po drugie, moje miękkie łóżko i sufit, w który się wpatrywałem, dzieliło od tej góry pięćdziesiąt kilometrów w poziomie i tysiąc trzysta metrów w pionie. Po trzecie, jeśli chcę utrzymać rekordowe tempo, od tej pory muszę pokonywać w i ę c e j niż osiemdziesiąt kilometrów dziennie, ponieważ wczoraj zaliczyłem ich tylko pięćdziesiąt trzy. Po czwarte, będę miał szczęście, jeśli przeczłapię choćby te pięćdziesiąt osiem dzielące mnie od Przełęczy Carverów. Po piąte, jeżeli posunę się za daleko, pojawią się kolejne kontuzje. Po szóste, Luis odjechał dwa dni temu, Horty odjeżdża dziś, a mnie się nieszczególnie podoba wizja JLu krążącej samotnie po wyboistych wiejskich drogach Głębokiego Południa, podczas gdy jej nie do końca sprawny mąż kuśtyka szlakiem i jest zbyt daleko, by w razie czego pospieszyć z pomocą. Po siódme (i chyba jednak najważniejsze), Horty jest starym wariatem.

Omówiłem tę listę z JLu. Powiedziała, że rozumie moje odczucia, ale nie może się zgodzić z dwoma punktami. Stwierdziła, że nie ma mowy o trwałym uszkodzeniu i że znam swój organizm na tyle dobrze, by wiedzieć, jakie tempo mogę sobie narzucić. Co zaś się tyczy moich obaw co do jej bezpieczeństwa w Dixielandzie, jak się potocznie określa południowe stany, to w odpowiedzi posłała mi jedno ze swoich spojrzeń, które mówiło: „Nie doceniasz mnie, Jurker". Miałem wrażenie, że gdybym postanowił jednak zostać w hotelu, obaliłaby również pozostałe pięć punktów.

---

* Pochodzenie nazwy nie jest jasne. Istnieje kilka teorii: (1) nadał ją francuski botanik André Michaux na cześć rzeki Rodan; (2) częstym gościem na górze był amerykański odkrywca Daniel Boone, który wjeżdżał na nią na swym dereszowatym (*roan*) koniu; (3) wzięła się od koloru kwitnących rododendronów; (4) góra zawdzięcza ją obfitości owocujących na czerwono lub pomarańczowo jarzębin (*rowan*).

** Przełęcz nazwana od rodziny tamtejszych osadników.

Tak więc trzeciego czerwca o wpół do siódmej rano, zjadłszy banana i batona z orzechami i ziarnami oraz wypiwszy letnią latte z mleka kokosowego, założyłem wilgotne buty, obwiązałem sobie kolano i udo, pocałowałem moją żonę-wojowniczkę na do widzenia i ruszyłem, utykając, ku wznoszącej się na wysokość tysiąca dziewięciuset metrów górze Roan we wschodnim Tennessee, tej strzelistej, porośniętej drzewami iglastymi kupie omszałych kamieni, najwyższemu szczytowi AT przed granicą z Wirginią. Byłem w mniejszości. Horty i JLu nie zamierzali pozwolić mi zrezygnować.

Każdy, kto śledził moje postępy na lokalizatorze GPS, sądził, że trwał właśnie ósmy dzień mojej dzielnej próby ustanowienia FKT na Szlaku Appalachów. Tymczasem dla mnie tego ranka rozpoczął się pierwszy dzień drugiego etapu dochodzenia do celu niemożliwego do zrealizowania. Gramoliłem się z dna pozornie bezdennej otchłani. Leżałem w łóżku gotowy wywiesić białą flagę i gdyby nie charakter mojej żony oraz niczym nieusprawiedliwiony brak poszanowania dla mojego zdrowia, będący cechą wrodzoną Horty'ego, najchętniej zamknąłbym oczy i powrócił do mroku i wygody tej otchłani. Od razu poczułem, że drugi etap będzie się znacznie różnił od pierwszego. Nie było innej możliwości.

Musiałem usunąć z głowy myśli o FKT. Musiałem się skupić na samym p r z e b y w a n i u na szlaku. Wiedziałem, że przetrwam kolejne kilometry, kolejne godziny i dni, o ile skoncentruję się na tu i teraz. Koniec z przewidywaniami i wzniosłymi celami. Nie będę dążył do niczego konkretnego. Nie będę się starał nic udowodnić. Stanę się gościem o dwóch chorych nogach, który wybrał się po prostu na długą wędrówkę. Ból nadal dokuczał do tego stopnia, że mógł wpłynąć na moje starania o pobicie rekordu, ale wymyśliłem, jak posługiwać się kijami trekkingowymi jak kulami, tak by odciążać tę nogę, której ból był w danej chwili bardziej uciążliwy. Nie ustanowię rekordu prędkości, ale też nie zrobię z siebie kaleki. JLu miała rację. Znałem swój organizm i wiedziałem, jak daleko mogę się posunąć. Mądrości Horty'ego mogły się w sumie okazać trafne.

Musiałem wspiąć się na Unaka Mountain* (Biała Góra) i pokonać kolejny, dwudziestosiedmiokilometrowy odcinek – surowy, kamienisty, męczący, wyglądający jak atramentowe kleksy w teście Rorschacha – tak okropny, że mało kto odważyłby się nazwać go „szlakiem", zanim wreszcie znów mogłem usłyszeć znajomy głos.

---

* *Unaka* znaczy „biała" w języku Czirokezów.

– Czołem, kuternogo! – krzyknęła na powitanie JLu. Przydybała mnie w trakcie manewru pokonywania dużego powalonego pnia; właśnie stałem nad nim okrakiem.

Nie spodziewałem się, że ujrzę ją tak prędko, wiele kilometrów przed Iron Mountain Gap (Przełęcz Żelaznej Góry). Uśmiechnąłem się do własnych myśli. Kiedy wyruszałem tego ranka, byłem bliski poddania się, dlatego czułem, że teraz muszę wyglądać na odpowiednio udręczonego. Nic z tego – zanadto się ucieszyłem ze spotkania z JLu. Plan, który powziąłem – prostota przede wszystkim – zaczął czynić odstresowujące cuda. Obecność Jenny dodatkowo wzmocniła jego działanie. Co z tego, że wiedziałem, że nie pobiję rekordu? Co z tego, że ona wciąż sądziła, że jestem w stanie to zrobić? Byliśmy sami, razem, w górach. No i robiłem jednak j a k i ś postęp na szlaku. Poszliśmy do schroniska na Cherry Gap (Przełęcz Wiśniowa) (to znaczy ona poszła, ja – pokuśtykałem), żeby się wpisać do rejestru; ot, kolejny okruszek chleba rzucony na drogę i dowód, że posuwam się do przodu. Przejrzystość i dokumentacja znajdowały się wysoko na mojej liście priorytetów.

JLu poszła krótszą ścieżką, która parę metrów dalej łączyła się z AT, ja zaś ruszyłem w kierunku, z którego nadeszliśmy. Jenny zapytała, co robię. Odpowiedziałem, że nie chcę pominąć nawet kawałka trasy. Jeżeli mam zaliczyć cały Szlak Appalachów – nieważne, czy z widokiem na rekord, czy na luzie – to cały, bez żadnych skrótów, nawet kilkudziesięciometrowych.

Tego rodzaju zasadniczość była ważna dla Horty'ego i miała kolosalne znaczenie dla etosu biegów ultramaratońskich. Honor i uczciwość to podstawa. Doskonale znałem reguły, nie trzeba mi było przypominać, ale mimo to Horty zadzwonił do mnie tydzień przed naszym wyjazdem do Georgii i powiedział:

– Pamiętaj, żeby bez względu na to, w którym miejscu zejdziesz ze szlaku, idąc po wodę albo do schroniska, zawsze wrócić dokładnie tam, gdzie przerwałeś wędrówkę. Pod koniec dnia przejdź na drugą stronę drogi i dotknij drzewa, kamienia, tabliczki, czegokolwiek, w miejscu, gdzie szlak biegnie dalej. Dzięki temu będziesz wiedział, skąd zacząć następnego dnia, i nie pominiesz nawet centymetra trasy. Ja zawsze tak robię.

Robiłem to, ale nie dlatego, że Horty mi kazał, ani że byłem jakimś zadufanym w sobie świrem na punkcie zasad – po prostu zawsze mi się wydawało, że magia AT zawiera się w jego całokształcie. Gdybym nie robił w s z y s t k i e g o, co robić należało, to tak, jakbym nic nie robił. Jakbym nie pokonał szlaku.

Nie każdy zwraca równie dużo uwagi na niepisane zasady zachowania na AT. Tych najbardziej rażących profanatorów łatwo poznać choćby po tym, co po sobie zostawiają: puszki po piwie, papier toaletowy, puste opakowania po chipsach – resztki dóbr konsumpcyjnych, najbardziej jaskrawy i najpowszechniejszy w miejscach publicznych w całym kraju dowód na lekceważenie przepisów. Dochodzi również do bardziej subtelnych naruszeń: ścinania zakrętów, pozostawiania śladów po ogniskach i hałasowania po zmroku, zwłaszcza w miejscach, w których istnieje prawdopodobieństwo napotkania innych wędrowców, na przykład w szałasach albo schroniskach. Te wykroczenia, choć irytujące i prostackie, często pozostają niezauważone. Istnieją bowiem ludzie, którzy nie wiedzą, że robią coś nie tak. Niektórych wędrowców spotykają oskarżenia o *„yellow blazing"**, czyli łapanie okazji na drodze po to, żeby ominąć trudny odcinek szlaku. Etyka FKT obejmuje wiele niepisanych, czasem różnie interpretowanych zasad, spośród których jedna pozostaje wszakże absolutnie nienaruszalna: całą długość szlaku musisz pokonać o własnych siłach.

Zdecydowałem się na przestrzeganie zasad FKT z całą surowością, ponieważ niestety ludzie oszukują, i to z różnych przyczyn. To był główny powód, dla którego postanowiłem nosić dwustugramowy lokalizator GPS i udostępniać pochodzące z niego dane w internecie. Miałem do wyboru wiele innych modeli, mniejszych i lżejszych, ale ten był podobno najlepszy. Każdy mógł w dowolnej chwili sprawdzić moją lokalizację. Pilnowałem też, żeby robić zdjęcia ze znacznikiem daty i czasu, publikować posty na stronach mediów społecznościowych i często rozmawiać z innymi wędrowcami na szlaku. Wiedziałem, że znajdą się niedowiarki, jak zawsze, kiedy ktoś próbuje pobić rekord. Zdawałem sobie również sprawę z przyjaznej rywalizacji pomiędzy biegaczami a piechurami. Byłem przygotowany na to, że każdy mój krok będzie bacznie obserwowany.

Rozstaliśmy się wczesnym popołudniem. JLu wróciła do vana, a ja posuwałem się do przodu w żółwim tempie, pokonując zaledwie trzy kilometry w dwie godziny. Ukształtowanie terenu powodowało nasilanie się bólu i wystawiało moją nowo odkrytą uważność na próbę.

Byłem kuśtykającym wędrowcem. Opierałem kijki na mozaice z kamieni, która wyglądała, jakby wariat próbował ułożyć płytki na podłodze, stawiałem lewą nogę, przesuwałem kijki, wyczuwałem podłoże prawą nogą, podnosiłem i opierałem kijki nieco dalej – i tak w kółko.

---

* *Yellow* (żółty) w tym określeniu pochodzi od koloru linii oddzielającej pasy ruchu na jezdni. *Blazing* to praktyka znakowania szlaku. Główną trasę AT wytyczają *white blazes* (białe znaczniki), trasy poboczne – *blue blazes* (niebieskie).

Odcinek był szczególnie uciążliwy, pełen śliskich kamieni i osuwającego się błota. Przemieszczałem się po cmentarzysku ogromnych głazów. Tutejsze pasma są naprawdę wiekowe. Z upływem tysiącleci zapadały się, a bezlitosne wiatry i deszcze stępiały je i wymywały, aż pozostały z nich stosunkowo niewysokie wzgórza. Przedzierałem się przez te srogie, ponure pozostałości i czułem się równie stary jak one.

Kiedy mozoliłem się przez kolejną stertę kamieni, usłyszałem głosy zbliżających się wędrowców. Poczułem rozdrażnienie, bo wolałem rozchodzić to całe użalanie się nad sobą w samotności.

Zobaczyłem dwie około pięćdziesięcioletnie kobiety.

– Pan się nazywa Scott! – wypaliła jedna z nich. – Czytałyśmy o panu. Jak panu idzie?

– W tej chwili nie za dobrze – odpowiedziałem, zanim zdążyłem ugryźć się w język.

Zrobiły przygnębione miny; jakby to ich własne dziecko cierpiało na szlaku.

– Przykro nam – powiedziały zgodnie.

Poczułem się głupio, że muszą mnie oglądać w takim stanie.

– Skąd panie przyjechały? – spytałem.

– Z Ohio.

Odparłem, że pochodzę z Minnesoty. Okazało się, że wybrały się na tygodniową wyprawę na południe odcinkami szlaku. Poprosiłem, żeby opowiedziały mi o swoich planach. Wydawały się zaskoczone. Pewnie spodziewały się, że to ja zacznę się rozwodzić o swojej przygodzie. Wolałem jednak posłuchać, co mają do powiedzenia. Nie trzymały się żadnego konkretnego harmonogramu, nie narzucały sobie limitu kilometrów, nie miały żadnego celu poza czerpaniem przyjemności ze swojego towarzystwa oraz z przebywania na łonie natury. Tchnęły pewnością siebie i pogodą ducha, które skojarzyły mi się z moją matką. Zanim się obejrzałem, zacząłem opowiadać im o swoich kontuzjach.

– Kiepsko to brzmi – zauważyła smutno jedna. – Ale da pan radę. Przecież widać, że pan jest do tego stworzony.

– Trzymamy za pana kciuki – dodała spokojnie druga. Tym razem to nie ja byłem natchnieniem dla innych, lecz odwrotnie: inni dla mnie. Te kobiety przekazały mi coś więcej niż tylko relację z wędrówki. Dały mi też nadzieję.

W żargonie wędrowców długodystansowych anioł szlaku to osoba, która z dobroci serca pomaga ludziom przemierzającym trasę. Jedne anioły robią to w sposób dyskretny, subtelny. Inne postępują bardziej praktycznie i bezpośrednio, obdarowując podróżnych jedzeniem i piciem – a także dobrym słowem. Wiedziałem, że mogę liczyć na JLu, jeśli chodzi o to drugie. Natomiast miłe panie z Ohio nieświadomie uraczyły mnie odrobiną pierwszego. (Później miałem spotkać więcej aniołów: matki-biegaczki-domatorki, które pomogły mi przebrnąć przez szczególnie trudny odcinek szlaku w Wirginii; siedemdziesięcioletnią kobietę z Elizabethton w Tennessee, która wyszła mi naprzeciw, ponieważ jej mieszkający w drugim końcu kraju syn powiedział, że będę biegł niedaleko jej miejsca zamieszkania i że koniecznie musi mnie poznać. Zdradziła mi, że syn zaczął biegać po tym, jak przeczytał o mnie w *Urodzonych biegaczach* i *Jedz i biegaj*; lektura i nowa pasja zmieniły jego życie. I były wreszcie anioły z mojej biegowej bajki, które przynosiły mi wegański prowiant albo układały kamienie i liście na szlaku w hasła w rodzaju: „Dajesz, Scott!". Spotkałem ich bardzo wiele, każdemu jestem wdzięczny za *smoothies*, ciasta czekoladowe, zimne piwo, świeże owoce i słowa zachęty).

Były też anioły wielkiego kalibru, takie, o których mówiło się na całym szlaku. Jeden z nich jeździł vanem po drogach krzyżujących się z AT i szukał potrzebujących podwózki. Inny (wielkoduszna kobieta) proponował darmowy nocleg w swoim domu. Niektóre anioły oferowały możliwość skorzystania z prysznica, inne oddawały do dyspozycji swoje pralki. Zdarzały się anioły, które zostawiały na szlaku lodówki turystyczne pełne zimnej wody, napojów, a nawet piwa. W społeczności wędrowców obawiano się, że działalność tych ostatnich aniołów przyczynia się do zaśmiecenia szlaku, a ich pomoc przyciąga turystów o zbyt słabej wytrzymałości w stosunku do wymogów trasy.

Niektóre anioły rozstawiały grille przy przecięciach szlaku i przygotowywały hamburgery i hot dogi dla głodnych wędrowców. Jeden z tych grillowych aniołów uraczył mnie nawet domowej roboty burgerem z tempeh. Anielscy weterani szlaku zasłużyli na własne przydomki: „Baltimore Jack", „Anioł Mary", „Miss Janet". Wszyscy oni, wraz z innymi, mniej widocznymi anonimowymi dobroczyńcami, tworzyli różne aspekty magii AT, której wędrowcy doświadczali pod postacią nieoczekiwanych odkryć albo nagłych objawień z gatunku: „O, tego mi było trzeba!". Osoby spoza światka nazwą to przypadkowymi aktami dobroci albo samarytanizmem. Ale może wspieranie innych w dążeniu do celu jest w swej istocie wyrazem naszego człowieczeństwa? Straciłem rachubę, jeśli chodzi o liczbę napotkanych aniołów szlaku, a także ilość magii, jaką dzięki nim poczułem.

W miarę jak ten długi, niespieszny dzień chylił się ku końcowi, słyszałem coraz wyraźniejszy zew natury. Rozejrzałem się po zasłanej liśćmi ziemi, wypatrując grzechotników, a kiedy żadnego nie zobaczyłem, pokuśtykałem w krzaki. Byłem ultramaratończykiem i człowiekiem, który od małego spędzał mnóstwo czasu pod gołym niebem, toteż załatwianie w lesie potrzeby, o której mowa, nie było dla mnie niczym nowym. Kłopot w tym, że ledwo byłem w stanie zgiąć prawe kolano pod kątem czterdziestu pięciu stopni, a lewy mięsień czworogłowy nie potrafił udźwignąć nawet połowy mojej wagi, dlatego kucanie okazało się wyczynem niemal akrobatycznym. Udało mi się ustawić członki w pozycji jak z jogi – lepsze to niż nic. Kiedy skończyłem i chciałem wstać, dotarło do mnie, że albo polecę do przodu na twarz, albo do tyłu na... i będzie jeszcze weselej.

Naraz usłyszałem krakanie.

To był głos JLu. Widocznie zaniepokoiła się, że jeszcze mnie nie ma, i zamiast zaczekać na Hughes Gap* (Przełęcz Hughesów), wybiegła mi na spotkanie. Niestety zjawiła się akurat wtedy, kiedy zastygłem z opuszczonymi spodenkami w absurdalnej pozie defekującego jogina.

– Co robisz? – spytała, bezskutecznie usiłując stłumić śmiech. Nie doczekała się odpowiedzi.

Ostrożnie, żeby nie dotknąć rosnącego obok krzaka sumaka jadowitego, sięgnęła po moje kijki trekkingowe, podała mi je i jakimś cudem zdołała mnie podnieść. Magia szlaku w najbardziej pierwotnej postaci.

* * *

Zanim El Coyote nas opuścił, spojrzał mi w oczy i odezwał się poważnym tonem:

– Wolałbym nie odjeżdżać.

– Och, spokojna głowa. Nic mu nie będzie – odparłam z udawaną pewnością siebie.

– Nie martwię się o Venado – przyznał El Coyote – tylko o c i e b i e.

Wiedziałam, o co mu chodzi, choć starałam się o tym nie myśleć. Luis jeździł ze mną Czarnym Zamkiem, kiedy o różnych porach dnia i nocy krążyłam (okazało się, że El Coyote w roli pilota sprawdza się marnie) po leśnych i górskich drogach, brnąc przez błoto i kamienie, nierzadko poza dodającym otuchy zasięgiem sieci komórkowych, a więc i służb ratowniczych.

* Od nazwiska osadników z pierwszych lat XIX wieku.

A teraz odchodził też Horty. Nie chciał – widziałam, że dopiero się rozkręca – ale musiał, bo zobowiązał się do przejechania trasy Continental Divide Trail rowerem górskim. Nie wiem, jak to możliwe, ale przywykłam do niego i jego wyjazd miał słodkogorzki posmak. Horty wniósł mnóstwo wiedzy o szlaku, wiedział, w jakiej sytuacji jest Jurker, bo sam przeżył to samo, a także napełnił nas przekonaniem, że nie robimy wszystkiego źle. Jakby tego było mało, Horty skomplementował moją zdolność orientacji w terenie. Byłam w szoku.

– A, chodzi ci o to, że jak na kobietę, w dodatku Azjatkę, radzę sobie całkiem nieźle za kierownicą? – zażartowałam, ale muszę nieskromnie przyznać, że rzeczywiście celowałam w czytaniu mapy.

Po tygodniu śledzenia ruchomego celu na Szlaku Appalachów nabrałam wprawy w rozpoznawaniu konturów gór i potrafiłam precyzyjnie wskazać miejsce, w którym przetną się nasze drogi. Umiałam wywęszyć szlak nawet przez gęstą zasłonę drzew. Wprawdzie nie pokonywałam całej trasy AT, ale i tak czułam, że staje się on częścią mnie.

Rozgryzałam też Czarny Zamek. W ciągu pierwszego tygodnia sypiania w vanie wpadliśmy w wydajny rytm: zrobić bałagan, posprzątać, zrobić większy bałagan, posprzątać. Tonęliśmy w zbyt dużej ilości przedmiotów. Jurker był typowym zbieraczem przydasiów, wypełniał Zamek plastikowymi pojemnikami i pudełkami, rozmaitymi klamotami, które nieustannie wchodziły mi w paradę. Dotarło do mnie, że wraz z wyjazdem Horty'ego otwiera się przede mną szansa pozbycia się części zawadzajek.

– Słuchaj, Horty, mógłbyś zabrać ze sobą parę rzeczy? Odbierzemy je, kiedy będziemy wracali do Kolorado.

Zanim zdążył odpowiedzieć, zaczęłam pakować mu do bagażnika pudła z mlekiem roślinnym i torby ryżu. Oddałam wszystkie „cywilne" ciuchy Scotta: dżinsy, szorty, koszule, sandały i klapki. Jakże byliśmy naiwni. Wyobrażałam sobie, że będą takie wieczory, kiedy razem wybierzemy się na kolację albo zakupy. W rzeczywistości Scott mógł się pożegnać na kolejne pięć tygodni ze wszystkimi elementami ubioru, które nie stanowiły części stroju do biegania.

Dorzuciłam kilka garnków i patelni, z których nie korzystaliśmy, a także jedyną kuchenkę.

– Chwileczkę – powiedział Horty, sięgając do bagażnika. Wygrzebał niewielki pojedynczy palnik turystyczny. – Weź to. Więcej wam nie potrzeba. – Nadawał się doskonale. Nasza kuchenka była nieporęczna, miała dwa palniki i zbiornik na siedem i pół litra propanu. Kiedy dokonywałam wymiany z Hortym, zabrzmiał w mojej głowie głos należący do Jurkera. „C o t a k i e g o zrobiłaś z kuchenką? – zdumiał się. – Upadłaś na mózg?". Dlatego po zastanowieniu jednak wypakowałam kuchenkę i zaniosłam z powrotem do vana. Zatrzymam ją, pomyślałam. Na wszelki wypadek.

Otworzyłam tylne drzwi i przyjrzałam się pojemnikom Jurkera. Nie powinnam w nich szperać. Zawierały wszystko, co niezbędne: kijki trekkingowe, bukłaki, czołówki, batony energetyczne i tym podobne. Wypatrzyłam nieotwarte kartony żelu z podwójną dawką kofeiny, o smaku podwójnego espresso i wiśni z czekoladą. Nie zjadł nawet jednego, bo ostatnie, czego mu było trzeba, to trudności z zaśnięciem. Pod koniec dnia myślał tylko o tym, żeby przyłożyć głowę do poduszki. Zatem pudła niepotrzebnie zajmowały miejsce. Miałam dość przerzucania ich, żeby dobrać się do innych produktów.

– Horty, przydadzą ci się, kiedy będziesz pedałował?

– Pewnie, dawaj.

Nie wiedziałam wtedy, że to się na mnie zemści.

Horty spakował swoje rzeczy i poprosił, żebym informowała go na bieżąco o postępach Scotta. Z jednej strony żegnałam go ze smutkiem, a z drugiej cieszyłam się, że wreszcie się rozpocznie nasza i tylko nasza przygoda.

Uważaj, czego sobie życzysz.

Tuż przed wyjazdem Horty wziął mnie na stronę i dał ostatnią radę. Powiedział, że kiedy wieczorem tego dnia dotrę na Przełęcz Carverów, powinnam podjechać boczną drogą na sam szczyt góry Roan, gdzie stoją pozostałości dawnego hotelu Cloudland (Kraina Chmur), z których w bezchmurną noc roztaczają się niezwykle piękne widoki.

Nazwa hotelu, jak się okazało, została dobrana wyjątkowo trafnie, droga tonęła bowiem w gęstej jak bawełna mgle. Zapadał zmierzch, a ja nie widziałam dalej niż na półtora metra. Telepałam się, jakbym brodziła w zsiadłym mleku. Było upiornie, miałam dojmującą świadomość, że jestem tu całkiem sama.

Nagle znikąd pojawiły się światła samochodu. Obce auto usiadło mi na ogonie. Ponieważ nie miałam pojęcia, gdzie dokładnie się znajduję, a w tych warunkach nawet nie brałam pod uwagę możliwości przyspieszenia i oddalenia się od tego wozu, zjechałam na pobocze po prawej stronie i dałam znak kierowcy, żeby mnie wyprzedził. On jednak zatrzymał się tuż za mną.

Z auta wysiadł mężczyzna. Ruszył w moją stronę. Odruchowo podniosłam szybę. Kiedy się zbliżył, zamachał przyjaźnie, na co ostrożnie nieco uchyliłam szybę. Nadal prawie nic nie widziałam przez tę mgłę, zwłaszcza w jaskrawym świetle reflektorów nieznanego samochodu.

Chwila wahania, po czym mężczyzna się odezwał:

– Wow, nie wierzę, że jednak was namierzyliśmy!

Skojarzyłam głos, a kiedy mężczyzna zmienił pozycję i światło padło na jego twarz, przekonałam się, że miałam rację. To ten gość, który w Smokies zastał Scotta w samym ręczniku. Ten, który przywiózł syna na szlak. Co tu robią? – pomyślałam. Mało im było Jurkera?

– Jutro mam urodziny i bardzo mi zależy, żeby móc pobiec ze Scottem Jurkiem – wyjaśnił mężczyzna, chyba wyczuwając, że nieźle mnie nastraszył. Rozbroił mnie swoją prośbą. Rozluźniłam się i opuściłam gardę. Wtedy z mgły wyłoniły się światła kolejnego wozu. Pokazałam, żeby jechał dalej, ale nie – ten też się zatrzymał.

– On jest z nami. Poprosiliśmy miejscowego, żeby nam pokazał krzyżówki dróg ze szlakiem. Szukaliśmy was od kilku dni! – Znów wzmogłam czujność.

Raz, że sytuacja zaczęła przyprawiać mnie o gęsią skórkę. A dwa, że nie uśmiechało mi się robienie za kierowniczkę wycieczki dla grupy rozentuzjazmowanych fanów. Czekało mnie dużo rzeczy do zrobienia przed powrotem Scotta na noc. Z drugiej strony nie miałam serca im odmawiać. W końcu zgodziłam się i wszyscy razem pojechaliśmy na parking. Zanim tam dotarliśmy, mgła częściowo opadła i powietrze nasyciło się pomarańczowo-purpurowym światłem zmierzchu.

Ojciec z synem przebrali się w stroje biegowe. Powiedziałam, że jeśli skierują się szlakiem na południe, prędzej czy później powinni spotkać Jurkera. Uznałam, że dzięki temu oni dostaną to, po co przyjechali, czyli kilka chwil u boku Scotta Jurka, a ja w świętym spokoju zajmę się sprzątaniem i przygotowaniami na powrót męża. Poza tym nie byłam pewna, czy zabrał czołówkę, i czułam się lepiej, wiedząc, że ojciec z synem użyczą mu nieco światła.

Zapytali przewodnika, którędy na szlak.

– Tędy – odparł. – Szlak biegnie wzdłuż parkingu. – Wskazał im kierunek, ruszyli i po chwili zniknęli między drzewami. Dziwne, pomyślałam, bo wydawało mi się, że AT znajduje się w innym miejscu, ale cóż, w końcu to miejscowy, pewnie wie lepiej. Wzruszyłam ramionami i zajęłam się swoimi obowiązkami.

Zaparkowałam Czarny Zamek i napełniłam plastikową miskę wodą. Kończyłam myć naczynia, kiedy zobaczyłam podskakujące w leśnym półmroku światła dwóch czołówek. Ojciec z synem. Szukali prawie pół godziny i nie znaleźli AT.

Widziałam, jak naradzają się z miejscowym. Czyżby przewodnik przez pomyłkę wysłał ich w niewłaściwym kierunku?

Kilka minut później znów wyruszyli, tym razem w inną stronę. Przewodnik został na parkingu; siedział zrelaksowany, delektując się zachodem słońca. Poszłam we wskazanym przez niego kierunku i rozejrzałam się po okolicznych drzewach. Ani śladu charakterystycznych białych oznaczeń. Potruchtałam kawałek. Nadal nic.

– Przepraszam, mówił pan, że którędy biegnie szlak?

Nie raczył odpowiedzieć. Dziwne, i to bardzo. Zasunęłam drzwi Czarnego Zamku i czym prędzej ewakuowałam się z parkingu. Zobaczyłam w tylnym lusterku, że mężczyzna biegnie do samochodu i wyjeżdża za mną. *Co jest grane?* Dlaczego wpuścił tamtych ludzi w maliny? I, co ważniejsze, dlaczego za mną jedzie? Przyspieszyłam; on zrobił to samo. Skręciłam ostro w lewo na kolejny parking; on też. Zaczęłam cofać; i on się cofnął.

Przypomniałam sobie, że została mi jedna żeliwna patelnia. Leżała w zasięgu ręki. Zatrzymałam się przy głównej drodze tuż przed tablicą Przełęczy Carverów. Tamten stanął tuż obok mnie. Wyłączyłam silnik i zablokowałam drzwi. On został w samochodzie.

Zaczęłam panikować. A jeśli rozminęłam się z Jurkerem, będąc tam, na górze, bo posłuchałam tego klauna Horty'ego? Zerknęłam do atlasu. Chyba jednak zbyt prędko się pochwaliłam biegłością w czytaniu mapy.

Nagle zauważyłam bladą kulę rozświetlonej mgły. Powiększała się i nabierała intensywności, ale poruszała się zbyt szybko jak na Jurkera, zwłaszcza przy tym jego kuśtykaniu. Czy to ojciec z synem? Ale dlaczego widzę tylko jedno źródło światła?

– Juhu!

Jurker! Przybył, żeby mnie uratować!

Chyba że to ja miałam ratować jego. Kiedy dzieliło go od samochodu zaledwie kilka kroków, otworzyłam drzwi i krzyknęłam:

– Szybko! Wsiadaj!

Jak tylko wskoczył do kabiny, od razu zablokowałam drzwi. Powiedziałam, że ktoś mnie śledzi; od razu się zorientował, że odchodzę od zmysłów. I zrobił coś do bólu Scottowego: opuścił bezpieczne mury Czarnego Zamku, podszedł do auta rzekomego przewodnika, porozmawiał z nim i... zapozował z nim do zdjęcia. Wrócił do vana i oznajmił, że sprawa załatwiona.

Zamurowało mnie. Nie wiedziałam, czy facet rzeczywiście jest przewodnikiem, czy zagorzałym, choć nieśmiałym fanem, czy może jednym i drugim.

Może nie miał złych zamiarów. Może moje poczucie samotności przełożyło się na paranoję. To nieistotne, ważne, że kiedy miałam przy sobie Jurkera, było dobrze, w ogóle, ze wszystkim. Obojgu nam nic nie groziło i oboje pokonaliśmy swoje odcinki zgodnie z harmonogramem.

Wróciliśmy na drogę i kilka kilometrów dalej zaparkowaliśmy vana w niedużej, ustronnej zatoczce. Cieszyłam się, że dzień dobiegł końca. Zabrałam się do szykowania kolacji. W tym czasie Scott podzielił się ze mną wrażeniami z trasy. Powiedział, że czuje się już lepiej i coraz łatwiej chodzi. Ulżyło mi. Zanim usiedliśmy do jedzenia, po raz kolejny zobaczyłam reflektory czyjegoś wozu; przetoczył się z niewielką prędkością.

– Zgaś światło! – rzuciłam. – Myślisz, że nas widział?

Przybysz sam rozwiał moje wątpliwości, zawrócił bowiem i zatrzymał się tuż przy Czarnym Zamku. Jurker miał tego powyżej uszu. Założył buty i wyszedł, żeby powiedzieć namolnemu wielbicielowi do słuchu, ale kiedy otworzył drzwi, okazało się, że to pechowi ojciec z synem. Nie udało im się znaleźć AT, przez dłuższy czas rozglądali się tu i tam za Scottem, ale bez skutku.

Dziwaczność sytuacji przekroczyła granicę mojej cierpliwości. Chciałam, żeby wszyscy dali nam święty spokój i pozwolili zjeść kolację. Jurker wymyślił jednak rozwiązanie. Powiedział, że panowie mogą się przespać przy wejściu na szlak i nazajutrz stawić się o szóstej rano gotowi do biegu.

Wszystkiego najlepszego!

WIRGINIA

869 KILOMETRÓW

Liczy się to, jak kroczysz przez ogień.

CHARLES BUKOWSKI

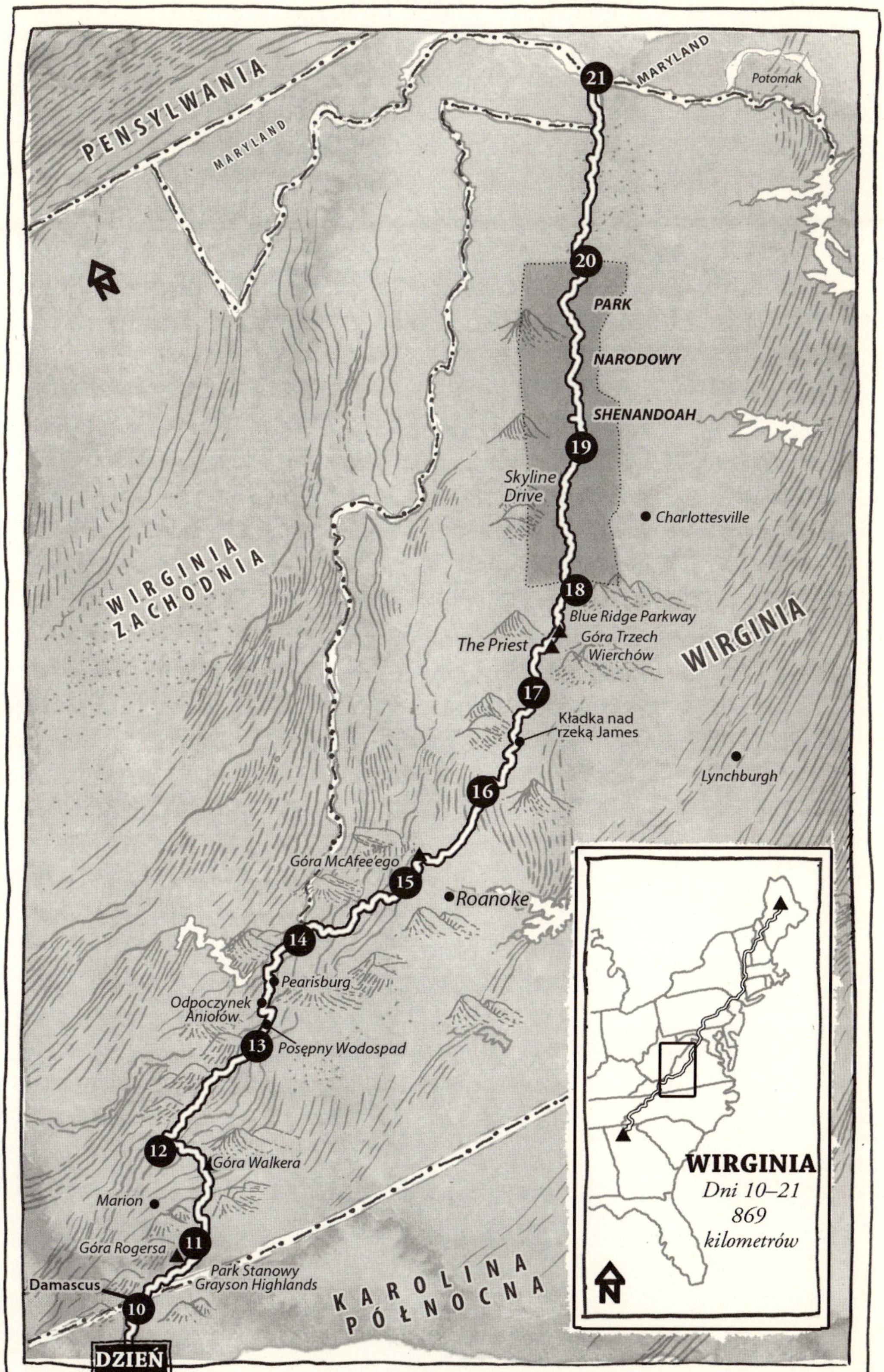
PENSYLWANIA
MARYLAND
MARYLAND
Potomak
PARK
NARODOWY
SHENANDOAH
Skyline Drive
Charlottesville
WIRGINIA ZACHODNIA
Blue Ridge Parkway
The Priest
Góra Trzech Wierchów
WIRGINIA
Kładka nad rzeką James
Lynchburgh
Góra McAfee'ego
Roanoke
Pearisburg
Odpoczynek Aniołów
Posępny Wodospad
Góra Walkera
Marion
Góra Rogersa
Park Stanowy Grayson Highlands
Damascus
KAROLINA PÓŁNOCNA
DZIEŃ
10
11
12
13
14
15
16
17
18
19
20
21
WIRGINIA
Dni 10–21
869
kilometrów

ROZDZIAŁ SZÓSTY

NIGDY NIE JEST TAK, ŻEBY NIE MOGŁO BYĆ GORZEJ

DZIEŃ DZIESIĄTY

Na łysym szczycie wysokiej na kilometr Hump Mountain (Garbata Góra) prażyło słońce. Czułem się nieskrępowany jak ciągnące się w dole aż po horyzont Pasma Błękitnego łany traw. Nie obejmowało to wszakże wolności od bólu, kuśtykania i wątpliwości. Poświęciłem poranne kilometry na poukładanie sobie wszystkiego w głowie. Stanąłem oko w oko z pytaniem, które prędzej czy później musi sobie zadać każdy człowiek podążający szlakiem (albo przemierzający autostrady, albo pracujący w biurze, albo siedzący na zajęciach), kiedy już przetoczy się pierwsza fala entuzjazmu, a satysfakcja z wędrówki pojawia się coraz rzadszymi zrywami.

Po co ja to robię?

Rekord wydawał się poza moim zasięgiem. Więc co tu jeszcze robiłem? Czemu się mozoliłem chwiejnym krokiem z prędkością trzech kilometrów na godzinę, cierpiąc katusze?

Sytuacja miała również swoje dobre strony. Chcieliśmy z JLu oderwać się od codzienności i pobyć trochę razem, tylko we dwoje – i teraz wiele wskazywało, że będziemy mieli na to sporo czasu. Jeśli dotarcie do Katahdin zajmie mi dodatkowe dwa tygodnie, z „trochę" razem zrobi się „mnóstwo". Może to znak, że powinienem w końcu zwolnić i pokuśtykać na emeryturę. Może jedyne, co mi w życiu pozostało, to trucht? Niespiesznie, spokojnie, ramię w ramię w JLu – oto nowa norma. Para na wakacjach w kamperze; JLu czyta książkę na kempingu, czekając, aż jej mąż-flegmatyk przyczłapie po kolejnym sześćdziesięciokilometrowym dniu na szlaku. Koniec z presją czasu: zdąży-nie zdąży spotkać się ze mną na przecięciu dróg? Zamieniłbym się w szczęśliwego turystę.

Jedyną przeszkodę na drodze do realizacji tej beztroskiej wizji stanowiła... JLu. Nie było takiej możliwości, żeby pozwoliła mi przespacerować AT.

Przed wyjazdem rozmawialiśmy z Aleksem Honnoldem, naszym znajomym wspinaczem free-solowym.

– Jeśli coś pójdzie nie tak, zawsze będziesz mógł powiedzieć, że jedynie badałeś teren – stwierdził.

Podobną uwagę poczynił Speedgoat. Zadzwonił, kiedy jechaliśmy do Georgii, i rzucił pół żartem:

– Stary, jakby co, zawsze możesz wrócić na szlak w przyszłym roku i wtedy pobiegniemy razem. Ty NoBo, ja – SoBo*.

Z ust JLu padły w temacie tylko trzy słowa: „Raz, a porządnie". Żadnych prób generalnych, żadnych pierwszych podejść. W jej mniemaniu nie istniało coś takiego jak „następny raz". Oczekiwała ode mnie, że myślę tak samo. Bo przecież nie zamierzała poświęcać całego lata na kolejne przedsięwzięcie, do którego „straciłem serce".

Będąc przy niej, żywiłem się tą energią. Ale dziesiątego dnia, w samotności, na szczycie Garbatej Góry, im usilniej starałem się naprostować myśli, tym te coraz bardziej się plątały. Może powinienem pożegnać się z dawną świetnością i pogodzić się z faktem, że zgasł ten zapał, który mnie napędzał.

A jednak... pomimo kłębiących się wątpliwości, pomimo tego, co wmawiałem sobie na temat końca kariery i emerytury, czułem, że gdzieś głęboko we mnie wciąż tli się ten żar, to dawne ego.

Odrobina miłości własnej jest niezbędna.

Chciałbym móc powiedzieć, że w moim ciele, umyśle i duszy krążyła energia dziczy, że czułem jej drganie, że bieg szlakiem był czystym pięknem i radością. Ale w ostatecznym rachunku trzeba chcieć to robić. Po prostu. Ego nie musi jednak działać destruktywnie, nie musi sprawiać, że tracisz z oczu prawdziwe powody, dla których robisz to, co robisz. Odrobina próżności nie musi uderzać do głowy. Ale kiedy przychodzi co do czego, nic nie motywuje tak jak wygrana. Pamiętałem to napięcie. Nadal czułem w sobie ducha młodego sportowca,

* Skrót NoBo pochodzi od słowa *northbound*, które oznacza „na północ". „Na południe" to *southbound*, czyli SoBo.

który wzlatywał na skrzydłach zwycięstw. W miarę upływu lat zdobywałem doświadczenie – i mądrzałem. Owa mądrość uczyniła mnie lepszym człowiekiem i partnerem, ale też – spowolniła mnie. Nie było sposobu, by ją zignorować. Im szerzej starałem się patrzeć na sprawy, tym bardziej oddalałem się od czystego pragnienia wygrywania i dominowania. Bez tego zapału wszelkie dolegliwości i ból, jakie wiązały się z wyścigami, sprawiały wrażenie daremnych.

Doszedłem do wniosku, że jeśli chcę wytrwać na szlaku, muszę odnaleźć w sobie część dawnego siebie. Muszę wpaść na trop wojownika, który powrócił z martwych, aby wskoczyć na pierwsze miejsce; młodego mistrza, który wygrywał zawody z zerwanymi ścięgnami kostki i gwałtownie opróżnionym gdzieś na pustyni żołądkiem; długowłosego hipisa, który badał granice wytrzymałości swojego organizmu w imię matki niebędącej w stanie chodzić ani nawet jeść o własnych siłach.

Potrzebowałem kilka kropel tego eliksiru – albo nowej równowagi pomiędzy bieganiem dla wygranej a bieganiem z głową.

JLu chyba wyczuła to wewnętrzne przeciąganie liny pomiędzy moim dawnym a obecnym „ja", ponieważ dzień wcześniej, kiedy wędrowaliśmy razem, opowiedziała mi historie, które usłyszała od El Coyote i których nawet j a nie pamiętałem. Na przykład o tym, jak podczas Badwater w 2005 roku El Coyote był pacerem swojego kumpla Mike'a Weneda, który prowadził przez pierwszą połowę wyścigu, dopóki – podobno – nie zjawiłem się ja. Luis stwierdził, że kiedy nadbiegłem z tyłu, miał wrażenie, jakbym żył w innym świecie. Moje wspomnienia z tych zawodów nie były żywe na tyle, bym pamiętał, że chyba rzeczywiście trochę się tak czułem; wyszedłem z maligny odwodnienia, z wyrzygiwania wnętrzności na pustyni, i utrzymywałem tempo pięciu minut na kilometr. Wróciłem znad cholernego grobu. Luis powiedział, że kiedy obejmowałem prowadzenie, nie wyprzedziłem jego i Sweeneya z prawej, ale przebiegłem pomiędzy nimi. Czy zrobiłem to celowo, bo chciałem osłabić ich morale? Nie wiem. Aż tak dobrze tego nie zapamiętałem.

W lasach Appalachii szukałem ego innego rodzaju. Może oczekiwałem zbyt wiele po swoim starym ciele i umyśle, ale pragnąłem takiej energii – takiej wiary – która pomoże mi przekroczyć granicę tego, co uważałem za możliwe.

Po pokonaniu Garbatej Góry zaczęły się schody. Porośnięte sosnami granie i wyniosłe, trawiaste *balds* górskiego regionu Roan ustąpiły niższym bagiennym, pełnym rododendronów i wystających korzeni terenom interioru Południa.

Wygląd okolicy po przejściu burzy natchnął mnie do nadania temu nowemu dla mnie biomowi przydomka „Bayou". Dobrze, że przynajmniej w tym bayou nie musiałem się obawiać mokasynów błotnych i aligatorów.

Pod koniec pierwszego tygodnia kontuzje w znacznym stopniu wpłynęły na moją szybkość. Dziewiątego dnia pokonałem pięćdziesiąt osiem kilometrów. Dziesiątego liczyłem na jakieś sześćdziesiąt pięć. Mimo że nadal głównie łączyłem marsz z kuśtykaniem, miałem nadzieję, że tego dnia uda mi się zebrać w sobie i przebiec choć kilka kilometrów. Poprzedniego wieczoru zbiegłem na próbę półtora kilometra z góry Roan i poczułem rosnący optymizm. Może jednak moje ciało c o ś jeszcze pamięta. Okazało się, że ten stuknięty Horty znowu miał rację.

Dziesiątego dnia wstałem bardziej skonany, niż kiedy się kładłem. Ból nie minął, ale przecież istnieją różne jego odmiany. Może być silny albo łagodny; głęboki albo płytki. Ma więcej niż jedną oś. Przedzierając się przez Bayou, monitorowałem jego poziom. Bez wątpienia się nasilał, lecz zarazem jego efektywność malała. Ból stawał się mniej b o l e s n y – brzmi absurdalnie, owszem, ale jeśli regularnie zdarza ci się przeholować na siłowni albo los skazał cię na życie z przewlekłą chorobą bądź niepełnosprawnością, na pewno wiesz, co mam na myśli. Część z nas na co dzień ma do czynienia z różnymi rodzaju bólu, z których każdy ma odrębne znaczenie i wpływ na organizm.

Ból to fakt biologiczny. I choć nawet leki nie zawsze są w stanie go ukoić, to jednak sprawujemy przecież pewną kontrolę nad tym, jak wiele myśli i uwagi poświęcamy tej czy innej rzeczy – również bólowi. Przypomnij sobie pierwszą randkę z obecną partnerką albo dzień, w którym przyprowadziłeś psa ze schroniska. Przepełniała cię miłość. Wydawało ci się, że świat się kręci wokół twojej partnerki (albo psa). Czy dziś kochasz ją mniej niż wtedy? Jasne, że nie. Po prostu uczucie traci wyrazistość, w miarę jak staje się bardziej przewidywalne i rutynowe. Ból, który znamy, boli nas mniej niż ten, którego się obawiamy.

W walce z własnym bólem miałem kilkoro sprzymierzeńców. Pierwszym była nieoczekiwana radość, jaką emanowali ojciec z synem, którzy w końcu odnaleźli mnie na szlaku. Drugim – doświadczenie: wiedziałem, że ból nie oznacza końca świata – ani nie jest wyrokiem dla nóg – ponieważ wcześniej przeżyłem coś podobnego. Trzeci sprzymierzeniec wziął się z wiary: wiedziałem, że wracam do zdrowia. To znaczy, wiedziałem nie dlatego, że usiadłem na pniu i zrobiłem sobie prześwietlenie i rezonans; wiedziałem, bo czułem to na poziomie komórkowym. Czysty instynkt. Daleki, choć wyraźny sygnał z części ciała, z którą rzadko się komunikujesz. Na przestrzeni lat nauczyłem się słuchać własnego organizmu. Poznałem jego język. Może to brzmi jak pseudonauka, może jak beznadziejna tautologia (wracałem do zdrowia, bo czułem, że wracam do zdrowia?), a może miałem do czynienia z efektem placebo. Bez różnicy. Ważne, że działało.

O dziwo, pomógł również dystans do mety. W Boulder, planując wyprawę, sądziłem, że będzie odwrotnie: niewyobrażalnie duża odległość nasili ból, nasycając wyprawę poczuciem niewykonalności. Nic z tych rzeczy. Przeciwnie: oswobodziłem się z wszelkich myśli o dalekiej mecie. Wydawała mi się czysto abstrakcyjnym punktem odniesienia. Mój umysł nie musiał wciąż przeliczać, czy zdołam wytrzymać morderczy rajd przez kolejne X czy Y godzin. Mogłem zapomnieć o tym, ile godzin i dni pozostało. Po co zawracać sobie nimi głowę? Skupiłem się na stawianiu kolejnych kroków. Zawężenie perspektywy okazało się wyzwalające. Nie musiałem robić nic poza parciem naprzód.

Wtedy usłyszałem w głowie kolejne proroctwo Wieszcza z Liberty University. Przed odjazdem Horty powiedział JLu: „Przekaż temu swojemu, że nigdy nie jest tak, żeby nie mogło być gorzej!".

Horty siedział w domu setki kilometrów stąd, a mimo to jego obłąkane mądrości rozbrzmiewały w moich myślach. *Nigdy nie jest tak, żeby nie mogło być gorzej.*

Przekonamy się.

Choć już tylko cud mógł sprawić, że pobiję rekord, to jednak nadal musieliśmy z JLu na bieżąco ustalać strategię działania, planować spotkania na przecięciach szlaku z drogami, uzgadniać harmonogram dnia i utrzymywać broń w gotowości (jakbyśmy wciąż brali pod uwagę, że zaatakuję FKT). Każdego dnia musiałem dostarczać organizmowi odpowiednią ilość kalorii, pić wodę z potoków i źródeł i pamiętać o zabieraniu czołówki na wieczorny etap. Byłem w stanie to ciągnąć, o ile skupiałem się na pomniejszych celach, takich jak dotarcie do następnego skrzyżowania, pokonanie kolejnego szczytu albo nawet zaliczenie najbliższego znacznika szlaku. Nie rezygnując całkowicie z FKT, utrzymywałem przy życiu (choć ledwo, ledwo) najważniejszy cel wyprawy.

Zapomniałem o tym, że od Katahdin dzieli mnie prawie trzy tysiące kilometrów, a także o FKT, o utracie normalności, o wszystkim. Poczułem przyjemność życia, na które nie patrzy się przez pryzmat „robienia" czegoś, lecz które się po prostu „przeżywa". W tej chwili niczego więcej nie potrzebowałem. To mi wystarczyło, aby znów zacząć b i e c.

Postawiłem kilka niepewnych kroków, poczułem dobrze już znany przeszywający ból i... nie zatrzymałem się. Ruszyłem dalej. Biegiem. Trochę nieskładnie, brakowało mi też zaciętości, a prędkość była daleka od tej, jaką powinienem rozwijać. Ale nieważne. Liczyło się to, że znów biegnę. Jeśli pozwolę życiu toczyć się własnym rytmem, wszystko się ułoży. Nie muszę wygrywać, jeszcze nie teraz. Na razie muszę jedynie p o z w o l i ć sobie biegać.

Podobnie jak wszystkie olśnienia, również to było naprawdę piękne – dopóki trwało.

Kiedy traciłem łączność z kosmicznym prądem, ledwo kuśtykałem przed siebie i zamartwiałem się o JLu. Wiele dla mnie poświęciła. Jej zdumiewająca odporność na ból i niezwykła wytrzymałość, którym dawała dowód w chorobach i w następstwie poronień, w znacznym stopniu natchnęły mnie do tego, by wyjść na szlak i się sprawdzić. Nie sądziłem, że wspieranie mnie w tym przedsięwzięciu okaże się dla niej tak dużym obciążeniem.

Facet, który jeździł za nią poprzedniego wieczoru, był podejrzany. Zdawałem sobie sprawę, że takich dziwnych sytuacji będzie więcej. Chociaż nie, to nawet nie było dziwne, tylko zwyczajnie przerażające; tym bardziej, gdy pomyślałem, że przecież przez większość czasu JLu jest tam, w Czarnym Zamku na leśnych i górskich drogach, całkiem sama. Ilu czai się dziwaków? Ilu krąży po okolicy? Ilu najdzie ochota, by się zabawić z drobną Azjatką, która w pojedynkę wędruje po głębokiej prowincji równie Głębokiego Południa? Oboje zauważyliśmy mnogość flag Konfederacji, ale Horty zapewnił, że są jedynie symbolem „dumy mieszkańców Południa" (innymi słowy: „Wara od nas").

Nie chodziło jednak wyłącznie o paranoję pogłębioną wspomnieniami z seansu *Uwolnienia**; słyszałem różne historie od osób, które zawędrowały w te rejony. Andrew „Trail Dawg" Thompson, były rekordzista AT, opowiedział mi o spotkaniu, które przeżył jego kumpel Trav, kiedy szedł odcinkiem szlaku przecinającym Karolinę Północną. Trav i jego znajomi próbowali złapać stopa na gruntowej bocznej drodze, bo koniecznie musieli się dostać do miasta i uzupełnić zapasy. Ruszyli piechotą w stronę najbliższej osady, a kiedy zbliżało się jakieś auto, wystawiali kciuki. W końcu zatrzymał się zdezelowany pikap. Kierowca, zapuszczony gość w samych ogrodniczkach, opuścił szybę i pokazując kciukiem na pakę, mruknął z typowo południowym zaśpiewem: „Wsiadajta". Trav i jego kumple spojrzeli po sobie, ale uznali, że w sytuacji, w jakiej się znaleźli, trudno

* W filmie Johna Boormana z 1972 roku czterech przyjaciół wybiera się w Appalachy na spływ kajakowy i zostaje zaatakowanych przez grupę miejscowych.

im odrzucić tę południową gościnność. Trav i jeden z kolegów wsiedli do kabiny, drugi zajął miejsce na pace. Ruszyli. Na razie gra gitara. Potem jednak kierowca sięgnął po butelkę leżącą na podłodze, chlapnął sobie od serca i poczęstował Trava. Ten uprzejmie odmówił.

– Bardzo panu dziękuję, ale przed zmrokiem musimy pokonać jeszcze jakieś piętnaście kilometrów.

Gość się jednak uparł.

– Golnij!

Trav ponownie odmówił. Wtedy brodaty typ wsadził rękę pod siedzenie, wyciągnął czterdziestkę piątkę i wycelował w Trava.

– Golnij, mówię!

Trav prędko chwycił butelkę i wziął spory łyk przejrzystego płynu. Kierowca zarechotał i schował broń. Wysadził ich tam, gdzie obiecał, po czym odjechał na poszukiwanie kumpli do picia – albo kolejnych wędrowców, którym mógł napędzić cholernego stracha.

Kto wie, ilu naprutych bimbrem typków jeździ po tych drogach? Czy to był odosobniony przypadek, czy może sąsiedzi szlaku zabawiają się celowaniem do wędrowców i zmuszaniem ich do picia palącego przełyk trunku?

Obracałem te myśli w głowie – i rozpraszałem się nimi.

Wszędzie, gdziekolwiek spojrzałem, widziałem dogodne miejsce do porzucenia ciała. Ostre zakręty, ciemne dróżki, bezludne kotliny, zalesione wzniesienia, głębokie rowy, długie szczeliny w skałach, do których od stuleci nikt nie zaglądał, o ile w ogóle kiedykolwiek. W mojej wyobraźni wszystkie te kryjówki zapełniały świeże trupy, a nieopodal czaili się ich mordercy.

Kiedy minął okres największego niepokoju, uświadomiłem sobie, że w sumie mógłbym znaleźć wspólny język z tutejszymi. Gdyby zmyć kilka niewybrednych naklejek z wozów i tu i tam zwinąć flagę Konfederacji, nie różniliby się aż tak bardzo od mieszkańców minnesockiej wsi, na której się wychowałem. W każdym zakątku Stanów żyją ludzie o mentalności „wara ode mnie", którzy obrzucają obcych długimi, niechętnymi spojrzeniami. Większość z nich zapewne z radością pomogłaby damulce w opałach zmienić koło. Przynajmniej tak sobie wmawiałem.

Z dzisiejszej perspektywy widzę, że ludzie, których spotykaliśmy na szlaku, byli w przeważającej mierze serdeczni, uprzejmi i uczynni, zdecydowanie bardziej skłonni podać nam pomocną dłoń niż wpakować kulkę między oczy. W rzeczywistości ta część szlaku cieszy się wśród miłośników AT dobrą opinią ze względu na typowo południową gościnność jej mieszkańców. Pomijając stukniętego miejscowego przewodnika, który zdawał się śledzić Jenny, i naprutego kierowcę, który podrzucił Trava i spółkę, południowcy okazywali się wspaniałymi ludźmi; zwłaszcza w stojących niedaleko szlaku knajpkach, w których JLu grzecznie pytała, czy mogliby jej podsmażyć moje frytki domowej roboty – byle nie na maśle ani smalcu, tylko na oleju.

Mimo to dziesiątej nocy, kładąc się do kilkugodzinnego snu w zaparkowanym przy Dennis Cove Road Czarnym Zamku, przytuliliśmy się wyjątkowo mocno.

Stało się jasne, że jednak nie będziemy mogli codziennie rano razem biegać. Problemem był Czarny Zamek – kto usiądzie za kierownicą? Kto będzie pilnował rzeczy, kiedy wyruszymy na szlak? Gdy zostawaliśmy tylko we dwoje, JLu była przykuta do murów naszej fortecy.

Wprowadziliśmy więc nowe rytuały, z których jeden – wspólne przekraczanie granic stanów – stał się naszym ulubionym. Jedenastego dnia mieliśmy opuścić Tennessee i znaleźć się w Wirginii. Tuż za granicą znajdował się kolejny kamień milowy naszej podróży: Damascus, typowe miasteczko na szlaku, w którym chętnie przyjmowano wędrowców.

W drodze do Damascus zainterweniował los, objawiając się pod postacią SMS-a, którego nadejście samo w sobie było dla nas niezłym szokiem, zważywszy na mizerny zasięg na tym odcinku AT. Jak tylko rozpoznałem nadawcę, zatrzymałem się w miejscu. Nie miałem pojęcia, jaka może być treść wiadomości, ale wiedziałem, że warto ją przeczytać.

> Nie wiem czy to odbierzesz i czy się zastanawiałeś ale rekord w kierunku północnym nadal jest w twoim zasięgu oby tak dalej super że można śledzić twoje postępy świetnie ci idzie

Karl „Speedgoat" Meltzer po raz pierwszy dał o sobie znać podczas naszej podróży do Georgii. Typowy Speedgoat: za fasadą wsparcia ukrył sugestię, że nadal mógłbym zaatakować „ten drugi" rekord, dotyczący trasy prowadzącej na północ. Wyzwanie sprawiło, że wyprostowałem plecy. O nie, nie. Wciąż miałem widoki na FKT na całym szlaku. O czym niezwłocznie poinformowałem Karla.

> Dzięki, stary! NoBo!? Nadal zamierzam się na SoBo. Dzisiaj zrobiłem 80 km. Będę w Damascus przed nocą. Czworogłowy zaczyna dochodzić do siebie. Zrobię ten rekord choćby na czworakach! :)

Super tego się trzymaj kiedy Palmer ruszył na północ pierwsze 1500 km przeszedł piechotą nie przebiegł nawet metra

Ekstra. Dzięki, stary, za słowa pocieszenia! Dzisiaj już mogę trochę biegać, więc zobaczymy. Jenny się do ciebie odezwie z pytaniem, czy wciąż chcesz do mnie dołączyć. Kupi ci bilet.

Nadal się piszę w ten wknd pracuję w pkcie żywienia niech jenny zadzwoni w poniedziałek uszy do góry i do przodu

No więc tak: gdyby ktoś podszedł do mnie, kiedy mozoliłem się i kuśtykałem w stronę Damascus, i zapytał, jak widzę swoje szanse na FKT, oceniłbym je bardzo, bardzo ostrożnie. Bałbym się poradzić komukolwiek, by postawił na mnie choć centa (pomimo rady El Coyote, która brzmiała: „Zawsze stawiaj na mistrza").

Co innego Speedgoat i jego wyzwanie rzucone z daleka. Czyżby dawał do zrozumienia, że jest już po ptakach? Wiedziałem, że rekord AT jest jego oczkiem w głowie, i byłem pewien, że jednak trochę się obawia, czy nie sprzątnę mu go sprzed nosa. Próbował pomieszać mi szyki, czy po prostu mówił, jak jest – bez owijania w bawełnę, tak jak miał w zwyczaju?

Jego rzucona lekkim tonem prognoza sprawiła, że zacisnąłem zęby.

Osiągnę FKT. W kierunku południowym, północnym, jakimkolwiek. Jeśli będzie trzeba, będę się czołgał aż do samej Katahdin.

Rozpaczliwie potrzebowałem nadziei, a moje ego – porządnego kopa. Speedgoat dał mi jedno i drugie.

Kiedy las utonął w ciemności, cofnąłem się kilometr z Jenny po to, abyśmy mogli razem dotknąć tabliczki „Wirginia wita".

* * *

Jurker wciąż utykał. Poruszał się wolno, ale przynajmniej do przodu, to znaczy na północ, co było dla mnie najważniejsze. Znajomi z Boulder przysyłali mi wiadomości w stylu: „Mamy nadzieję, że wkrótce znów będzie biegał po osiemdziesiąt kilometrów dziennie", ale ja wcale nie byłam tego taka pewna. Jego kontuzje nie goiły się tak szybko jak dawniej. Cóż, przekleństwo starzenia. Albo może przekleństwo AT, rekordu trasy i szalonego kilometrażu.

Wreszcie wpadłam w rytm i zaczęło mi iść coraz lepiej. Ogarnęłam Czarny Zamek, wypracowałam rutynę codziennych zajęć i dawałam sobie radę z obsługą wyprawy Jurkera na tym potężnym, niszczycielskim szlaku. Nie przeszkadzało mi nawet robactwo i wilgoć, przyzwyczajałam się.

Nie wychowałam się w rodzinie lubiącej spędzać czas pod gołym niebem, ale w górach zawsze czułam się bezpieczna. Kiedy mieszkałam w Seattle, po pracy jeździłam w Góry Kaskadowe i samotnie pokonywałam trzydziestokilometrową pętlę. Często schodziłam z trasy dobrze po zmroku. Nierzadko też biegałam w wieczornym deszczu, sam na sam z myślami i muzyką. Zakładałam, że jeśli natknę się na kogoś na szlaku, z pewnością będą to ludzie z mojej bajki: biegacze, wędrowcy, przedstawiciele wolnych zawodów, którzy zapragnęli przewietrzyć umysł i odetchnąć świeżym powietrzem. Jurker był moim pierwszym chłopakiem, z którym połączyła mnie również miłość do biegania.

Po wyjeździe Horty'ego i El Coyote, i przy Jurkerze będącym niemal cały dzień na szlaku, spędzałam w samotności znacznie więcej czasu, niżbym chciała. Tęskniłam za przyjaciółmi. Całe moje życie towarzyskie sprowadziło się do spotkań z Jurkerem. Siadaliśmy na pół godziny na podłodze w Czarnym Zamku, jedliśmy lunch i nadrabialiśmy zaległości w wieściach ze świata (zawsze chciał być na bieżąco). Z ciężkim sercem opuszczał vana i ten nasz skrawek normalności, a ja z równie ciężkim sercem wypychałam go z powrotem do lasu, by samej powrócić do niekończących się obowiązków i dwójki nieodłącznych przyjaciół: głośnika i wiatraka. Dotrzymywali mi towarzystwa jak Wilson Tomowi Hanksowi w *Cast Away: poza światem*.

Długie godziny na szlaku sprawiały, że Jurkerowi nieco zbyt często zdarzało się odpływać myślami. Któregoś popołudnia – po tym, jak przez pół dnia jeździłam i szukałam mrożonych owoców do *smoothies* – wyłonił się z lasu, podszedł do Czarnego Zamku i powiedział:

– Słuchaj, czy możesz zadzwonić do Norma i poprosić go, żeby skosił nam trawnik? A potem wyślij maila do elektryka, dobrze? Wydaje mi się, że policzył za dużo za instalację kolektora na vanie.

Nie ma sprawy, zajmę się tym wszystkim w wolnym czasie. Po tym, jak zatankuję wóz, wyleję wodę z lodówki turystycznej i ponownie napełnię ją lodem, pozmywam naczynia, pojadę na miejsce kolejnego spotkania, zrobię kolację i zaczekam na ciebie tam, gdzie nawet zasięg nie dochodzi.

Potem, sącząc *smoothie*, stwierdził:

– Dobre. Dziękuję. Ale wiesz, na co naprawdę mam ochotę? Na tajskie żarcie.

Wybuchnęłam śmiechem, bo gdybym tego nie zrobiła, udusiłabym męża gołymi rękami. Dotarło do mnie, że Scott nie ma pojęcia, jak wygląda moje życie w czasie, gdy on brnie szlakiem przez góry i lasy. Jego wyobrażenie na temat tego, czym się wtedy zajmuję, totalnie rozmijało się z rzeczywistością.

Rankiem, kiedy wyruszaliśmy z Damascus, dwójka miejscowych biegaczy, J.J. i Beth, zaoferowała się, że chwilowo przejmie rolę ekipy. Zrobiłam się lekko nerwowa. Nie byłam przekonana, czy obcy ludzie podołają zadaniu. Cała nasza wyprawa opierała się na tym, że ja, czyli nasza jednoosobowa ekipa, znajdę się we właściwym miejscu o właściwym czasie. Natomiast Jurker oczywiście bardzo się zapalił.

– Skorzystaj z wolnego poranka! – rzucił, ruszając w drogę z nowymi znajomymi. Pomysł nie był zły. Scott myślał pewnie, że nadrobię zaległości w spaniu, zjem śniadanie w restauracji, może nawet odezwę się do znajomych albo pozwiedzam miasto. Nic z tego. Poświęciłam ten czas na dwa prania, sprzątanie i porządkowanie wnętrza vana, telefon do Norma w sprawie trawnika (który okazał się tak zarośnięty, że zostaliśmy ukarani mandatem), zakupy i tankowanie. A potem pojechałam do Parku Stanowego Grayson Highlands. Horty powiedział, że koniecznie muszę tam zajrzeć i zobaczyć kucyki.

Przeleżałam sporo czasu na trawie w pobliżu kucyków, przyglądając się, jak przeżuwają. Potem zaczęłam się martwić, więc ruszyłam szlakiem. Pokonałam trzy i pół kilometra, zanim ich zobaczyłam. Jurker poruszał się tak wolno, że zrobiło mi się szkoda Beth, jego łaskawej miejscowej towarzyszki. Wyszło na to, że jednak mogłam się przespać.

Choć w górach czułam się dobrze, to przecież tak naprawdę wcale w nich nie b y ł a m. Co innego, gdybym wędrowała szlakiem: wiedziałam, że byłabym w stanie uciec każdemu napastnikowi albo powalić go paroma ciosami karate. Słyszałam opowieści znajomych, których auta pozostawione na tym czy innym parkingu przy wejściu na szlak zostały okradzione. Parkingi działają jak magnes na drobnych złodziejaszków. Między drzewami czułam się bezpieczniej. Co z tego, skoro utknęłam w vanie na poboczach podrzędnych dróg albo mikroskopijnych parkingach. W każdym z punktów, w których spotykałam się z Jurkerem, miałam tyle rzeczy do zrobienia, że po odfajkowaniu wszystkich obowiązków myślałam już tylko o drzemce – z nadzieją, że nikt nie będzie się próbował włamać po tym, jak przyłożę głowę do poduszki. Co jakiś czas zatrzymywały się podejrzane auta i zaczepiali mnie obcy ludzie. W końcu zaczęłam mieć Scottowi za złe, że jest taki powolny i że zostawia mnie tu całkiem samą.

Nigdy wcześniej nie byłam na Południu, nie znałam tej części kraju i nie miałam z nią żadnych związków. Słyszałam, że na szlaku, trochę dalej na północ od miejsca, w którym teraz się znajdowaliśmy, czasem giną ludzie. Wszyscy wiedzieli, gdzie w danej chwili szukać Jurkera, bo miał przy sobie lokalizator GPS, ale ja nie dysponowałam takim urządzeniem. Mogłam zostać zamordowana i porzucona w rowie i nie znaleźliby mnie przez wiele dni albo w ogóle nigdy.

Jedenastego dnia, kiedy Jurker jak zawsze walczył z AT, miałam spory kłopot z namierzeniem drogi prowadzącej do miejsca kolejnego spotkania. Kiedy nareszcie odnalazłam niewielką zatoczkę przy wejściu na szlak, zaskoczona ujrzałam tam kilkanaście zaparkowanych aut. To znaczy, że na trasie są wędrowcy. To znaczy, że jest bezpieczniej.

Postawiłam Czarny Zamek na wolnym miejscu, wysiadłam i otworzyłam tylne drzwi, żeby poszukać czołówki Jurkera. Wiedziałam, że dziś będzie późno, a że nie wziął lampy, to chciałam wybiec mu naprzeciw i oświetlić drogę. Kiedy podeszłam do wozu od drugiej strony, poczułam na sobie czyjś wzrok. Rozejrzałam się po parkingu pełnym samochodów i zobaczyłam brudnego białego sedana, w którym ktoś siedział za kierownicą. Drzwi były uchylone.

Starałam się nie zerkać w tamtą stronę, ale ten człowiek g a p i ł s i ę na mnie. Przednią szybę miał tak zakurzoną, że nie mogłam mu się dobrze przyjrzeć, lecz na pierwszy rzut oka nie wyglądał na wędrowca ani turystę – raczej na zdziczałego brata Jerry'ego Garcii. Powiodłam wzrokiem po pozostałych autach i przekonałam się, że wszystkie są puste. Byliśmy tylko my dwoje. Wróciłam do vana i zablokowałam drzwi.

No to ładnie. Jeśli pobiegnę zanieść czołówkę Jurkerowi, Grateful Gawker* włamie się do naszego domu na kółkach i spládruje go. Z kolei jeśli zostanę, to kto wie, co się może stać ze m n ą. Zerknęłam w lusterko boczne. Wciąż tam jest. I nadal się gapi.

Rozważyłam możliwości. Uznałam, że Jurker potrzebuje mojej pomocy, a ten gość w samochodzie wygląda na zbyt grubego, by zechciał mnie gonić. Wyskoczyłam z vana, trzasnęłam drzwiami, zamknęłam je i pobiegłam szlakiem ile sił w nogach. Co chwila oglądałam się za siebie. Kiedy już pokonałam kawałek, zatrzymałam się i nadstawiłam uszu, żeby się przekonać, czy tamten facet nie próbuje wybić szyby albo zrobić czegoś w tym rodzaju. Cisza. Na razie.

---

* Nawiązanie do Grateful Dead, zespołu, którego wspomniany akapit wyżej Jerry Garcia był wokalistą i gitarzystą. *Gawker* oznacza gapia.

Mniej więcej kilometr dalej ujrzałam Jurkera. Poczułam ogromną ulgę. No, to teraz moje Wielkie Łup! da łupnia temu dziwakowi i pokaże mu, gdzie raki zimują.

– Jurker! W samochodzie na parkingu siedzi dziwny gość, który się gapi na mnie i na Czarny Zamek! – Brakowało mi tchu i miałam szaleństwo w oczach, ale nie omieszkałam zauważyć, że Jurker porusza się sprawnie i w niezłym tempie. – Boję się, że coś mi zrobi albo zacznie grzebać przy wozie.

Jurker popruł tak, że ledwo mogłam za nim nadążyć, ale kiedy dotarliśmy na miejsce, tamtego już nie było. Zniknął. Przynajmniej na razie.

ROZDZIAŁ SIÓDMY

POŁUDNIOWA GOŚCINNOŚĆ

DZIEŃ JEDENASTY

Czułem się dobrze. Bynajmniej nie dzięki temu, że kontuzje minęły, ale za sprawą ukształtowania terenu na szlaku i łatwości, z jaką mogłem stawiać na nim kroki. Znów b i e g ł e m. Pokonywałem łagodny stok prowadzący do parkingu. Dzień powoli chylił się ku końcowi, ale wciąż jeszcze miałem wystarczająco dużo światła – to dobrze, zwłaszcza że podczas ostatniego spotkania z JLu zapomniałem zabrać czołówkę. Zamierzałem przebiec jeszcze trzynaście kilometrów, co oznaczało, że dotrę do Czarnego Zamku około dwudziestej drugiej. To był w sumie udany dzień. Wróciłem do gry. Dogoniłem harmonogram.

Nagle zobaczyłem czyjąś postać biegnącą w moją stronę. JLu. Machała rękami jak ktoś, kto chce zatrzymać przejeżdżający radiowóz. Kiedy się zbliżyła, zaczęła z przejęciem opowiadać, co się stało. Znowu chodziło o jakiegoś podejrzanego typa. Dość tego, pomyślałem, i poprułem przed siebie. Na miejscu okazało się, że gość zniknął, a Czarny Zamek stoi, jak stał. Nieważne – i tak byłem zdenerwowany i fizycznie wykończony. Postanowiłem, że na dziś koniec, i odpuściłem sobie ostatni odcinek; uznałem, że zaliczę go nazajutrz z samego rana. Zdecydowałem, że zostaniemy tu na noc. Nie chciałem, żeby JLu jeździła po zmroku i czekała kolejne dwie godziny na kolejnym przecięciu szlaku z drogą, aż do niej dołączę. Powiedziała, że przecież nic się jej nie stało i że powinienem biec dalej, ale było już za późno. Tamtego wieczoru podjąłem decyzję, że nie będę jej więcej wysyłał samej w takie dziwne, oddalone od cywilizacji miejsca bez względu na to, czy jest ciemno, czy jasno. Będę pokonywał dłuższe, trzydziesto- albo czterdziestokilometrowe odcinki za jednym zamachem, bez wsparcia i będziemy się spotykali wyłącznie przy skrzyżowaniach z utwardzonymi drogami. Dość tych spotkań przyprawiających o gęsią skórkę.

Nazajutrz obudziłem się o piątej. Rankiem zwykle czuję się zesztywniały i obolały, ale tamtego dnia odhaczyłem brakujące trzynaście kilometrów w dwie godziny. Biegłem, słuchając muzyki, ubrany w kamizelkę z kieszeniami na jedzenie i bukłakiem z wbudowanym minifiltrem do wody. Czułem się w swoim żywiole, jakbym wybrał się na długi bieg treningowy po górach w okolicach Boulder. Kiedy zameldowałem się na kolejnym przystanku – umówiliśmy się na stacji benzynowej nieopodal estakady autostrady międzystanowej I-81 – miałem już pięćdziesiąt dwa kilometry w nogach, a nie minęło nawet południe.

JLu była zaskoczona, widząc mnie tak wcześnie. Zdrzemnęła się na parkingu pobliskiej restauracji i dotarła na miejsce spotkania dosłownie kilka chwil przed moim przybyciem.

– Jurker! – Wybiegła z vana, żeby się przywitać. – Ale się pospieszyłeś! Nie zgadniesz, co się stało. Szukałam miejsca, żeby zaparkować Czarny Zamek, kiedy nagle podjeżdża do mnie zdezelowany czerwony wóz. Wychyla się jakiś podstarzały gość i pyta: „O której Scott wczoraj skończył?". Kto to jest? – pomyślałam. – I o co mu chodzi? Może fan, który śledzi twoją wyprawę w internecie i któremu zależy na informacji z pierwszej ręki? Ale nie wyglądał ani na biegacza, ani nawet na kogoś, kto ma komputer. Przyjrzałam mu się. Postrzępiona broda, niechlujny strój. Przyjechał innym samochodem, ale to na pewno on, ten facet, o którym ci wczoraj opowiadałam!

– Nie może być! Jesteś pewna? – Rozejrzałem się po parkingu, żeby sprawdzić, czy przypadkiem nadal go tu nie ma.

– Na sto procent. Bez dwóch zdań. Wykombinowałam, co to za typ! W świetle dziennym Grateful Gawker wygląda zupełnie jak ten gość, który trolluje twój profil na Facebooku!

– Warren Doyle?

– Tak!

Roześmiałem się i przysiadłem na stopniu vana. Ten człowiek plótł bzdury na mój temat, kiedy byłem na szlaku. Dwa dni wcześniej natknąłem się na dwóch wędrowców, których najwyraźniej zaskoczył mój widok.

– Nie wiedzieliśmy, że pan nadal biegnie – zdziwili się. – Warren Doyle twierdzi, że pan się wycofał z powodu kontuzji nogi. Uważa, że to dla pana kiepski rok.

No jasne. Warren był samozwańczym stróżem Szlaku Appalachów i z jakiegoś powodu miał szczególnie na pieńku z biegaczami, którzy pokonywali AT.

Stale usiłował nas skłócić z wędrowcami. Kiedy Speedgoat podjął próbę pobicia rekordu trasy, Warren przypuścił na niego atak w sieci. Wyglądało to tak, jakby prowadził prywatną wojnę z biegaczami. Oświadczył na swojej stronie, że „przejście piechotą całego Szlaku Appalachów to nie rekreacja, tylko nauka i praca". W porządku, Warren, pamiętaj jednak, że nie wszyscy mają ochotę na s p a c e r. Niech każdy wybierze własne tempo.

„Mam swoich szpiegów na AT" – powiedział Horty i teraz już wiedziałem, kogo miał na myśli. Z tym że Warren wynosił szpiegowanie na zupełnie nowy poziom. Podejrzewam, że pilnował, czy nie oszukuję – czy nie finguję próby ustanowienia FKT. Bo przecież wszyscy byliśmy jedynie gośćmi w świecie Warrena. Należał do grona specyficznych maniaków AT, u których żarliwa miłość do tego miejsca przerodziła się w daleko posuniętą zaborczość. Dało się ją odczuć zarówno w internecie, jak i na szlaku. Sprawdzanie, czy nie oszukuję, to jedno. Warren miał oprócz tego własną, całkowicie arbitralną, listę nakazów i zakazów; skrzętnie, jak samozwańczy cieć AT, odnotowywał każdą zasadę, jaką złamałem.

Niektórzy go uwielbiali. Spotkaliśmy z JLu kilka osób z bliskiego mu grona, które, jak się okazało, świetnie się bawiły w jego towarzystwie. Trzeba przyznać, że trudno o lepszego przewodnika po AT niż Warren. Wędrował po nim częściej niż ktokolwiek inny – przebył szlak osiemnaście razy i bynajmniej nie zamierzał poprzestać na tej zdumiewającej liczbie. Przyjaźnił się z Hortym, więc kto wie? Z drugiej strony wielu ludziom działał na nerwy. Kilka minut po spotkaniu JLu z Warrenem jakiś wędrowiec długodystansowy zapytał ją, w jakim stanie jest szlak na najbliższym odcinku.

– Przykro mi, ale nie wiem – odparła Jenny. – Ale w tamtym wozie siedzi Warren Doyle, proszę go zapytać.

Na to wędrowiec przewrócił oczami i machnął ręką.

Doceniałem wysiłek, jaki Warren wkładał w pilnowanie, czy ktoś podchodzi do próby pobicia rekordu zgodnie z zasadami, i cieszyłem się nawet z takiego nadzoru, ale Warren często przeginał. Przecież mógł podejść do JLu i się przedstawić, chętnie odpowiedziałaby na pytania i pokazała dowody, gdyby mu na nich zależało.

Czym innym jest wypisywanie głupot w mediach społecznościowych, a czym innym rozpuszczanie plotek wśród innych wędrowców. Nie będzie mi straszył żony!

Gdy wspinałem się na Walker Mountain* (Góra Walkera) – nad moją głową przetaczały się grzmoty, a deszcz siekł mnie po twarzy z taką siłą, że miałem wrażenie, jakby ktoś polewał mnie wodą z węża strażackiego – zauważyłem samotną postać w staromodnym poncho. Było widać jedynie długą, siwą brodę, po której spływały strugi deszczu. Warrena nie można z nikim pomylić. Można go wziąć za postać z *Morderstwa na Szlaku Appalachów*.

– Warren Doyle?! – krzyknąłem, próbując przebić się głosem przez szum deszczu.

– To ja – odparł lekko zaskoczony.

Stanąłem przed nim.

– Nie musi mnie pan szpiegować. Pokonuję cały szlak co do centymetra i robię to w sposób przejrzysty! – wygarnąłem. – Jeśli ma pan wątpliwości co do mojej uczciwości, proszę mi o tym powiedzieć, a nie zasadzać się w samochodzie i straszyć moją żonę. Następnym razem naślę na pana drogówkę!

Bąknął pod nosem coś niezrozumiałego.

– Sądziłem, że na Południu liczą się przyzwoitość i takt! – kontynuowałem tyradę. – Gdzie się podziała wasza gościnność?!

Dwunastego dnia byłem zaledwie w jednej piątej drogi do Katahdin, ale czułem się, jakbym miał już za sobą całą długość AT. Doszedłem do wysokiej ściany, którą udało mi się obejść dzięki odebranej wiadomości. Niewiele też brakowało, bym w hotelu w Erwin złożył broń, ale jednak wstałem i, w pewnym sensie, rozchodziłem to. Nogi coraz mniej mnie bolały i powoli przypominałem sobie, jak to jest, kiedy się biegnie na czele stawki. Wreszcie zdystansowałem się od wątpliwości – i znów pokonywałem po osiemdziesiąt kilometrów dziennie.

Nie tylko doświadczałem przyjemności, prawdziwej euforii biegacza, ale też dużo myślałem. Na przykład o tym, że Jenny powinna mieć broń. A b s u r d a l n a myśl, przecież wiedziałem, że nawet by jej nie tknęła. Ale po dwunastu dniach na szlaku nie sposób było dłużej ignorować jego ciemnej strony, której tajemnica objawiała się jedynie zagorzałym wędrowcom i maniakom historii AT.

Kiedy dziesiątego dnia zameldowaliśmy się w typowym szlakowym miasteczku, jakim jest Damascus, najpierw przejechaliśmy przez jego skromne centrum. W witrynach sklepów nadal wisiały plakaty zachęcające udziału w odbywają-

* Nazwa pochodzi od nazwiska doktora Thomasa Walkera, który wędrował w tamtych stronach w połowie XVIII wieku.

cych się nieco wcześniej obchodach Dni Szlaku, które dla społeczności AT są tym, czym Woodstock był dla dzieci kwiatów. Spóźniliśmy się zarówno na święto, jak i na wydarzenia, które rozegrały się kilka dni przed nim. Otóż FBI aresztowało pięćdziesięciotrzyletniego Jamesa Hammesa, od czterech lat wędrującego po szlaku. Hammes przyczynił się do powstania *Przewodnika po AT* i regularnie nocował w miejscowym pensjonacie (tam też namierzyli go agenci). Znany na szlaku pod przezwiskiem „Bismarck" Hammes nosił rozkudłaną brodę i doskonale pasował do szlakowej braci. Nikt z nas nie miał pojęcia, że w 2009 roku FBI przesłuchiwało go w Ohio w związku z defraudacją ośmiu milionów siedmiuset tysięcy dolarów, które wyprowadzono z tamtejszej firmy zatrudniającej Hammesa. W tym samym czasie zniknął również sam Hammes.

Nie on pierwszy wykorzystał AT jako kryjówkę. Szlak przyciąga dziś tak, jak dawniej na Dzikim Zachodzie wabił wagon towarowy; jest jak wieczna włóczęga: to miejsce, gdzie można podróżować tak długo, jak się chce. Oboje z JLu poczuliśmy tę magnetyczną siłę, tę potrzebę tułaczki. Po prostu nie powiązaliśmy jej z unikaniem organów ochrony porządku publicznego.

Oczywiście, wśród ludzi podążających szlakiem trafiają się kanalie, jak wszędzie, ale można też usłyszeć opowieści o odkupieniu. Przykładem niech będzie David Lescoe. W 2005 wyruszył na południe z Rhode Island. Po drodze nabrał zwyczaju podprowadzania jedzenia i sprzętu współbiwakowiczom. W New Jersey natknął się na anioła szlaku. Nie musiał mu niczego kraść, bo anioł sam zaproponował, że poczęstuje wędrowca kolacją i ugości ciepłym łóżkiem i gorącym prysznicem, a następnie pokazał Davidowi nagranie ze znanym aktorem Kirkiem Cameronem, który odnalazł Chrystusa. Nagranie zrobiło na Davidzie tak wielkie wrażenie, że mężczyźni zaczęli się modlić, po czym David złożył przysięgę, iż wynagrodzi zło tym, którym je uczynił. Anioł wręczył Davidowi pewną sumę pieniędzy i wysłał go w dalszą drogę na południe. Wędrując szlakiem, chłopak wysyłał listy z przeprosinami, pieniędzmi i skradzionymi przedmiotami do osób, które spotkała krzywda z jego strony. Zmienił swój szlakowy przydomek z „Indiańca" na „Ocalonego" – nadal się nim posługiwał, kiedy policja przyłapała go na kradzieży jedzenia i sprzętu z chaty stojącej kilka kroków na południe od Damascus. W jego przypadku odkupienie okazało się tymczasowe.

Tymczasowość, prowizoryczność i doraźność to rzeczowniki, którymi można opisać również sam szlak i leżące przy nim miasteczka, takie jak Damascus. Na AT każdy znajdzie coś dla siebie: spokój, naturę, okazję do oderwania się od wszystkiego. Ale ten raj też gdzieś się kończy. I bywa, że robi się nieprzyjemnie.

Czasem winni są miejscowi, tak jak w przypadku pułapek z żyłek i haczyków, o których opowiadał Horty. Ale częściej za niewłaściwym zachowaniem, przed którym w żaden sposób nie byliśmy zabezpieczeni, stoją sami wędrowcy. Logo mojego sponsora, producenta batonów Clif Bar, było doskonale widoczne na bocznych drzwiach Czarnego Zamku, przez co często brano nasze auto za wóz firmowy na objeździe promocyjnym. Raz, kiedy JLu wypakowywała rzeczy z vana, jacyś wędrowcy poczęstowali się batonami, które leżały na widoku, a potem, co gorsza, porozrzucali papierki po całym szlaku.

Gdyby szczytem występku na AT były drobne kradzieże i śmiecenie, nie różniłby się on od dowolnego parku w dowolnej części Stanów, ale niestety, dochodziło również do znacznie poważniejszych naruszeń prawa. Licząc od 1974 roku, na szlaku zamordowano łącznie jedenaście osób. W 1981 roku Randall Lee Smith brutalnie pozbawił życia wędrującą parę. Został skazany za zabójstwo drugiego stopnia, osadzony w więzieniu i zwolniony warunkowo piętnaście lat później – i niemal natychmiast dopuścił się usiłowania zabójstwa dwóch kolejnych osób na szlaku. W 2007 roku na AT niedaleko Damascus zaginęło małżeństwo z Georgii, John i Irene Bryantowie, a rok później podobny los spotkał dwudziestoczteroletnią Meredith Emerson. Po pewnym czasie odnaleziono ciała całej trójki. Zagadki niektórych morderstw nie udało się rozwiązać. Czasem ludzie znikają na szlaku. Niektórzy z nich celowo.

Stąd wziął się mój pomysł z bronią. Do morderstw na szlaku dochodziło stosunkowo rzadko, ale zanim przekroczyliśmy granicę Wirginii, nasłuchałem się od JLu wystarczająco dużo niepokojących opowieści, by zmienić swoje nastawienie. Znałem kobietę zawodowo zajmującą się wspinaczką, która woziła glocka w schowku w swoim vanie. Tymczasem JLu nie miała nawet gazu pieprzowego. Szlak Appalachów wiódł ku wyższej świadomości i był dla człowieka sprawdzianem charakteru – ale też dzikim, awanturniczym miejscem. Zadzwoniłem do Ricka, mojego znajomego, który mieszkał na kalifornijskiej pustyni i służył w marynarce wojennej Stanów Zjednoczonych jako podwodny saper. Zapytałem go, czy nie mógłby towarzyszyć JLu podczas etapu prowadzącego przez Wirginię. Chciałem, żeby w razie czego mógł ją obronić, dlatego poprosiłem, żeby zabrał ze sobą broń.

Na szczęście opamiętałem się gdzieś wysoko na grzbiecie Pasma Błękitnego, w czym wydatnie pomógł mi fakt, że Rick był w tamtym czasie zajęty i nie mógł przyjechać. Nie będzie zatem broni i wsparcia. Utrzymałem natomiast w mocy postanowienie, by nie spotykać się z JLu na przecięciach szlaku z bocznymi, rzadko uczęszczanymi drogami, gdzie musiałaby czekać na mnie długo i w zupełnej samotności. Zdecydowałem, że będziemy się umawiali przy głównych szosach, tam gdzie są tablice informacyjne i jest twarda nawierzchnia. Koniec z leśnymi gruntówkami. Obojgu nam miało to nieco utrudnić życie. Dla mnie oznaczało podział trasy na dłuższe, dwudziestopięcio-, trzydziestokilometrowe odcinki, a także mniej przerw na jedzenie. Po tych wszystkich dziwnych przygodach okropnie się martwiłem o JLu i z pretensją do samego siebie zastanawiałem się, jak mogłem pomyśleć, że JLu nic nie zagrozi, kiedy będzie sama. Dlaczego nie dopilnowałem, aby na każdym etapie wędrówki towarzyszyła jej co najmniej jedna znajoma osoba? Czasem wychodzi ze mnie skończony dureń.

Czas upływał mi pod znakiem niepokoju, ale też pewnego... otępienia. Wirginijski odcinek szlaku potrafi być wbrew pozorom wyczerpujący. Kiedy biegniesz pod górę, jest gorąco i parno, kiedy zbiegasz – przeszkadzają ci kamienie i wystające korzenie. Oprócz tego odcinek wydaje się nie mieć końca. Wije się przez osiemset dziewięćdziesiąt dwa kilometry i bywa przez wędrowców długodystansowych nazywany Virginia Blues (Wirginijskie Przygnębienie). Na Wirginię przypada niemal jedna czwarta całego AT, w tym całe mnóstwo gór pełnych rumowisk. Oficjalnie Smokies kończą się w Tennessee, ale Pasmo Błękitne jest ich potężnym i onieśmielającym kuzynem. Wiele spośród tamtejszych przekraczających tysiąc metrów wysokości szczytów nosi złowieszcze przydomki: Bruisers Knob (Góra Twardzieli). Dragon's Tooth (Smoczy Kieł), Buzzard's Rock (Skała Myszołowów), The Guillotine (Gilotyna), The Priest (Mnich). Te tereny to podwórko Horty'ego. Wspinając się, przypominałem sobie nazwy z jego wspomnień i bajań.

Początek Wirginijskiego Przygnębienia zbiega się z początkiem zaskakująco morderczego odcinka AT. Wijąc się przez wirginijskie Appalachy, trasa staje się coraz bardziej wymagająca i kostropata, co prowokuje do wymyślania dowcipnych powiedzonek, których usłyszałem całe mnóstwo, zanim opuściłem stan. Na przykład:

Pytanie: Co byś wolał: wędrować ścieżką pełną kamieni czy wystających korzeni?

Odpowiedź: A ty – żeby cię powiesili, czy rozstrzelali?

Moje nogi powoli dochodziły do siebie – zgodnie z przewidywaniami Horty'ego. Fizycznie czułem się sprawny, ale południowy upał i monotonia krajobrazu sprawiały, że ogarniała mnie senność. Zacząłem robić krótkie drzemki – tak zwane *power naps* – na skałach, w liściach przy szlaku, wszędzie tam, gdzie mogłem się położyć. Nabrałem niezłej wprawy. Któregoś razu wystraszyłem wędrowców, którzy podeszli do mnie i zaczęli ostrożnie sprawdzać, czy aby nie umarłem.

Z chęcią przesypiałbym osiem godzin dziennie, zamiast ucinać sobie drzemki, które jednak wybijały mnie z rytmu. Z chęcią przesiadywałbym przy ognisku z wszystkimi tymi barwnymi postaciami, które postanowiły spędzić lato życia na wędrówkach przez dzikie tereny. Z chęcią wysłuchałbym więcej opowieści z dziejów szlaku i o jego licznych dziwakach: od niebezpiecznych szaleńców po łagodne dusze. M i a ł e m ku temu okazje, naprawdę, pokusy były liczne.

Kilka dni po tym, jak minęliśmy Damascus, JLu napotkała grupę młodych wędrowców długodystansowych i dowiedziała się od nich, że organizują wielką imprezę dla *tfu!*rystów przy Dismal Falls (Posępny Wodospad). Bardzo im zależało, żebym wziął w niej udział. JLu od razu odpowiedziała, że pewnie, czemu nie – bo dobrze mnie znała. Miałem świadomość, że czas poświęcony na imprezę będę musiał odjąć od czasu przeznaczonego na sen, ale chciałem się integrować, poznawać nowych członków appalaskiej rodziny.

Kiedy dotarłem na miejsce, było już prawie ciemno, a z nieba lały się strugi deszczu. Dostałem piwo na dzień dobry. Tuzin półnagich *tfu!*rystów pląsał w rzece przy wodospadzie. Jeden gość w bokserkach trzymał dziecięcą różową parasolkę i podskakiwał na kamieniach zupełnie niespeszony ulewą. Leśne nimfy w swoim naturalnym środowisku.

Wracając do vana, zastanawiałem się nad tym, co odróżnia AT od znacznie lepiej mi znanych szlaków na zachodzie. Otóż spośród trzech największych amerykańskich szlaków, AT okazuje się zdecydowanie najlepiej sprzyjać kontaktom międzyludzkim, choćby z tego powodu, że panuje na nim największy ruch. Wirginia góruje nad Kolorado pod względem gęstości zaludnienia i choć na samym szlaku ma się poczucie wędrowania przez dzicz, to jednak niemal zawsze wystarczy pokonać krótki odcinek pieszo albo autostopem, żeby dostać się do najbliższego miasta. Niektórzy nazywają AT „najdłuższą na świecie trasą włóczęgi po barach". Inni czują się przez to rozczarowani, bo przyjeżdżają z wizją wyprawy w odludne tereny, po czym szybko się przekonują, że co rusz natykają się na szlaku na innych wędrowców.

Byłoby miło poimprezować, nie myśląc o kilometrażu i harmonogramie, tak jak kiedy wędrowaliśmy PCT. Ale na to dopiero miała przyjść pora. Tym razem chodziło o rekord, o dotarcie do granicy możliwości.

Czternastego dnia pokonałem osiemdziesiąt cztery kilometry i sześćset metrów; przebiegłem przez Angels Rest (Odpoczynek Aniołów) i most imienia senatora Andersona E. Shumate'a w Pearisburgu. Zakończyłem ten dzień z poczuciem déjà vu. Mógłbym przysiąc, że kręcę się w kółko, a mimo to o dwudziestej trzeciej znalazłem się na drodze Mountain Lake pośrodku niczego. Spóźniłem się kilka godzin. JLu stała i czekała na mnie. Co jakiś czas mijał ją szemrany pikap. Nazajutrz przewędrowałem przez Lone Pine Peak (Szczyt Samotnej Sosny), minąłem trzystuletni Dąb Keffera* (największy okaz w południowej części AT), wszedłem na Smoczy Kieł i dotarłem w pobliże McAfee Knob** (Góra McAfee'ego), przez cały czas uważając na kamienie wielkości piłeczek do tenisa, ukryte pośród korzeni i w okrywie roślinnej zarośniętego szlaku. Piętnasty dzień zakończyłem po siedemdziesięciu czterech kilometrach. Przetrwałem pierwszy etap Wirginijskiego Przygnębienia w sposób bodaj najbardziej nużący z możliwych: będąc całkowicie skupionym. Bez magicznych formuł. Bez supermocy. Kilometry stapiały się w medytację ruchu.

* * *

Mieliśmy za sobą jedną czwartą Szlaku Appalachów. Nie mogłam uwierzyć, że dotarliśmy tak daleko, i nie potrafiłam sobie wyobrazić, jak długa droga jeszcze nas czekała. Dawno nie przekraczaliśmy granicy stanu, przez co te dwa i pół tysiąca kilometrów wydawało się dystansem nie do przebycia. Łatwiej myśleć o szlaku podzielonym na przypadające kolejne stany i dające się ogarnąć myślą odcinki. W Wirginii postęp wędrówki wydawał się po prostu mniej namacalny, mieliśmy wrażenie, że kręcimy się w miejscu.

W rzeczywistości przez dwanaście dni Jurker pokonał kawał drogi, codziennie spotykając coraz więcej ludzi. Tradycja nakazuje, by wędrowcy długodystansowi, którzy przemierzają AT na północ, wyruszali z Góry Springera pod koniec marca bądź na początku maja. Większość spotykanych przez nas osób była świeżo po studiach. Z jednej strony czuliśmy się trochę staro, a z drugiej czerpaliśmy natchnienie z kontaktów z młodymi ludźmi, którzy odpowiedzieli na zew przygody. Wiedziałam, że Jurkerowi udzieli się ich energia.

---

* Od nazwiska żyjącego w pierwszej połowie XX wieku Reksa Keffera, byłego właściciela terenu, na którym rośnie to drzewo.

** Nazwa pochodzi od Jamesa McAfee'ego, który osiedlił się w dolinie Catawba w latach 30. XVIII wieku.

Jadąc przez Marion – pierwsze duże miasto, do jakiego zawitałam od początku wyprawy – skorzystałam z okazji i zajrzałam do Walmartu. Sklep jaskrawo kontrastował z realiami szlaku i wiejskiej południowozachodniej części Wirginii. Uzupełniłam zapasy roślinnych źródeł białka, owoców i ulubionych wegańskich przysmaków Jurkera, które przerabiał w zastraszającym tempie. Na co dzień stosował zdrową dietę opartą na produktach niskotłuszczowych i z pełnego ziarna; tymczasem na szlaku pochłaniał masę tłustego i słodkiego śmieciowego jedzenia. Szok! Potrafił wyżłopać pół litra roztopionych wegańskich lodów na raz. W dziale tekstylnym Walmartu kupiłam parę metrów tiulu na prowizoryczną moskitierę, którą chciałam zamontować w przesuwanych drzwiach vana. To bezsprzecznie najlepiej wydane dwa dolary w moim życiu.

Kiedy wróciłam do vana z upolowanymi zdobyczami, zobaczyłam zatkniętą za wycieraczkę jaskrawozieloną karteczkę. Było na niej napisane: „Powodzenia, Scotcie Jurku! Do zobaczenia na szlaku! Najlepszego życzą Sam («Cujo») i Sarah (która jeszcze nie ma szlakowego przydomka)". Proste, a miłe. Jurker zacierał różnicę pomiędzy sobą, biegaczem, a pieszymi wędrowcami na AT; niektórzy nawet go dopingowali. To wiele dla mnie znaczyło.

Scott spędzał coraz więcej godzin samotnie w dusznym Zielonym Tunelu, przedzierając się przez gęste pajęczyny i od czasu do czasu słuchając muzyki. Ponieważ niestety nie miałam kogo posadzić za kierownicą Czarnego Zamku, to mogłam towarzyszyć Jurkerowi jedynie na krótkich odcinkach szlaku – i zaraz musiałam wracać do vana. Widać było, że brakuje mu towarzystwa. Zresztą sama też coraz bardziej odczuwałam samotność.

Chaotyczny sposób, w jaki szykowaliśmy się do wyprawy, a także pragnienie, by przeżyć tę przygodę tylko we dwoje, sprawiły, że większość naszych znajomych do ostatniej chwili nie wiedziała, że w ogóle wybieramy się na AT. Dopiero będąc głęboko w wirginijskim lesie, zorientowaliśmy się, że nie pogardzilibyśmy towarzystwem przyjaciół, ale wtedy było już za późno, by prosić kogoś, żeby do nas dołączył. Prawie wszyscy zdążyli zaplanować sobie urlopy. Kilkoro bliskich nam osób zaproponowało, że przyleci i weźmie na siebie rolę zająca dla Scotta. Szkopuł w tym, że nie potrafiliśmy im powiedzieć, gdzie będziemy danego dnia, a nawet na które lotnisko powinni się kierować. Poza tym musieli przecież jakoś dojechać na szlak. Byli wprawdzie ludźmi zaradnymi, poradziliby sobie, ale byli też zbyt zajęci, by w wolne dni oddawać się poszukiwaniom igły w stogu siana.

Wtedy ni z tego, ni z owego dostałam SMS-a od Jenn Shelton. Akurat startowała w wyścigu w Arkansas, który uwieczniał Luis. Ona, on i Scott należeli do starej paczki z czasów *Urodzonych biegaczy*, byli dla siebie jak rodzina. W rozmowie z Jenn El Coyote wspomniał, że prosto z Arkansas poleci z powrotem na AT. Jenn zapytała, czy może się z nim zabrać, ale Luis z jakiegoś powodu się nie zgodził. Ponieważ jednak Jenn nie potraktowała jego odmowy poważnie, postanowiła napisać bezpośrednio do mnie.

Odpisałam jej:

> Że co?!?! Chciałaś przyjechać na AT? A Luis powiedział „nie"? NAĆPAŁ się czy co?

Byłam zła. Wiedząc, ile mam na głowie, Luis chyba próbował oszczędzić mi kolejnego kłopotu. No, ale odmówić Jenn Shelton? Przecież właśnie jej Jurker potrzebował! Nie balsamu dla duszy – raczej alkoholu polewanego na ranę: piecze, ale przynajmniej wiesz, że działa.

Latem rok wcześniej Jurker i ja polecieliśmy wesprzeć Jenn w jej próbie ustanowienia FKT na trasie Szlaku Johna Muira. Jurker zaskoczył ją rano na Red's Meadow i biegł z nią aż do wieczora. Ruszając w trasę, oboje zbiegiem okoliczności zapomnieli o zabraniu podstawowych elementów wyposażenia: Jurker nie wziął ciepłego ubrania, a Jenn – pożywienia! Przybyli głodni na Tuolumne Meadows, a Scott dodatkowo w spódniczce z koca ratunkowego. Stanowili niezłą parę, choć bynajmniej nie *dream team*. Wiecznie się śmiali i przekomarzali.

Napisałam Jenn, żeby przyjeżdżała, czym może, nawet gdyby miała się ukryć w monstrualnych rozmiarów plecaku El Coyote. Potrzebowaliśmy jej. Na szczęście udało jej się wymienić bilety i wybrać nowy cel podróży. Świadomość, że Jurker będzie miał barwne towarzystwo na szlaku wiodącym przez gorące, wilgotne lasy Wirginii – nie tak zresztą daleko od miejsca, w którym Jenn dorastała – sprawiła, że poczułam wielką ulgę.

To miał być mój ostatni dzień w pojedynkę, dlatego postanowiłam posprzątać. Zajechałam na pustą stację benzynową i zaparkowałam Czarny Zamek na samym końcu dużego żwirowego parkingu, gdzie mogłam w spokoju wyczyścić i uporządkować wnętrze auta. Nie robiłam tego dla Jenny, lecz dla pedancika Luisa. Zabrałam się do pracy. Zmywałam naczynia, słuchając muzyki, dlatego nie usłyszałam zbliżającego się pikapa, dopóki nie zatrzymał się obok vana od strony pasażera. Dziwne – parking miał naprawdę spore rozmiary i był całkiem pusty, jeśli nie liczyć Czarnego Zamku, a jednak ten ktoś postanowił zaparkować akurat tutaj. Wyłączyłam muzykę.

Puk, puk.

Silnik pikapa pracował na jałowym biegu. Odsunęłam drzwi. W obcym wozie siedziało trzech młodych mężczyzn, na pierwszy rzut oka miejscowych. Założyłam, że są fanami Scotta, którzy dostrzegli nasz charakterystyczny van, i dlatego podjechali. Blondyn, który wyglądał na szefa paczki, odezwał się do mnie:

– Cześć, ładnie dziś wyglądasz. Mogę sobie zrobić zdjęcie z tobą?

Zawahałam się, ale odparłam:

– Czemu nie? – Próbowałam rozładować napięcie śmiechem. Może nigdy wcześniej nie widzieli Azjatki i chcieli mieć o czym opowiadać kumplom? Było mi wszystko jedno, niech robią to zdjęcie i spadają. Zapozowałam z blondynem. Jeden z jego kolegów cyknął fotkę, a drugi zaczął obchodzić Czarny Zamek dokoła. Wskazał nasze tablice rejestracyjne.

– Jesteś z Kolorado? Masz zioło?

Okej, dotarło: nie są fanami; zobaczyli czarnego vana bez okien i uznali, że przewożę narkotyki. Znów się roześmiałam.

– Zioło – nie, tylko buty do biegania. Mój mąż biegnie Szlakiem Appalachów, a ja robię za jego ekipę techniczną. Powinien się zjawić lada moment, więc pozwolicie, że wrócę do swoich zajęć.

Chyba zrozumieli aluzję, bo wrócili do pikapa, który wciąż pracował na jałowym. Szybko wsiadłam do vana i zerknęłam na telefon. Zasięg: jedna kreska. Postanowiłam odpuścić sobie mycie naczyń. Odsunęłam nieznacznie drzwi i wylałam wodę z miski. Już miałam zamknąć, kiedy czyjaś dłoń otworzyła je na całą szerokość.

Znów blondyn. Był sam, jego koledzy siedzieli w aucie. Zaczęłam się denerwować nie na żarty. Co on sobie myśli? Że może się bez pytania ładować do mojego samochodu?

– Wiesz co? Tamto zdjęcie nie wyszło. Możemy zrobić jeszcze jedno? – zapytał z uśmiechem.

W tym momencie przypomniałam sobie fragment z *Dziewczyny z tatuażem*, w którym czarny charakter mówi: „Trudno uwierzyć, że obawa przed urażeniem kogoś może być silniejsza od strachu przed bólem, ale powiem ci coś: tak właśnie jest". Nie chciałam zakładać, że może mnie spotkać najgorsze z ich strony, i nie chciałam ich urazić.

Ustawiłam się do krępującego selfie z blondynem. Obejrzał zdjęcie i pokiwał głową. Wsiadłam do vana, celowo głośno zasuwając za sobą drzwi. Tym razem nie bałam się nikogo urazić. Zobaczyłam, że na parking wjeżdża kolejny pikap.

Blondyn podszedł do kierowcy i wskazał na mnie. Teraz tamci też zaczęli się na mnie gapić. Nie wiedziałam, o czym rozmawiają albo czy coś knują. Włączyłam silnik i pospiesznie wyjechałam stamtąd. Na szczęście nikt za mną nie ruszył.

Dotarłam do najbliższego przecięcia szlaku z drogą i ku swemu zaskoczeniu ujrzałam tam pomarańczową hondę element. Horty siedział na klapie bagażnika. Był w drodze na rajd rowerowy, o którym nam opowiadał, ale zboczył z trasy, żeby podrzucić Luisa i zobaczyć się z Jurkerem. A gdzie Jenn? – pomyślałam. Okazało się, że odwołano jej lot połączeniowy. Podłamałam się. Potrzebowałam kobiecej energii, a zamiast niej dostałam starego, dobrego El Coyote.

Wkrótce pojawił się Jurker w towarzystwie kilkorga miejscowych biegaczy. Po raz pierwszy od paru dni poruszał się lekko i sprawnie. Było jeszcze wcześnie, ale już gorąco i parno, dlatego dla ochłody wszyscy wskoczyliśmy do potoku. Jurker podziękował miejscowym i wrócił na szlak. Horty maszerował u jego boku, a Luis uwijał się dokoła nich, pstrykając zdjęcia. Zaraz jednak wrócił, bo miał usiąść za kierownicą, żebym mogła przebiec odcinek z Jurkerem.

Horty doganiał nas, skracając sobie drogę na zakosach. Nie wiedziałam, po co zawracał sobie głowę odbieraniem Luisa i podrzucaniem go na szlak; jedynie dodał kilometrów do już i tak długiej drogi na zachód. Doszłam do wniosku, że chyba chciał po prostu zobaczyć Jurkera i przekonać się na własne oczy, jak się trzyma. Jurker ucieszył się z przyjazdu Horty'ego, mimo że ten spowalniał go tak, że musiał przejść od szybkiego biegu do marszu. Horty sypał statystykami jak z rękawa, opowiadał o tym, czego Jurker może się spodziewać w następnych dniach, i służył radą szlakowego wygi.

– Macie super nastawienie, ogarniacie szlak i odnosicie się pozytywnie do innych wędrowców. Doyle ciągle mnie pyta: „A jak tam jego głowa?". Chyba liczy, że pękniesz jak Karl. – Spojrzał Jurkerowi w oczy. – Mówię mu, że twoja głowa jest dokładnie tam, gdzie powinna być. Myślę, że będziesz miał ten rekord.

Pożegnaliśmy się, życząc Horty'emu powodzenia, i po kilku minutach biegu zostaliśmy z Jurkerem sami. Widziałam, jak bardzo się cieszy z tego, że szybko wraca do siebie po kontuzjach. Postęp na szlaku niemal przyprawiał go o zawrót głowy. Warren Doyle i jemu podobni, wiecznie niezadowoleni, którzy komentują w internecie i powtarzają, że Scott Jurek się skończył, jedynie dodawali mu skrzydeł.

– Pokażę im, JLu – powiedział. – Zmieszczę się w czterdziestu dniach.

Biegłam za nim w milczeniu. Jego pewność siebie była dla mnie źródłem radości.

– Chciałabym tylko, żebyśmy wrócili do domu na moje urodziny.

Roześmiał się.

– Spokojna głowa. Skończymy czwartego lipca, a ósmego będziemy już w Boulder. – Miałam urodziny dwunastego; dobrze, że chociaż uwzględnił kilkudniowy zapas.

Zadanie było wykonalne, tyle że musieliśmy się naprawdę pospieszyć.

– Postaraj się nie marnować zbyt wiele czasu na rozmowy z ludźmi – odezwałam się.

Trafiłam w czuły punkt. Jurek spojrzał na mnie, po czym powoli i z pełnym przekonaniem powiedział:

– JLu, jeśli z tych kilku dni zapasu zrobi się kilka godzin, wtedy będziesz się mogła na mnie wściekać.

Pożyjemy, zobaczymy.

ROZDZIAŁ ÓSMY

SKUBANIE

DZIEŃ SZESNASTY

Obudziłem się otępiały, przekręciłem na drugi bok, spojrzałem przez przednią szybę vana – i zobaczyłem tuzin biegaczy kłębiących się pod murami Czarnego Zamku. Odsunąłem drzwi, żeby wyjść i oddać się rutynowym porannym czynnościom. Dziś udawałem się na malowniczy szczyt Góry McAfee'ego, w czym miała mi towarzyszyć grupa biegowa z Roanoke. Wpadałem w nowy schemat: uśmiech, powitanie, rozmowa, bieg.

Wybraliśmy się z Jenny na AT z wizją nas dwojga wędrujących samotnie i zmagających się z żywiołami. Lecz po tysiącu stu kilometrach wyprawa zupełnie zmieniła swoje oblicze. Zaczęła żyć własnym życiem. Trochę sam na to pozwoliłem, mogłem przecież wyraźniej nakreślić granice.

Nie chcę przez to powiedzieć, że wszystko, co się działo, było złe – bo ani trochę nie było. Wszyscy ci ludzie mieli na nas pozytywny wpływ i wiedzieliśmy, że my również inspirujemy ich intensywnością naszego pełnego radości wysiłku. Nawet kiedy spotkania stały się dla mnie rutyną, nie przestało mnie zadziwiać, że ludzie zadają sobie tylu trudu, by nas odnaleźć, wesprzeć, pomóc i przebiec się z nami. Właśnie to czyni AT jednym z najbardziej magicznych szlaków, jakie istnieją. Uwielbiałem emocje towarzyszące wrażeniu biegania w świecie – i ze światem. Nie chciałem mozolić się samotnie przez Zielony Tunel w pogoni za abstrakcyjnym celem.

Co nie zmienia faktu, że mieliśmy rekord do pobicia. Wiedziałem, że mogę sobie pozwolić najwyżej na kilka szybkich fotek z grupą, a potem muszę zmykać na szlak, ale skończyło się na półgodzinie fotografowania i rozmawiania. Okoliczności przyrody na Górze McAfee'ego są wyjątkowo piękne. Jeśli znasz kogoś, kto wędrował po AT w tych stronach, to założę się, że ta osoba ma zdjęcia ze szczytu, jest to bowiem jedno z najczęściej uwiecznianych miejsc na całej liczącej trzy i pół tysiąca kilometrów trasie.

Kiedy tak pozowałem i gawędziłem z członkami grupy, JLu dawała mi do zrozumienia, że pora się zbierać. Miała rację, zmarnowałem zbyt dużo czasu.

Wieczorem poprzedniego dnia znów późno zszedłem ze szlaku; zrobiła się prawie północ, zanim się w końcu zatrzymałem. Poruszałem się już co prawda dużo sprawniej, niż kiedy doskwierały mi kontuzje, ale i tak wolniej niż na początku wyprawy. Moje późne powroty do Czarnego Zamku źle się odbijały na JLu –musiała przecież na mnie czekać, co oznaczało, że tak samo jak ja łapała zaledwie pięć godzin snu dziennie.

Stało się oczywiste, że musiałem biegać wydajniej.

Zanim wyruszyliśmy, JLu zwerbowała troje członków klubu biegowego Fleet Feet, działającego przy miejscowym sklepie o tej samej nazwie, żeby towarzyszyli mi przez najbliższe dwadzieścia cztery wyjątkowo trudne i oddalone od wszelkiej cywilizacji kilometry. Chyba chciała mi tym zasugerować, że jeśli chcę się integrować, niech to przynajmniej robię w biegu. Uraczyliśmy się wegańskimi wrapami i burritos, które Fleet Feet przynieśli ze sobą. Dzielenie się jedzeniem to coś, co bardzo lubię, nawet jeśli muszę to robić, będąc w ruchu. Urządziliśmy sobie ruchomy szwedzki stół pełen pożywienia, śmiechu i przemyśleń na temat bieżących wydarzeń i nowego sezonu *Gry o tron* (który mnie ominął). Rozmowy o popkulturze wzbudzały we mnie ciekawe odczucia: z jednej strony w pewien sposób przywracały do rzeczywistości, a z drugiej – przypominały, jak bardzo się od niej oddaliłem. Kiedy spoglądasz na coś z dystansu, niemal zawsze prowadzi to do olśnienia.

Po południu nowi towarzysze biegu odłączyli się od mojego jadącego na północ pociągu i życzyli mi powodzenia. Najchętniej poszedłbym w ich ślady – na wirginijski las ktoś rzucił bowiem ciężki, gorący i wilgotny koc, który sprawiał, że m a r n i a ł e m w oczach. Taka wilgotność przenika do kości i wysysa siły od środka. Biegnąc przez odsłonięty odcinek szlaku, prowadzący przez skoszone, zadbane pole, uznałem, że pora na krótką przerwę. Musiałem zająć czymś umysł, żeby nie myśleć o żywiołach. Zwolniłem do marszu, wyjąłem telefon i sprawdziłem komentarze pod moim ostatnim postem na Facebooku. JLu mówiła, że wypowiedziało się sporo osób. Idealna okazja do oderwania się od trudów wyprawy.

Znalazłem coś innego niż to, czego szukałem. Autorką jednego z pierwszych komentarzy była siostra mojej mamy.

„Matka byłaby z ciebie dumna" – napisała.

Łzy napłynęły mi do oczu. W kilka sekund opanował mnie dojmujący smutek pogłębiony poczuciem samotności podczas wędrówki przez puste pole w górach Wirginii. Widocznie upał stopił moje emocjonalne bariery ochronne.

Zaobserwowałem to zjawisko również w innych, mniej wzruszających chwilach. Miałem wrażenie, że dwa i pół tygodnia biegania dzień w dzień powoli wyostrzało moje fizyczne zmysły, stawałem się intuicyjnym zwierzęciem. Jednocześnie traciłem równowagę emocjonalną (nie pierwszy raz zresztą). Kiedy mierzysz się z wymagającym wyzwaniem, wówczas uzewnętrzniają się twoje uczucia. Pod tym względem stałem się na AT znacznie wrażliwszy niż w domu w Boulder. Jedno wiązało się z drugim, stawałem się silniejszy – i słabszy.

Zupełnie jakby odwracały się bieguny mojego umysłu. Nie był to gładki i bezproblemowy proces, wskutek zmian to i owo ulegało jednak poluzowaniu, głównie wspomnienia. Kiedy mknąłem przed siebie płaskim, krętym szlakiem, mój umysł cofał się, wyprawiał głęboko w przeszłość.

Mam szesnaście lat, chodzę do drugiej klasy liceum, prowadzę dom. Gotuję, piorę, rąbię drewno, zajmuję się bratem i siostrą. Opiekuję się nimi, od kiedy skończyłem siedem lat, a u mamy pojawiły się pierwsze objawy stwardnienia rozsianego; stałem wtedy na lewym polu podczas meczu Małej Ligi i patrzyłem, jak mama wysiada z auta i niepewnym krokiem idzie na trybuny, podtrzymywana przez tatę. Po tym zdarzeniu zacząłem zarządzać domem. Tata powtarza mi to za każdym razem, kiedy wychodzi do pracy.

Ten dzień różni się od pozostałych. Dziś mam wolne. Dziś jadę z rodzeństwem samochodem odebrać prababcię, a potem wszyscy się udajemy do Miller Hill Mall w Duluth. Jestem strasznie przejęty tym, że choć przez chwilę znów mogę być zwyczajnym nastolatkiem.

Tata w pracy, mama została sama w domu. Wie, jak bardzo się cieszę. Pewnie czuje się winna, że stale wokół niej skaczemy. Mówi, żebyśmy się dobrze bawili i nie przejmowali nią. Że poleży na kanapie. Że sobie poradzi.

Wsiadamy do naszego dodge'a grand caravan i ruszamy. Prowadzę z tą szczególną frajdą, jaką ma każdy szesnastolatek krótko po zrobieniu prawa jazdy. Prababcia jest w równie entuzjastycznym nastroju. Raduje się z każdej okazji do wyjścia z domu, a wizyta w centrum handlowym to dla niej wielka wyprawa. Cieszymy się, że z nami pojechała – również dlatego, że jak zwykle każdemu z nas wsunie do dłoni po banknocie dwudziestodolarowym i powie, żebyśmy kupili sobie coś ładnego. Sama zaś spędzi czas we własnym raju z szyldem „JCPenney" nad wejściem.

Na miejscu każde udaje się w swoją stronę. Idę obejrzeć ubrania. Nowe dżinsy! Z dwudziestoma dolarami w kieszeni można w Miller Hill Mall naprawdę poszaleć. Wychodzę ze sklepu z dwoma ciuchami z wyprzedaży. Dla nastolatków jest ogromny wybór.

Robi się późno, ale nie martwię się zbytnio o mamę. Kiedy musi, całkiem sprawnie sobie radzi z balkonikiem. Ostatnio wprawdzie drżą jej kończyny, ale jest w stanie się przemieścić z kanapy albo łóżka do toalety i z powrotem.

Czuję się świetnie. Jestem wolny. Nie muszę się nikim opiekować. Nikt nie jest ode mnie zależny. Jestem po prostu jednym z wielu nastolatków w centrum handlowym.

W drodze powrotnej tankuję do pełna, bo tata ma bzika na punkcie takich rzeczy. Jeśli nie chcę dostać bury, wszystko musi być jak pod sznurek. Wpadamy do domu przejęci wyprawą na zakupy i krzyczymy do mamy. Nie odpowiada. Nie ma jej ani na kanapie, ani w pokoju.

Słyszę pojękiwania dobiegające z łazienki. Próbuję otworzyć drzwi, ale uderzają o coś i blokują się. Napieram mocniej. Tarasuje je ciało mamy.

Jesteśmy w szpitalu. Nie wiem, czy tata wrócił do domu i nas zawiózł, czy przyjechała karetka. Nie pamiętam nic poza jednym obrazem: tata patrzy na mnie nienawistnym wzrokiem i mówi: „Gdybyś był przy niej... Gdybyś był w domu, jak cię prosiłem...".

Po tym zdarzeniu mama już nie chodzi. Nawet z balkonikiem. Złamanie stawu biodrowego jest początkiem tragicznego łańcucha zdarzeń. Wiem, czyja to wina.

Jej mięśnie ulegają zanikowi. Jest przykuta do wózka inwalidzkiego. Ja też przechodzę przemianę. Wyzbywam się wszelkiej beztroski. Zostaję narciarzem klasycznym, startuję w zawodach na szczeblu stanowym. Przemawiam na zakończenie nauki w liceum. Marzę o nauce w Dartmouth College i nawet wysyłam papiery, ale jednak zostaję w Minnesocie, żeby się zająć matką. Studiuję fizjoterapię. Mieszkam w domu rodzinnym. Mama ma okropne bóle, ale zawsze jestem blisko niej.

Staram się jej ulżyć w cierpieniu.

Wlokłem się noga za nogą przez góry i doliny, jednocześnie pędząc sprintem przez lata wspomnień. Schrzaniłem sprawę tamtego dnia. Poczucie winy bardzo mi ciążyło. W porównaniu z mamą miałem łatwo – przynamniej mogłem chodzić. Najchętniej zamieniłbym się z nią miejscami i sam usiadł na wózku po to, żeby odzyskała swoje życie.

Czułem się jak tamten nastolatek – i jak pełen niepokoju młody mężczyzna. Kiedy wyrosłem z poczucia winy, zaczęło się we mnie gotować. Byłem zły nie tylko na samą chorobę – chociaż, Bóg mi świadkiem, potrafiłem przeklinać ją godzinami – lecz również na mamę.

Po przeprowadzce na zachód zacząłem układać sobie życie i wtedy okazało się, że jest mi coraz trudniej wracać do Minnesoty i spędzać czas z mamą. Dlatego ilekroć się tam wybrałem, starałem się wykorzystać pobyt do maksimum. Zabierałem ją na dwór, zabawiałem, wyrywałem z monotonii domu opieki.

Zabierałem ją do kina i restauracji. Nogi się jej trzęsły, kiedy przenosiłem ją z wózka do kabiny wynajętego auta. Zabierałem ją, nawet gdy na dworze było minus dwadzieścia stopni i nawet gdy pielęgniarki kręciły nosem. Zależało mi na tym, by zaznała choć odrobinę przyjemności, przypomniała sobie smak tej czy tamtej rzeczy. Widziałem, że jej się to podoba. Siadaliśmy w kinie, przez chwilę mocno błyszczały jej oczy, a potem zamykała powieki i nieodmiennie zasypiała. I ta radość z jedzenia w restauracjach, nawet w zwykłych sieciówkach – nie do opisania. Była w siódmym niebie, kiedy rozgniatałem jej frytki.

Pytałem, jak się czuje i czy ją boli. Zawsze odpowiadała tak samo:

– Jestem twarda, twarda.

Kiwałem głową. Przepraszałem, że nie przyjeżdżam częściej. Z Seattle do Minnesoty kawał drogi...

– Musisz żyć po swojemu – ucinała. – Nie przejmuj się. Jestem twarda, twarda.

Na tym etapie życia często się powtarzała. Stwardnienie niszczyło jej ośrodkowy układ nerwowy, traciła coraz więcej pamięci krótkotrwałej. Wiedziałem o tym, a jednak wciąż mnie to drażniło. Bo brzmiało, jakby chciała ukryć prawdziwe uczucia.

– Wiem, że jesteś twarda! – żżymałem się. – Ale musisz mi powiedzieć, jak się czujesz. Powiedz, co się dzieje.

Nie chciała powiedzieć. Nie tylko mnie. Nigdy nie skarżyła się na ból, nikomu – ani lekarzom, ani pielęgniarkom, ani fizjoterapeutom. Nigdy, przenigdy się nie skarżyła. Nawet kiedy jej mięśnie skręcały się i kurczyły, a ból wykrzywiał twarz. Nawet kiedy nie była w stanie wcisnąć guzika na pilocie. Nawet kiedy przełykanie przerodziło się w takie cierpienie, że mogła przyjmować pokarm wyłącznie o konsystencji jedzenia dla dzieci. Gotowanie było jej pasją i zawodem – teraz lekarze rozważali założenie jej zgłębnika, a ona mimo to nie narzekała.

– Jestem twarda, twarda.

Brzmiało to jak wykręt. Wyobrażałem sobie, że razem ze mną będzie przeklinała chorobę albo że przynajmniej przyjmie do wiadomości, co się z nią dzieje. Ona jednak używała tych trzech słów jak zaklęcia. Nie chciała przyznać tego, do czego ją nakłaniałem: że cierpi, a jej życie jest do niczego. Dlaczego się nie wściekała? Dlaczego odwracała się plecami i pozwalała chorobie triumfować?

Dlaczego nie zmagała się z nią tak jak ja?

Może wciąż byłem nastolatkiem dającym upust swojej złości na brak kontroli nad sytuacją.

Dopiero wiele lat później, długo po jej śmierci, zacząłem rozumieć, co wtedy robiła. Kiedy obolały i ogarnięty wątpliwościami kuśtykałem Szlakiem Appalachów, sam sobie dawałem intensywną lekcję mantry, determinacji, uporu, siły zasad i odporności. Gdy byłem młodszy, nosiłem w sobie dużo gniewu i pragnąłem, aby matka również go nosiła. Ona jednak nie chciała. Za to nieustannie przypominała sobie, że wciąż jest twarda, że nie daje się pomimo okropnej choroby, która pozbawiała ją praktycznie wszystkiego poza ową hardością. Była twarda, bo tak twierdziła. Bo mogła tak twierdzić. I często to robiła. Choć fizycznie traciła siły, to jednak zyskiwała na odporności, która stała się jej nieodłączną cechą. Bo gdyby nie była twardą starszą panią, musiałaby się stać kimś takim jak ja: rozgoryczonym nastolatkiem.

Nadal mnie uczyła, nadal przypominała, jak wyglądają odporność i siła charakteru.

Mój ból był dobrowolny, sam go na siebie sprowadziłem. Jeśli jednak chciałem go docenić, koniecznie musiałem być twardy. Twardszy.

Zmagałem się z napływem wspomnień o matce – będącym nieoczekiwanym skutkiem ubocznym budzącego postrach Wirginijskiego Przygnębienia – i zarazem czerpałem z nich siłę. Źródłem wigoru była również JLu, której postawa wyraża to samo nastawienie do życia. „Jestem twarda" – mówi całą sobą. Myśląc o tym, przez co przeszła – operacje, badania, otarcie się o śmierć – doszedłem do wniosku, że w porównaniu z tym ból i zmęczenie, które odczuwałem na szlaku, tracą znaczenie.

Wirginijskie dni minęły mi w niemal surrealistycznym kalejdoskopie kilometrów i wspomnień. Przekraczałem pewien rodzaj fizyczno-umysłowego progu, z którym nigdy wcześniej nie miałem do czynienia. Czułem się, jakbym zaliczył bliżej nieokreślony, a mimo to niezwykle ważny sprawdzian determinacji.

Osiemnastego dnia w leśnych kotlinach Wirginii dotarliśmy z JLu do mostu wiszącego nad rzeką Tye. Nie planowaliśmy postoju, ale ponieważ na pobliskich skałach rozgościła się grupa miłośników kąpieli, uznaliśmy, że nie mamy innego wyjścia, jak również wskoczyć do wody i nieco się ochłodzić. Przechodząc przez most, usłyszeliśmy, jak jedna z wędrujących szlakiem kobiet zwraca się do swojej przyjaciółki: „Czy to Scott Jurek?". Druga kobieta spojrzała i potwierdziła skinieniem głowy. „Nie powinien aby b i e c?" – zdziwiła się pierwsza. Powinienem, owszem, ale zwyciężyło pragnienie ochłody i ucieczki od duchoty. Na kwadrans wyzbyliśmy się ciężaru myśli o przeszłości bądź teraźniejszości, z którymi się zmagaliśmy.

Dziewiętnastego dnia z rozmyślań i lenistwa wyrwało mnie pojawienie się pewnego mitycznego stworzenia.

Od kilku dni Jenny zdzwaniała się ze Speedgoatem, który jakimś cudem, zapewne posługując się swoją kozią magią, odnalazł mnie w ostępach Parku Narodowego Shenandoah.

Uśmiech na jego twarzy sięgał dalej niż od ucha do ucha. Na AT czuł się jak dziecko w sklepie ze słodyczami. Mieszkał w Sandy w Utah, ale to tutaj, w Appalachach, znajdował się jego prawdziwy dom. Nie miałem wątpliwości, że myśli już o własnej próbie ustanowienia FKT, ale nie przeszkadzało mi to. Cieszyłem się, że jest przy mnie. Miał doświadczenie na szlaku, tak jak Horty, i jak mało kto mógł zrozumieć, co przeżywam.

Z reguły niewiele się odzywał, ale kiedy temat schodził na AT, gęba mu się nie zamykała.

– Wystarczy, że wskoczysz do karuzeli AT i będziesz klepał pięć i pół kilometra na godzinę! Tak się robi rekord, stary.

Chwilę po tym, jak dołączył do mnie na trasie, wskazał niczym się niewyróżniające miejsce i rzucił:

– O, człowieku! Tutaj, dokładnie tu, o mało nie powiedziałem sobie, kurwa, dość! Kiedy pierwszy raz próbowałem pobić dawny rekord. Ja pierniczę. Jakby to było wczoraj.

Półtora kilometra dalej zrobiłem krótki postój techniczny, po czym wróciłem na trasę, gdzie czekał na mnie Speedgoat.

– Spinaj dupę i sraj szybciej! – warknął. – Ile razy dziennie stawiasz klocka? To przez to twoje wegańskie żarcie czy co?

Zupełnie mnie to nie zaskoczyło. Wiedziałem, jaki potrafi się stać Speedgoat, kiedy jest w swoim żywiole.

Był zbudowany jak jego kopytna imienniczka: krępy i żylasty, miał niecałe sześćdziesiąt kilo wagi. Ale kiedy się odzywał swoim tubalnym głosem, można było pomyśleć, że ten dobywa się z gardła olbrzyma. Tak jak Horty, Karl Meltzer zajmował poczesne miejsce w ultramaratońskiej społeczności. Podobnie jego szlakowy przydomek i wszystko, z czym się kojarzył. Kiedy w 1993 roku Karl jechał z Pikes Peak do domu, na drogę wybiegł mu zając. „Ale postrzeleniec!*" – zakrzyknął Karl i tak narodziło się przezwisko, które do niego przylgnęło. Twardy, szalony, zawzięty, wyjątkowy. Zwinny wspinacz, jak kozica, do tego szybki. Speedgoat nie dość, że pięć razy wygrał „bieg dla twardzieli" Hardrock 100, to jeszcze triumfował w większej liczbie stumilowców (w trzydziestu ośmiu) niż „ktokolwiek na świecie" (cytuję za jego stroną internetową). W 2010 roku ustalił rekord na liczącej trzy tysiące trzysta dwadzieścia jeden kilometrów trasie Pony Express Trail (z Sacramento do St. Joseph w Missouri), pokonując ją w czterdzieści dni. Spośród wszystkich ultramaratonów rozgrywanych na dystansie stu lub więcej mil, w których Speedgoat wystartował, zwyciężył w sześćdziesięciu. Przez szesnaście lat rok w rok wygrywał jakiegoś stumilowca.

Osiągnięcia osiągnięciami, ale prawdziwą o b s e s j ą Karla był AT, zwłaszcza rekord trasy. Mierzył się z nim dwukrotnie: w 2008 i 2014 roku. Drugą próbę zakończył w Wirginii, tysiąc czterysta kilometrów przed końcem szlaku. W dniu poprzedzającym ten, w którym powiedział pas, pokonał sześćdziesiąt mil (dziewięćdziesiąt sześć i pół kilometra). Nazajutrz stwierdził: „Wczoraj gnałem, jakbym miał silniczek, i czułem, że mogę zrobić nawet setkę (sto sześćdziesiąt jeden kilometrów), a dziś – dziewięć mil (czternaście i pół kilometra) i szlus. Kurna, co jest?".

Załamał się fizycznie i psychicznie. Zaczynałem rozumieć, jak to jest.

Wyjątkowość Speedgoata objawiała się nie tylko w świecie biegów, lecz we wszystkim, czym się zajmował. Był chodzącym ekscentryzmem w każdym aspekcie życia. Nigdy nie widziałem go w innym stroju niż T-shirt, sportowe spodenki i buty do biegania albo wełniane kapcie. Na trasie wyścigu zawsze miał przy sobie nerkę z bidonami, taki oldskulowy Speedgoat nie uznawał nowomodnych plecaków z kamizelką, dodatkowych kieszeni na piersi. Nosił rę-

* *Speedgoat* ma w amerykańskiej odmianie języka angielskiego kilka znaczeń. Jest to, tak jak w tym przypadku, określenie zwierzęcia przebiegającego drogę w najmniej odpowiednim momencie, wyskakującego prosto przed maskę jadącego samochodu (można je luźno przełożyć właśnie jako „postrzeleniec", „narwaniec" albo nawet „wariat" itp.). *Speedgoat* to również potoczne określenie widłoroga amerykańskiego, będącego najszybszym zwierzęciem Ameryki Północnej. *Speedgoat* jest złożeniem *speed* (prędkość) i *goat* (koza) – stąd wcześniejszy komentarz Jurka o „koziej magii" Karla.

kawiczki rowerowe, bo: „Gościu, nie chcę sobie poharatać dłoni, kiedy zaliczę glebę". Przez lata zabierał na wyścigi stary i nieporęczny odtwarzacz mp3 i pękate słuchawki z drucianym pałąkiem. Robił to na długo, zanim inni zaczęli biegać z muzyką w uszach, i długo po tym, jak na rynku pojawiły się bardziej kompaktowe i wygodne urządzenia. Pod pewnymi względami był j e d n o c z e ś n i e prekursorem i epigonem mody. W jego przypadku sprawdzało się to doskonale. Speedgoatowi obce były pojęcia monotonii i nudy. Podczas stumilowców obżerał się żelami, potrafił pochłonąć ich sześćdziesiąt w dwadzieścia cztery godziny. Wszyscy się dziwili, że nie robi mu się od tego niedobrze. Co na to Speedgoat? „Ej no, wysysam je z tych tubek i tyle". O zmęczeniu podniebienia najwyraźniej też nie słyszał.

Do tego był zapalonym golfistą. W kontekście przydomka Karla dla nikogo nie powinno być zaskoczeniem, że również w tej dyscyplinie Speedgoat stawiał na s z y b k o ś ć: w dwanaście godzin zaliczył rekordową liczbę dwustu trzydziestu dołków. Jego skrytym marzeniem była gra w turnieju Masters.

Był uparty jak osioł i prosty. Jadał tak, jak się jadało przed rewolucją w żywieniu, która dotarła do niemal każdego zakątka biegowego świata – nawet zawodnicy niebędący weganami wreszcie jadali ś w i a d o m i e – tylko nie do Speedgoata. Burgery, steki, pizza – pochłaniał, co się nawinęło. O, przepraszam: do wyjątków należał majonez i wszystko, co białe. I większość warzyw. Za to uwielbiał browary. A także Red Bulla, którego producent był jednym ze sponsorów Karla – trudno o lepiej dobraną parę. Karl zawsze dysponował zapasem Red Bulla we wszystkich dostępnych smakach, łącznie z prototypowymi mieszankami, o których nikt nigdy nie słyszał. „Człowieku, mam klucze do ich magazynu" – żartował, na prawo i lewo rozdając Red Bulla o smaku kiwi.

Brakowało mu jednak konsekwencji nawet we własnym szaleństwie. Niedbały w kwestii odżywiania, Speedgoat bywał wyjątkowo wybredny w innych aspektach bytu. Stale woził ze sobą zestaw artykułów pierwszej potrzeby – filarów „żywota Speedgoata" – i był to starannie dobrany zbiór. Rzadko widziałem, żeby coś podmieniał, zastępował albo ulepszał. Speedgoat miał po prostu swoje r z e c z y, a rzeczy te stanowiły symbol jego prostej, acz przemyślanej egzystencji.

A teraz miał mi towarzyszyć. Przynajmniej będę miał rozrywkę na ostatnim etapie Wirginijskiego Przygnębienia. Nie byłem jednak pewien, czy JLu jest gotowa na spędzenie dwóch tygodni z Goatem.

* * *

Kiedy meldowaliśmy się w Shenandoah, byliśmy innymi ludźmi niż wtedy, gdy opuszczaliśmy Boulder. Nie było z nami Horty'ego, ale wciąż mieliśmy świeżo w pamięci jego słowa: oto kim jesteśmy i oto co robimy. Nakręciliśmy się. Nadrabialiśmy stracony czas. Złapaliśmy rytm. Dlatego nie byłam zbyt entuzjastycznie nastawiona do kolejnego członka naszej ekipy, nawet jeśli miał nim być legendarny Speedgoat.

Nie to, że go nie lubiłam, ja prawie go nie znałam. Wiedziałam, że między nim a Scottem od wielu lat trwa przyjazna rywalizacja – i że był gościem na naszym ślubie – ale jakoś nigdy nie miałam okazji lepiej go poznać. Niektórzy z moich znajomych należeli do jego ekipy technicznej i wiedziałam od nich, że Speedgoat potrafi być niezłym zrzędą. Nie chciałam tu takiej energii, bo przecież świetnie się ze Scottem bawiliśmy.

Słyszałam, że nie powinno się dopuszczać do siebie zbyt dużo szczęścia, bo człowiek robi się miękki. Speedgoat miał mi o tym przypomnieć.

Jurker opowiedział mi historię Speedgoata i jego prób ustanowienia FKT. Widziałam, że ma hopla na punkcie AT. Wiedziałam, że dwa razy podszedł do rekordu i dwa razy był blisko, co jedynie podsyciło jego manię. Zastanawiałam się, czy się obrazi, jeśli Jurker za pierwszym podejściem sprzątnie mu rekord sprzed nosa. Może przyjechał szpiegować albo sabotować? Tak się wyrywał do pomocy, że zrobiłam się lekko podejrzliwa co do jego zamiarów.

Ale Jurkerowi bardzo zależało na towarzystwie Speedgoata i rzeczywiście go potrzebował. Zachowywał się, jakby nie było powodu do zmartwień; zapewnił mnie, że Speedgoat jest prawdziwym mistrzem, który po prostu uwielbia rywalizację. Karl znał AT jak własną kieszeń – trenował na różnych odcinkach i przejechał samochodem dosłownie niemal wszystkie krzyżówki ze szlakiem. Wszystko to mogło się okazać pomocne, owszem, ale uważałam, że niepotrzebny nam kolejny mądrala. Rozpracowywaliśmy zagadkę FKT na AT po swojemu i na własnych warunkach. Nasze szacunki pozostawiały wiele do życzenia w kwestii precyzji, toteż nie mieliśmy pojęcia, czy jedna zła decyzja bądź jedno rozczarowanie okaże się gwoździem do naszej trumny, czy też doda skrzydeł i pomoże pokonać kolejną górę. Właśnie to czyniło wyprawę fascynującą: ta niepewność, która wyostrzała uwagę.

Kilka dni wcześniej Speedgoat przysłał mi SMS-a z zapytaniem, czy zaklepałam miejsce na biwak w Shenandoah. Jeszcze się za to nie zabrałam, dlatego nie mogłam od razu odpowiedzieć. Kiedy się zjawił, okazało się, że sam zadbał o kemping. No dobrze, może się jednak przyda; co dwoje technicznych, to nie jeden. Znalazł nas na szlaku i jak tylko zobaczyłam, jak swobodnie się tam czuje, momentalnie wyzbyłam się niepokoju. Cechował go ten sam młodzieńczy entuzjazm, który miał Jurker pierwszego dnia wyprawy. Przekonałam się, że Speedgoat autentycznie nie może się doczekać, kiedy będzie miał okazję pomóc Jurkerowi w osiągnięciu celu.

Karl określał swoje auto mianem „Niepozornego Białego Vana", co było zarazem lekko niepokojące, zabawne i... trafne. Nie mogłam się doczekać, kiedy zobaczę tę jego furę. Z tego samego wozu korzystał podczas swojej ostatniej próby ustanowienia rekordu i chciałam się przekonać, jak wypada w porównaniu z naszym. Okazał się większy i lepiej przeszklony, za to skromniej wyposażony. W środku miał podwyższenie pod duże łóżko, dwa dmuchane materace Therm-a-Rest, śpiwory, kilka wsuwanych pod łóżko plastikowych pojemników do przechowywania, fajniejszą lodówkę niż nasza, gazową kuchenkę turystyczną z dwoma palnikami i niebieski, sześcienny, plastikowy kanister na wodę. Speedgoat nie zamontował paneli słonecznych na stałe, tylko używał przenośnych, dlatego zawsze starał się parkować w nasłonecznionych miejscach; wtedy rozkładał panele i mocował je na dachu vana.

Czarny Zamek nie próbował bynajmniej uchodzić za pałac, ale starałam się, byśmy czuli się w nim przytulnie. Zawiesiłam zasłonki, które miały przykryć mozaikę stalowych ścian i poklejonej taśmą izolacji. Położyłam dywanik na podłodze ze sklejki. Mieliśmy podwójny materac piankowy i kołdrę z uroczą narzutką (ot, drobnostki, dzięki którym nie dawałam się szaleństwu). Natomiast auto Speedgoata było nastawione wyłącznie na przetrwanie; skojarzyło mi się z akademikiem na kółkach.

Zaczęłam się szykować do spotkania z Jurkerem. Przygotowałam jedzenie i sprzęt. Tymczasem Speedgoat wyciągnął krzesło ogrodowe i podszedł do mnie.

– Gotowa? – spytał.

– Na co? – zaskoczył mnie.

– Na spacer. Szlak nie przecina parkingu. – Krótko i na temat. To mi się w nim podobało.

– Tak, ale o ile wiem, przebiega całkiem niedaleko.

– Zawsze wychodź po niego na szlak, nie każ mu stawiać dodatkowych kroków. Nieważne, czy to będzie jeden krok, czy dziesięć, one zawsze się sumują. Dwieście metrów tu, dwieście metrów tam i ani się obejrzysz, a zrobi się z tego dodatkowe dobre półtora kilometra dziennie na przestrzeni czterdziestu sześciu dni. To prawie siedemdziesiąt kilometrów naddatku. Cały dzień na AT. Masz krzesło? Jeśli nie, służę swoim.

Miał rację. Sięgnęłam do Czarnego Zamku i wyjęłam jedno z krzeseł. Miało jeszcze metkę, bo kupiliśmy je w ostatniej chwili przed wyruszeniem z Boulder. Wrzuciłam do plecaka wodę, batony energetyczne i zamknęłam samochód.

– Masz dla niego coś ciepłego? – Moja mina posłużyła za odpowiedź. – Nie zapominaj o tym. On ma serdecznie dość batonów i wszystkiego, co energetyczne. Podczas każdego spotkania proponuj mu kilka rodzajów prawdziwego jedzenia. Pamiętaj, żeby to, co przyrządzasz, było jak najbardziej kaloryczne.

Na co dzień nie lubię, kiedy ludzie mi rozkazują, ale na korzyść Speedgoata przemawiało to, że naprawdę wiedział, o czym mówi. Wróciłam do vana i po raz pierwszy tego dnia włączyłam kuchenkę. Nasmarowałam dwie kromki pieczywa sporą ilością oleju kokosowego i zrobiłam grillowaną wegańską kanapkę z serem i kawałkami awokado. Nie przyszło mi do głowy nic tłustszego. Byłam z siebie dumna, że jej nie przypaliłam!

Zeszliśmy na szlak. Droga okazała się dłuższa i bardziej stroma, niż się spodziewałam; dobrze, że nie kazaliśmy Jurkerowi wspinać się do nas na górę. Karl ustawił krzesło na trasie i klapnął na nie, po czym założył okulary do czytania i zabrał się do lektury przewodnika, przerywanej robieniem notatek. Usiadłam na krześle obok niego i zaczęłam wypatrywać Jurkera. Wkrótce się pojawił. Wyglądał jak grat o dużym przebiegu i kiepskim zawieszeniu, którego się używa, kiedy szkoda nowszego i ładniejszego wozu.

Podsunęłam mu krzesło i podałam kanapkę. Ugryzł kawałek. Opowiedziałam mu o swoim poranku, o bryce Speedgoata i o wydarzeniach na świecie. Zdjął plecak i przejrzał zawartość, zastanawiając się, czego będzie potrzebował na kolejnym odcinku szlaku.

– Za długo to trwa – orzekł kategorycznym tonem Speedgoat. – Żadnego siadania. Możesz zjeść kanapkę na szlaku. Jenny przejmuje od ciebie plecak i uzupełnia zapasy. Żadnych pogawędek.

Naprawdę zaczynałam go lubić. Rzeczowy gość, podchodził do rekordu jak naukowiec z NASA. Dysponował szczegółowymi mapami szlaku; nawet nie wiedziałam, że takie istnieją. Wystarczyło mu jedno spojrzenie na nas, by wiedzieć, jak bardzo jesteśmy nieogarnięci. Wydawało mi się, że pracujemy jak dobrze naoliwiona maszyna, ale najwyraźniej nie trzymały nam uszczelki. To chyba oznacza koniec kąpieli w rzece i cofania się na szlaku, żeby wspólnie przekroczyć granicę stanu. Zainicjował przemianę naszej radosnej, beztroskiej postawy – płyńmy z prądem! – bez zbędnej arogancji i apodyktyczności.

Kiedy Jurker pobiegł dalej, wróciliśmy ze Speedgoatem do samochodów.

– Słuchaj, rekord to poważna sprawa, tu nie ma miejsca na błędy. Liczy się każda sekunda. Jak często się spotykacie?

– Nie wiem... Staramy się przynajmniej raz na cztery godziny. Ale bywa, że mija sześć albo nawet osiem. – Takim rytmem wędrowaliśmy na początkowych etapach podróży.

– Od tej pory będziemy go łapali na każdym skrzyżowaniu. Dzięki temu nie będzie musiał tyle dźwigać. Poza tym częstsze spotkania podnoszą morale. – Największą korzyścią z doszlusowania Speedgoata do mojej jednoosobowej ekipy Jurkera było to, że Speedgoat, z racji swej znajomości AT, lepiej ode mnie potrafił się wczuć w sytuację Jurkera. Czasem miałam wrażenie, że wie, czego Jurkerowi trzeba, zanim ten zdąży o tym pomyśleć.

Pojechałam za nim na kemping Big Meadows, na którym zarezerwował dla nas miejsce. Speedgoat zaparkował tyłem, wysiadł, wsiadł, wyjechał i poprawił, potem znów wysiadł, wsiadł i postawił vana pod innym kątem. Spędził jakieś dziesięć minut na odpowiednim pozycjonowaniu auta. Pomyślałam, że poświęca na to zdecydowanie za dużo czasu. Później opowiedział mi, jak dba o trawnik wokół swojego domu, i wszystko stało się jasne. Okazało się, że na tyłach budynku urządził sobie boisko do krokieta. Codziennie pielęgnował porastającą je trawę, a raz na trzy dni starannie kosił ją kosiarką, ale nie spalinową ani elektryczną, lecz ręczną, i dodatkowo przystrzygał akumulatorową podkaszarką. Nikomu – nawet swojej żonie Cheryl – nie ufał na tyle, by scedować na niego to zadanie.

Dziwactwa Speedgoata wydawały mi się ujmujące. Był jak starszy pan z tymi swoimi przyzwyczajeniami. Tak sobie myślę, że kiedy ścigasz się w ultramaratonach albo podejmujesz wyzwania w rodzaju rekordu prędkości na AT, tak wiele rzeczy dzieje się poza twoją kontrolą, że koniecznie chcesz opanować przynajmniej te nieliczne zjawiska w twoim życiu, które jesteś w stanie ogarnąć. W przypadku Jurkera chodziło o dietę. Lubił mieć nad nią pełną kontrolę. Tymczasem na czas wyprawy oddał ster w moje ręce, obarczając mnie wcale niełatwym zresztą zadaniem.

Podrzuciłam Speedgoata do Pinefield Gap (Przełęcz Sosnowego Pola), żeby mógł pokonać z Jurkerem ostatni, wieczorny odcinek. Założył swój pas i wsunął dwie puszki piwa do otworów na butelki z wodą. Klasyka. Widziałam trzy niedźwiedzie czarne kręcące się tam, dokąd zmierzali Jurker ze Speedgoatem, a potem jeszcze trzy po drodze na miejsce ostatniego przystanku tego dnia. Spytałam Speedgoata, czy nie obawia się niedźwiedzi na tym słynącym ze spotkań z nimi odcinku.

– E tam – odparł. – Zakładam słuchawki i podkręcam muzykę. – Jurker był w dobrych rękach.

STANY ŚRODKOWOATLANTYCKIE

724 KILOMETRY

Naucz się wyzbywać wszystkiego, co boisz się stracić.

YODA, „GWIEZDNE WOJNY"

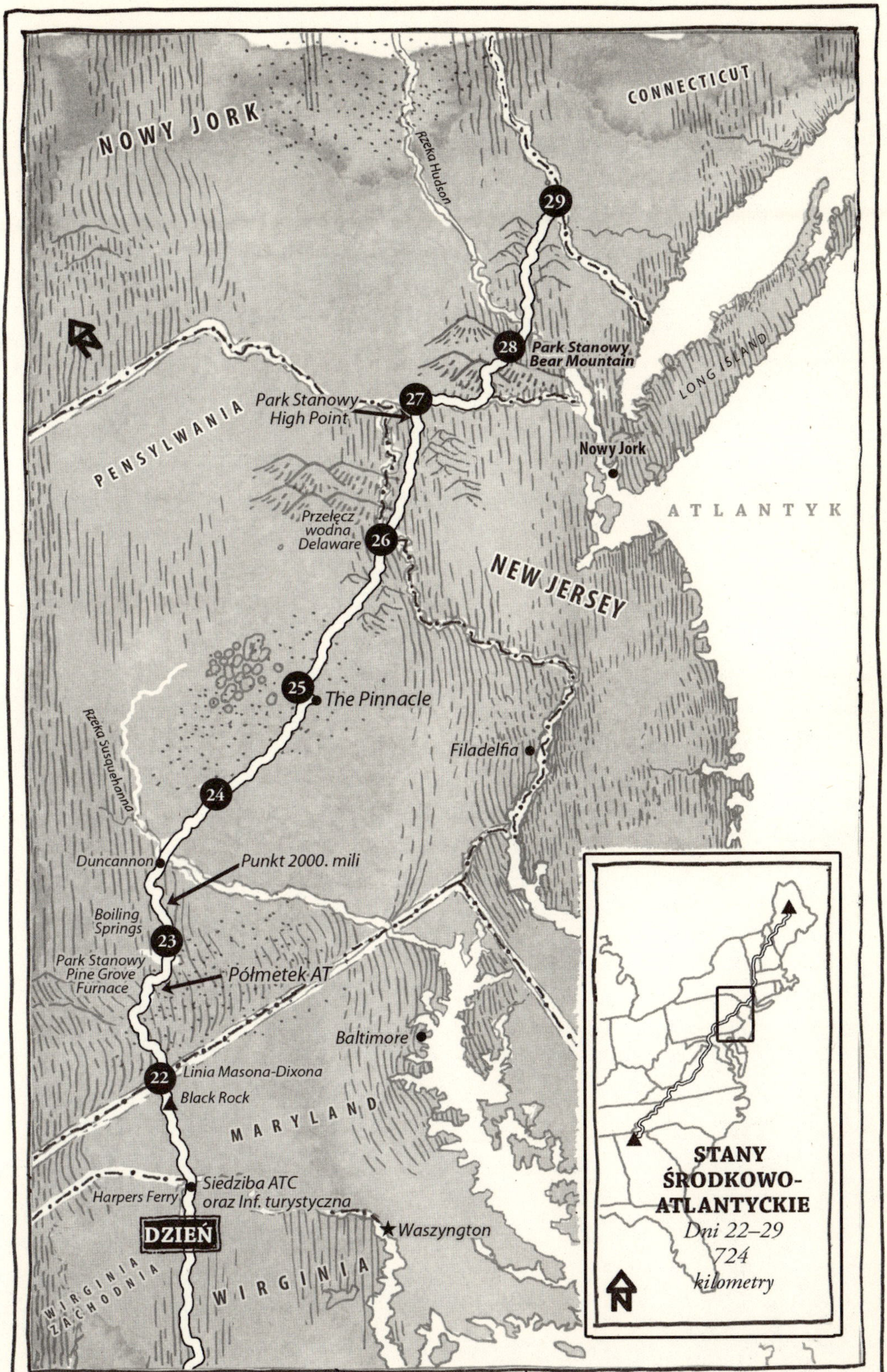
NOWY JORK
CONNECTICUT
Rzeka Hudson
29
28
Park Stanowy Bear Mountain
LONG ISLAND
27
Park Stanowy High Point
PENSYLWANIA
Nowy Jork
ATLANTYK
Przełęcz wodna Delaware
26
NEW JERSEY
25
The Pinnacle
Rzeka Susquehanna
Filadelfia
24
Duncannon
Punkt 2000. mili
Boiling Springs
23
Park Stanowy Pine Grove Furnace
Półmetek AT
Baltimore
22
Linia Masona-Dixona
Black Rock
MARYLAND
Siedziba ATC oraz Inf. turystyczna
Harpers Ferry
DZIEŃ
Waszyngton
WIRGINIA ZACHODNIA
WIRGINIA
STANY ŚRODKOWO-ATLANTYCKIE
Dni 22–29
724 kilometry
N

ROZDZIAŁ DZIEWIĄTY

ROCKSYLWANIA

DZIEŃ DWUDZIESTY

– Słyszałaś? – spytałem.

– Co takiego?

Zmierzaliśmy z JLu w stronę Hogwallow Gap (przełęcz Świńskie Bagno), goniliśmy ostatnie promienie słońca na jednym z końcowych odcinków wiodących przez Park Narodowy Shenandoah. Speedgoat zaproponował, że przestawi Czarny Zamek, więc postanowiliśmy skorzystać z rzadkiej sposobności, by pobiec razem. Od wielu dni nie spędzaliśmy czasu na szlaku tylko we dwoje, dlatego teraz nadrabialiśmy zaległości i ochoczo gawędziliśmy. Nic więc dziwnego, że JLu tego nie usłyszała. Za to ja – owszem. Przez dwadzieścia dni zdążyłem się dostroić do otaczającej mnie przyrody, która stała się całym moim światem. Odezwał się mój pajęczy zmysł (zupełnie jak u słynnego superbohatera) i nakazał czujność.

– Ten pomruk – odparłem. – Posłuchaj.

Zatrzymaliśmy się. Nadstawiliśmy uszu. Cisza. Może tylko mi się wydawało. Postawiliśmy kilka kroków – i naraz pomruk zmienił się w groźne warknięcie, rozszedł się po gęstym lesie, odbił się echem w naszych kościach. Rozejrzałem się i szybko namierzyłem źródło dźwięku.

Wielki niedźwiedź czarny porzucił naturalny kamuflaż lasu i objawił się po naszej lewej stronie. Samica. Stanęła na tylnych łapach. Znajdowała się jakieś sześć metrów od nas – gdyby postanowiła zaatakować, pokonałaby ten dystans w kilka sekund.

Moja pierwsza myśl brzmiała: m ł o d e. Jeśli weszliśmy pomiędzy niedźwiedzicę a jej potomstwo, mamy przesrane. Obróciłem głową w obie strony, starając się nie poruszać ciałem, ale nie namierzyłem żadnych maluchów. Staliśmy nieruchomo. Gdyby w pobliżu znajdowały się młode, a my skierowalibyśmy się ku nim, niemal na pewno sprowokowalibyśmy niedźwiedzicę do ataku.

Coś jednak trzeba było zrobić. Nabrałem tchu, uniosłem ręce, wyciągnąłem ciało w górę, żeby wyglądać na rosłego, i krzyknąłem na zwierzaka. Oceniłem wagę niedźwiedzicy na sto trzydzieści, sto czterdzieści kilogramów, a wzrost na jakieś metr osiemdziesiąt. Stała na tylnych łapach i obrzucała nas gniewnymi spojrzeniami. Pokręciła łbem i znów ryknęła niespeszona moją postawą. No to mamy impas.

Choć groziło nam śmiertelne niebezpieczeństwo, moje myśli popłynęły ku Horty'emu. Horty uwielbiał rozmawiać z niedźwiedziami, jakby były ludźmi. Kiedy uciekały przestraszone, krzyczał za nimi: „Ty, niedźwiedź, wracaj! Tak, do ciebie mówię! Wracaj, powiedziałem!". Niestety, raz się zdarzyło, że gdy biegliśmy razem, natknęliśmy się na misia, który rozumiał angielski. Horty cisnął w niego swoją typową wiązanką gróźb i szyderstw – i sprowokował go do ataku. Czasem się zastanawiam, jak to możliwe, że wciąż pozostaje przy życiu – Horty, nie niedźwiedź.

Postanowiłem spróbować tej strategii. Odezwałem się do niedźwiedzicy głośno, ale spokojnie, a nawet zrobiłem krok do przodu. Wtedy zobaczyłem dwoje młodych. Siedziały na drzewie jakieś piętnaście metrów nad ziemią, tuż nad swoją mamą, raptem kilka kroków od szlaku.

A mama się w ś c i e k ł a. Zaczęła ryczeć jak szalona i walić wielką łapą w drzewo. Brzmiało to, jakby ktoś okładał pień kijem baseballowym, i było dla nas wyraźnym ostrzeżeniem, że powinniśmy czym prędzej się stamtąd zabierać. Sęk w tym, że zmierzaliśmy na północ. Niedźwiedzica nie zamierzała pozwolić nam przejść, mimo że młode nie bawiły się bezpośrednio na szlaku, tylko trochę z boku. Ja zaś nie miałem zamiaru zawracać na południe z powodu jednego niedźwiedzia.

– Nie przepuści nas – powiedziałem do JLu. – Musimy dać im więcej przestrzeni.

– Że co? Jakiej przestrzeni? Nie możemy zejść ze szlaku. A jeśli wdepniemy w legowisko grzechotników? Albo trafimy na kolonię kleszczy? – JLu miała rację. Trasa wiła się wąską wstęgą przez gęste zarośla, w których czaiły się również inne zagrożenia.

Niedźwiedzica śledziła nas wzrokiem i pilnowała swojej pozycji pomiędzy nami a młodymi. Przestała okładać drzewo, ale wciąż stała na tylnych łapach.

Ruszyliśmy do przodu – powoli, krok za krokiem – skrajem szlaku. Przeszedłszy spory kawałek, upewniliśmy się, że zwierzę nie podążyło za nami, i dopiero wtedy wznowiliśmy bieg.

Pod koniec dnia Speedgoat z zainteresowaniem wysłuchał naszej opowieści o spotkaniu z niedźwiedzicą i podzielił się historią własnego tête-à-tête z atakującym łosiem, przed którym musiał uciekać na trasie wyścigu Bighorn.

– O, ludzie, niewiele wtedy brakowało. To mógł być mój ostatni stumilowiec.

Każdy biegacz wie, że trudno o bardziej przerażające doświadczenie niż zetknięcie z agresywnym łosiem. Speedgoat umknął kostusze, chowając się za osikami. Miał szczęście, że był na tyle chudy, by nie wystawać zza pnia, i że budowa oczu łosia utrudnia mu dostrzeżenie tego, co się znajduje bezpośrednio przed nim.

Rano dwudziestego pierwszego dnia obudził mnie zew kolejnego etapu wyprawy. Szlak Appalachów w sposób absolutnie wyjątkowy, jakiego wcześniej nie znałem, łączy zasadniczo odmienne miejsca i emocje. W miarę jak Speedgoat, JLu i ja zbliżaliśmy się do północnej granicy Wirginii i znajdującego się za nią skrawka Maryland, coraz mocniej docierała do nas świadomość, że oto opuszczamy krainę zwaną Południem. Obserwowaliśmy stopniową przemianę szlaku i jego okolicy. Dotarcie tak daleko nie było łatwe, ale udało się, a przygoda trwała nadal. Ta myśl dodawała mi otuchy. Może się zahartowałem. Może najstarsze góry świata i ich podniebne szczyty ukształtowały mnie na nowo, dodając sił.

Miewałem, rzecz jasna, wątpliwości. Mnóstwo rzeczy sprawiało, że kwestionowałem swoje umiejętności, lecz zarazem te same zjawiska zwiększały mój zapał.

Poznałem pewnego starszego wędrowca, który postanowił mnie sprawdzić. Zapytał, ile zaliczyłem zerówek. Zerówka to w żargonie miłośników AT dzień przestoju, mierzony zerową liczbą przebytych kilometrów. Wiele osób od czasu do czasu funduje sobie zerówkę, żeby odpocząć, nadrobić zaległości towarzyskie, doprowadzić się do porządku, naładować baterie. Kiedy odparłem, że żadnej i że nie mogę sobie na nie pozwalać, jeśli myślę o pobiciu rekordu, roześmiał się i powiedział:

– Rekord? Nie masz pan szans na rekord. Śledzę pana postępy. Jesteś pan za bardzo do tyłu.

Nie przejąłem się jego słowami. Przez całą moją karierę biegową nie dopuszczałem do siebie głosów krytyki. Nikt się nie spodziewał, że dwudziestopięciolatek z Minnesoty za pierwszym podejściem zatriumfuje w Western States. Nikt się nie spodziewał, że mieszkaniec leżącego na poziomie morza Seattle wygra Hardrock. No i na pewno nikt się nie spodziewał, że zasiedziały czterdziestoparolatek przebiegnie Szlak Appalachów w rekordowym czasie. Nikt poza „człowiekiem na arenie". Przypomniały mi się słowa Theodore'a Roosevelta wydrukowane w rozdawanym podczas Western States w 1999 roku informatorze o wyścigu: „Nie krytyk się liczy; nie ten, który wytyka potknięcia silnego człowieka. Uznanie należy się człowiekowi na arenie, którego twarz oblepia kurz, pot i krew; który dzielnie walczy, który w najlepszym razie zna smak triumfu okupionego ogromnym wysiłkiem, a w najgorszym – jeśli przegrywa, to przynajmniej z odwagą w sercu, tak że nie wolno go stawiać w jednym szeregu z chłodnymi, płochliwymi duszami, które nie znają ni zwycięstwa, ni porażki".

Myślę, że większość osób, z którymi się stykaliśmy, chciała dobrze. Zdarzały się jednak wyjątki. Kilka dni wcześniej JLu zajrzała do popularnej piwiarni, żeby kupić mi frytki. Ponieważ przyjechała prosto ze szlaku, uznała, że oszczędzi zadbanym gościom widoku swoich brudnych ciuchów i zaczeka w holu razem z kilkoma turystami. Jeden z nich zapytał, ile dni spędziłem na szlaku.

JLu szybko sobie obliczyła i odparła:

– Osiemnaście.

Młody mężczyzna zrobił zdziwioną minę.

– To mniej, niż ja zaliczyłem zerówek. Czuję się obrażony.

Zanim JLu zdążyła odpowiedzieć, ujęła się za nią kobieta, też wędrowiec.

– Wędruj, jak ci pasuje, i nie czepiaj się. Moim zdaniem on robi coś fajnego – powiedziała i poprosiła o wspólne zdjęcie z JLu.

Znów ten sam stary jak świat problem. Przypomniał mi się tamten facet w Smokies, który krzyknął za mną: „Ej, dokąd się tak spieszysz?", i ludzie, którzy komentowali w internecie, że nie zrozumiałem istoty szlaku; również mężczyzna, który stwierdził, że biegnę za wolno na rekord. A teraz jeszcze długodystansowiec, którego obraziłem tempem swojej wędrówki.

Wędruj po swojemu i pozwól mi wydeptać własną ścieżkę. Tego rodzaju komentarze tylko jeszcze bardziej mnie mobilizowały.

Na Południu zaczynaliśmy – to tam przetarliśmy szlak i straciliśmy głowę. Osiągnąłem szczyt swoich psychicznych i fizycznych możliwości i myślałem, że to koniec. Odbiłem się jednak od dna. JLu była przemęczona i miała przejścia z podejrzanymi typami, ale się nie poddała. Miała wszystko pod kontrolą i doskonale sobie radziła. Czarny Zamek się sprofesjonalizował. JLu uczyniła z niego wydajne centrum operacyjne – miejsce do jedzenia, odpoczynku i spania – ekipy skonanego biegacza.

Dwudziestego drugiego dnia przekroczyliśmy linię Masona-Dixona*, zostawiliśmy za sobą Południe i zbliżyliśmy się do półmetka wyprawy. Znaczniki odległości na trasie to jedno, dla nas jednak bardziej liczył się fakt, że przecięliśmy geograficzny środek szlaku. Opuściliśmy Pasmo Błękitne i ruszyliśmy ku środkowoatlantyckim lasom i urwiskom. Moje ciało zregenerowało się po ciosach z pierwszych dni wyścigu i głowa też wróciła na swoje miejsce. Przed nami Pensylwania, potem krótkie wizyty w New Jersey i Nowym Jorku, a dalej – Nowa Anglia, ostatni fragment AT.

To się nazywa posuwanie się do przodu!

Doświadczanie zachodzących niemal z dnia na dzień wraz z kolejnymi regionami zmian otoczenia było czymś niezwykłym. Szczególnie że przemieszczałem się napędzany wyłącznie siłą mięśni i woli. Nie czułem tej osobliwej dezorientacji towarzyszącej przekraczaniu stref czasowych. Byłem tylko ja i moje nogi; przybliżały mi świat...

...albo umożliwiały ucieczkę od niego – to zależało od sytuacji. Opuszczaliśmy Wirginię ze świeżym wspomnieniem spotkania z niedźwiedzicą. Zagrożenia stanowią nieodłączny element zarówno natury, jak i szlaku. Te, które nie były nagłe, z reguły pogłębiały mój szacunek dla tego miejsca. Bliskość dzikiej przyrody dawała mi radość, a także stanowiła część przygody, którą przeżywałem. Szlak Appalachów stał znaną i nieznaną ciemnością i niebezpieczeństwem.

Zaledwie kilka dni po mojej wizycie w Parku Narodowym Great Smoky Mountains niedźwiedź zaatakował wędrowca. Wydarzyło się to niedaleko Hazel Creek. Zwierzę nie zostało sprowokowane. Około wpół do jedenastej w nocy szukający jedzenia niedźwiedź ściągnął szesnastoletniego chłopca z hamaka i pokiereszował mu nogę i głowę, mimo że chłopak zastosował odpowiednie środki zapobiegawcze na wypadek ataku niedźwiedzia, to znaczy powiesił żywność, plecak i sprzęt wysoko nad ziemią. Jego ojciec, który też spał w hamaku, przegonił intruza, a następnie pomógł synowi dokuśtykać nad brzeg pobliskiego

* Umowna granica pomiędzy Południem a Północą Stanów Zjednoczonych. Wytyczyli ją w połowie lat 60. XVIII wieku astronomowie Charles Mason i Jeremiah Dixon po to, by rozwiązać spór o przebieg granicy, toczący się między ówczesnymi koloniami: Pensylwanią, Wirginią, Delaware i Maryland.

jeziora. Obozujący tam ludzie dysponowali łodzią i przewieźli rannego chłopca na drugi brzeg, gdzie już czekał śmigłowiec ratunkowy. Ofiarę przetransportowano do szpitala w Asheville.

Na AT dochodziło przeciętnie do dziewięciu ataków niedźwiedzi rocznie. Większość przypadała na okres późnej wiosny i wczesnego lata, czyli przed owocowaniem drzew i krzewów.

Wielkie ssaki bynajmniej nie wyczerpywały listy zagrożeń czających się w środkowoatlantyckich lasach. Były również inne, mniej może imponujące rozmiarami, ale w ostatecznym rozrachunku bardziej dokuczliwe.

Przede wszystkim: kamienie. Zalegające na szlaku ostre i nierówne natchnęły wędrowców do nazwania środkowego odcinka AT „Rocksylwanią"*. Każdy chwiejny, śliski krok był sam w sobie przygodą. Stawkę podbijały leżące na obrzeżach szlaku głazy, które, gdyby się potknąć i uderzyć o nie, gwarantowały pęknięcie czaszki albo strzaskanie kolana. Osobne wyzwanie stanowiło podłoże. Warstwy skał ułożyły się tu jedna na drugiej, po czym dwieście milionów lat temu, kiedy ląd, późniejsza Afryka, uderzył w Amerykę Północną i posunął tę część kontynentu bardziej na zachód, zostały wypchnięte i ustawione pionowo jak groty włóczni. Konsekwencje tego prastarego wypiętrzenia nadal można dostrzec w zarysie pensylwańskiego krajobrazu, zwłaszcza w odgięciu pasm Appalachów w kierunku zachodnim.

Według legendy AT, pensylwańskie kluby wędrowców i służby odpowiedzialne za obsługę techniczną szlaku są dumne z przydomka stanu i celowo nie usuwają kamieni. Niektórzy ludzie twierdzą wręcz, że zwożą je na trasę całymi taczkami. „Stary, po co wytyczać szlak po kamieniach? – powtarzał Speedgoat. – Przecież to ma tyle sensu...". Nierzadko po obu stronach trasy teren był gładki, za to ona sama biegła przez głazowisko.

Rocksylwania cieszyła się złą sławą, bo wędrówka nią mogła się zakończyć trwałym unieruchomieniem albo zawróceniem ze szlaku. Tamtejsze wielokolorowe i twarde jak diament skały kwarcowe – Irokezi robili z nich groty strzał, a pierwsi osadnicy z Europy wykorzystywali jako budulec – są tak okazałe i nieprzyjazne roślinności, że w wielu miejscach oznaczenia AT trzeba było namalować nie jak zwykle na drzewach, a na głazach. Wypracowanie stałego rytmu albo tempa wędrówki było niemożliwe nawet na względnie – należałoby ująć to

* Od *rock* – kamień i Pennsylvania – Pensylwania.

słowo w cudzysłów – płaskich odcinkach Rocksylwanii. Niektóre szczególnie zdradliwe fragmenty trasy, znane jako Knife Edges (Ostrza Noży), wymagały połączenia umiejętności wędrówki ze wspinaczką.

Nie dość, że pensylwańskie kamienie same w sobie stwarzały niebezpieczeństwo, to jeszcze służyły jako schronienie dla dwóch z trzech występujących na AT gatunków jadowitych węży: mokasyna miedziogłowca i grzechotnika *Crotalus horridus*. (Trzeciego, agresywnego mokasyna błotnego, najdalej na północ można spotkać w południowej Wirginii). O zamieszkujących Pensylwanię grzechotnikach Karl wyrażał się per „wielkie skurwysyny". Mówił, że mogą mieć tułów o średnicy puszki z kawą, i twierdził, że słyszy ich grzechotkę, nawet kiedy w uszach mu dudnią Strangefolk. Speedgoat nienawidził wszystkich węży; na szczęście dorastał w New Hampshire, gdzie żyje tylko jeden jadowity gatunek.

Bardziej skłonne do kąsania były miedziogłowce. Tak jak u innych grzechotnikowatych, ich gruby, umięśniony tułów może osiągnąć metr długości. Z powodu brązowych i rdzawych plam z łatwością stapiają się z otoczeniem i na skałach czy kamieniach bywają niemal niewidoczne. W dodatku nie reagują na człowieka ucieczką albo grzechotaniem, tak jak inni przedstawiciele podrodziny, lecz zastygają w miejscu. Przysparzają najwięcej kłopotów, kiedy czają się w wąskich przejściach z półką skalną z jednej i urwiskiem z drugiej strony. Miedziogłowce nie umywają się jednak do grzechotników *Crotalus horridus*, najbardziej przerażających węży na szlaku. Ten gatunek grzechotnika osiąga dwa metry długości, jest gruby jak ludzka ręka i za pomocą swoich pustych kłów – wystarczająco długich i ostrych, by mogły przebić ubranie i większość butów – wstrzykuje wyjątkowo silny jad.

Jakiś miesiąc po tym, jak wdrapywałem się po pensylwańskich Ostrzach Noży, na tym samym odcinku szlaku grzechotnik *Crotalus horridus* pokąsał trzydziestodziewięcioletniego biwakowicza. Podano mu antytoksynę na miejscu, po czym przetransportowano śmigłowcem do szpitala, ale nie udało się go uratować.

Niedźwiedzie i węże to jednak nic w porównaniu z najstraszniejszym stworzeniem, z jakim można się zetknąć na AT. Mowa o *Ixodes scapularis*, kleszczu jelenim, wielkości łebka od szpilki. Spędzał mi sen z powiek. Zamieszkująca północnowschodnie lasy populacja tych zwierząt odpowiada za największą liczbę zachorowań na boreliozę w całym kraju. Zresztą nawet łagodny przypadek mógł zaprzepaścić moje szanse na rekord i poczynić spustoszenie w organizmie. Nawet z pozoru wyleczona borelioza może nawracać przez wiele lat pod postacią tajemniczych schorzeń, uniemożliwiających normalne funkcjonowanie.

Najmniejszym zmartwieniem były dla mnie jadowite pająki, mimo że na terenach, przez które przebiegał szlak, występowały czarne wdowy i pustelniki brunatne. Byłem zazwyczaj pierwszą osobą, która wyruszała rano w trasę, i ostatnią, która z niej schodziła, na mnie więc spadał obowiązek czyszczenia drogi z pajęczyn. Tak bardzo weszło mi to w krew, że jeden z wędrowców ochrzcił mnie mianem Tańczącego z Pajęczynami. Kiedy zaczynałem na Górze Springera, posługiwałem się jeszcze swoim dawnym przydomkiem, ale nowy, nadany już na AT, wyjątkowo przypadł mi do gustu, sprawił bowiem, że poczułem się częścią Drużyny Szlaku Appalachów.

Nie bacząc na kamienie, parłem do przodu tak ostro, że zacząłem nadrabiać część czasu straconego wtedy, kiedy wskutek kontuzji robiłem tylko po pięćdziesiąt kilometrów dziennie. Teraz każdego dnia zaliczałem od osiemdziesięciu siedmiu do dziewięćdziesięciu czterech kilometrów, w pewnej mierze dzięki Speedgoatowi, który ilekroć napomykałem, że może już wystarczy, przypominał, że przecież c o d z i e n n i e muszę „uszczknąć garść dodatkowych kilometrów. Masz oskubać tę trasę z kilosów, stary – dodawał. – Ogołocić ją, ograbić aż do samego Maine!". W którymś momencie Speedgoat uznał, że jednak mam szansę na rekord.

Przez lata znajomości z Karlem zdążyłem się przyzwyczaić do jego dziwactw i filozofii. Miłość do biegania i wędrowania przyciąga eklektyczny tłum, którego każda jednostka stara się dotrzeć do linii mety albo wyznaczonego celu. Co ich wszystkich łączy poza tym? Prawie nic. Nierzadko są to ludzie, którzy w codziennym życiu nie mieliby ochoty się poznawać, nie mówiąc już o spędzaniu ze sobą wielu godzin albo dni. Horty i ja jesteśmy tego dobrym przykładem. Przyjaciele zawsze go pytają, po co jeździ na zachód biegać całymi dniami z „tym całym Jurkiem". Czyli co: ostrzyżonym na jeża, zapiętym pod szyję wykładowcom Liberty University nie wypada się bratać z długowłosymi hipisami-weganami? Trudno, ja to lubię. Szanujemy to, co w nas odmienne, i doceniamy swoje atuty. Nasz sport pokazuje, że ludzie z różnych bajek mogą się porozumieć i nie muszą skakać sobie do gardeł – przynajmniej o ile mają wspólny cel, na którym mogą się skupić.

Różniliśmy się z Karlem na milion sposobów. Był mistrzem pławiącym się w uwielbieniu. Łaknął dominacji i zarazem szczerze pragnął mi pomóc w pobiciu rekordu. Miał w sobie coś, co czyniło go zarazem bezwzględnym i bezinteresownym, co objawiało się nierzadko wiele razy – i to na zmianę – jednego dnia. Tego rodzaju sprzeczności nie są w środowisku ultrabiegowym niczym wyjątkowym. Kiedy się ścigamy, nie przebieramy w (uczciwych) środkach, za to poza trasą wyścigu zachowujemy się jak serdeczni kumple, popijamy pobiegowe piwko i rozpływamy się w miłych wspomnieniach rywalizacji. To osobliwe poczucie koleżeństwa skusiło mnie do biegania i trzyma przy nim już od wielu lat.

Chyba powinienem w tym miejscu położyć nacisk na „osobliwe". Bieganie ultra jest jak port, do którego zawijają outsiderzy wszelkiej maści; wśród nich poczesne miejsce zajmują, rzecz jasna, Horty i Karl. Nigdy nie zapomnę, jak przy okazji biegu na sto kilometrów Oxfam Trailwalker w Hongkongu w 2002 roku mieszkałem w jednym pokoju ze Speedgoatem. O ile wiem, był to jego pierwszy pobyt poza granicami Stanów Zjednoczonych. Nazajutrz po tym, jak nasza czteroosobowa drużyna stanęła na najwyższym stopniu podium, większość z nas wybrała się na wycieczkę do słynnej buddyjskiej świątyni. Namawiałem Speedgoata, żeby do nas dołączył, choć widziałem, że ma już serdecznie dość całej tej Azji.

„Wiesz co, stary? Jestem totalnie zmęczony chińszczyzną i tym obłędnym miastem – powiedział. – Kupię sobie amerykańskie żarcie, jeśli jakieś znajdę, usiądę z piwem przed telewizorem i przez całe popołudnie będę oglądał golfa".

Przebywał daleko poza swoją strefą komfortu i daleko od rutyny, której tak skrupulatnie przestrzegał, dlatego nie zamierzał dodatkowo burzyć ustalonego porządku, dzięki któremu w ogóle znalazł się w tym miejscu.

Po powrocie do hotelu zastałem porozstawiane na blatach puste puszki po piwie i opróżnione małpki po innych napojach procentowych; na podłodze leżały papierki po cukierkach i torebki po chipsach; minibar był ogołocony. Uradowany i napruty Karl leżał na łóżku i oglądał golfa.

„Wiesz, że zostawili nam w lodówce całe to darmowe żarcie i chlanie – rzucił. – Golniesz?"

Nie dotarło do niego, że właśnie przewalił dwieście dolarów na minibar. Ale cóż, stary Cap zwykle nie ruszał się daleko od domu. Poza tym kwatery, jakie dotąd z reguły zajmowaliśmy, nigdy nie dysponowały dobrze zaopatrzonymi minibarami.

Dwudziestego czwartego dnia wyprawy około dwudziestej dotarliśmy z Jenny do drogi stanowej numer 325 nieopodal Clarks Creek* (Strumień Clarków) i spojrzeliśmy na mapy. Miałem w nogach siedemdziesiąt dwa kilometry – nieźle, ale jeszcze za mało. O tej porze zwykle zostawała mi jeszcze godzina, dwie

* Nazwa pochodzi od rodziny osadników, która w latach 20. XVIII wieku zamieszkała nad brzegiem tej rzeki.

biegu. Pomyślałem nawet, że może uda mi się zakończyć dzień bez włączania czołówki, co by stanowiło poważny krok do przodu, zwłaszcza że pamiętałem, jak późno schodziłem z trasy zaledwie tydzień wcześniej. Speedgoat wymyślił jednak inny scenariusz.

– Nie no, stary, jest supernaście! Mówiłem, że dzisiaj będziesz miał luźniejszy dzień, ale myślę, że serio powinieneś machnąć jeszcze parę kilometrów. Podobno zbliża się potężny front i będzie nieźle lało. Wiesz, normalnie tropikalna burza. Lepiej zaliczyć te kilometry jeszcze dzisiaj, bo jutro może być masakra. Więc słuchaj: zostały ci dwadzieścia dwa kilometry do następnej przeprawy przez stanowe tereny łowieckie. Robi się ciemno, wiem, ale jak się zepniesz, to dasz radę. Pobiegnę z drugiej strony i spotkamy się w połowie drogi.

Na tym etapie robiłem już wszystko, co Speedgoat mi kazał. Westchnąłem i nałożyłem czołówkę na spoconą głowę. Zapowiadał się długi wieczór; dziewięćdziesiąt pięć kilometrów w jeden dzień. Z jednej strony zdawałem sobie sprawę, że korzystając z dobrego samopoczucia, warto robić dodatkowe kilometry, a z drugiej trochę się obawiałem. Mroczne, samotne wieczory szybko stawały się moją najmniej ulubioną częścią przygody. Najtrudniejszą robotę odwalałem o najciemniejszej porze dnia – ale przynajmniej dostrzegałem w oddali migotanie rekordu.

Kiedy JLu pakowała mój plecak na wieczór, na szlaku nieoczekiwanie zjawił się nieznajomy siwowłosy farmer. Wręczył JLu świeżo upieczony placek owsiany z jagodami i butelkę jakiegoś napoju domowej roboty; nazwał go *switchel*. Przyjmowanie jedzenia albo picia – zwłaszcza tego poddanego fermentacji – od obcych ludzi jest skrajną lekkomyślnością, ale przyznaję, że nie mogłem się oprzeć. Nie powiem też, żebym do tej pory jakoś szczególnie rygorystycznie przestrzegał tej zasady, a mimo to niczym się nie zatrułem ani nie złapałem infekcji żołądkowej, która uniemożliwiłaby mi dalszą podróż. Przeciwnie: smakowite podarki od sympatyków okazywały się prawdziwym darem niebios.

Switchel smakował bosko, miał wyraźnie wyczuwalną octowo-imbirową nutę; doskonały napój na zwieńczenie długiego, gorącego dnia. Imbir potrafi zdziałać cuda dla żołądka, dlatego często po niego sięgam, zarówno na szlaku, jak i poza nim. Speedgoat spróbował, stwierdził, że dobre – i wyżłopał pół butelki.

Ruszyłem dalej, a JLu i Speedgoat pojechali na następną krzyżówkę, ostatni przystanek dwudziestego czwartego dnia wyprawy.

Przez dwadzieścia jeden kilometrów brnąłem przez wilgotną pensylwańską ciemność, podążając za wąskim snopem światła z czołówki i ubijając ziemię do dobrze znanego rytmu muzyki techno, której słuchałem od lat. Byłem sam, ale ta samotność miała cel.

Długo po północy i kilka godzin po tym, jak się rozstałem z Karlem, ujrzałem przed sobą światło czołówki, którego blask rozświetlił nocną mgłę. Usłyszałem dudniący głos Speedgoata, zanim ukazała mi się jego twarz.

– Nieźle dałeś, stary! Naprawdę nieźle! – Wybiegł mi na spotkanie, tak jak obiecał. Biegnąc, popijał zimne piwo.

– Ile do vana? – zapytałem.

– Niecałe dwa kilometry. Drugą puszkę zostawiłem na szlaku dokładnie milę od parkingu.

Znaleźliśmy ją kilka minut później.

* * *

Ostatnie dwa dni w Wirginii minęły w miłej atmosferze w towarzystwie Speedgoata. Cieszyłam się, że jest z nami ktoś, kto zna trasę i okolicę. Mogłam się rozluźnić i odpuścić sobie nawigację, najbardziej stresujące zadanie ekipy wsparcia na AT. Miałam ekscentrycznego kompana, który szybko stawał się moim najlepszym i jedynym przyjacielem. Niepytany nie mówił wiele o sobie, ale nie omieszkałam go przemaglować. Chciałam się dowiedzieć, jak poznał Cheryl, dlaczego postanowili się pobrać i czy zamierza mieć dzieci.

– Nie – odparł. – Dzieciaci biegacze zawsze powtarzają: „Możesz się ścigać pod warunkiem, że przemeblujesz swoje życie". – Zamilkł, zmarszczył czoło i dodał: – Po co mi to?

Rankiem dwudziestego pierwszego dnia Speedgoat pojechał odebrać z lotniska naszego znajomego Rickeya Gatesa. Rickey wybierał się na Wschodnie Wybrzeże, żeby wziąć udział w klasycznym wyścigu ulicznym na Górze Waszyngtona, i postanowił, że wpadnie do nas z kilkudniową wizytą. Uwielbiałam Rickeya. Należał do elity biegaczy górskich i słynął z tego, że lubił przemierzać świat na różne sposoby: piechotą, autostopem, rowerem, pociągiem – był nieustająco w drodze i środkom lokomocji poświęcał równie dużo uwagi, co samemu celowi wędrówki. Na naszym ślubie zjawił się odziany w kowbojską koszulę i mokasyny – jak spod igły, choć z lumpeksu. Moi znajomi projektanci obwołali go najlepiej ubranym gościem na naszym weselu. Rickey potrafił stołować się z królami i sypiać w śmietniku. Ja i Jurker zawsze ceniliśmy jego towarzystwo.

Rickey pobiegł z Jurkerem, a ja i Speedgoat pojechaliśmy na Ashby Gap* (Przełęcz Ashby'ego). Speedgoat postanowił wykorzystać ten czas na planowanie. Jurker wierzył, że odzyskaliśmy rekordowe tempo, ale ja się obawiałam, że jesteśmy jednak za bardzo do tyłu w stosunku do początkowego harmonogramu. Karl poprosił o wgląd w nasze arkusze kalkulacyjne, które musiałam wygrzebać spod stosu map. Zapoznał się z nimi, po czym bardzo rzeczowo, bardzo w swoim stylu, orzekł:

– Z czysto fizycznego punktu widzenia utrzymanie tego harmonogramu jest niemożliwe. Kilometraż zaplanowany na New Hampshire i Maine jest nierealny. Nikt wcześniej nie pokonał tego dystansu w takim tempie.

Zaczekałam, aż to do mnie dotrze. Aha, czyli chodzi mu o to, że od trzech tygodni wypruwamy sobie flaki na szlaku, mimo że Jurker nie ma nawet szans na rekord? Poczułam się zniechęcona i zła na Scotta. Jak mógł roztrwonić tyle czasu na pogawędki z ludźmi, pozowanie do zdjęć, pływanie w potokach i siedzenie w vanie? Potem zaczęłam sobie wyrzucać, że za słabo się zaangażowałam w planowanie. Dlaczego pozwoliłam, żeby sam od początku do końca ustalał grafik? Wściekłam się. Wiedziałam! Próbowałam mu powiedzieć, że marnuje czas, ale był zbyt zajęty... marnowaniem czasu, żeby to zauważyć. Przeżyje przykrą niespodziankę, kiedy się dowie, że cel wyprawy znalazł się poza jego zasięgiem. Chcąc ukoić nerwy, wysprzątałam Czarny Zamek przed przybyciem Rickeya i Jurkera.

Mamy zasadę, że nie kłócimy się przy znajomych, toteż kiedy mój mąż dotarł na miejsce spotkania, zacisnęłam usta, uzupełniłam mu zapasy i posłałam go w dalszą drogę. Wyruszył z Karlem, a ja i Rickey zostaliśmy na lunch. Bardzo mi brakowało towarzystwa starego przyjaciela, ale byłam nieobecna myślami. W końcu zwierzyłam mu się z frustracji, jaką wywołała we mnie brutalna rzeczywistość, którą uświadomił mi Speedgoat: że na tym etapie Jurker nie ma szans na rekord.

Rickey pochylił się, jakby chciał mi przekazać sekret wielkiej wagi, i powiedział:

– Ale Karlowi też się to nigdy nie udało.

No fakt. Speedgoat wiedział wszystko o AT, a mimo to nie zdołał go pokonać.

---

* Nazwana na cześć Thomasa Ashby'ego, który w XVIII wieku otrzymał ziemię nad pobliską rzeką i założył tam osadę.

– Musisz być dobrej myśli – dodał Rickey. – Jurker potrzebuje pozytywnej energii. Da radę.

Rickey miał rację. Postanowiłam, że schowam cynizm do kieszeni i skupię się na pozytywach. Wieczorem tego samego dnia pojechaliśmy we trójkę (bez Scotta) do ośrodka Blackburn przy szlaku, Speedgoat robił notatki, bo nie znał drogi. O zmroku poszliśmy na AT i usiedliśmy na kłodzie. Wcześniej przebrałam się w strój i byłam gotowa pokonać ostatnie dziesięć kilometrów z Jurkerem. Zapowiadała się długa noc, a moi towarzysze upalali się zadowoleni, że to mnie, a nie im przypadła ostatnia, nocna zmiana.

Kiedy w końcu Jurker wyłonił się z ciemności, parę kroków za nim pojawiły się światła kilku czołówek. Jeden z rozentuzjazmowanych biegaczy miał plecak pełen suchego lodu, w którym przyniósł lody na patyku dla Jurkera. Wszyscy bawili się tak dobrze, że Rickey skomentował:

– Szkoda, że to nie ja pobiegnę ten ostatni odcinek.

Nawet ja się zaraziłam ogólną radością. Zrozumiałam, dlaczego ludzie byli gotowi jechać kilka godzin samochodem po to, żeby się spotkać ze Scottem. Myślę, że pragnęli poczuć tę energię, a także mieć swój udział w próbie pobicia rekordu. Nie wiem, skąd się to wzięło, ale nagle strasznie się ucieszyłam, że będę mogła z nim tu i teraz pobiec. Pozostali się wykruszyli, zostaliśmy sami.

To był wyjątkowo mroczny i upiorny odcinek. Prowadziłam, ale z trudem dostrzegałam oznaczenia szlaku. Światło mojej czołówki odbijało się od zroszonej trawy i mokrych drzew. Usłyszeliśmy szum szosy przecinającej szlak na długo, zanim się do niej zbliżyliśmy. Tuż obok parkingu pracowała ekipa wykonująca całodobowe roboty budowlane. Zasnęliśmy i spaliśmy jak susły pomimo rzęsistego światła reflektorów, buczenia agregatów i huku wiertarek udarowych.

Nazajutrz rano rozpierała mnie euforia. Rickey i Scott pobiegli na szlak. Sześć i pół kilometra dalej mieli przekroczyć granicę Wirginii Zachodniej, będąc na dobrej drodze do zaliczenia Wyzwania Czterech Stanów! To klasyczne wyzwanie, które upodobali sobie zaprawieni w bojach wędrowcy: pokonują sześćdziesiąt dziewięć kilometrów z Wirginii, przez Wirginię Zachodnią i Maryland, do Pensylwanii, odwiedzając cztery stany w jeden dzień.

Spotkaliśmy się z Rickeyem i Jurkerem w Harpers Ferry, miasteczku będącym siedzibą Appalachian Trail Conservancy (Służba Ochrony Przyrody Szlaku Appalachów; dalej ATC). Kontaktowałam się wcześniej z ATC, Jurker chciał do nich zajrzeć, ale niestety, dotarliśmy na miejsce zbyt wcześnie, bo o siódmej rano, i nie zastaliśmy nikogo w biurze. Zdziwiłam się jednak, że są ludzie, którzy o tej porze już nie śpią w tym, nomen omen, sennym miasteczku. Otóż grupa miejscowych biegaczy wyszła Scottowi na spotkanie i wręczyła mu malowane kamienie z hasłem: „Już czas!". O takiej pozytywnej energii mówił Rickey; byłam im bardzo wdzięczna.

Znajdowaliśmy się blisko Waszyngtonu i zwróciliśmy uwagę, że grono biegaczy czekających na Scotta przy każdej kolejnej krzyżówce szlaku z drogą znacząco się powiększa. Pogoda powoli zaczynała się psuć, aż w końcu chmury zasnuły niebo i chlusnęły deszczem. Speedgoat wybrał się z Jurkerem na ostatni odcinek tego dnia, a Rickey i ja poszliśmy poszukać pralni. Rickey stwierdził, że ciuchy Jurkera śmierdzą jak ocet z cydru jabłkowego. Zdawałam sobie sprawę z zapachu, ale od tygodnia starałam się go ignorować. Ten zapach to typowa woń dla sportowców wytrzymałościowych. Wiedziałam, co oznacza: że organizm Jurkera rozkłada kwasy, że sięga do rezerw albo dzieje się coś gorszego.

Zaliczył Wyzwanie Czterech Stanów, pokonał nadprogramowe dziesięć mil i przybiegł zlany potem. Ponieważ nazajutrz Rickey nas opuszczał, Scott zamiast się wysuszyć i wskoczyć do łóżka, zapragnął spędzić wieczór na piciu piwa z kumplami. Z jednej strony chciałam mu to wyperswadować, a z drugiej wolałam nie pozbawiać go frajdy z tego okrucha normalności. Karl w końcu się położył, ale nasza trójka siedziała do późna w vanie i gadała o wszystkim, byle nie o bieganiu.

W pewnym momencie ciemną nocą na parking zajechał samochód. Siedzieli w nim Alexis i Roan, francuscy fotografowie społeczności ultramaratońskiej. Zdziwienie: jak nas odnaleźli? A potem wybuch śmiechu. Okazało się, że natrafili na nas przypadkiem; zamierzali najpierw załatwić sobie miejsce w hotelu i spotkać się z nami dopiero nazajutrz rano.

Dwudziestego trzeciego dnia deszcz nie odpuszczał. Jurker z wdzięcznością przyjął ode mnie czyste, suche ubranie, które mógł założyć na poranny bieg z Francuzami. Karl odwiózł Rickeya na lotnisko. Roan wyruszył z Jurkerem, a Alexis jeździł za mną od przystanku do przystanku, w przerwach łapiąc sen w swoim aucie. Wiedziałam, że jest głodny, więc zaproponowałam, że wybiorę się z nim do miasta po jedzenie i benzynę.

Sprawdziłam lokalizację sklepu spożywczego i pojechałam przodem. Kilka kilometrów od szlaku okolica zrobiła się bardziej miejska. Zobaczyłam jedno centrum handlowe, potem kolejne i ściągnęłam brwi. Dlaczego wydają mi się znajome? Czy już tu kiedyś byłam? Nagle mnie olśniło. To przecież Chambersburg w Pensylwanii. Kilka lat wcześniej przejeżdżaliśmy tędy, szukając drogi na AT.

Wrażenie było niesamowite. Trudno to wyjaśnić, ale kiedy znalazłam się na AT po raz pierwszy, wydał mi się wręcz prymitywny. Nie rozumiałam tej czci, jaką otaczał go Scott. Lecz teraz, bogatsza o wiedzę i doświadczenie – po tym wszystkim, co zobaczyłam i poczułam zarówno węchem, jak i sercem od chwili, w której weszłam na szlak w Georgii – byłam pełna podziwu. Raptem kilka kilometrów od centrów handlowych i domów stała skromna, nierzucająca się furtka do AT, portal do innego świata, niczym królicza nora w opowieści o Alicji. Żyliśmy osobnym życiem w równoległej rzeczywistości, tak blisko i zarazem tak daleko od reszty świata. Uświadomiłam sobie, jak niewielka odległość dzieli AT od największych miast Wschodniego Wybrzeża. Połowie mieszkańców kraju wystarczy zaledwie dzień drogi samochodem, by dotrzeć do co najmniej jednej z tych króliczych nor.

Zrobiliśmy zapasy i pojechaliśmy na miejsce kolejnego spotkania. Alexis zasnął w wynajętym wozie. Poszłam tam, gdzie zaczynał się szlak, i znalazłam jasnożółtą karteczkę ze słowami: „Scott, udało ci się! PÓŁMETEK!!!". Kiedy Scott i Roan zjawili się na parkingu, powiedzieliśmy Francuzom *au revoir* i dalej pobiegliśmy tylko we dwoję. Byliśmy sami. Wiedzieliśmy, czego wypatrywać. Przyspieszyliśmy kroku. Zobaczyliśmy to jakieś półtora kilometra dalej: oficjalny znacznik półmetka Szlaku Appalachów. Ja pierdykam.

W muzeum Szlaku Appalachów, mieszczącym się na terenie Parku Stanowego Pine Grove Furnace, czekał na Jurkera tłum biegaczy. Padał ulewny deszcz, ale radość z przekroczenia półmetka uskrzydliła Scotta tak, że wydawał się poruszać bez najmniejszego wysiłku. Dołączyło do niego kilka osób, a ja znów zostałam sama. Pochodziłam trochę po parku i przejechałam się nad jezioro, o którym ktoś mi kiedyś opowiadał. Nigdzie żywej duszy – przez aurę, ale na szczęście akurat wtedy zaczęło się wypogadzać. Wskoczyłam do wody i – choć zabrzmi to banalnie – poczułam, że unosząc się na plecach i wpatrując w przejaśniające się niebo, wyzbywam się wszelkich trosk. Dotarliśmy do półmetka! Pokonaliśmy niewiarygodne tysiąc siedemset sześćdziesiąt dwa kilometry i tyle samo wciąż mieliśmy przed sobą. Mieliśmy wszystko, czego nam było trzeba, czyli siebie. Zamknęłam oczy, wstrzymałam oddech i zeszłam pod powierzchnię, czując, jak obejmuje mnie chłód wody.

ROZDZIAŁ DZIESIĄTY

NA SZLAKU DO DOSKONAŁOŚCI

DZIEŃ DWUDZIESTY PIĄTY

– Stary, czuję się jak w *Forreście Gumpie* – zrzędził Speedgoat. – Wirginia i Maryland to było jakieś wariactwo. Nie wiem, jak ty to robisz. Ja bym dostał szału przy tych wszystkich ludziach. Wróć: ja d o s t a j ę przy nich szału, a przecież to nie ja robię osiemdziesiąt kilometrów dziennie. Musimy się pozbyć tego lokalizatora, opóźnić przekaz na żywo o dzień albo dwa.

Przebierałem nogami na AT i udawałem, że wkładam w to zbyt wiele wysiłku, by stać mnie było na odpowiedź.

Speedgoat się nie pomylił; rzeczywiście często wyglądało to jak w opowieści o Gumpie. Kiedy zaczął się weekend, do pensylwańskich kamieni, których pokłady wydawały się nie mieć końca, dołączyły tłumy ludzi. Z jednej strony było mi trudno skupiać się na zadaniu i zasuwać jak dziki osioł, jednocześnie odpowiadając na pytania i przyjmując kolejne osoby do swojej biegowej świty. Często się zastanawiałem, ile tak naprawdę tracę energii i czasu, otwierając tę moją próbę pobicia rekordu dla każdego, kto ma ochotę się przyłączyć. Większość zawodowych sportowców nawet nie chce słyszeć o czymś takim, żeby obcy ludzie startowali u ich boku na zawodach. Z drugiej strony chciałem być sobą, tym przystępnym gościem, który czeka na ostatniego zawodnika i zostaje na długo po zamknięciu trasy, żeby odpowiadać na pytania i pozować do zdjęć. Nie zawsze było to łatwe, ale cóż, taki po prostu jestem. A wszyscy ci ludzie należeli do mojego klanu. Raper Drake nazywa swój klan „Woe". „Woe to moja ekipa – mówi. – To skrót od *working on excellence* (dążący do doskonałości). To cała moja marka, mój ruch i sposób życia dla wszystkich. Chcę, żeby każdy dążył do doskonałości. Dlatego wszyscy moi przyjaciele są moimi Woe i uważam, że każdy, kto dąży do doskonałości w życiu, również jest w nim Woe".

W moim przekonaniu do doskonałości dąży każdy, kto biega albo świadomie wprawia swoje ciało w ruch. Czy JLu i ja zdołamy pobić rekord, dzieląc się doświadczeniem z moimi Woe? Na razie udawało mi się godzić obie te rzeczy. Jasne, nie byłem doskonały, a ludzie, którzy przychodzili spotkać się ze mną, nie wiedzieli, w jakim będę stanie fizycznym i umysłowym. Nie mieli wyjścia, dostawali to, co zastali – albo nic.

Członkowie mojego klanu przybywali nie tylko po to, żeby się przejechać naszym pociągiem; udzielali również jak najbardziej materialnego wsparcia. Pewna rodzina poratowała nas sześcioma siatami pełnymi roślinnych przysmaków: zamienników mięsa i sera, lodów bezmlecznych i innych nie tak łatwo dostępnych produktów. Hojność tych ludzi i chęć wspierania nas w trudzie budziły podziw i uczyły pokory. Miejscowi pragnęli pomagać w każdy możliwy sposób. W miarę jak posuwaliśmy się na północ, szlak coraz bardziej się zbliżał do dużych miast i skupisk ludności. Byliśmy wdzięczni za wszystkie datki, ale JLu nie bardzo już wiedziała, gdzie upychać te rzeczy w ograniczonej przecież przestrzeni Czarnego Zamku. Ogarnianie takiej grupy zupełnie obcych ludzi wykańczało JLu fizycznie i psychicznie bardziej niż mnie. To na nią wszystko spadało, to ją zasypywano dziesiątkami pytań, kiedy czekając na parkingu, próbowała przygotować się na moje przybycie, to ją niepokojono, kiedy usiłowała się zdrzemnąć. Było mi jej szkoda z powodu tego dodatkowego balastu*.

Trudno wprawdzie o realny bilans kosztów i zysków, ale wiedziałem, że dzieląc się energią życiową z obcymi ludźmi, w zamian również otrzymuję pewien rodzaj energii. Układ wzajemnych korzyści, krąg dążenia do doskonałości. To, co przekazywałem, wracało do mnie pod postacią natchnienia, motywacji oraz perspektywy.

Zbiegałem po grani w blasku zachodzącego słońca i myślami uciekałem od skał, po których stąpałem, ku niezwykłym ludziom, których przez ostatnie kilka dni spotkałem na szlaku. Tłumy przy wejściach na AT, po dwadzieścia, trzydzieści osób naraz, wielu biegaczy z tabliczkami z inspirującymi hasłami albo cytatami z mojej książki: „Ból tylko szkodzi" i „Być kimś!". Dodawali mi otuchy moimi własnymi słowami. Późnym wieczorem członkowie miejscowego klubu

* W oryginale Jurek używa tu słowa *woe*, które oznacza niedolę, żałość, ciężar, brzemię i nie ma nic wspólnego z wymyślonym przez Drake'a „Woe" (*working on excellence*).

biegaczy przełajowych wyszli mi na spotkanie pośród pofałdowanych pól doliny Cumberland; w ciągu dnia rodzice przyprowadzili swych małych odkrywców, aby przebiegli kilometr, półtora – albo choć kilka kroków – u mojego boku.

Zdarzyło się również kilka nieoczekiwanych, acz inspirujących przypadków, które pomogły mi uświadomić sobie, że w obliczu ogromu życia moje wysiłki na szlaku są w gruncie rzeczy niczym. Zjawił się na przykład pewien miejscowy biegacz i oświadczył, że będzie ze mną biegł przez pięćdziesiąt kilometrów. Z początku wzdrygnąłem się na samą myśl. Pięćdziesiąt kilometrów w towarzystwie nieznajomego to kawał drogi. A potem opowiedział, jakim koszmarem okazał się dla niego ten rok. Wykryto u niego białaczkę. Tylko krok dzielił go od śmierci, a jednak przeżył. Był w moim wieku, miał żonę i dzieci. Łatwo mogłem sobie wyobrazić siebie na jego miejscu. Pięćdziesiąt kilometrów ze mną było nagrodą, jaką sobie zafundował za wygraną z chorobą. A ja co? Narzekałem na naderwane mięśnie, na kamienie i korzenie na szlaku. Ten człowiek nadał ton całemu mojemu dniu. Perspektywa uczy pokory i zarazem inspiruje. Te pięćdziesiąt kilometrów okazało się najłatwiejszym odcinkiem na całej trasie.

Stawało się dla mnie coraz bardziej oczywiste, że nawet nie zbliżyłbym się do rekordu, gdyby nie fani, przyjaciele i wszelkie wspierające mnie osoby, które wybierały się na AT, aby ze mną pobiec. Szlak nie dawał mi żadnej taryfy ulgowej. Wizja dotarcia do końca drogi – już nie mówiąc o pobiciu rekordu – każdego dnia, a nawet każdej godziny, oddalała się i zarazem przybliżała. Jednakże obecność innych ciał, innych umysłów i innych historii sprawiała, że traktowałem własny ból jak część czegoś mającego o wiele większą skalę. Czegoś, na co nie mogłem narzekać. Bo przecież gołoborza i burze to nie wszystko, istniało mnóstwo znacznie gorszych rzeczy, z jakimi mogłem się wtedy zmagać.

Zadbałem, aby podczas przeprawy przez rzekę Delaware – podczas której opuściliśmy Rocksylwanię, by udać się w krótką podróż przez New Jersey – towarzyszyła mi JLu. Bardzo nam się podobało to, jak zmieniał się akcent ludzi mieszkających wzdłuż trasy AT. Pośród wybuchów śmiechu usiłowaliśmy odtwarzać frazy zasłyszane od miejscowych. Ten wspólnie spędzony czas był nam bardzo potrzebny. JLu nie musiała wtedy dla mnie gotować, nie musiała mnie karmić, bandażować, sprawdzać, czy nie złapałem kleszcza, i na różne inne sposoby zaspokajać moich podstawowych potrzeb. W tych wspólnych chwilach byliśmy po prostu parą, i to parą niezafiksowaną na Wielkim Celu. Równowaga między nami była bardzo delikatna i czasem zastanawiałem się, czy zamiast się schodzić, coraz bardziej się od siebie nie oddalamy. Czułem, że traciła zapał.

Zaczynamy z Jenny wędrówkę Pacific Crest Trail. Campo w Kalifornii. Maj 2013 roku. (*Scott Jurek*)

Jenny wspina się na Half Dome. (*Dean Potter*)

Jenny i Dean Potter po wejściu regularną północnozachodnią ścianą Half Dome. Park Narodowy Yosemite. Czerwiec 2011 roku. (*Dean Potter*)

Początek drogi. Południowy kraniec Szlaku Appalachów, Góra Springera w Georgii. (*Luis Escobar*)

Wpis do rejestru przed zejściem z Góry Springera. 27 maja 2015 roku. (*Luis Escobar*)

Zaliczam 85 km pierwszego dnia wyprawy. Przełęcz Unicoi w Georgii. (*Luis Escobar*)

Poranek czwartego dnia. Przekraczam zaporę Fontana tuż za granicą Parku Narodowego Great Smoky Mountains. (*Luis Escobar*)

Dzień szósty.
Początek kontuzji kolana.
Lovers Leap Rock
w Karolinie Północnej.
(*Luis Escobar*)

Podziwiam przyrodę w lesie Cherokee w Karolinie Północnej. Dzień siódmy. (*Luis Escobar*)

Jenny ogarnia Czarny Zamek. Dzień dziewiąty. (*Luis Escobar*)

Kąpiel z Jenny dla ochłody w Laurel Creek w Wirginii. Upalne południe trzynastego dnia. (*Luis Escobar*)

Magia szlaku w wykonaniu fizjoterapeuty sportowego. Dzień piętnasty w pobliżu Trout Creek w Wirginii. (*Luis Escobar*)

Piętnastego dnia wpisuję się do rejestru w War Spur Shelter w Wirginii. *(Jenny Jurek)*

Uzupełnianie zapasów. Czarny Zamek, gdzieś w środkowej części Wirginii. *(Luis Escobar)*

Wschód słońca
na Górze McAfee'ego.
Dzień szesnasty.
(*Luis Escobar*)

Speedgoat wyjaśnia, jak bardzo napięty jest nasz harmonogram. Dzień dwudziesty pierwszy, Park Narodowy Shenandoah. (*Jenny Jurek*)

Popołudniowa drzemka w Paśmie Błękitnym w środkowej części Wirginii. Dzień siedemnasty. (*Luis Escobar*)

Znacznik półmetka AT. 1762 km. Park Stanowy Pine Grove Furnace w Pensylwanii. Dzień dwudziesty trzeci. (*Scott Jurek*)

Jeden z równiejszych odcinków w Pensylwanii. Dzień dwudziesty trzeci. (*Alexis Berg*)

Prowadzę mojego niewidomego kolegę Thomasa w Parku Stanowym Bear Mountain w stanie Nowy Jork. Dzień dwudziesty dziewiąty. (*Ze zbiorów Scotta Jurka*)

Most nad rzeką Hudson w stanie Nowy Jork. Dzień dwudziesty dziewiąty. (*Jenny Jurek*)

W Dalton w stanie Massachusetts trzydziestego drugiego dnia Jenny żegna się ze Speedgoatem i jego „Niepozornym Białym Vanem". (*Walter Edwards*)

Wiatr wiejący z prędkością 80 km/h i zacinający deszcz na Mount Greylock w stanie Massachusetts. Dzień trzydziesty trzeci. (*Jenny Jurek*)

Uśmiechnięty Horty w Vermoncie trzydziestego trzeciego dnia wyprawy. *(Jenny Jurek)*

Ciemne chmury zwiastują ponurą noc. Smarts Mountain, New Hampshire. Dzień trzydziesty szósty. *(Mark Godale)*

Drzemka na kamiennej płycie tuż przed Galehead Hut. Przedświt trzydziestego ósmego dnia. (*Timmy O'Neill*)

Zealand Falls Hut. Chipsowa wyżerka. Góry Białe w New Hampshire. Trzydziesty ósmy dzień. (*Timmy O'Neill*)

Góra Waszyngtona czwartego lipca, trzydziestego dziewiątego dnia wyprawy. (*Luis Escobar*)

Przerwa na lunch
w Madison Spring Hut w Górach
Białych w New Hampshire.
Dzień trzydziesty dziewiąty.
(*Luis Escobar*)

Wspinaczka na Górę Jeffersona
w Górach Białych
w New Hampshire.
Dzień trzydziesty dziewiąty.
(*Luis Escobar*)

Płyty i szczeliny łańcucha Mahoosuc. Z moim przewodnikiem Jedi, Ryanem Weltsem. (*Timmy O'Neill*)

Świętujemy przekroczenie granicy ostatniego stanu. Dzień czterdziesty, wkraczamy do Maine. (*Timmy O'Neill*)

Przełęcz Mahoosuc, „najtrudniejsza mila" AT, dzień czterdziesty pierwszy. (*Luis Escobar*)

Przeciskam się przez przełęcz Mahoosuc. (*Luis Escobar*)

Jedno z wielu mokradeł w łańcuchu Mahoosuc. Dzień czterdziesty pierwszy. (*Luis Escobar*)

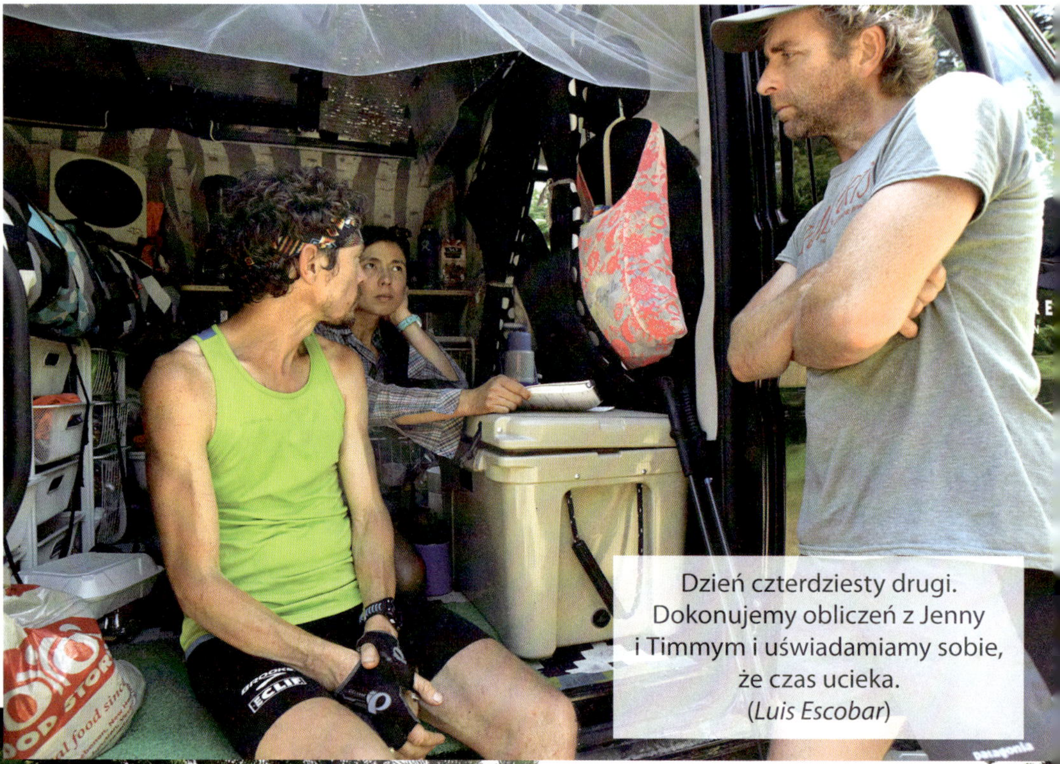

Dzień czterdziesty drugi. Dokonujemy obliczeń z Jenny i Timmym i uświadamiamy sobie, że czas ucieka. (*Luis Escobar*)

Schodzę z Łękowatej Góry w Maine. Dzień czterdziesty drugi. (*Luis Escobar*)

Pokonujemy rzekę Kennebec w Maine. Dzień czterdziesty czwarty. *(Chris Clemens)*

Czterdziestego szóstego dnia po raz pierwszy ujrzałem Katahdin. (*Aron Ralston*)

Topher przypomina mi ustaloną strategię na ostatni, piętnastokilometrowy odcinek do podnóża Katahdin. *(Luis Escobar)*

Rzutem na taśmę. Biegnę w stronę Katahdin razem z Walterem i Komandosem. *(Luis Escobar)*

Urodzinowy bieg.
(*Luis Escobar*)

Wdrapuję się na
Największą Górę.
(*Luis Escobar*)

Biegniemy przez fałszywy
wierzchołek Katahdin.
(*Luis Escobar*)

Od lat marzyłem o tym, żeby móc dotknąć tej tablicy. (*Luis Escobar*)

Ekipa, bez której sukces byłby niemożliwy. (*Hunter Nolan*)

Roczna Raven Jurek na trasie swojego pierwszego wyścigu, Pearl Street Kid's Half Mile w Boulder w Kolorado. Sierpień 2017 roku. (*Glen Delman*)

A to, że zostali ze Speedgoatem tak serdecznymi kumplami, że aż się wzajemnie podziwiali – było dla mnie zagadką. Jak do tego doszło? Cóż, pewnie było im to pisane. JLu wiele poświęciła w zamian za możliwość służenia mi wsparciem podczas mojej próby ustanowienia FKT. Dla kogoś z zewnątrz to ja byłem głównym bohaterem przygody, ale w istocie tworzyliśmy zespół dążący do wspólnego celu. Do czegoś wykraczającego poza rekord.

O ile, rzecz jasna, rekord w ogóle miał nam przypaść. Przygotowałem grunt, przestrzegając zasad wyłożonych przez Speedgoata: rozwijałem średnią prędkość pięciu i sześciu dziesiątych kilometra na godzinę i „skubałem" trasę z dodatkowych kilometrów – choćby do samej Katahdin, jeśli będzie trzeba – a mimo to wciąż nie udawało mi się powrócić do rekordowego tempa. Odrabianie dwudniowych strat z Południa zajęło mi tygodnie, ale dawałem radę. Zamieniałem się w kogoś – albo coś – nowego. W rozbitka na AT, w szlakowe zwierzę. Byłem wymizerowany, chudy i nieustająco brudny, ale jeśli naprawdę zamierzałem dotrzeć do Maine, musiałem sięgnąć do jeszcze głębszych zapasów i wycisnąć ze swego kościstego ciała jeszcze więcej.

New Jersey. Niewiarygodne, że dotarliśmy tak daleko. Biegacze i wędrowcy przybywali tłumnie i witali nas z entuzjazmem, racząc miejscowym akcentem. Na drzewach wisiały tabliczki z hasłem: „NJ kocha El Venado". Przekroczyłem półmetek; od tego momentu odległości pomiędzy stanami malały, a trasa podobno robiła się łatwiejsza (przynajmniej zdaniem Horty'ego). Etap środkowoatlantycki pozwalał odczuwać satysfakcję z codziennego przekraczania granic stanów: New Jersey, Nowy Jork, Connecticut – i już byliśmy w Nowej Anglii. Na Connecticut i Massachusetts zarezerwowaliśmy po jednym dniu. A potem Vermont, New Hampshire, no i Maine, w którym spokorniał niejeden wędrowiec. Odcinki stanowiące niezaprzeczalną istotę całego AT.

Miło i pokrzepiająco było spojrzeć na mapę całego szlaku i przekonać się, jak duży jego fragment udało nam się do tej pory pokonać. Wspaniałe uczucie, kiedy człowiek widzi swoje postępy na trasie i dociera do niego świadomość, jak daleko zaszedł na własnych nogach. Ta wijąca się czerwona kreska, która prowadziła od miejsca, gdzie teraz się znajdowaliśmy, do końca Szlaku Appalachów, z każdym dniem stawała się coraz krótsza.

I bardzo dobrze, bo kiedy z JLu przekraczaliśmy rzekę Delaware, zaczynałem coraz dotkliwiej odczuwać trudny do opisania ciężar. Nie przypominał tamtej fizycznej i psychicznej blokady, która niemal zastopowała mnie kilka dni po rozpoczęciu wyścigu, nie był poczuciem zwątpienia, nie był kontuzją ani urazem, nie był osłabiającym cierpieniem. Był za to urojonym ciężarem, wymyślonymi dwudziestoma kilogramami, które wydawały się do bólu prawdziwe.

Na górze Kittatinny* w New Jersey zamartwiałem się jak zwykle. „Nie wyobrażam sobie, żebym mógł wytrzymać jeszcze dwa tygodnie" – mówiłem sobie. To była osobliwa forma depresji. Przez cały dzień byłem w zasadniczo dobrym nastroju, zaliczałem jedynie niewielkie dołki. Bieganie i wędrowanie dziesiątki kilometrów dziennie nie zawsze jest przecież radosnym doświadczeniem. Kończyłem etap na fali satysfakcji z pokonania kolejnych osiemdziesięciu paru kilometrów. To upojenie trwało kilka minut, po czym dopadało mnie zniechęcenie, bo raptem przypominałem sobie, że za niecałe sześć godzin będę musiał wstać i znów zacząć robić to samo, co robiłem dziś. Każdego przeklętego dnia tkwiłem w tym emocjonalnym błędnym kole.

Biegacz, który o szóstej rano tamtego dnia cierpliwie czekał na mnie przed Czarnym Zamkiem, był strasznie przejęty i rozentuzjazmowany. Uprzedziłem go, że nie będę się zbyt często odzywał, kiedy będziemy biegli. Przecież nie mogłem zacząć mu się zwierzać. Nie mogłem się zwierzyć nawet JLu, ponieważ próbowała sobie poradzić z własną huśtawką emocjonalną. A Speedgoat, gość od twardych danych? Nie miałem pojęcia, jak mu to opisać, choć pewnie doskonale wiedział, jak się czuję. Sam też przez to przechodził – i skapitulował. Mogłem co prawda nałożyć maskę szczęśliwego bohatera, wchłonąć całą tę motywację, którą obdarzali mnie biegnący ze mną i dopingujący mnie ludzie, a potem poczuć siłę w nogach, ale w głębi duszy słabłem, zapadałem się.

Był ktoś, kogo koniecznie chciałem mieć w swoim narożniku. Był przy mnie w szczytowym okresie mojej kariery, a także w tych bardziej ponurych chwilach, kiedy się rozwodziłem. Pomógł mi wtedy dojść do siebie, więc pomyślałem, że pomoże i teraz – podniesie i pchnie do przodu pomimo tego ciężaru, który czułem.

Don Makai był dla mnie jak przybrany ojciec. Ceniłem go za wiedzę i doświadczenie – sam też biegał – ale akurat teraz bardziej potrzebowałem po prostu jego podnoszącej na duchu ojcowskiej obecności. Ten nobliwy, uprzejmy i może nieco sztywny prawnik z Seattle był przeciwieństwem Horty'ego i Karla. Ale bynajmniej nie ustępował im siłą. Intensywnie trenował sztuki walki. Jego

* Nazwa pochodzi z języka Delawarów i oznacza „niekończące się wzgórze" bądź „wielką górę".

nauczyciel rozwijał się pod okiem legendy karate Anichiego Miyagiego, który zainspirował twórców filmu *Karate Kid* do stworzenia postaci Mr. Miyagiego – i rzeczywiście, spuścizna mistrzów zdawała się żyć w Donie. Poruszał się z godnością zen, ale potrafił się błyskawicznie przestawić w tryb *Mortal Kombat.*

Don uprawiał okinawską odmianę karate, zwaną *gōjū-ryū*. Adepci tej sztuki potrafią łapać strzały w locie i kruszyć betonowe bloki gołą dłonią. Myślałem, że takie rzeczy mogłem widzieć tylko w filmach z mojej młodości, ale nie. Don pokazał mi zdjęcia, na których przebija się przez stosy desek.

Przed laty zapoznał mnie z japońską filozofią *bushidō*, „drogą wojownika", w której kładzie się nacisk na honor, prostotę i odwagę. Jej echa można odnaleźć w stoicyzmie Marka Aureliusza, zwłaszcza w zasadzie, która najbardziej do mnie przemówiła: umysł wojownika (albo po prostu każdego, kto się podejmuje trudnego zadania) powinien na tyle ściśle zestroić się z chwilą, by nie dopuścić do wpływu na działanie myśli i emocji. Umysł w takim stanie pracuje tak optymalnie, że w naturalny sposób podejmuje właściwe decyzje, zaś ból i strach znikają. Często dostrzegałem podobieństwa pomiędzy tym podejściem a opisywanym przez sportowców z najwyższej półki poczuciem znajdowania się *„in the zone"* (dosł. w strefie), w której wszystkie elementy układanki: skupienie, umiejętności i energia są na swoim miejscu. Kiedy udało mi się przestawić umysł w tryb wojownika, dojmujące poczucie konieczności wyparło niepokój i konsternację. Muszę biec dalej – bez najmniejszych wątpliwości. Pozbędę się ciężaru czy doniosę go do samego końca? Czy w ogóle dotrę do Maine, już nie mówiąc o pobiciu rekordu? Nie miałem pojęcia – i to dosłownie: w mojej głowie nie istniało żadne pojęcie, żadna idea, nic, co wykraczałoby poza przytłaczającą konieczność. Biegnij dalej, po prostu. Skup się na tej jednej rzeczy. Biegnij. Trzymaj się teraźniejszości. Każda chwila zawiera w sobie tylko jedno: możliwość dalszej drogi.

Na pewnym poziomie JLu intuicyjnie – lepiej nawet niż Horty i Speedgoat – rozumiała mój stan, dlatego wysłała wiadomość do Dona, załączając listę rzeczy, które przy okazji mógłby ze sobą przywieźć. Kiedy zjawił się na szlaku, o mało się nie popłakała ze szczęścia. Miała przy sobie starego przyjaciela, któremu mogła powierzyć nasze bezpieczeństwo – i wreszcie mogła osłabić nieustającą czujność. Ja zaś na widok Dona poczułem nie tyle szczęście, co ulgę. Zresztą zrobiło mi się lżej już na samą wieść, że przybywa.

Pochwalił się dobrami, które w swej łaskawości zechciał przetransportować z Seattle; było tam wszystko, o co poprosiła JLu, ale w ilości pomnożonej przez pięć.

Don błysnął szczodrością. Przywiózł wielkie pudło delikatnych japońskich ciast, które niestety już zaczynały się psuć. Wziął też specjalną wegańską bułkę, a raczej bułę z cynamonem – i nie jedną, a sześć – którą zamówiła dla mnie JLu: dwa tysiące kalorii w jednym bochenku w kształcie bagietki. Z powodu letniego upału, a także ograniczonej pojemności naszej lodówki, wiele rzeczy musiało zostać złamane, złożone, ściśnięte, zgniecione, żeby w ogóle się do niej zmieściło. Przykro, ale trudno, Czarny Zamek to nie spiżarnia, lecz centrum dowodzenia. Z dzisiejszej perspektywy brzmi to może zabawnie, ale w tamtym czasie było dla nas nie lada wyzwaniem. Don – wspaniały Don – przywiózł przede wszystkim to, na czym najbardziej mi zależało, to znaczy stabilność, autorytet, lekkość i zdyscyplinowanie. Wyciągnął mnie z depresji właściwie samym swoim przyjazdem. Byłem mu wdzięczny, że raz jeszcze zdołał odmienić moje życie i pomógł mi się skupić na tu i teraz.

Wtedy jednak... przytłoczyła nas, a zwłaszcza Dona, rzeczywistość AT. W jeden dzień stało się jasne, że Bushido Don nie jest gotowy na stary, sękaty Szlak Appalachów, a my – na jego nieprzygotowanie.

Jakbyśmy mieli nie dość sensejów, na szlak powrócił Horty. Wytrzymał na trasie Tour Divide raptem kilka dni. („Problemy z żołądkiem" – rzucił i tyle było rozmowy). Na pokład weszło zatem dwóch weteranów AT, każdy z własnym znawstwem i zestawem dogmatów. Z rozbawieniem obserwowałem ich zmagania o tytuł pierwszego oficera na naszym statku. Nie przyznawali się do tego głośno, ale na pewno tak jak ja wiedzieli, że kapitan może być tylko jeden i jest nim JLu. Wcześniej Don i Horty rzadko się spotykali. Stary Horty był przy tym, jak Speedgoat przerwał próbę pobicia rekordu AT w 2014 roku, i jak to on, miał swoje własne zdanie na ten temat.

Kiedy Horty nie otwierał drzwi Czarnego Zamku o piątej rano, budząc nas okrzykiem: „W drogę do Maine, chłopcze!", Speedgoat pukał w ścianę vana, po czym wracał po dziesięciu minutach z kubkiem gorącej kawy i wyjaśniał, jak mam dotrzeć do siedziska toalety turystycznej, które ustawiał gdzieś głęboko w lesie, nierzadko pośród sięgających do kolan krzaków sumaka jadowitego. (Speedgoat był odporny na jego parzący sok). Zaczynał kopać dziurę, a później narzekał: „Stary, myślisz, że niedźwiedzie bawią się w kopanie dziur?". Zasypywał nas wykresami i tabelami, z których wynikało, że muszę pokonywać jeszcze więcej kilometrów, jeśli chcę dotrzeć do tego czy tamtego punktu albo skrzyżowania – i jeśli chcę się zamachnąć na FKT. Każdy z pierwszych oficerów wnosił coś od siebie. Jeden charakter i żywiołowość, drugi obsesyjne wyliczenia i planowanie. Obaj mieli nierówno pod kopułką, każdy na swój sposób.

Po południu dwudziestego ósmego dnia opuściliśmy Garden State* i znaleźliśmy się na odcinku wiodącym przez stan Nowy Jork, który część wędrowców nazywa „Małym Maine" ze względu na sieć drabinek umożliwiających wspinanie się na omszałe głazy, a także pokonywanie wyjątkowo uciążliwych progów skalnych i pajęczyn korzeni. Na pogórzu nowojorskim czułem się bardziej oddalony od wszelkiej cywilizacji niż w jakimkolwiek innym miejscu na szlaku. Nie wiem, jakiego rodzaju magia tam działała, ale ciemność wydawała się intensywniejsza, a noc mroczniejsza i bardziej nieprzenikniona niż gdziekolwiek indziej. Nie mogłem uwierzyć, że od miasta Nowy Jork dzieli mnie raptem jakieś sześćdziesiąt kilometrów. Być może to właśnie bliskość najbardziej ruchliwego miejsca na ziemi czyniła szlak tak ponurym. Nazajutrz miałem szansę ujrzeć rozległą panoramę miasta – o ile pogoda pozwoli. Czułem się jak na innej planecie, choć do Times Square miałem dosłownie kilka przystanków koleją.

Jakbyśmy nie mieli dość problemów, okazało się, że niedawno przeszła nad okolicą wichura i powyrywała z korzeniami wysokie, grube drzewa, z których część zablokowała trasę. Musieliśmy przechodzić nad nimi, pod nimi albo w ogóle obchodzić je przez gęsty las. Tak jak w Maine, oznaczenia trasy były rozsiane i słabo widoczne, zaś powalone drzewa dodatkowo utrudniały orientację. Jeśli to rzeczywiście był przedsmak Maine, to osiemset kilometrów dalej czekała mnie niezła przeprawa.

Pokonując sporej wielkości granitowy głaz, zburzyliśmy z Hortym spokój parze bardzo dużych, pięknych grzechotników o skórze w szmaragdowym odcieniu. Nawet Horty zachwycił się ich urodą. Przed wieloma laty porzucił zwyczaj rozgniatania tych zwierząt na miazgę kamieniami. Żartowałem, że przeobraża się w miłującego pokój hipisa. Starty, uparty jak osioł Horty zaskoczył mnie drzemiącym w nim potencjałem zmian.

Dla Bushido Dona, tak jak dla Horty'ego, nie była to pierwsza w życiu wyprawa. Wspierał mnie podczas licznych stumilowców, był w pełni wykwalifikowanym i nieocenionym ninją ekipy technicznej. Niemniej jednak pomoc w biciu rekordu na AT jest misją zupełnie odmiennego rodzaju. Bywa, że czyjeś umiejętności świetnie się sprawdzają na innych trasach, ale wystarczy nadać wyzwaniu nowy charakter, by ten czy inny członek ekipy miał trudności i wpływał negatywnie na dynamikę zespołu. Potrzebowałem obecności Dona, ale niestety, okazała się ona czynnikiem wywołującym stres – nie u mnie, lecz

* Ogrodowy Stan, przydomek New Jersey.

u pozostałych członków naszej skromnej ekipy. Stale się gubił i nie potrafił nadążyć za Czarnym Zamkiem, choć ten był jedynym czarnym, dużym vanem na przestrzeni wielu kilometrów. Przy którymś z wejść na szlak uczynny Don zaproponował, że odbierze śmieci od wędrowców, i zapytał Horty'ego, gdzie ma je wyrzucić, na co Horty odparł: „Nigdzie". Miał być naszym opiekunem, a tymczasem to myśmy nosili za nim miecz. Sprawiał problemy, czym stresował JLu. W rozmowie ze mną przyznała, że ekipa ma go dość, i nie jest w stanie opiekować się nami oboma: mną i moim sensejem. Wietrząc bunt, uznałem pewnego ranka, że pora, aby skoncentrował wszystkie swoje „zmysły *bushidō*" na podążaniu za Jenny; JLu nie miała czasu na niego czekać ani tłumaczyć mu, jak dojechać do tego czy tamtego zakamuflowanego wejścia na szlak. Czułem się źle. Chyba nie byłem wystarczająco delikatny, a Don był przecież ostatnią osobą, jaką chciałbym skrzywdzić.

Bushido Don chciał dobrze i przez większość czasu dobrze sobie radził. Czułem się odpowiedzialny: nie uprzedziłem go, z czym się zetknie po wkroczeniu do Zielonego Tunelu. To przypominało dołączenie do zespołu specjalistów w trakcie prac nad projektem. Nie mogłem wręczyć mu podręcznika treningu z odpowiednim wyprzedzeniem, tak jak on sam kiedyś uczynił, podarowując mi *Księgę pięciu kręgów* Musashiego. Brakowało również czasu, by któreś z nas – JLu, Speedgoat albo Horty – mogło go szkolić na bieżąco. Czasem mimo wszystko zatrzymujesz kogoś w drużynie, bo po prostu wiesz, że go potrzebujesz. A ja właśnie potrzebowałem Dona. Dlatego JLu i Speedgoat, urodzeni teamleaderzy, wymyślili, jak radzić sobie z Donem przez te kilka dni do jego wyjazdu: dawali mu po prostu jasne i zrozumiałe polecenia, w większości w stylu Mr. Miyagiego („nałóż wosk, usuń wosk"), takie jak obranie całej skrzynki mango, którą ktoś nam sprezentował – JLu wiedziała doskonale, czym jest skupienie pełne determinacji. A i ja miałem w tym całkiem spore doświadczenie.

* * *

Burza, przed którą ostrzegał nas Speedgoat, przyszła. Okazała się cyklonem tropikalnym i nawet miała imię: Bill. Nadciągnęła nad hrabstwo York w Pensylwanii mniej więcej w tym samym czasie, kiedy przekraczaliśmy jego granicę dwudziestego piątego dnia wyprawy. Była sobota, toteż przez cały ranek i przedpołudnie Scottowi towarzyszył tłum biegaczy. Ale kiedy Bill chlusnął wodą tak, że napadało jej na prawie pięć centymetrów, szeregi miejscowych mocno się przerzedziły.

Musiałam coś wymyślić. Wiedziałam, że Jurker zakończy ten osiemdziesięcioczterokilometrowy dzień – oby przed północą! – przemoczony do suchej nitki. Zerknęłam do przewodnika i zobaczyłam, że blisko mety dzisiejszego odcinka znajduje się ekologiczne gospodarstwo agroturystyczne Common Ground Farm and Retreat. Uznałam, że to coś w sam raz dla nas! Speedgoat nigdy nie słyszał o tym miejscu – rzadki przypadek – i nie potrafił powiedzieć, czy jest godne polecenia. Wiedziałam, że po tak wielkim wysiłku Jurker będzie wdzięczny za gorący prysznic i prawdziwe łóżko.

Wcześniej skontaktował się ze mną właściciel wegańskiej piekarni z Bethlehem w Pensylwanii w sprawie dostarczenia paru smakołyków dla Scotta. Okazało się, że „parę" to dwa wielkie pudła pełne deserów, jakie można zjeść na weselach i w luksusowych hotelach. Wiedziałam, że ekologiczny azyl w połączeniu z wegańską wyżerką wynagrodzi Jurkerowi trud długiego wieczornego biegu w deszczu.

Wieczorem zameldowaliśmy się w gospodarstwie. Wyliczyłam, że Jurker przybędzie około jedenastej. Kwadrans po dziesiątej wyszłam poszukać Speedgoata. Zaparkował (równo jak pod sznurek) swojego vana przed głównym budynkiem i myślałam, że pojedzie ze mną na krzyżówkę i wybiegnie Jurkerowi na spotkanie. Kiedy jednak podeszłam bliżej samochodu, zobaczyłam, że Speedgoat nie czeka w stroju biegowym, tylko świeżo wykąpany leży w śpiworze, czyta przewodnik i robi notatki. Postanowiłam nie zawracać mu głowy. Pojechałam sama na miejsce spotkania, ale zanim tam dotarłam, zadzwonił telefon.

Zerknęłam na wyświetlacz. Jurker.

Fala paniki. Skoro miał czas do mnie zadzwonić, to znaczy, że nie biegnie. Nigdy nie dzwoni. Przed autem ściana deszczu, od której odbijały się światła wozu. Ledwo widziałam, dokąd jadę, dlatego nie odebrałam, ale Jurker się nagrał. Brnęłam dalej w stronę wejścia na szlak. Po kilku minutach zobaczyłam kropki czołówek i kilka osób, które zaczęły do mnie machać. Okazało się, że to Jurker z trójką biegaczy. Czekali na mnie raptem pięć minut, ale i tak czułam się okropnie. Doskonale rozumiałam, jak przygnębiający musi być moment, w którym po takim dniu i przy takiej pogodzie docierasz do końca odcinka i orientujesz się, że nikt na ciebie nie czeka. Gdybym to ja była na jego miejscu, zaraz bym się wściekła. Ale nie Jurker; pomachał do mnie z entuzjazmem i podziękował miejscowym kompanom, którzy pobiegli do swoich aut zaparkowanych osiem kilometrów na południe. Nie był ani trochę zły, jedynie martwił się o mnie.

Zabrałam nas do Common Ground. Znajomy z Nowego Jorku przywiózł tajskie jedzenie. Scott wziął gorący prysznic, zjedliśmy razem pad Thai i curry, a potem mój mąż rozłożył się na łóżku – wreszcie odpowiedniej wielkości – i zabrał za ciastka. Był w siódmym niebie. Kiedy trzymał w jednym ręku pączka z kremem i polewą z czekolady, a w drugim rurkę z pieguskowym nadzieniem, założyłam czołówkę i przystąpiłam do cowieczornych oględzin jego skóry pod kątem kleszczy.

Gdybyśmy siedzieli w vanie – w którym było znacznie ciemniej – przeoczyłabym drania. Siedział na lewym bicepsie – najdrobniejszy kleszcz, jakiego widziałam, mniejszy od główki szpilki. Z początku pomyślałam, że to plamka brudu. Próbowałam ją strzepnąć, ale nie chciała zejść. Zdążył się już częściowo wgryźć.

– Jurker! – wyszeptałam przerażona. – K l e s z c z!

– Co? P o w a ż n i e?

– T a k! – Wybiegłam na deszcz, pognałam do Czarnego Zamku i rzuciłam się do apteczki. Znalazłam przyrząd do usuwania kleszczy i postąpiłam zgodnie z instrukcją, ale owad był tak mały, że narzędzie okazało się bezużyteczne. Sięgnęłam więc do kosmetyczki po pęsetę i ostrożnie wyjęłam intruza.

– O rany, pokaż. Ale mały. Jak to możliwe, że go w ogóle dojrzałaś? Ciekawe, kiedy go złapałem... Może wtedy, kiedy się położyłem na stercie liści, żeby się przespać?

– Co takiego? – Byłam w szoku. To bodaj najdurniejsza rzecz, jaką zrobił. Szarpnęłam za kołdrę i przystąpiłam do sprawdzania jego owłosionych nóg. Znalazłam jeszcze dwa kleszcze, wgryzły się w golenie. – Jak mogłeś być tak głupi? Padło ci na mózg? Nie wiesz, że nasze życie nie kończy się na tym szlaku? Halo! Pamiętasz mnie? Będę cię p o t r z e b o w a ł a, kiedy już to się skończy, nasza przyszła rodzina będzie cię potrzebowała. Z boreliozą nie ma żartów, może cię nieźle sponiewierać. Pod ż a d n y m pozorem nie kładź się na liściach, nawet jeśli jesteś tak zmęczony, że nie dasz rady dalej iść.

Cyklon się odsunął i na nasze ostatnie dni w Pensylwanii znów się zrobiło gorąco i parno. Owszem, przeprawa przez Pensylwanię była wyboista, ale też stała pod znakiem sporej przemiany. Zaczęliśmy odczuwać różnicę w gęstości zaludnienia: więcej ludzi, więcej domów, więcej krzyżówek szlaku z drogami. I lepsze jedzenie. Dopiero tak naprawdę w Pensylwanii objawiła się wegetariańska społeczność. Pewna pani przyniosła nam tuzin burgerów z czarnej fasoli, pewien pan upiekł wegańskie ciastka, ktoś inny wręczył torbę granoli domowej roboty. Za wszystkie te podarki byliśmy bardzo wdzięczni.

Najwyraźniej jednak nie wszyscy byli na bieżąco z najnowszymi doniesieniami ze świata żywności roślinnej. Dowiedziałam się, że niektórzy ludzie na Facebooku spekulują, że Scott porzucił dietę wegańską. Mogę się jedynie domyślać, że ten czy ów zobaczył w naszym vanie coś, co nie wyglądało wegańsko, na przykład profiterolki albo kotlety do burgerów, i wyciągnął własne wnioski. Nie przejmowałam się tym. Na każdym postoju przy wejściu na szlak otwierałam drzwi samochodu, a ludzie zaglądali do środka, robili zdjęcia, kręcili filmiki i wrzucali do internetu, co tylko chcieli. Wiem, że powodowała nimi ciekawość, ale nie było to bynajmniej przyjemne. Czarny Zamek był nie tylko pojazdem ekipy technicznej Jurkera, ale też naszym domem, w którym wisiało pranie – bielizna, moje sportowe biustonosze, ciuchy do biegania – stały brudne naczynia, znajdowało się nieposłane łóżko i tak dalej.

Zgodnie z naszą tradycją, dwudziestego siódmego dnia wyprawy wspólnie przekroczyliśmy granicę stanów Pensylwania i New Jersey na Delaware Water Gap (przełęcz wodna Delaware). Był piękny, słoneczny dzień, bezchmurne niebo i choć szlak wiódł równolegle do autostrady, panował błogi spokój. Potem rozwiązał się worek z granicami. Nazajutrz byliśmy już w stanie Nowy Jork.

Tam odnalazł nas stary, dobry Horty. Okazało się, że zakończył swoją wyprawę rowerową wcześniej, niż planował. Nie powiedział dlaczego, a ja nie pytałam. Miałam własne teorie. Bywa, że kiedy człowiek poznaje kogoś nowego, znajduje preteksty, by móc się jak najczęściej widywać z tą osobą. Myślę, że Horty miał tak z AT. Skwapliwie korzystał z każdej nadarzającej się okazji, by zajrzeć i sprawdzić, jak radzi sobie Scott.

Rano dwudziestego dziewiątego dnia razem z Hortym spotkaliśmy się z Jurkerem przed Parkiem Stanowym Harrimanów. Jurker biegł z grupą miejscowych. Kiedy przecięli drogę i zaczęli się wspinać na zbocze, Horty rzucił w ich kierunku jakąś zgryźliwą uwagę. Omawiałam właśnie z Hortym harmonogram dnia, kiedy usłyszałam głosy i donośne: „Cholera jasna!". Potem zobaczyliśmy Jurkera zbiegającego w naszą stronę i depczącą mu po piętach grupę miejscowych. Najwyraźniej Jurker podążył za miejscowymi, ale w pewnym momencie lekko się zdziwił: „Nie widzę oznaczeń. Na pewno jesteśmy na AT?". Zawrócił, zanim zdążyli mu odpowiedzieć. Nie miał daleko; okazało się, że pokonał niespełna pół kilometra pod górę niewłaściwym szlakiem. Musiał się cofnąć na AT. Wiadomo, każdy chce dobrze, ale nie wolno tracić czujności. W końcu to on sam był odpowiedzialny za pokonanie każdego metra szlaku.

Potem pojechałam na kolejny przystanek w Parku Stanowym Bear Mountain. Nie zdawałam sobie sprawy, że droga na szczyt, gdzie się umówiliśmy, to stromy, czterokilometrowy podjazd. Strasznie się mozoliłam i byłam przekonana, że się spóźnię. Na górze zastałam auta dziennikarzy i spory tłum biegaczy. Scott siedział na kamieniu ubrany w jaskrawożółty siatkowy podkoszulek z napisem: „Przewodnik" obok mężczyzny w identycznym podkoszulku, ale z informacją: „Niewidomy biegacz". Udzielali wywiadu miejscowej telewizji. Jurker przedstawił mnie swojemu znajomemu, Thomasowi, któremu kilka miesięcy wcześniej służył jako przewodnik podczas maratonu w Bostonie.

Ze szczytu Bear Mountain (Niedźwiedzia Góra) widzieliśmy dachy wieżowców na Manhattanie. Niezwykły kontrast. Byliśmy w Nowym Jorku niezliczoną ilość razy, ale jakoś nigdy nie zwróciłam uwagi na to, jak niewiele nas dzieliło od AT i jego wyboistej trasy. Spotkaliśmy na szlaku znajomą lekarkę – cieszącą się uznaniem ginekolog z SoHo – mieszkającą niedaleko AT. Poznaliśmy ją kilka miesięcy wcześniej podczas wyjazdu do Tanzanii pod auspicjami organizacji non profit Every Mother Counts (Liczy się każda matka), która stawia sobie za cel dbanie o bezpieczeństwo zdrowotne ciężarnych i rodzących kobiet na całym świecie. Misja organizacji stała się dla nas szczególnie ważna po tym, jak po raz pierwszy poroniłam, a bliskość szpitala (raptem półtora kilometra od domu) miała decydujące znaczenie dla mojego przeżycia.

Ucieszyłam się ze spotkania z doktor Flagg, bo zaczynałam martwić się o swoje zdrowie. Minęły już dwa miesiące, od kiedy przeszłam zabieg łyżeczkowania macicy po poronieniu, a wciąż nie dostałam okresu. Zapytałam ją, co to może oznaczać. Odparła, że gojenie macicy trwa różnie, ale osiem tygodni to rzeczywiście trochę długo. Innymi słowy: „Nie martw się, ale informuj mnie na bieżąco".

NOWA ANGLIA

727 KILOMETRÓW

Uwielbiam znój.
Nie znoszę, kiedy wszystko idzie gładko.

ERNEST SHACKLETON

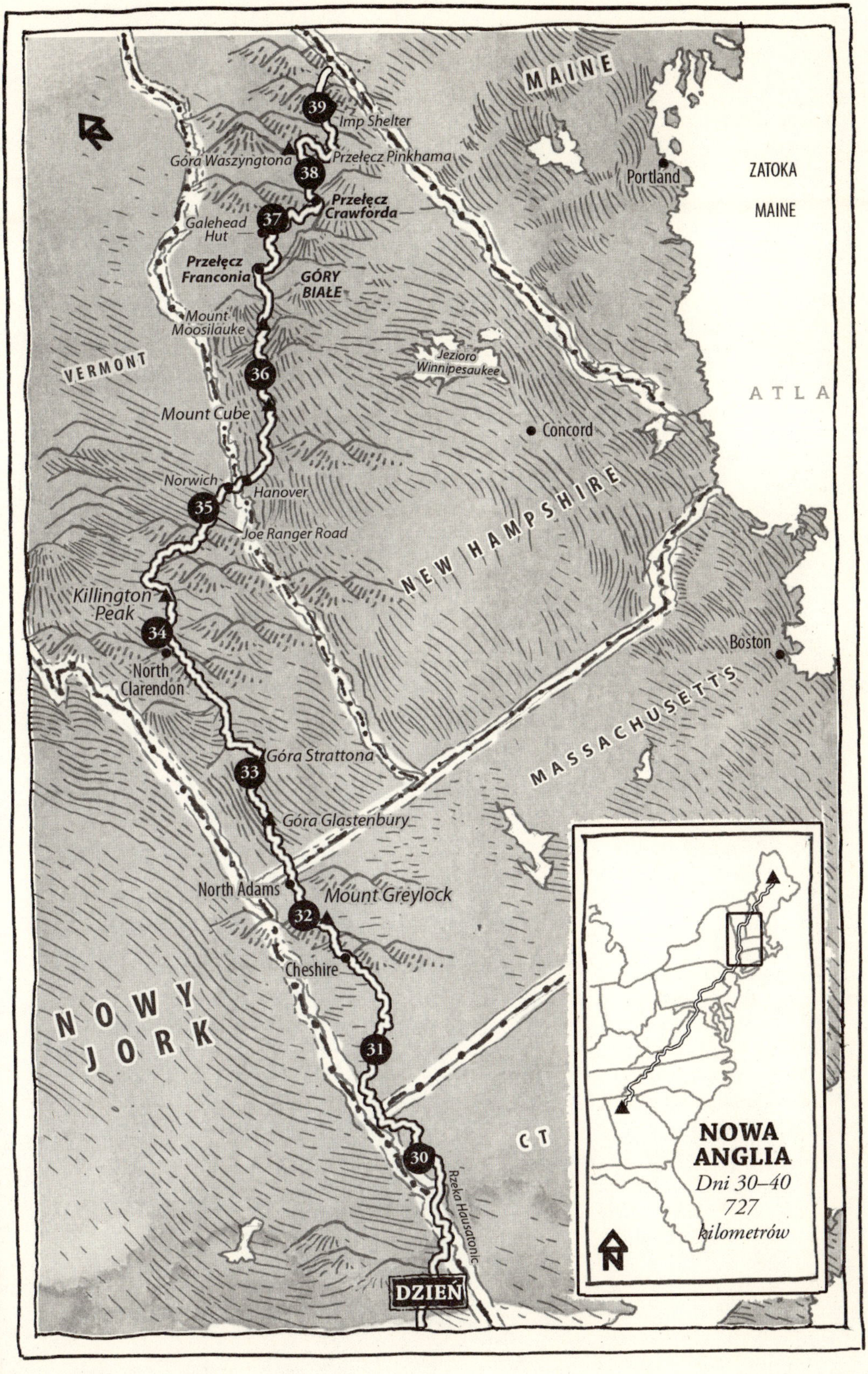

MAINE
39
Imp Shelter
Góra Waszyngtona
Przełęcz Pinkhama
38
Portland
ZATOKA
MAINE
Przełęcz Crawforda
37
Galehead Hut
Przełęcz Franconia
GÓRY BIAŁE
Mount Moosilauke
VERMONT
36
Jezioro Winnipesaukee
ATLA
Mount Cube
Concord
Norwich
Hanover
35
Joe Ranger Road
NEW HAMPSHIRE
Killington Peak
34
North Clarendon
Boston
MASSACHUSETTS
Góra Strattona
33
Góra Glastenbury
North Adams
Mount Greylock
32
Cheshire
NOWY JORK
31
CT
30
Rzeka Hausatonic
DZIEŃ
NOWA ANGLIA
Dni 30–40
727
kilometrów

ROZDZIAŁ JEDENASTY

BĘDZIE PASKUDNIE

DZIEŃ DWUDZIESTY DZIEWIĄTY

– Założę się, że nie sądziłeś, że spotkasz w tych lasach czarnoskórego!

Siedział na sporej wystającej nad ścieżką skale. Zobaczyłem jego krótkie, sterczące dredy i zieloną sportową koszulkę z napisem: „CZARNE RÓŻE NOWEGO JORKU". Znajdowaliśmy się w Parku Stanowym Niedźwiedziej Góry, jakieś pięćdziesiąt kilometrów na północ od miasta Nowy Jork. Skwitowałem jego słowa śmiechem.

– Pamiętasz mnie, brachu? Parę lat temu, kiedy przyjechałeś ze swoją książką, przebiegliśmy pięć dych dokoła Manhattanu.

– Knox? Nie może być! – wykrzyknąłem zaskoczony. Już sobie przypomniałem, kim jest. Bo Knox to gość, którego się nie zapomina. Wróciłem myślami do tamtego wspólnego biegu. Powiedział mi wtedy, że koniecznie musiał mnie poznać, bo w *Jedz i biegaj* zacytowałem Tupaka. Przypomniałem sobie, jak bardzo mi się spodobała nazwa jego grupy biegowej: Czarne Róże. Knox, obdarzony talentem bratania ciekawych, choć zasadniczo odmiennych ludzi, był jej szefem. Chciałem zostać członkiem tego kolektywu, po części klubu książkowego, po części drużyny elitarnych biegaczy, po części gangu motocyklowego, ale nie wiedziałem, czy nie jestem za cienki w uszach.

Powspominaliśmy nowojorski bieg sprzed lat, pogadaliśmy o tym, co u mnie, i wymieniliśmy się refleksjami na temat FKT. Kilometry uciekały. Rozmawialiśmy o historii naszego sportu i o Tedzie Corbitcie, legendarnym czarnoskórym ultrabiegaczu i maratończyku olimpijskim, człowieku, którego obaj bardzo podziwialiśmy.

Bieganie z Knoksem było dla mnie jak zastrzyk świeżej energii. Odłożyłem na bok filozofię drogi wojownika i przestawiłem się w tryb o bodaj jeszcze większej mocy: po prostu dobrze się bawiłem. Paplałem o pierdołach. Nie zatrzymaliśmy się, nawet kiedy Knox o mało nie padł (nie chciał mnie objadać z żelów), a tylko trochę zwolniliśmy, kiedy na trzydzieści kilometrów dołączył do nas wędrowiec z dziesięciokilowym plecakiem, posługujący się zasłużonym szlakowym przydomkiem „Karaoke". Daleko mu było do śpiewaka operowego, ale mimo to przyjemnie się podróżowało w jego towarzystwie. Woda w dolinie rzeki Hudson musi być czymś doprawiona, bo przebiegający tamtędy odcinek AT obfitował w barwne postaci. W drodze do niewielkiego schroniska nieopodal Fishkill po wschodniej stronie Hudson minęliśmy całkiem gołego wędrowca, który na wysokości części niesfornych trzymał tabliczkę z napisem: „Wegańska kiełbaska dla Scotta Jurka".

Nazajutrz w Connecticut wiedziałem, o czym pomyślał Speedgoat, ale nie rozwijałem tematu. Po raz pierwszy od dłuższego czasu naprawdę dobrze się bawiłem. Wcieliłem się w rolę przewodnika i pomogłem mojemu niewidomemu kumplowi Thomasowi wbiec na szczyt Niedźwiedziej Góry.

Zmieniali się nie tylko biegacze u mego boku, ale coś jeszcze; czułem to w kościach. Woda w rzekach brzmiała inaczej: mocniej, głośniej, uporczywiej. Zwiększyła się ilość zimozielonych roślin. Nawet kamienie przechodziły metamorfozę. Nie mam pojęcia, jak to opisać, choć można by sądzić, że przy takiej ilości, z jaką miałem do czynienia, powinienem wiedzieć o nich tyle co geolog. AT się przeobrażał, a ja to czułem.

Podzieliłem się spostrzeżeniem ze Speedgoatem, kiedy przecinaliśmy piękną dolinę rzeki Housatonic, która płynie przez Nowy Jork, Connecticut i Massachusetts. Zareagował obojętnością. Mogłem się domyślić. Biegłem szlakiem, bo pragnąłem przygody; Speedgoat miał w głowie tylko jedno. Według niego, podczas próby pobicia FKT nie ma miejsca na takie rzeczy jak rozmyślanie o d r z e w a c h i k a m i e n i a c h. Dla niego wszystko jest punktem odniesienia, kolejną pozycją na liście do odfajkowania. Zastanawiałem się, czy kiedykolwiek pozwolił sobie na poetycką zadumę. Trzydziestego dnia dotarliśmy do Nowej Anglii, rodzinnego regionu Speedgoata, ale dla niego Connecticut był po prostu jednym z wielu stanów na AT, w dodatku takim, przez który przemknęliśmy bez zatrzymywania się na noc. Ot, kolejna okazja do zaliczenia paru kilometrów na łagodniejszym terenie, zanim zrobi się – jak to złowieszczo ujął – „naprawdę przesrane".

Stary Horty rozumiał, co mam na myśli, tyle że dla niego zjawisko, które zaobserwowałem, nie było niczym zaskakującym. Kiedy spotkaliśmy się na jednym z wielu skrzyżowań z River Road w Connecticut, zawołałem do niego:

– Tu, na północy, jest zupełnie inaczej. Czuję przemianę rzek. Jakbym wkroczył do całkowicie odmiennej krainy.

– No ba. Zastanawiałem się, czy zauważysz. Zmierzasz ku wysokim górom. Zobaczysz, że ci się spodoba!

Świt trzydziestego drugiego dnia powitał mnie w Massachusetts. Czułem, jak w milczącym Karlu buzuje skumulowana energia „a nie mówiłem". Poprzedni dzień zamknąłem dopiero około północy, a ten zapowiadał się na równie długi. Do tej pory Speedgoat siedział wieczorami i czekał, aż wrócę – w Nowym Jorku przestał to robić.

W końcu narzuciłem sobie zdrową dyscyplinę, jeśli chodzi o innych biegaczy. Speedgoat poradziłby pewnie, żebym „wyłączył w cholerę ten pieprzony lokalizator", ale nie mogłem tego robić, bo chciałem pozostać wierny sobie. Zamiast więc udawać oziębłość i gburowatość, po prostu połączyłem uprzejmość i otwartość z wydajnością. Przestałem się zatrzymywać na sesje zdjęciowe z fanami, a zacząłem proponować, że jeśli chcą, mogą mnie fotografować w biegu. Chcesz selfie ze mną? Nie ma sprawy, o ile zrobisz je, dotrzymując mi kroku. Postanowiłem, że koniec z wytrącaniem się z rytmu. To była słuszna decyzja. Nie odmówiłem przecież nikomu, a jednocześnie udało mi się zadbać o to, co dla mnie (i mojego zespołu) najważniejsze. Kompromis, który powinien każdego zadowolić. Oczywiście nie zadowolił. Speedgoat nadal przewracał oczami, kiedy składałem autograf na książce albo pozwalałem robić sobie zdjęcia, nawet jeśli nie przerywałem biegu.

Wkrótce jednak jego nieustępliwość miała stracić znaczenie, ponieważ Speedgoat nas opuszczał, żeby wystartować w Hardrock 100. Widziałem, że bardzo się denerwuje wyjazdem. Przez ostatnie kilka dni ślęczał nad mapami i cyferkami, jakby zakuwał do egzaminu.

Tuż przed odjazdem poprosił mnie o rozmowę w cztery oczy. Przez cały ranek męczyły mnie mdłości i gorączka, bałem się, że złapałem wirusa albo grypę żołądkową, ale wiedziałem, że muszę wysłuchać tego, co Speedgoat ma do powiedzenia na odchodnym. Że muszę poznać tę jego pożegnalną szlakową mądrość. Przeprosiłem więc kilkunastoosobową grupę biegaczy, która mi towarzyszyła, i ruszyłem dalej tylko ze Speedgoatem.

– Opracowaliśmy z Hortym plan. Rozpisaliśmy ci trasę dzień po dniu aż do Katahdin. W Vermoncie będziesz musiał robić po osiemdziesiąt kilometrów dziennie, ale w Górach Białych i w łańcuchu Mahoosuc* wystarczy, jeśli zejdziesz do jakichś sześćdziesięciu. Trzymaj tak jak teraz, a będzie dobrze.

Zaczął mi wyłuszczać liczby i kilometraże. Kiedy tak się rozgadywał o planie, uświadomiłem sobie, że on naprawdę, szczerze nie ma ochoty nas zostawiać. Wiedziałem jednak, że i tak to zrobi – nie mógł sobie odpuścić Hardrocka – choć czułem jego obawę i żal. Rozumiałem go. Przygoda, którą przeżywaliśmy, była wspólna, mimo że przy FKT (o ile uda mi się go osiągnąć) miało widnieć tylko moje nazwisko. Speedgoat się zaangażował. Miałby odejść? Zwłaszcza teraz, kiedy nabierałem rozpędu, ale też (w jego mniemaniu) narażałem się na większe ryzyko? To go zżerało, nie dawało mu spokoju. Podobną dynamikę zauważyłem u ludzi, którzy nigdy nawet nie postawili stopy na szlaku. Dzięki mediom społecznościowym naszą próbę pobicia FKT śledziły tysiące internautów. Ze zdumieniem obserwowałem, jak głęboko niektórzy z nich przeżywają tę wyprawę. Słali nieustanne prośby do mnie i JLu o więcej zdjęć, więcej aktualizacji, więcej, więcej, więcej. Byli też tacy, którzy na żywo śledzili moje postępy. Budzili się razem ze mną, obserwowali mnie na szlaku, a potem zasypiali, zastanawiając się, ile kilometrów uda mi się pokonać nocą.

Wszystko to nie pozwalało mi zapomnieć, że podczas biegu towarzyszą mi zbiorowe ambicje i nadzieje grupy ludzi liczniejszej, niżbym się spodziewał.

Po odejściu Speedgoata i Bushido Dona chwilowo zostaliśmy z JLu sami. Od tygodnia zaliczałem każdego dnia nieco ponad osiemdziesiąt kilometrów pomimo trudnego terenu – to dobry wynik. Niewystarczający, ale dobry. Posuwałem się miarowo do przodu, ale nie przekraczałem zakładanej liczby kilometrów, nie „skubałem" dystansu. W ogóle sam pomysł, że miałbym kumulować, nazwijmy to, nadkilometraż, pod kątem rekordu, wydawał mi się coraz bardziej niemożliwy do zrealizowania. A czas uciekał.

Wpierw jednak musieliśmy dotrzeć do tych wysokich gór, o których Horty opowiadał nad rzeką Housatonic.

Akurat kiedy skurczyła nam się ekipa, doszlusował do nas mój stary kumpel Walter. Wyrwał się z korporacyjnego świata, zapragnął ucieczki od stresującej pracy, a zamiast niej przeczołgania przez błotne pustkowie Massachusetts i Ver-

* Prawdopodobnie z języka Abenaków, w którym oznacza „miejsce głodnych zwierząt".

montu. Zaczęliśmy trzydziesty drugi dzień od przebiegnięcia przez Sages Ravine* (wąwóz Sage'ów) w Massachusetts. To magiczny odcinek: nieskazitelny, pełen bujnej zieleni, niemal prehistoryczny. Szlak wiedzie głębokim żlebem w cieniu starego lasu. Dno wyściełają głazy wygładzone przez miliony lat działania lodu, wiatru i wody. Czułem się, jakbym podążał śladami anonimowego biegacza sprzed tysięcy lat, wędrowałem w osobliwej atmosferze przedwieczności.

Mieliśmy niezły czas. Późnym popołudniem zaatakowaliśmy tysiącmetrowy Mount Greylock**, najwyższy szczyt Massachusetts.

Tamtego dnia pokonaliśmy osiemdziesiąt dwa kilometry, głównie w ciemności, na zimnie i w wilgoci. Ze Środkowego Zachodu nieuchronnie nadciągała strefa burz. Meteorologowie nazywają to zjawisko „rzeką atmosferyczną". Wiatr w jej nurcie osiągał prędkość stu dziewięćdziesięciu kilometrów na godzinę, niosła ze sobą tornada, ulewne deszcze, grad i groźbę wystąpienia lawin błotnych i powodzi na znacznym obszarze kraju. Prognoza dla Bostonu obejmowała wiatr wiejący z prędkością osiemdziesięciu kilometrów na godzinę oraz prawdopodobieństwo pojawienia się tornado. Pomyślałem o nawet dwukilometrowych błotnych jamach w Vermoncie, o których się tyle nasłuchałem. Były niebezpieczne nawet w słoneczny, ładny dzień, a co dopiero podczas ulewy; pewnie zamieniają się wtedy w rozległe grzęzawiska.

Minęliśmy z Walterem położone w pięknym regionie Berkshires miasteczko Pittsfield, w którym Herman Melville napisał *Moby Dicka*. Dołączyła do nas grupa miejscowych biegaczy. Jeden z nich okazał się wyjątkowo gadatliwy. Koniecznie chciał wiedzieć, co przeżyliśmy, jak się czujemy, ile kilometrów chcemy pokonać, co sądzimy o Massachusetts. A potem zebrało mu się na rozmowę o start-upach, problemach z nowoczesną techniką, urokach cyfrowych danych. Czy biegniemy w celach charytatywnych? Jeśli tak, to czy mógłby przekazać pieniądze na nasz cel? A czy słyszałem, jaką pogodę zapowiadają? Wszystko na jednym oddechu. W końcu Walterowi udało się wtrącić:

– No, stary, ty to masz gadane.

– A, tak – odparł tamten. – Znajomi mówią na mnie „Trajkot".

Okazało się, że jednym z tych znajomych jest Bill Rodgers, czterokrotny zwycięzca maratonu w Bostonie. Kiedy przebiegaliśmy przez Cheshire, mężczyzna

---

* Nazwa pochodzi od rodziny Sage'ów, która w XIX wieku nadawała kształt i charakter okolicy.

** Geneza nazwy jest niepewna. Według jednej teorii pochodzi ona po prostu od wyglądu tej tonącej w szarej mgle góry. Według drugiej – jest hołdem dla żyjącego na przełomie XVII i XVIII wieku Grey Locka (*grey* – szary, *lock* – kosmyk, lok), wodza Abenaków.

zadzwonił do Rodgersa i podał mi aparat. Czysta abstrakcja: legendarny Boston Billy dodaje mi otuchy na trasie AT!

Potem już nie mieliśmy oporów przed uciszaniem gaduły (na pewno zdążył się do tego przyzwyczaić), a kiedy nas opuścił w Cheshire, wreszcie mogliśmy z Walterem spokojnie porozmawiać. Walter był przeciwieństwem Speedgoata, nie interesowały go liczby ani fakty. Speedgoat był jak program na kanale informacyjnym, a Walter – jak nieabsorbujący rozrywkowy show. Znał mnie na zupełnie innym poziomie. Nie stanowił dla mnie konkurencji, kończył wyścigi z reguły kilka godzin po mnie. Kiedyś ważył prawie sto czterdzieści kilogramów i żył bez zahamowań. Lubił dobrą zabawę (w której z JLu pośrednio mieliśmy udział, zanim się ustatkowaliśmy). Potem w niezwykły sposób odmienił swój żywot, wytrzeźwiał i wyszedł na prostą – szlajał się ze mną i odwoził mnie do domu po tym, jak balowałem w Seattle po rozwodzie. Nie wylewaliśmy za kołnierz, przesiadywaliśmy aż do zamknięcia baru; ja piłem procenty, on – wodę sodową, bawiąc się przy tym równie dobrze jak ja. Był wspaniałym przyjacielem, któremu mogłem się zwierzyć.

Zawsze lubiłem przestawać z tymi, którzy biorą swój los we własne ręce i nie poddają się pomimo przeciwności. Nie ma lepszych biegaczy, nie ma lepszych ludzi. Lubię ich mieć u swego boku. Nierzadko wcale nie są najszybszymi ani najbardziej utytułowanymi biegaczami. Są za to zahartowani i prawdziwi do szpiku kości.

Na szlaku Walter zabawiał mnie opowieściami z Tindera i randek. Nadrobiłem zaległości w plotkach z Boulder i dowiedziałem się, co słychać u naszych wspólnych znajomych. Pamiętałem tamten świat doskonale, ale czułem się bardzo od niego oddalony. Biegliśmy i wędrowaliśmy jak podczas treningu. Rozmawialiśmy i niczym się nie przejmowaliśmy, jakby nigdzie nam się nie spieszyło.

Trzydziestego drugiego dnia wyprawy zostaliśmy tylko we dwóch na nocnym odcinku, obejmującym dziewięćsetmetrową wspinaczkę na Mount Greylock. Zbliżaliśmy się do szczytu. Wyjący wicher pchał przed sobą wielkie obłoki mgły, która przenikała gęsty las. Zrobiło się ciemno jak w nocy, choć było lato, a do zmierzchu zostało jeszcze kilka godzin. Poczuliśmy się z Walterem, jakbyśmy się znów znaleźli niedaleko Seattle, u stóp Tiger Mountain, na której spędziliśmy sporo czasu w mroku i deszczu. Zaczęliśmy się śmiać, bo naraz te wspomnienia trudnych chwil na niełatwym szlaku wydały nam się miłe i przyjemne. Niektóre rzeczy doceniamy dopiero z perspektywy czasu, nieraz długo po tym, jak dały nam w kość.

Wreszcie wdrapaliśmy się na szczyt Mount Greylock. Wiatr osiągał już w porywach sto kilometrów na godzinę, a temperatura spadła do czterech, pięciu stopni Celsjusza. Nasiąkliśmy lodowatą wilgocią, byliśmy wykończeni i głodni. JLu nagotowała makaronu z sosem marinara i oliwkami Kalamata. Wichura trzęsła Czarnym Zamkiem. Walter chciał rozbić namiot; powiedziałem, żeby sobie odpuścił i położył się na podłodze jak El Coyote.

Posilaliśmy się przez prawie godzinę i była to najprzyjemniejsza i zarazem najbardziej kameralna kolacja w całym Massachusetts. Jeden z tych wyjątkowych, niezwykłych wieczorów, kiedy paskudna, przygnębiająca pogoda na zewnątrz paradoksalnie wzmacniała panujące w środku ciepło. Jedliśmy, ile dusza zapragnie, staraliśmy się przypomnieć sobie co zabawniejsze opowieści Trajkota i namawialiśmy Waltera do podzielenia się z nami historiami z jego bujnego życia randkowego. Troje starych przyjaciół śmiało się, jadło i rozmawiało o nieudanych randkach i niedopasowanych partnerach, siedząc podczas burzy na szczycie góry w ciasnym, brudnym vanie, którego koła ledwo trzymały się ziemi.

Troje starych przyjaciół oraz... Horty.

Nagle odsunęły się boczne drzwi Czarnego Zamku, do środka wpadł lodowaty powiew wiatru, a wraz z nim głos Horty'ego, równie dziki jak wyjący na zewnątrz wicher, i zatrząsł autem.

– Lepiej się prześpij, chłopaku, bo w Vermoncie będzie n a p r a w d ę paskudnie.

Słowo „paskudnie" wycharczał jak pirat; uwielbiał wyruszać na nowe, szalone przygody na wzburzonym morzu. Rozkoszował się niebezpieczeństwem. Według niego prawdziwa przygoda powinna zawierać w sobie element porażki, ryzyka, a nawet śmiertelnego zagrożenia; właściwie najlepiej wszystkiego po trochu. Wziął sobie do serca słowa Shackletona, który powiedział kiedyś: „Uwielbiam znój. Nie znoszę, kiedy wszystko idzie gładko".

Wiedziałem, że ma rację, jeśli chodzi o Vermont. Byłem potwornie zmęczony, ale odpływając w sen, ujrzałem, jak mokre błotne pola i lasy Vermud*, jak nazywaliśmy Vermont, stają się jeszcze wilgotniejsze i jeszcze bardziej rozbłocone. Horty, wróżbita. Horty, piracki zwiastun złych wieści.

Zrobi się n a p r a w d ę paskudnie. Dobrze, że miałem przed sobą noc, aby o tym zapomnieć.

* * *

* Od pierwszych liter nazwy stanu i słowa *mud* oznaczającego „błoto".

Obsługa biegu na sto mil potrafi być wyzwaniem, ale z reguły obejmuje tylko jeden dzień. W Appalachach obsługiwałam wyprawę Jurkera od miesiąca. Robiłam to dzień w dzień. Ilekroć wracali do nas Luis albo Horty, Scott rzucał do niego: „Nie wierzę, że znów tu jesteś". Mogłam powiedzieć to samo. Wiem, że Nancy, żona Horty'ego, nie należała do jego ekipy podczas biegu AT, a Cheryl, żona Speedgoata, wspomagała męża tylko na kilku odcinkach. Rozumiałam je.

Ponieważ byłam jedynym stałym członkiem ekipy Scotta i żadne z nas nie mogło sobie tak naprawdę pozwolić nawet na krótką przerwę, oznaczało to, że zarówno on, jak i ja, na co dzień szczęśliwi w naszym małżeństwie, osiągaliśmy kres wytrzymałości dokładnie w tym samym czasie. Oboje żyliśmy w napięciu, oboje zbyt mało sypialiśmy, oboje zbyt wiele poświęcaliśmy.

Niektórych czynników stresogennych można było uniknąć. Niektórych l u d z i – niestety nie. Uwielbiałam wszystkich członków naszej ekipy i cieszyłam się z okazywanej nam sympatii, ale od czasu do czasu pragnęłam pobyć sam na sam z mężem. Czułam się, jakbyśmy nie mieli nawet chwili wyłącznie dla siebie. Wręcz zaczęłam być zazdrosna o jego przyjaciół i fanów, którzy przynajmniej mogli biegać z nim całymi dniami. Obiecał mi, że następny odcinek pokonamy tylko we dwoje, ale kiedy się zjawił, towarzyszyło mi kilkoro miejscowych biegaczy, a kolejni czekali na krzyżówce.

Posłałam mu spojrzenie, które mówiło: „Musimy pogadać – bez świadków". On zaś bez wahania odpowiedział innym, które oznaczało: „Nie teraz. Jestem zajęty". Po czym zachęcił kolejną grupę, żeby do niego dołączyła. Skomentowałam to wzrokiem, który ułożył się w słowa: „Jak mogłeś?". Po miesiącu czekania na niego wieczorami i usługiwania mu poczułam się zlekceważona.

Przekazałam Walterowi kluczyki do Czarnego Zamku i ruszyłam na AT. Niedaleko prowadziła odnoga szlaku. Wiedziałam, że Jurker zobaczył, dokąd biegnę, bo usłyszałam, jak woła: „JLu! JLu!". Bardzo dobrze, miałam nadzieję, że popędzi za mną. Byłam zdecydowana dokonać sabotażu. Gnałam najszybciej, jak byłam w stanie po to tylko, żeby pokazać mu, jak bardzo nie zasługuje na moje towarzystwo. Pokonałam kilka urwisk i zakosów i wkrótce jego głos przestał do mnie docierać. Widocznie zrozumiał, o co mi chodzi, i powiedział biegaczom, że potrzebujemy nieco prywatności. Potem znów usłyszałam wołanie: „JLu! JLu!".

Kiedy zbiegłam niżej, zrobiło się w miarę płasko i mogłam się puścić większym pędem. „Złamię cię" – wysapałam między oddechami i zasuwałam, jakby mnie ktoś gonił. Grzałam ile sił w nogach, a mimo to on – co w tym wszystkim najbardziej zaskakujące albo irytujące, jak kto woli – i tak mnie doganiał. Wiedziałam, że znów jest w formie, ale że aż tak dobrej? Jak to w ogóle możliwe?

Zatrzymałam się, bo mnie w końcu dorwał. Milczałam gotowa w każdej chwili znów zerwać się do biegu. Czekałam, co zrobi. Czułam się jak wtedy na PCT, kiedy pożarliśmy się o wszystko i o nic.

– Przepraszam cię, JLu. Wiem, że powinienem był im powiedzieć, że nie mogą ze mną pobiec, ale jak to sobie wyobrażasz? „Sorry, słuchajcie, tym razem nikt ze mną nie pobiegnie, bo muszę porozmawiać z żoną na osobności"?

– Właśnie tak! Słowo w słowo. Ludzie muszą zrozumieć, że nie mogą się do ciebie przyłączać zawsze wtedy, kiedy chcą. Mam serdecznie dość tego, że nie stajesz w mojej obronie i nie dajesz naszemu związkowi nawet odrobiny przestrzeni. Zapomniałeś już, że to też moja wyprawa?

Nie czekając na odpowiedź, sięgnęłam do kieszeni kamizelki Scotta, wyszarpnęłam z niej lokalizator i uniosłam go nad głowę. Rozejrzałam się za najbliższym urwiskiem. Niestety, akurat staliśmy na płaskim i szerokim odcinku szlaku. Niezrażona zamierzyłam się, żeby posłać urządzenie między drzewa.

– Ja albo lokalizator! – wrzasnęłam ile sił w płucach.

Otworzył szeroko oczy.

– Nie, JLu! Nie rób tego!

Nadciągnęła kolejna potężna burza z typowym dla wschodniej części Massachusetts silnym wiatrem. Jurker i Walter mozolili się pod Mount Greylock, zmagając się z deszczem, błotem oraz porywami wiatru o prędkości dochodzącej do siedemdziesięciu kilometrów na godzinę na dole i nawet do stu kilometrów na godzinę bliżej szczytu. Oto co nam zgotowała aura.

Speedgoat poleciał do domu, ale śledził nasze postępy i chętnie udzielał rad na odległość. Nie cisnęłam lokalizatorem między drzewa. Powiedziałam swoje i Jurker zrozumiał. Stanowiliśmy jedną drużynę, w której nie było miejsca na urazy. Mieliśmy inne zmartwienia.

Trzydziestego trzeciego dnia burza szalała w najlepsze. Wichura łamała drzewa, które potem musieliśmy omijać, przeskakując nad nimi albo czołgając się pod zwalonymi pniami. Dotarliśmy do miasteczka North Adams w północno-zachodnim zakątku Massachusetts. Tak się cudownie złożyło, że akurat w ten weekend odbywał się tam festiwal muzyczny, a prowadził go nasz przyjaciel Timmy O'Neill. Zapragnął dołączyć do naszego zespołu. Umówiliśmy się na parkingu przed sklepem spożywczym Big J. Jeszcze nigdy nie byłam tak szczęśliwa na widok Timmy'ego. Znaliśmy się z czasów moich studiów w Boulder, gdzie się razem wspinaliśmy. Przez lata znajomość przerodziła się w przyjaźń. Timmy był moim mentorem. Czuwał nad organizacją naszego ślubu, który odbył się na stoku kanionu Sunshine.

Spotkanie z Timmym w tamto wietrzne popołudnie po miesiącu kieratu sprawiło, że skoczyło mi morale. Wiedziałam, że Scott poczuje to samo. Nazajutrz uwolniony od obowiązku wodzireja Timmy mógł do nas dołączyć.

Jurker od tygodni wyrażał się o nim jak o naszej tajnej broni. Wszyscy nas ostrzegali przed Górami Białymi, ich granitowymi płytami i wierzchołkami. Słyszeliśmy opowieści o odsłoniętych urwiskach. Scott wprawdzie przyznawał, że ma delikatny lęk wysokości, ale zawsze bagatelizował sprawę. Niestety, widziałam na własne oczy, że ten strach wcale nie jest taki mały.

Kiedy pracowałam w sklepie Patagonii w Venturze w Kalifornii, w każdy piątek spędzałam sześć godzin za kółkiem, by dotrzeć na weekend do należącego do naszego przyjaciela Deana Pottera „chałasu" (sam tak ochrzcił to miejsce, żeniąc „chatę" z „szałasem") w Yosemite. Od tamtej pory moim marzeniem było wspięcie się regularną północnozachodnią ścianą słynnej formacji Half Dome.

Dean obiecał, że jeśli się przyłożę do treningów, poprowadzi mnie tamtędy. Umówiliśmy się na czerwiec 2011 roku. Z kolei Jurker wiedział, że jest to dla mnie okazja, której nie mogę zmarnować, i bardzo się zaangażował w przygotowania; pomagał mi, jak mógł. Opuściliśmy chałas o wpół do czwartej rano i w ciemności przedświtu rozpoczęliśmy wędrówkę na Death Slabs (Płyty Śmierci).

Wskazówką dla nas powinna być już sama nazwa tej formacji, ale że płynęliśmy na fali wiary Deana w nasze umiejętności, to nawet nie zwróciliśmy na to szczególnej uwagi. W ciemności czołówki rzucały akurat tyle światła, by rozjaśniać nasze bezpośrednie otoczenie, co działało na korzyść Jurkera i jego milczącego strachu przed upadkiem z urwiska. Co z oczu, to z serca – albo z nerwów, jak w tym przypadku. Wdrapywaliśmy się prostymi trójkowymi i czwórkowymi drogami*, na których zdarzały się strome odcinki z zamocowanymi na stałe lina-

* Liczby określają skalę trudności dróg w Parku Narodowym Yosemite (Yosemite Decimal System). Trzeci stopień oznacza drogi eksponowane, na których trzeba wspomagać się rękami, ale bez trudności technicznych; doświadczeni wspinacze zwykle nie używają na nich lin. Czwarty stopień wymaga od czasu do czasu zabezpieczenia się liną (przyp. kons.).

mi, nierzadko starymi i spalonymi słońcem, przywiązanymi do drzew albo do wbitych w skały, przewierconych sworzni.

Pokonaliśmy ogromny stos głazów, za którym ukazał się wyjątkowo stromy i długi odcinek pionowej, wygładzonej przez wodę skały. Na czarnych jak atrament ścianach dyndały dwie związane ze sobą liny. Sceptycznie nastawiony do wyprawy Jurker spojrzał najpierw na liny, potem na Deana, a na koniec na mnie, i stwierdził:

– Zaczynam rozumieć, dlaczego ta droga się nazywa Płytami Śmierci.

Dean założył, że skoro Jurker jest sportowcem światowej klasy, wspinaczka nie sprawi mu problemu. No tak, tylko że Jurker nie był wspinaczem skałkowym, a tu musiał się wspiąć na ciąg stromych, mokrych płyt piątej klasy*. Poza tym miał na nogach znoszone buty do biegania, w których pokonał pewnie z tysiąc kilometrów.

Zima w tym roku była długa, dlatego na niektórych, właściwie dość licznych, wąskich skalnych półkach wciąż leżał śnieg. Po ścianie spływała lodowata woda i wysączała się spomiędzy skał pod naszymi stopami.

Jurker się nie skarżył, ale było widać, że ledwo daje sobie radę. Przez całą drogę niósł mój sprzęt, żebym miała więcej siły na wspinaczkę – po rycersku, jak zawsze. Uparłam się jednak, żeby na ten odcinek oddał mi plecak. Zgodził się z ociąganiem. Przebrnął pierwsze piętnaście metrów, kurczowo trzymając się mokrych, postrzępionych lin, aż bielały mu kłykcie. Jeśli nie czujesz się pewnie podczas wspinaczki po płytach, przestajesz polegać na stopach i zbyt mocno obciążasz dłonie, przez co ramiona szybko się męczą.

Tuż przed ostatnią krawędzią ręce Jurkera goniły już resztką sił. Mniej więcej cztery i pół metra przed wąską półką ześlizgnęła mu się stopa i stracił przyczepność. Wisiał na linach jak szmaciana lalka, a pod nim płynęła zimna jak lód woda.

Dean natychmiast zaczął się wspinać po tej samej linie, na której dyndał Scott.

– Tylko nie puszczaj! – krzyknął, kiedy znalazł się tuż pod nim. – Oprzyj stopy na moich ramionach! – rozkazał.

Jurker nie był nawet w stanie spojrzeć w dół, był przerażony. Dean wyciągnął jedną rękę do góry, chwycił Scotta za nogi i umieścił jego stopy na swoich ramionach. Potem lekko się podciągnął, unosząc Jurkera metr do góry. Widział jednak, że Jurkerowi lina wyślizguje się z dłoni. Podciągnął się więc jeszcze wy-

---

* Piąty stopień w Yosemite Decimal System to technicznie łatwa wspinaczka w terenie ze znaczną ekspozycją. Odpadnięcie może być fatalne w skutkach. Wspinacze powinni używać lin asekuracyjnych (przyp. kons.).

żej, wsunął głowę pod tyłek Jurkera i dźwignął go. Scott wymacał krawędź półki i jakoś zdołał się na nią wygramolić. Wyglądał jak wieloryb wyrzucony na brzeg. Był mokry i roztrzęsiony. Dean i ja szybko wspięliśmy się na górę i pomogliśmy Jurkerowi zejść z urwiska. Próbowaliśmy obrócić incydent w żart, ale później Dean przyznał w rozmowie ze mną, że pierwszy raz widział kogoś niemal dosłownie na krawędzi śmierci. Takie słowa w ustach Mrocznego Czarodzieja? Nieźle się wtedy wystraszyłam.

Wdrapaliśmy się z Deanem po ścianie Half Dome w nieco ponad dziesięć godzin. Szybko jak na kogoś takiego jak ja, to znaczy osobę o umiarkowanych zdolnościach. Było to możliwe dzięki temu, że Jurker zaopiekował się naszymi butami turystycznymi i dodatkowymi ubraniami, więc mogliśmy wejść na skałę bez zbędnego obciążenia. Scott poszedł szlakiem Half Dome, a potem wybrał się szlakiem Johna Muira, trzynaście kilometrów w dół, na dno doliny – bezpiecznie, po ziemi. Kupił nam słodkie napoje i słone przekąski, po czym zawrócił i prędko podążył z powrotem na szczyt. Wiem, że mnie rozpieszcza, ale cóż, taki już jest. Potem całą trójką pomaszerowaliśmy szlakiem, śmiejąc się i wspominając przeżycia z Płyt Śmierci. Tamtego dnia Scott przewędrował łącznie prawie sześćdziesiąt kilometrów.

Cztery lata później wciąż doskonale pamiętałam widok głowy świętej pamięci wielkiego Deana Pottera, która nagle niemal dosłownie zniknęła pod Jurkerowym tyłkiem. Dlatego cieszyłam się, że w podróży przez Góry Białe będzie Jurkerowi towarzyszył Timmy, doświadczony wspinacz.

ROZDZIAŁ DWUNASTY

VERMUD

DZIEŃ TRZYDZIESTY TRZECI

Przepowiednie Horty'ego dotyczące wyzwań czyhających na wędrowca i biegacza w Vermoncie zaczęły się spełniać właściwie od razu po przekroczeniu granicy Massachusetts trzydziestego trzeciego dnia wyprawy. „W Vermoncie będzie n a p r a w d ę paskudnie", ostrzegał Horty. Łagodnie powiedziane.

Burza, która ukołysała nas do snu na szczycie Mount Greylock, nocą przesunęła się bardziej na północ. Kiedy wstałem, ruszyłem w trasę, zbiegłem po zboczu góry i przekroczyłem granicę, trafiłem prosto w błotne jamy niepodobne do czegokolwiek, co w życiu widziałem. Szlak był do tego stopnia upstrzony grząskimi kałużami, które w dodatku błyskawicznie się powiększały, że chwilami z trudem go odnajdywałem. Był częściowo zalany wodą, zanurzony w zupie z kamieni, liści i nawianych przez wiatr szczątków roślinnych. Bardziej przypominał łożysko potoku niż trasę turystyczną.

Później miało się okazać, że był to najbardziej deszczowy czerwiec w Vermoncie od trzystu lat. Horty, który przecież często bywał w tamtych okolicach, jeszcze nie widział, żeby było aż tak źle.

– W Vermoncie z reguły jest podle, ale to... to się nie mieści w głowie! – powiedział. – Zwykle masz tak: sucho, sucho, błoto. A teraz: błoto, błoto, sucho.

Wędrowcy długodystansowi przezwali ten stan „Vermud", a wśród miejscowych krąży żart, że w Vermoncie są cztery pory roku: błotna, błotna, błotna i błotna. Trochę to niesprawiedliwe w stosunku do zimy, kiedy błoto zamarza pod warstwą śniegu, ale w pozostałych przypadkach – trafne.

Błoto nie tylko sprawiało, że szlak przypominał śliską breję, ale też stanowiło realną przeszkodę. Powodowało znaczne spowolnienie tempa biegu. Pokonanie każdego kilometra kosztowało więcej czasu i wysiłku. Chyba wszyscy znamy to uczucie, kiedy przypadkiem wdepniemy w gęstą kałużę pełną mazi, tak że nie jesteśmy w stanie wyczuć dna. Odcinek AT w Vermoncie właśnie tak wygląda, tyle że dodatkowo ciągnie się przez wiele kilometrów. Każdy krok kończył się zimnym pluskiem, po czym kolejny wymagał, abym najpierw wyszarpnął stopę z lepkiego uścisku szlaku. Szlam wypełniał moje buty i ciągnął je na dno. Coś okropnego. Jak bieganie przy dużym ciążeniu i jeszcze z odważnikami przy butach. Horty powiedział, że podłoże skalne znajduje się tak blisko wierzchu, że błoto nie ma gdzie wsiąkać, dlatego po prostu osiada na powierzchni. W takich warunkach utrzymanie trasy w należytym stanie było niemożliwe. Nie miałem innego wyjścia, jak tylko brnąć przed siebie i śmiać się z absurdalności warunków.

Po to chyba, bym nie musiał myśleć o swojej bieżącej sytuacji, kiedy tak mozoliliśmy się przez to niekończące się bajoro, Horty raz jeszcze zreferował harmonogram biegu przez Vermont. Najbliższe sto sześćdziesiąt kilometrów AT prowadzi przez nierówne grzbiety Gór Zielonych, a następne osiemdziesiąt kilometrów skręca na wschód, przecinając pasmo w poprzek, dlatego czeka mnie tam sporo stromych podbiegów i zbiegów – a zatem pewnie również upadków. Na tym odcinku wszystko działało na niekorzyść podróżującego i dybało na jego zdrowie, dlatego nie mogłem się już doczekać, kiedy opuszczę Vermont i wbiegnę na położone wyżej tereny New Hampshire.

To był jeden z najstarszych fragmentów Szlaku Appalachów, najbardziej nadwerężony przez rozmaite zjawiska klimatyczne. Na odcinku stu siedemdziesięciu kilometrów pokrywa się z Long Trail (Długi Szlak), który stworzyli w 1910 roku, sporo przed AT, mężczyźni z piłami ręcznymi, siekierami i łopatami. Zbudowanie liczącej czterysta trzydzieści dziewięć kilometrów trasy – która ciągnie się od południowej granicy Vermontu aż po Kanadę i była pierwszym dużym szlakiem rekreacyjnym w Stanach Zjednoczonych – zajęło dwadzieścia lat. Tchnęła urokiem staroci, czarowała aurą tajemniczości – a także sprawiała, że człowiek czuł się na niej jak w długiej, pełnej błota koleinie.

Horty wiedział, o czym mówi. W 1999 roku ustanowił bowiem na Długim Szlaku rekord FKT wynoszący cztery dni i dwie godziny. W tym samym miejscu wyprzedził też swojego konkurenta, Scotta „Maineaka" Griersona, podczas ich pojedynku jeden na jeden na trasie AT. Panowie mieli za sobą dwa tysiące pięćset osiemdziesiąt cztery kilometry wyścigu na północ, kiedy Maineak postanowił wyprowadzić Horty'ego w pole, podając niewłaściwy czas w dzienniku na początku dnia: chciał, by Horty pomyślał, że różnica pomiędzy nim a rywalem jest większa niż w rzeczywistości. Początkowo sztuczka się udała i Horty był zdruzgotany – dopóki nie dopadł dziennika i nie zobaczył, że Maineak omyłkowo wpisał się pod późniejszą o jeden dzień datą. Potem ujrzał człowieka opuszczającego Congdon Shelter* (schronisko Congdona) i zorientował się, że to musi być Maineak. Powiedział mi, że fantazjował o tej chwili od momentu, w którym zorientował się w fałszerstwie, i nawet obmyślił sobie, co powie: „Wiesz, kim jestem? Twoim najgorszym koszmarem!". W rzeczywistości jednak rzucił tylko: „Cześć", po czym obaj razem pokonali marszem dziesięć kilometrów. Przez kolejne trzy dni raz jeden, raz drugi wysuwał się na prowadzenie, aż w końcu Horty objął je na dobre. Widać Horty lubi się zabawić kosztem swojej ofiary.

Około południa dołączył do mnie miejscowy biegacz, który wykazał się komicznym brakiem wyczucia czasu. Otóż mężczyzna ten zaczął się rozpływać nad zaletami noszenia sandałów *huarache* – jednocześnie przedzierając się przez vermonckie błoto. Kiedy biegałem w Miedzianym Kanionie, członek plemienia Tarahumara zrobił parę *huarache* specjalnie dla mnie, więc teraz, słysząc te wynurzenia, mogłem się jedynie roześmiać. O czym ten człowiek gada? Przecież w tym miejscu, na tym odcinku szlaku, obuwie nie ma znaczenia. Możesz założyć śniegowce albo pobiec w samych skarpetach – i tak będziesz się zapadał w błotnej brei. Tutaj nic nie pomoże, trzeba po prostu mozolnie krok po kroku brnąć przez grzęzawisko.

Na ostatnim odcinku w Massachusetts czułem się świetnie. Dopuściłem do siebie myśl, że może wyszedłem już na ostatnią prostą i wystrzelę jak z procy, pognam ku Maine jak za dawnych czasów. Niestety, mój optymizm utonął w błocie. Co gorsza, zaczynałem odczuwać pierwsze skutki niewyspania. Chwilami miałem wrażenie, że niewiele mi brakuje do halucynacji. Od trzydziestu trzech dni biegłem AT, przez większość czasu skupiając spojrzenie na szlaku i otoczeniu. Patrzyłem pod nogi, wypatrywałem przeszkód. Spędziłem tak setki godzin, pokonałem setki kilometrów ze wzrokiem utkwionym w ziemi, w połowicznym skupieniu, obserwując przesuwające się bez ustanku kamienie, korzenie i koleiny. Od czasu do czasu podnosiłem głowę i zerkałem na Waltera albo JLu, albo

* Schronisko (typowa dla Szlaku Appalachów chata z otwartą ścianą i podstawowym wyposażeniem) powstało pod koniec lat 60. XX wieku i zostało nazwane na cześć Herberta Congdona, pioniera Długiego Szlaku.

po prostu na białe prostokąty oznaczeń szlaku. Zamiast stałego, prawdziwego świata widziałem osobliwy wodospad – wszystko płynęło ku mnie, wszystko spadało. Zastanawiałem się, czy do końca życia będę oglądał już tylko przesuwający się pod stopami szlak.

Walter wyrwał mnie z zamyślenia. Opanowany, silny i pogodny człowiek. Kiedy byliśmy na szlaku, rozprawiał o tym, jakie wszystko dokoła piękne, jak cudownie przebywać pod gołym niebem i spędzać razem czas. Mówił też, jak przyjemnie będzie później zjeść kolację i wyciągnąć się na łóżku. Walter nigdy się nie skarżył. Był szlakowym stoikiem. Dopiero później dowiedziałem się, jak cierpiał.

– Musiałem się gryźć w język. Czułem się przeokropnie, ale przecież nie mogłem ci marudzić, bo spędzałem tam z tobą raptem trzy dni!

Ciemnoszare niebo zrobiło się czarne. Wieczór trzydziestego trzeciego dnia. Kiedy mijaliśmy z Walterem grupę wędrowców, która ulokowała się w Goddard Shelter* (schronisko Goddarda) nieopodal deszczowego szczytu Glastenbury Mountain** (góra Glastenbury), raptem pozazdrościłem im ciepłych śpiworów, w których się umościli. Czekało nas jeszcze dwadzieścia jeden górskich kilometrów, zanim będziemy mogli się udać na spoczynek. Przemarznięci od nieustannego deszczu i milczący, bo zmęczeni walką z błotem, dotarliśmy do Czarnego Zamku stojącego w cieniu Stratton Mountain (Góra Strattona) dopiero o dwudziestej trzeciej.

Trzydziestego czwartego dnia rano budzik zadzwonił jak zwykle. Myślałem, że jeszcze mi się śni. Miałem wrażenie, jakbym pływał, nurkował albo tonął. Kiedy się obudziłem, dotarło do mnie, że wprawdzie nie robię żadnej z tych rzeczy, ale z jakiegoś powodu jestem m o k r y. Czyżbym w nocy stracił panowanie nad pęcherzem? Łypnąłem na JLu. Patrzyła na mnie dziwnym wzrokiem. Leżałem w łóżku w Czarnym Zamku, a mimo to bez wątpienia byłem przemoczony.

Po szybkiej inspekcji dachu doszliśmy do wniosku, że po prostu spociłem się bardzo obficie przez sen. Nie mieliśmy pojęcia dlaczego. Może to ten wirus, który dokuczał mi dwa dni wcześniej? Albo początek boreliozy? W każdym razie coś nowego i zdecydowanie niepotrzebnego. JLu uparła się mnie zbadać, a im dłużej mi się przyglądała, tym bardziej jej niepokój się pogłębiał. Wystawały mi żebra, oczy wychodziły na wierzch i miałem zagadkową czer-

* Nazwa jest hołdem dla Teda Goddarda, byłego prezesa GMC.
** Zniekształcenie nazwy zapożyczonej od angielskiego miasta Glastonbury.

woną wysypkę. Nie wspominając o tym, że cuchnąłem octem, ale to akurat żadna nowość.

Zapach octu był produktem ubocznym metabolizmu aminokwasów i białek w mięśniach: całkiem dosłownie rozpadałem się na kawałki. Mimo że każdego dnia dostarczałem organizmowi ponad siedem tysięcy kalorii oraz mnóstwo węglowodanów, moje zasoby niebezpiecznie się kurczyły. Sięgałem do rezerw. Przez to, że byłem na nogach nierzadko dwadzieścia godzin dziennie, nieustannie groziło mi, że zacznę spalać własne mięśnie – których przecież potrzebowałem do tego, by się zmierzyć z czekającymi na mnie wyższymi górami.

Kiedy wytoczyłem się z Czarnego Zamku, ciężar niedospania spoczął na moich ramionach jak wilgotny dzień. Ważył swoje. To tak jak moje nogi. Musiałem się stać alchemikiem i przemienić ołowiane stopy w złote skrzydła. Ale poruszałem się i myślałem zbyt wolno, by mogła dojść do głosu jakakolwiek magia, a poranny zestaw czynności z tamtego dnia pamiętam wyłącznie poprzez szereg statycznych ujęć. Straciłem poczucie rzeczywistości. Zdążyłem zjeść banana i złapać parę batonów – i już mnie nie było.

Jedyną dobrą wiadomością tamtego dnia – na którą od dawna czekałem – było to, że przyjeżdżał Timmy O'Neill, nasz przyjaciel z Boulder. Walter już był na miejscu. Oznaczało to, że będę brnął przez Vermud z dwoma serdecznymi druhami u boku.

Timmy w niczym nie przypominał pozostałych znajomych i biegaczy, którzy dołączali do mnie na trasie AT. Należy zacząć od tego, że właściwie nawet nie biegał. Nigdy wcześniej nie pokonał osiemdziesięciu kilometrów w jeden dzień. Jestem przekonany, że rozwijał prędkość większą od zwykłego chodu jedynie za młodu, kiedy zmykał przed policją, i czasem w dorosłym życiu – kiedy uciekał przed odpowiedzialnością. Od miesięcy zapewniał Jenny i mnie, że bardzo się cieszy na tę wyprawę i że nawet intensywnie ćwiczy wspinaczkę solo na skałach Flatirons niedaleko Boulder. Uwielbiał nowe wyzwania. Twierdził, że kiedy znajduje coś, w czym jest naprawdę dobry, stara się to robić najrzadziej, jak się da, aby stopniowo rozwijać swoją strefę dyskomfortu.

Występował jako komik, na scenie starał się oddać zabawną stronę sportów wyczynowych. Był zaprawionym w bojach wspinaczem, ale tym razem najbardziej interesowało mnie w nim poczucie humoru i duch walki. Timmy był minimalistą, nie posiadał wiele, zaś pieniądze przeznaczał na zaspokajanie potrzeb innych: mamie kupił dom, a bratu samochód. Czytał jedną książkę tygodniowo i mawiał, że wolałby pomóc przyjacielowi przetrwać rozwód, niż pójść na jego ślub, ponieważ „do zabawy każdy pierwszy, a do smutku – wszyscy ostatni". Od wielu lat przyjaźnił się z Jenny. Wiedziałem, że w przeszłości zwracała się do niego, ilekroć przeżywała trudne rozstanie (a było ich kilka).

Powitał nas z uśmiechem i stwierdził, że czuje się świetnie pomimo tego, że wczoraj wieczorem za kulisami po koncercie ktoś mu podał tabletkę gwałtu. Nie pytałem o szczegóły, będziemy mieli na tę opowieść wiele kilometrów szlaku. Pokręciłem tylko głową i powiedziałem, że super, że jest z nami.

Ruszyliśmy. Zobaczyliśmy, jak zza pozornie nie mającego końca grzbietu wyłaniają się i znów chowają Góry Zielone.

Błoto było okropne, ale akurat na tym odcinku tak samo trudno biegałoby się, nawet gdyby było sucho. To bodaj najbardziej poplątany teren, jaki kiedykolwiek widziałem, usiany kamieniami i głazami, które wydawały się zlepione błotem i trawą. Posuwanie się do przodu wiązało się z nieustannym wyszukiwaniem stabilnego podłoża, badaniem gruntu, obracaniem się i skręcaniem. Wchodziłem w kontakt ze szlakiem niemal całą powierzchnią ciała. Dodatkową komplikację stanowiła burza z wichurą – wiatr w porywach dochodził do dziewięćdziesięciu kilometrów na godzinę – która powaliła wiele drzew z białym prostokątem.

Okolica Stratton okazała się urzekająca, na pewno należała do najbardziej czarujących miejsc na szlaku. Słynie ze świetnych stoków, w sam raz dla narciarzy, ale mnie najbardziej zafascynowała milcząca uroda przeciwpożarowej wieży obserwacyjnej. Dawniej takie wieże stały w lasach w całym kraju, zwłaszcza w zachodniej części, gdzie osiągały wysokość kilku pięter i kończyły się niewielką zadaszoną platformą. Na szczycie takiej wieży przez kilka miesięcy w roku dyżurował czujny strażnik, który wypatrywał charakterystycznych oznak pożaru lasu. W przypadku wykrycia zagrożenia przystępował do działania: wysyłał współrzędne do zwierzchnika, który z kolei zawiadamiał straż pożarną. Wiele z tych wież pozbawiono dawnej funkcji i rozebrano, ale kilka się ostało. Tę w Stratton udało się odnowić. Opiekowała się nią starsza francusko-kanadyjska para, która sprawiała wrażenie tak szczęśliwej, tak pogodzonej ze światem w tym swoim podniebnym azylu, że z miejsca zapragnąłem, abyśmy z JLu byli kiedyś tacy jak oni. Przypomnieli mi, że na szczycie tej właśnie wieży Benton MacKaye wpadł na pomysł Szlaku Appalachów. Szkoda, że nie mogłem dłużej z nimi zostać i obficiej zaczerpnąć ze studni ich mądrości i radości, ale miałem jedynie czas na podpisanie dla nich egzemplarza mojej książki i już musiałem wracać na znaczony białymi prostokątami błotny szlak.

Tamtego dnia byłem w kiepskiej formie psychicznej, dlatego chętnie oddałem głos Timmy'emu i Walterowi i słuchałem ich opowieści, które nie miały nic wspólnego z bieganiem, rekordami i błotem. Przestawiałem się w wygodny tryb, w którym w znacznej mierze cedowałem proces decyzyjny na dwójkę przyjaciół, a raczej ogólnie na ekipę. To było łatwiejsze niż rozważanie możliwości i podejmowanie decyzji w oparciu o własny osąd. Nawarstwiały się tygodnie ze zbyt małą ilością snu. Nieubłaganie zaczynałem dostrzegać skutki niedosypiania.

Mimo to codziennie zdarzały mi się przebłyski absolutnej pewności, że jestem we właściwym miejscu i o właściwym czasie robię to, co słuszne. Pragnąłem, aby wyprawa dobiegła końca, ale wiedziałem, że kiedy to się stanie, będzie mi jej brakowało.

Wieczorem tego dnia wykończeni i obolali zameldowaliśmy się w hotelu w North Clarendon, miasteczku leżącym tuż za Górami Zielonymi. Horty zarezerwował pokoje, bo uznał, że wszystkim nam się należy noc spędzona w budynku i na wygodnym łóżku. Minęło dziewięć mokrych dni, od kiedy ostatni raz spałem pod prawdziwym dachem.

Obudziłem się rankiem trzydziestego piątego dnia i uświadomiłem sobie, że jeśli rzeczywiście myślę o pobiciu rekordu, zostało mi na to niewiele ponad dziesięć dni. Lada moment zacznie mi się bardzo spieszyć. Niemniej plan wciąż wydawał się wykonalny.

Przez pierwsze tygodnie na szlaku budziłem się z pragnieniem snu, ale też z poczuciem, że przez noc odzyskałem siły. Moje ciało wciąż potrafiło znaleźć sposób na wylizanie się z ran i naprawienie szkód, jakie w nim wyrządziłem. Sytuacja zaczęła się zmieniać, kiedy przekroczyłem granicę Vermontu. Nie wiem, czy to był moment przełomowy dla mojego organizmu, czy może jednak zaważył niedostatek snu, w każdym razie uczucie było wyraźne i niezaprzeczalne: każdego dnia traciłem kawałek siebie – którego nie odzyskiwałem w nocy.

Horty miał teorię dotyczącą motywacji. Powiedział, że często sprowadza się ona do odpowiedzi na pytanie: „Jak bardzo tego pragniesz?". Podchodził do ludzi i pytał: „Jaki najdłuższy dystans jesteś w stanie pokonać bez zatrzymywania?". A kiedy podali liczbę, dodawał: „Czy przebiegłbyś kilometr więcej, gdybym ci zapłacił milion dolarów? A gdybym był tuż za tobą i celował do ciebie z pistoletu – czy wtedy pobiegłbyś dalej?".

„Łatwo powiedzieć, że czegoś bardzo pragniesz, kiedy siedzisz w domu na kanapie. Ale czy będziesz tego chciał wystarczająco mocno, kiedy zaczną się kłopoty?" – mawiał.

Często wydaje się nam, że już więcej nie damy rady i że daliśmy z siebie wszystko, ale przecież w każdym z nas istnieje ukryty potencjał, schowana głęboko siła, która domaga się, by po nią sięgnąć. Docieramy do niej różnymi sposobami – może być nagrodą, może być strachem. Horty miał sporo racji z teorią motywacji, przy czym najbardziej dokuczliwym problemem było odnalezienie pragnienia, o którym mówił. Jak bardzo – tak naprawdę – tego chciałem?

W Vermoncie, gdzie powoli zbliżałem się do granic swojej wytrzymałości, pytanie stawało się coraz mniej teoretyczne. Słyszałem powiedzenie, że dziewięćdziesiąt procent trudu związanego ze startem w ultramaratonie bierze na siebie umysł. A pozostałe dziesięć procent? Też on! Byłem w wirze tych dziesięciu procent.

Mniej więcej w dwóch trzecich trzydziestego piątego dnia wyprawy zacząłem się martwić, że Timmy załamie się, zanim mnie samemu się to przydarzy. Wciąż się zatrzymywał, żeby rozciągnąć nogi, zwłaszcza łydki i kostki. Zniszczył go dystans maratonu z poprzedniego dnia, a dobiło dzisiejsze sześćdziesiąt kilka kilometrów. Na moje oko dorobił się powszechnego wśród biegaczy długodystansowych ścięgna Achillesa w odmianie *tendinosis* połączonego z wysiękiem. Powiedział, że zrobiły mu się „słoniowate nóżki". Wykluczyło go to do końca dnia, a może i pobytu. Na pierwszym przystanku w górach odbyliśmy z JLu naradę. Uraz Timmy'ego komplikował życie nie tylko jemu; liczyliśmy, że pomoże nam pokonać Góry Białe w New Hampshire. Nie był biegaczem, ale poruszał się po trudnym terenie jak kozica i jego umiejętności mogły mi się przydać zwłaszcza na najbardziej wymagających technicznie odcinkach trasy.

Znowu padało. Prawdę mówiąc, nawet nie przestało od tamtego dnia, gdy na szczycie Greylock złapała nas burza. Wydawało mi się, że od samego początku, od kiedy wyruszyliśmy z Góry Springera, towarzyszyła nam jedna wielka ulewa. Na palcach jednej ręki mogłem policzyć dni bez deszczu w ostatnim miesiącu. Timmy musiał się wycofać, niebo otworzyło się jeszcze bardziej, a ja znów zacząłem mieć wizje – te, w których świat przepływa obok mnie, nawet kiedy stoję w miejscu.

W pewnym momencie szlak skręcił ostro w dół, runął niemal pionowo, i posłużył za rynnę dla milionów litrów wody, które tego dnia spadły na Vermont. Ulewa zmieniła trasę w potok, a potem w rów pełen wody. Moje ciało do tego stopnia przywykło do nieustannego pochylania się i szukania bezpiecznego oparcia dla stóp, że bez przerwy leciałem do przodu, poślizgiwałem się i obijałem o kamienie wciąż tymi samymi miejscami.

Timmy wypadł z gry, ale za to zaskoczył nas Mark „Fat Boy" Godale, który przybył na nocną zmianę po dziewięciu godzinach jazdy z Cleveland samochodem, w którym zmieścił się chyba cały jego dobytek: foteliki dziecięce, rzeczy czterech córek, buty i sprzęt do biegania, potpourri ze śmieci, a także zestaw przedmiotów niezbędnych w podróży, w tym leżak ogrodowy, który zamierzał rozkładać w aucie do spania. Samochód i jego zawartość w znacznym stopniu odzwierciedlały sytuację życiową Marka: miał wszystko w zasięgu ręki, ale nie było w tym nic przydatnego. Niedawny rozwód sprawił, że Mark był rozbity psychicznie; fizycznie też cierpiał z powodu licznych urazów i operacji. Potrzebował szybkiego wypadu na AT, tak jak ja potrzebowałem towarzystwa na nocnym etapie. Wiele przeżył przez te ćwierć wieku biegania na ultradystansach i bicia rekordów, ale chyba nie wiedział, w co się pakuje. Nie przeszkadzało mu to. Fat Boy zawsze miał odpowiednie nastawienie.

Wieczorem moja psychika trzymała się już ostatkiem sił. Zapytałem Fat Boya, dlaczego na szczycie góry pośrodku niczego stoi dom i świeci się w nim światło. Roześmiał się i odparł, że to nie dom, tylko księżyc, który wyłania się zza porośniętego drzewami grzbietu. Nie miałem siły myśleć o tym, co rzeczywiste, a co urojone. Mimo to nadal parłem przed siebie. Dziesiątki lat poświęcone bieganiu w niezwykły sposób wyćwiczyły mój umysł. Nauczyły go wyłączać określone układy po to, aby pozostałe mogły działać. Priorytet miały nogi i płuca.

Słaniając się, wbiegliśmy z Fat Boyem w noc. Miałem wrażenie, że każde kolejne miejsce, które mijaliśmy, idealnie nadawało się na punkt końcowy dzisiejszego etapu, a Horty jakimś cudem czekał w każdym z nich i zagrzewał, dopingował, byśmy się trzymali osiemdziesięciokilometrowego harmonogramu zgodnego z planem, który urodził mu się w głowie. Byłem zbyt zmęczony, żeby się zatrzymać. Linia najmniejszego oporu wciąż była przede mną, ciągnęła się aż po drugą trzydzieści nad ranem.

JLu musiała nadrabiać kilometry, żeby nadążyć za wizją Horty'ego, który przesuwał mety etapów. Ostatecznie padło na wąską Joe Ranger Road – tam wreszcie Horty zarządził przystanek końcowy. JLu znalazła najdogodniejsze miejsce dla Czarnego Zamku. Znajdowało się na zboczu nachylonym pod kątem jakichś dwudziestu stopni. Sporą część nocy przespałem na skraju łóżka, trzymając się JLu, żeby nie zlecieć. Na tym etapie potrafiliśmy spać jak zabici i w niemal każdych warunkach. Było mi szkoda Fat Boya, który próbował ułożyć się do snu na odchylonym fotelu kierowcy swojego auta ustawionego przodem w dół zbocza.

Rano Horty odsunął drzwi vana i rzucił swoje standardowe: „No, to do Maine!", ale tym razem wydało mi się, że słyszę w jego głosie smutek i zwątpienie. Machnęliśmy ręką i przewróciliśmy się na drugi bok; ta noc była zdecydowanie za krótka. Powiedziałem, że nie ma mowy, nie wstanę tak wcześnie, nawet gdyby miał dziś odjechać. Byłem totalnie s k o n a n y. Horty wrócił po dziesięciu minutach.

– Wiem, jest ci ciężko i niedosypiasz, ale musisz wracać na szlak. No już. Pobiegnę z tobą do najbliższego skrzyżowania.

Jak ojciec usiłujący namówić nastoletniego syna na wstanie z łóżka. Nawet przyszykował mi rzeczy. Poprosiłem go, żeby wypłukał moje buty, co choć trochę poprawiłoby mi komfort biegu.

Zrobił to. Poszedł do mętnego potoku, który płynął wzdłuż drogi. Widziałem, jak szybkim ruchem przepłukuje buty. Byłem wzruszony, że to dla mnie zrobił, mimo że sam zabieg niewiele dał i w środku nadal było sporo błota. Pierwszy lipca, trzydziesty szósty dzień wyprawy. Zanosiło się na to, że będzie padało do końca świata. Sprawdzian mojej wiary w ulubiony aforyzm Horty'ego: „Nigdy nie jest tak źle, żeby nie mogło być gorzej". Nadal mieliśmy przed sobą Góry Białe. Oczywiście, że mogło być gorzej. Jak zawsze. Zeszłej nocy, potykając się i ślizgając na błocie, przeczytałem odręczny napis na tabliczce, którą ktoś umieścił na szlaku, bodaj bardziej adekwatny do sytuacji: „Na AT jest zawsze pod górkę!".

Biegłem z Hortym wciąż jeszcze nie całkiem rozbudzony. Opowiadał o niedawnych badaniach nad brakiem snu. Podobno stwierdzono, że większość ludzi mogłaby sprawnie funkcjonować, przesypiając każdej nocy zaledwie trzy i pół godziny. Liczy się bowiem nie ilość, a jakość snu. Powiedział, że dam radę, że wytrzymam, o ile sięgnę głębiej niż kiedykolwiek.

– Już widziałem, jak dajesz z siebie wszystko. Na przykład w Erwin w Tennessee. Albo w Wirginii. Teraz jednak musisz zacząć pracować ciężej niż kiedykolwiek w życiu. Im wyższy koszt, tym cenniejsza nagroda. Dasz radę, chłopaku!

Kolejny odcinek, wiodący przez granicę stanu New Hampshire, JLu i ja, dwie podobne do siebie, rozbite krople wody, mieliśmy pokonać razem. Kiedy tak brnęliśmy przez błotną breję, wyznała mi, jak ciężka była dla niej ostatnia noc. Powiedziała, że w ogóle nie spała i że przedtem niewiele brakowało, a straciłaby panowanie nad sobą na stromej, błotnistej, nieoznakowanej drodze, w dodatku we mgle. Przypomniała mi, że obiecywałem jej bezwzględne pierwszeństwo w kierowaniu ekipą, tymczasem kiedy zeszłej nocy zaproponowała, by się zatrzymać, a Horty odparł, że jednak nie, biegniemy dalej, posłuchałem jego, a nie jej. Byłem niczym zdalnie sterowana zabawka, reagowałem na przyciski pilota, który dzierżył Horty. Zamknąłem się na osobę, która była moją siłą napędową. Jak mogłem o niej zapomnieć?

Przeprosiłem ją i szczerze przyznałem, że żałuję. Poczułem, że łzy napływają mi do oczu, i po chwili zacząłem beczeć. Nie byłem w stanie dłużej dusić tego w sobie. Nie mogłem ochronić JLu. Nie mogłem nawet jej pomóc. To ja sam byłem dla niej zagrożeniem. Ja i rekord AT.

– Przepraszam. To wariactwo. Nie warto. Spójrz, co się z tobą dzieje. Co się dzieje z nami – mówiłem, szlochając. – Wracajmy do domu – wybąkałem błagalnym tonem.

Od Katahdin dzieliły nas równo siedemset dwadzieścia cztery kilometry. Tylko tyle do końca przygody, którą zaczęliśmy w Georgii, ponad dwa tysiące siedemset kilometrów wcześniej. Dotarliśmy tak daleko i tak dużo przeżyliśmy, a mimo to wciąż mieliśmy przed sobą tak długą drogę. A teraz, po tym wszystkim, byłem gotów machnąć ręką i przerwać wyprawę.

Pokręciła głową i to wystarczyło. Ruszyliśmy dalej. Gdyby nie ona, zatrzymałbym się wtedy tam, w Vermoncie, stojąc po kostki w błocie.

* * *

Drugi raz w życiu widziałam, jak płacze. Prawie nigdy tego nie robił.

Nie płakał, kiedy umarła jego matka.

Nie płakał, kiedy jego przyjaciel popełnił samobójstwo.

Nie płakał, kiedy braliśmy ślub.

Ani kiedy o mało nie umarłam.

Pierwszy raz zdarzył się w kwietniu, zaledwie dwa miesiące przed tym, jak szlochaliśmy objęci na szlaku w Vermoncie.

Byłam w ósmym tygodniu ciąży. Poszliśmy zrobić USG. Nie za bardzo mieliśmy pojęcie, czym właściwie jest to, co widzimy na ekranie, ale rozumieliśmy, że niewielka plamka c z e g o ś to, jak nam powiedziano, nasze dziecko. Byliśmy przeszczęśliwi. Minął prawie rok od mojego pierwszego poronienia i wizyty na pogotowiu. Byliśmy w trakcie przygotowań do wyprawy Szlakiem Appalachów; mieliśmy nadzieję, że pierwszy trymestr w moim brzuchu nasze dziecko spędzi na swojej pierwszej wielkiej wyprawie. Potem osoba przeprowadzająca badanie zmierzyła tę drobinę i wpisała dwa słowa: „Brak tętna".

Nic nie powiedziała, tylko wyszła i poprosiła lekarza, który raz jeszcze razem z nami obejrzał obraz i poinformował poważnym głosem, jak wygląda sytuacja. Nie musiał tego robić – i tak wiedzieliśmy, że musimy się pożegnać z marzeniami.

W gabinecie lekarskim byliśmy spokojni i opanowani. Starałam się myśleć pozytywnie, mówiłam wszystko to, co słyszałam od innych: „Widocznie tak miało być. Na wszystko przyjdzie odpowiednia pora". Jurker próbował mnie pocieszać, ale niepotrzebnie. Na tym etapie rozczarowania traktowałam już z obojętnością.

Po powrocie do domu położyłam się na kanapie i przesunęłam dłoń na miejsce, w którym powinno się rozwijać dziecko. Zrobiło mi się niedobrze. Czułam się, jakbym nosiła w sobie pustą obietnicę. Jurker powiedział, żebym się przesunęła, i ułożył się obok mnie. A potem zaczął płakać. Szlochał, łkał i cały się trząsł. Coś we mnie pękło i po chwili zawodziliśmy już razem, opłakiwaliśmy naszą stratę, nieszczęście, pogrzebane nadzieje na powiększenie rodziny.

Czasem miałam wrażenie, że Jurker pragnie dziecka bardziej niż ja. Kiedy się poznaliśmy, ujrzałam w nim typowego hipisa. Bo tak wyglądał: nosił długie, kręcone włosy związane w koński ogon i chodził w birkenstockach. Widziałam, jak pomyka po wzgórzach Seattle na rowerze. Nie miał samochodu. Na treningi w górach jeździł autobusem, który docierał do Issaquah. Migał mi na zakupach w Madison Market w dzielnicy Capitol Hill, gdzie mieszkałam. Chodził z tymi swoimi płóciennym torbami i wkładał do nich rzeczy kupione na wyprzedażach. Dźwigał ciężkie szklane, prawie dwudziestolitrowe pojemniki, napełniał je wodą poddaną odwróconej osmozie i zawoził przyczepką rowerową do swojej kawalerki. W pierwszych latach nowego wieku naprawdę sprawiał wrażenie ekscentrycznego i ekstremalnego weganina. Był działaczem na rzecz ochrony środowiska i idealistą.

Kiedy zaczynaliśmy się spotykać, wcale nie chciał mieć dzieci. Nie to, że ich nie lubił; po prostu nie czuł potrzeby posiadania własnych. Jego dziadkowie byli rodzicami zastępczymi, którzy przyjmowali wymagające niemowlęta, opiekowali się nimi i dbali o ich wyjątkowe potrzeby aż do dnia adopcji. W dzieciństwie Jurker zajmował się zmienianiem pieluch, zawijaniem w powijaki i karmieniem z butelki. Był świetnie przygotowany do roli ojca, tylko po prostu nie miał ochoty nim być. W tamtym czasie nie przeszkadzało mi to, bo i tak nie zakładałam, że dojdziemy razem do tego etapu.

Nie zależało mi nawet na związku. W 2007 roku miałam za sobą pierwszy bieg stumilowy, a także zerwanie z chłopakiem, z którym byłam od dłuższego czasu. Rok później opuściłam moje ukochane Seattle, by otworzyć nowy rozdział życia w południowej Kalifornii. Spełniałam marzenie o projektowaniu strojów sportowych dla Patagonii i nie w głowie mi było zwalnianie tempa kariery dla kogokolwiek.

Było mi go szkoda, nawet kiedy zostaliśmy już dobrymi przyjaciółmi. Po tym, jak odzyskał kawalerstwo, wyswatałam go z moją mieszkającą w Seattle atrakcyjną koleżanką, która tak jak ja się wspinała i tak jak Jurker przeżywała rozstanie. A gdy ten związek się wypalił, zaproponowałam Scottowi odwiedziny u mnie w Kalifornii. Obiecałam, że przedstawię go swoim znajomym singielkom z Ventury. Skończyło się tak, że spędziliśmy cały ten czas razem.

Oboje znajdowaliśmy się w fazie przejściowej i oboje nie chcieliśmy się wybijać z rytmu, czego wymagałaby konieczność pielęgnowania związku. A jednak to zrobiliśmy. Zakochaliśmy się w sobie właściwie bezwiednie. Kiedy w 2010 roku przeprowadzaliśmy się do Boulder, by zamieszkać razem, Jurker już inaczej traktował kwestię dzieci. Jego lęk o świat trochę zelżał, a on prezentował nieco bardziej pozytywne podejście do życia. Perspektywa wychowywania dziecka wydawała mu się wręcz niezłą z a b a w ą. Nie wiem, co konkretnie miał na myśli, i nawet nie próbowałam dociekać (nie byłam przekonana, czy w ogóle chcę wyjść za niego za mąż...). Sądzę, że ujrzał we mnie kogoś, kto ceni życie w podobny sposób jak on, i zapragnął przekazać tę radość następnemu pokoleniu.

Okazuje się, że to nie zawsze takie proste. Najpierw Jurker musiał przejść rewazektomię. Jako trzydziestolatek-idealista w radykalny sposób dał wyraz swojemu sprzeciwowi wobec wzrostu populacji. Siedem lat później opowiadał kolegom ze światka biegackiego, że przeszedł operację przepukliny, która uziemiła go na cały miesiąc, ale nasi bliscy znajomi wiedzieli, dlaczego tak naprawdę chodzi, jakby właśnie zsiadł z konia. Jeden żartowniś wyraził swoją opinię następującymi słowami: „Ja pierniczę! D w a razy dałeś sobie pociąć jaja – i to b e z powodu!". Miłość sprawia, że człowiek robi szalone – i czasem bolesne – rzeczy.

Na przykład to. Trwał trzydziesty szósty dzień naszej wyprawy. Staliśmy pośród ulewy w środku lasu i już po raz drugi w ciągu dwóch miesięcy obejmowaliśmy się i szlochaliśmy spazmatycznie.

I jak zawsze pochyliliśmy głowy i ruszyliśmy przed siebie. Byliśmy fizycznie i emocjonalnie wycieńczeni, znajdowaliśmy się u kresu drogi. Niemniej Scott miał w zanadrzu jeszcze jeden błyskotliwy pomysł.

– A może zadzwonię do Topha i Kim?

Wydało mi się to bez sensu; nie było szans, żeby Topher mógł się wyrwać z szalonego młyna prezesa firmy produkującej sprzęt turystyczny, aby wesprzeć przyjaciela na Wschodnim Wybrzeżu. Ale ponieważ nie mieliśmy nic do stracenia, Jurker, jak tylko podjął na nowo samotną wędrówkę w deszczu, wykonał telefon będący rozpaczliwym wołaniem o pomoc. Zgłosiła się, rzecz jasna, poczta głosowa Topha.

– Cześć, Toph. Słuchaj, robię to niechętnie, ale chciałbym was prosić, żebyście przyjechali tu do mnie. Wiem, że jesteście zajęci, ale bardzo was potrzebuję na Stumilowej Dziczy w Maine. Odezwijcie się do Jenny i ustalcie szczegóły, dobrze? Teren jest trudny, ale na pewno przyda wam się trening. Toph, słyszałem, że niewiele ci zabrakło na trasie Westernu. – Starał się potraktować naszą rozpaczliwą sytuację lekko; jednocześnie wbił Tophowi szpilę, bo ten zaledwie tydzień wcześniej musiał wywiesić białą flagę na trasie Western States 100.

Dotarliśmy do Hanover i przekroczyliśmy przedostatnią granicę: Vermont i New Hampshire. W Hanover poszłam do sklepu spożywczego i nakupiłam w tej szlakowej oazie całą górę wegańskich produktów.

Dramatyczny dzień zakończył się absurdalnym akcentem. Po południu ktoś zrobił zdjęcie Jurkerowi siedzącemu obok vana. Ma na sobie przemoczone ciuchy, które wiszą na nim jak na strachu na wróble, i wytrzeszczone oczy po bezsennej nocy. Autor fotografii zaaplikował filtr, który sprawił, że Jurker wyglądał na jeszcze bardziej wymizerowanego niż w rzeczywistości. Następnie poszła w ruch machina mediów społecznościowych i ktoś inny pożyczył sobie to zdjęcie, po czym zestawił je z wizerunkiem Scotta z trzeciego dnia wyprawy. Różnica była kolosalna. Trudno, żeby inaczej – przecież Scott od kilku tygodni dzień w dzień biegał po osiemdziesiąt kilometrów. Później jednak kolejna osoba, tym razem szanowana postać w środowisku biegowym, wykorzystała tę tanią sztuczkę na poparcie swojego twierdzenia, że Scott niknie w oczach *z powodu swojej wegańskiej diety*.

Niesamowite, jak wielu ludzi gotowych było służyć radą komuś, kogo nie znali, i kto robił coś, czego oni sami nigdy nie byliby w stanie dokonać. Trudno, machnęłam ręką, miałam ważniejsze rzeczy do załatwienia na Facebooku. Okazało się, że ktoś założył fikcyjne konto, wykorzystując zdjęcie profilowe Scotta, i wykorzystywał je do wyłudzania pieniędzy od niczego niepodejrzewających fanek Jurkera. Dostawałam mnóstwo wiadomości od nieznajomych osób, które obrażały się, kiedy nie odpowiadałam. Potem przypadkiem wylałam wodę na telefon i nie mogłam z niego korzystać aż do końca wyprawy. Upatruję w tym boską interwencję.

ROZDZIAŁ TRZYNASTY

KOMANDOS

DZIEŃ TRZYDZIESTY SZÓSTY

To nie była halucynacja.

Na szczycie góry naprawdę znajdowało się ciasto czekoladowe.

– Myślisz, że jest dla ciebie? – zapytał Fat Boy z uzasadnioną podejrzliwością. Wędrował z nami dopiero od dwóch dni, dlatego nadal jeszcze przestrzegał zasad higieny.

Nie wnikałem, po prostu złapałem paczuszkę i zajrzałem pod folię; jeszcze ciepłe.

– Jasne, że dla mnie! – odparłem i zabrałem się do jedzenia. Wmówiłem sobie, że jest wegańskie, zresztą smakowało wystarczająco wegańsko, żebym nie musiał się nad tym jakoś szczególnie zastanawiać. Pochłonęliśmy z Godale'em całe za jednym podejściem. Nawiasem mówiąc, Mark nosi ksywkę „Fat Boy" (Tłuścioch) wcale nie dlatego, że ma nadwagę. Dostał ją od Horty'ego – jakżeby inaczej? – po tym, jak opowiedział historię, która przydarzyła mu się na trasie Western States. Otóż wyprzedzając go, pewien biegacz zapytał: „Ty jesteś Mark Godale?". Kiedy Mark potwierdził, tamten zrobił zdziwioną minę i zauważył: „Na zdjęciach w «Ultrarunning» wyglądałeś na grubszego".

– Daleko do drogi? To chyba najdłuższe pięć kilometrów, jakie w życiu pokonałem – powiedział, kiedy zbiegaliśmy ze szczytu Mount Cube*. Nic bardziej oczywistego. Historia każdego dnia mojego życia na AT.

---

* Istnieją dwie teorie na temat pochodzenia tej nazwy. Pierwsza mówi o antylskim żeglarzu, który osiedlił się w okolicy i nazwał górę prawdopodobnie na cześć Kuby (wyspy). W drugiej występuje pies myśliwski, wabiący się Cuba, którego zabił niedźwiedź nieopodal wierzchołka. Tak czy inaczej, „Cube" jest zniekształceniem „Cuba", a góra nie ma, rzecz jasna, kształtu sześcianu (*cube*).

Trzydziestego szóstego dnia wyprawy, kiedy byliśmy u podnóża Gór Białych, Godale'owi ponownie trafiła się nocna zmiana. Zdawałem sobie sprawę, że ma dużo zmartwień, ale też wiedziałem, jak bardzo jest mu to potrzebne. Był prawdziwym twardzielem z mojego pokolenia: siedem razy startował w mistrzostwach świata w biegu na sto kilometrów i był rekordzistą Ameryki w biegu dwudziestoczterogodzinnym (dopóki nie ustanowiłem nowego rekordu w 2010 roku), potem jednak zaczęły go prześladować przewlekłe kontuzje. Mimo to zawsze w kwietniu od dwudziestu czterech lat rok w rok zmuszał się do startu w bostońskim maratonie.

Przed laty przewrócił się w wąskim kanionie nieopodal Sedony i to tak niefortunnie, że mocno się połamał i musiał przejść szereg operacji, które cudem przeżył. Z tamtego zdarzenia pozostało mu utykanie i specyficzny chód: stawiał kroki, jakby jego ciało próbowało odwrócić się bokiem. Czuł nieustanny ból, którego wcale nie ukrywał. Na łatwiejszych odcinkach pytałem go, czy czuje się trochę lepiej niż na wymagających fragmentach, na co nieodmiennie odpowiadał: „Nie, z każdym krokiem boli jak cholera". Jakkolwiek to zabrzmi, cieszyłem się, że mam przy sobie kogoś tak samo obolałego – o ile nie bardziej – jak ja.

Mimo to Godale wciąż się nade mną litował. Kiedy zbiegaliśmy z Mount Cube, stwierdził, że wyglądam, jakbym występował w trzech filmach jednocześnie: *Forreście Gumpie*, *Dniu świstaka* i *Truman Show*. Boleśnie trafne porównanie.

Podczas tych kilku trudnych nocy Godale okazał się świetnym partnerem. Wiedział, kiedy odpuścić, a kiedy przycisnąć. Tamtego wieczoru, kiedy biegliśmy wyjątkowo wąskim korytarzem pełnym zakosów nad urwiskami, dotarłem do ściany i powiedziałem mu o tym.

– Słuchaj, muszę się położyć. Natychmiast.

Odparł, że to kiepskie miejsce – i miał rację – ale zamiast podważyć moją decyzję, po prostu pozwolił mi zrobić to, co chciałem. Sam usiadł i wyciągnął nogi, układając je pomiędzy mną a urwiskiem, żebym w razie czego miał się na czym zatrzymać, jeśli obrócę się przez sen i zacznę zsuwać.

– Dziesięć minut – zarządził. Zamknąłem oczy.

Poderwałem się spanikowany ze snu. Czułem się, jakbym przespał kilka godzin.

– Już? Minęły dopiero dwie minuty.

Nie szkodzi. Wstaliśmy i ruszyliśmy dalej. Mój organizm dysponował własnym zegarem, a ja byłem na jego łasce.

Do krzyżówki, którą wybrałem na metę tego odcinka, dotarliśmy dopiero o drugiej w nocy. Wszyscy już spali. Wgramoliłem się do Czarnego Zamku, a Mark wcisnął się do swojego auta, by zaznać odrobinę odpoczynku, choćby w pozycji półleżącej. Nie ma łatwo w stanie, którego motto brzmi: „Żyj wolny albo zgiń".

Choć biegliśmy do późnej nocy, nie udało mi się uzyskać wymaganego przez plan Horty'ego kilometrażu. Powinienem był pokonać jeszcze osiem kilometrów i dotrzeć do Lake Tarleton Road niedaleko miasteczka Warren, ale miałem już serdecznie dość, a Horty nie mógł na mnie nawrzeszczeć, bo go tam nie było. Oskubałem sam siebie z sił, mierząc się z FKT, i znów groziło mi to samo.

Dzień trzydziesty siódmy przywitał nas słońcem – a także nadzieją na odbicie się od dna przed przekroczeniem granicy Gór Białych.

Rano odwiedził nas stary wyga szlaku, gość o brawurze pijanego kowboja, który uwielbiał mieszać mi w głowie. Nazywał się Trail Dawg.

– Zastanów się! Jesteś prawie siedemdziesiąt sześć kilometrów od Galehead. Ostatnio twoja średnia prędkość wynosi trzy i dwie dziesiąte kilometra na godzinę. Stary, dzień ma tylko dwadzieścia cztery godziny i skończy się dla ciebie dopiero jutro. Pojebane, co nie?

Posłał mi wyzywające spojrzenie i dorzucił mrugnięcie okiem, ale nawet nie zaczekał, aż odpowiem.

– Prosty rachunek. Nasz stary dobry rekord prędkości AT to czysta arytmetyka, wredny facet od matmy, który kopie cię w jajca. Stary, kurwa, jak ja to uwielbiam!

Trail Dawg (czyli Andrew Thompson) był entuzjastycznym akolitą Horty'ego, pewnym siebie chłystkiem, który studiował na Liberty University i którego Horty włączył do swojego kręgu. Ten team robił rozmaite zwariowane rzeczy, na przykład „dla zabawy" biegał tam i z powrotem trasą osiemdziesięciokilometrowych zawodów Horty'ego – ot, drobny stusześćdziesięciokilometrowy trening. Profesor Masochista świetnie, trzeba przyznać, wyszkolił Thompsona w sztuce czerpania przyjemności z niekończącego się wysiłku i upajania się czyjąś opryskliwością.

Dla mnie najważniejsze było to, że w 2005 roku, po kilku szalonych próbach, Trail Dawg ustanowił rekord AT. Wiedział zatem, przez co przechodzę i czego mi potrzeba, nawet jeśli miało to być kilka kuksańców, żeby się przekonać, jak się trzymam.

Zaczęliśmy dzień, którego plan zakładał tysiącczterystumetrową wspinaczkę na Mount Moosilauke*, tradycyjną bramę do Gór Białych. Mądrość, którą się

* Nazwa góry pochodzi z języka abenackiego i oznacza prawdopodobnie „miejsce pozbawione roślinności" bądź „gładkie miejsce na szczycie".

ze mną podzielił, nie była tą, którą chciałem usłyszeć. Zauważył bowiem, że nie nadążam za harmonogramami Horty'ego i Speedgoata i że ten dzień tak jak kilka poprzednich z całą pewnością przedłuży się do bardzo późnych godzin nocnych. Kolejna nocna zmiana. Kolejna samotna noc.

Timmy postanowił spróbować zająć czymś mój umysł, tak by ten nie zafiksował się na złych wieściach. Skontaktował się z miejscowymi znajomymi. Żartował, że nie wiedza otwiera drzwi, lecz robią to znajomości. Wspomniał, że zwerbował biegającego brata kumpla od wspinaczki, który wyraził gotowość wspomożenia nas – i miał ku temu warunki. Wyobraziłem sobie tyczkowatego wspinacza w typie Timmy'ego, dlatego mocno się zdziwiłem, kiedy zobaczyłem, jak wygląda ów „biegający brat". Andrew Drummond miał co najmniej metr osiemdziesiąt siedem wzrostu i był zbudowany jak drwal. Jego postać robiła wręcz onieśmielające wrażenie. Sama jego obecność znacząco podniosła mi morale. Wyglądał na człowieka, który poradzi sobie w niemal każdych warunkach: od paskudnej pogody po najtrudniejsze, najbardziej błotne i nierówne odcinki szlaku. Timmy nazywał go „Komandosem", co rzeczywiście idealnie do niego pasowało. Na dzień dobry Andrew oświadczył, że pisze się na nockę w Górach Białych.

Dwadzieścia cztery kilometry dalej Komandos i ja mieliśmy już za sobą tysiączterystumetrową wspinaczkę na granitowy płaskowyż na Mount Moosilauke. Po raz pierwszy od ponad dwóch tysięcy ośmiuset kilometrów znalazłem się ponad górną granicą lasu. Widok ze szczytu był orzeźwiający. Świeciło słońce, a łańcuchy górskie ciągnęły się hen daleko. Widziałem pasmo Franconia, a za nim nasz cel: Galehead Hut. Wyglądała, jakby znajdowała się na wyciągnięcie ręki. Poczułem falę optymizmu, niezbyt jednak wysoką. Miałem wszystko u swych stóp: cały szlak, cały świat.

To było pierwsze z wielu zniechęcających złudzeń Gór Białych.

Ciekawe: pamiętam, że kiedy razem z Komandosem wspinaliśmy się na szczyt, a potem z niego schodziliśmy, miałem poczucie triumfu i dominował we mnie optymizm. Później jednak się dowiedziałem, że właśnie wtedy, na tym etapie wyprawy, zacząłem naprawdę przerażać innych. Obcy ludzie przyglądali mi się z przestrachem, kiedy sięgałem po jedzenie brudnymi rękami i wkładałem je do ust. Mówili, że wyglądam jak cień samego siebie, jak słabsza, bardziej niezdrowa wersja Scotta Jurka. Skóra na moich kościach policzkowych była bardzo napięta; na twarzy wyrósł mi plamiasty, nierówny zarost – coś pomiędzy kozią bródką a pełną brodą.

Wzrost morale po części zawdzięczałem obecności dwóch najnowszych członków ekipy, a także kilku miejscowych biegaczy. Komandos emanował intensywnym pragnieniem przygody, zaś Trail Dawg – cóż, on po prostu był przygodą. W trasie raczył nas opowieściami z podjętej przez Maineaka zimowej, wspomaganej butelką whisky wędrówki AT na południe, w którą wybrał się ze starym plecakiem z aluminiowym stelażem. Powiedział, że latem rok wcześniej wspiął się na wszystkie czterotysięczniki* New Hampshire – których jest czterdzieści osiem – w trzy dni i czternaście godzin, bijąc o godzinę niepokonany od jedenastu lat rekord. Podzielił się historiami ze stumilowego Barkley Marathons, rozkosznie perwersyjnego koszmaru w Tennessee, którego pomysłodawcy każą uczestnikom przedzierać się przez zarośla, wzburzone rzeki i niemal nieprzebyte zakamarki Appalachów poprzecinane nieoznakowanymi ścieżkami o takich przydomkach jak Rat Jaw (Szczurza Szczęka), Hell (Piekło) albo Nun-da-ut--sun'y (co w języku Czirokezów oznacza „szlak, na którym płakali"). Pierwsza edycja wyścigu odbyła się w 1995 roku i od tamtej pory jedynie piętnaście osób zdołało w ogóle go u k o ń c z y ć. Jedną z nich był Horty. Drugą – Trail Dawg. Pchał się do każdego skrajnego wyzwania.

Wielokrotnie podchodził do FKT na AT, aż w końcu mu się udało w 2005 roku (wędrował SoBo). Podczas ostatniej próby dokonał jednego z najbardziej imponujących, jak dla mnie, osiągnięć na szlaku. Po przebiegnięciu pierwszych trzystu dwudziestu kilometrów na południe, po przebrnięciu przez Maine, stwierdził mianowicie, że stan rzek i potoków, przez które będzie się musiał przeprawić, jest zbyt wysoki. Zamiast zwinąć żagle i wrócić do domu, Trail Dawg pojechał z powrotem na Katahdin, odczekał kilka dni, aż woda opadnie, po czym... zaczął od nowa. Czyste wariactwo.

W Górach Białych Trail Dawg czuł się jak w domu. Pruł przed nami, wspinał się po postrzępionych skałach i zbiegał prosto na grząskie, błotne niziny, na których szlak miejscami zamieniał się w rwący strumień.

Kiedy wspinaliśmy się na północny szczyt Kinsman Mountain** (Góra Kinsmana), Komandos wskazał odległy wierzchołek.

– Po drugiej stronie tamtej góry trafimy na najpaskudniejszy piarg, jaki można sobie wyobrazić. Śliska zjeżdżalnia pełna gładkich kamyczków. Do tego mnóstwo drzew i krzaków, o które łatwo można się rozbić.

---

* *Four-thousand footers*. Mowa o górach mających co najmniej 4000 stóp, czyli 1219 metrów, wysokości.
** Nazwa pochodzi od Asy Kinsmana, który osiedlił się w tej okolicy w latach 80. XVIII wieku.

Nie skarżył się. Podobnie jak Trail Dawgowi, trudniejsza przeprawa zdawała się sprawiać mu nawet w i ę c e j przyjemności z wędrowania. Nie przeszkadzało mi to, miałem jedynie nadzieję, że nie wykończy mnie ich radosna masochistyczna mądrość. Aby dokończyć to, co zacząłem, potrzebowałem właśnie takich wariatów jak oni.

Mieliśmy za sobą dwadzieścia cztery kilometry, a trzydziesty siódmy dzień dopiero się zaczynał.

Zbyt duża ilość codziennego wysiłku przez ostatnie półtora tygodnia sprawiła, że zaczynało być po mnie widać skumulowane w organizmie zmęczenie.

Horty i Speedgoat wyraźnie podkreślili w swoich wskazówkach, jak ważne jest, bym pierwszego dnia w Górach Białych dotarł do Galehead Hut*. Twierdzili, że podniesie to moje morale; poza tym na dalszych etapach wędrówki zaplanowali mniejsze dziennie kilometraże. Usłuchałem ich, choć nie omieszkałem zauważyć, że moja psychika zaczęła się wichrować. Góry Białe były dla mnie całkowicie obcym terytorium, dlatego chwytałem się każdej konkretnej porady. Zresztą i tak powinienem podzielić pozostałą, najtrudniejszą część AT na krótsze odcinki. Kiedy skupiałem się na niemożliwym, jakim było dla mnie dotarcie do Katahdin w ciągu dziesięciu dni, opanowywała mnie czarna rozpacz. Cel w postaci Galehead wydawał się znacznie bardziej osiągalny.

Niemniej jednak słabłem w oczach. Dzień trzydziesty siódmy mijał jak z bata strzelił. Zastanawiałem się, co zrobię, jeśli uda mi się dotrzeć do Galehead dopiero przed wschodem słońca. Czy po prostu pobiegnę dalej bez zatrzymywania? Niewykonalne, myślałem; wiedziałem, że nie mogę dopuścić do takiej sytuacji. Muszę dotrzeć do Galehead. Muszę się przespać.

Nie tak to miało być, nie tak. Kiedy rozmyślałem o AT, siedząc w domu w Boulder, wyobrażałem sobie, że zbliżając się do Katahdin, będę zyskiwał na siłach. Nie będę jak Bilbo Baggins w Mordorze, tylko jak Galahad w legendzie o Świętym Graalu. Rzeczywistość okazała się zupełnie inna.

Ani trochę nie przybywało mi sił. Szlak pozbawiał mnie nie tylko tłuszczu, mięśni i nerwów, lecz również odporności psychicznej. Traciłem zmysły. Ale może właśnie o to chodziło.

---

* Wybudowane w latach 30. XX wieku schronisko (dosł. chata – *hut*) zawdzięcza swoją nazwę Galehead Mountain, od szczytu której dzieli je niespełna kilometr. Górę zaś nazwano tak, a nie inaczej, ponieważ jej wierzchołek znajduje się powyżej górnego biegu rzeki Gale (*head* – tu: górny bieg).

Na Franconia Notch* (przełęcz Franconia) spotkałem się z ekipą, która przyszła z oddalonego o półtora kilometra parkingu. Nie spiesząc się, starannie wyładowaliśmy mój plecak wszystkim, co niezbędne do nocnej wędrówki przez Góry Białe. Zabrałem między innymi czołówkę, zapasowe baterie, kurtkę przeciwdeszczową, dodatkowe ubranie, folię NRC i tyle kofeinowych kalorii, ile się zmieściło. Trail Dawg nas opuszczał.

– Pamiętaj, przyjacielu, że czekają cię bite dwadzieścia cztery godziny biegu – powiedział na tle szumu rzeki Pemigewasset. Jego słowa powinny być dla mnie ostrzeżeniem jak sygnalizacja na drodze, ale uskuteczniana przez Horty'ego i Speedgoata mantra: „Dotrzyj do Galehead albo będzie po ptakach" sprawiała, że zamiast czerwonego światła widziałem zielone.

Powrócił Timmy – na szczęście już mniej utykał – dołączył do mnie i Komandosa i we trzech opuściliśmy przełęcz przy gasnącym świetle dnia. Ich komiczne przekomarzanie podnosiło mnie na duchu. Wkrótce nałożyliśmy czołówki, bez których nie poradzilibyśmy sobie w nierównym, usianym kamieniami i korzeniami terenie, i poczułem z rezygnacją, że przed nami powtórka z rozrywki, kolejna późnonocna zmiana. Spróbowałem zastosować metodę wybiórczej amnezji, żeby nie myśleć o wielu niedawnych podobnych dniach, bo wtedy, jak słusznie zauważył Frank Shorter w kontekście urazów psychicznych ze swych wcześniejszych maratonów, „twój umysł nie wie, co cię czeka", nie pamięta koszmaru poprzednich etapów.

Noc nabrała surrealistycznego wymiaru, jak po meskalinie. Kiedy wreszcie dotarliśmy do łańcucha łysych, granitowych wierzchołków, krajobraz skojarzył mi się z marsjańskim surowym, pięknym przestworem, na którym poza trójką biegowych astronautów nie uświadczy Ziemianina.

– Jasna cholera! – Przysnąłem na chwilę i niewiele brakowało, a poleciałbym w dół granitowego zbocza. Biegłem przez sen i nagle się ocknąłem. Zsuwałem się po kaskadowych korzeniach, które wystawały znad stromych kamiennych płyt. Na szczęście odzyskałem równowagę. Timmy powiedział, że wyglądało to tak, jakbym zdał się na siłę ciążenia, jak na zjeżdżalni na basenie.

Słuchając, jak moi kompani przerzucają się anegdotami, wybuchają głośnym śmiechem i parodiują piosenki, uświadomiłem sobie, że omija mnie cała frajda wędrowania. Byłem jak chłopiec pod kloszem: widziałem ich świat, przygląda-

* Od leżącego na niej miasteczka, które z kolei przejęło miano od całego regionu, nazwanego Franconią przez pierwszych osadników, którzy dostrzegli podobieństwa ze Szwajcarią Frankońską.

łem mu się, ale nie mogłem go dotknąć. Uśmiechałem się do siebie pomiędzy rytmicznymi kiwnięciami głową. Nie miałem pojęcia, która jest godzina. Wskazówki mojego wewnętrznego zegara to zwalniały, to przyspieszały, tak że nie potrafiłem powiedzieć, czy jest bardzo późno, czy bardzo wcześnie.

Naraz pojawił się wirujący kłąb mgły, jak gdyby dżin, który od wieków napierał na wieczko, wreszcie zdołał się uwolnić z lampy. Miałem wrażenie, że chciał mi pokazać inny wymiar AT, od którego pomieszałoby mi się głowie, jak jeszcze nigdy dotąd.

Potem usłyszałem cichutki, nieśmiały szczebiot i ćwierkot. „Czy to ptaki? – pomyślałem. – O nie!". Byłem zdruzgotany, kiedy usłyszałem ich pieśni, bo przecież zwiastowały nadchodzący świt. Nawet cholerne ptaki ze mnie drwiły. Wtedy zobaczyliśmy je za kolejnym wzgórzem: schronisko na Galehead! Z tej odległości mogliśmy dostrzec okna i drzwi budynku, ale niestety prowadząca do niego droga nie była prosta, wiła się bowiem w dół, dokoła wzniesienia, później znów w górę. Te półtora kilometra wydawało się nie do przebycia.

– Nie... Nie ma mowy... Niby jak... Spać mi się chce – oznajmiłem słabym głosem, kładąc się na płaskiej skale.

Timmy spojrzał na mnie jak na wariata.

– Ale to przecież tylko kilka kroków.

– Stary, już nie mogę. Daj mi dwadzieścia minut. – Zsunąłem opaskę na oczy i momentalnie zasnąłem.

Timmy stał na nade mną i pilnował mnie, przeglądając artykuły z „New York Timesa" na telefonie, a Komandos pobiegł do Galehead. Kiedy on kładł głowę na poduszce, ja podnosiłem swoją z kamienia. Obróciłem ją na północ i zapiałem: „No, to do Maine!".

Słońce wznosiło się nad horyzontem, a ja czułem, jak do moich kończyn wraca ciepło. Odkrywałem je na nowo, przypominałem sobie, jak ich używać. I przypominałem też sobie, po co się tam znalazłem. Zmusiłem się do akcentowanego utykaniem i kuśtykaniem marszu. Byłem na nogach od mniej więcej dwudziestu czterech godzin.

Ruszyliśmy dalej. Wiem to z opowieści Timmy'ego, bo sam nie pamiętam, kiedy przybyliśmy na miejsce. Majaczy mi jedynie wspinaczka po długiej drabinie i to, że Timmy przyglądał mi się z dołu. Piętrowe łóżka w Galehead Hut miały pięć poziomów, a ponieważ dotarliśmy do schroniska stosunkowo późno, jedynymi wolnymi były te znajdujące się na samej górze. Rozlałem się na pryczy jak mokry beton w formie. Timmy bąknął coś o dwóch godzinach.

Tyle też przespałem.

Timmy potrząsnął mną i zanim otworzyłem oczy, poczułem zapachy śniadania. Schroniskiem zarządzał Appalachian Mountain Club, a obsługiwali je studenci, którzy śpiewali piosenki na pobudkę i szykowali smaczne posiłki. Jeden z tych dzieciaków nawet grał na skrzypkach. Zgramoliłem się z łóżka, napiłem się kawy, zjadłem przepyszną owsiankę, założyłem przemoczone skarpetki i buty – te same, co poprzedniego dnia – pożegnałem się z grupką wesołej młodzieży i na chwiejnych nogach ruszyłem na szlak w towarzystwie Timmy'ego i Komandosa.

Niemal od razu znalazłem się na stromym podejściu pod South Twin Mountain. W pewnym momencie zaczęliśmy się wspinać na czworakach i musieliśmy łapać za wystające korzenie, żeby móc się podciągnąć na głazy i kamienie większe od nas. Przestało padać, wyszło słońce. Biegłem przez całą noc, dwadzieścia sześć godzin z rzędu z dwugodzinną przerwą na sen. Nigdy w życiu nie czułem się tak wypompowany. Stres, zmęczenie i niedosypianie odbijały się na mnie w sposób, jakiego sobie nie wyobrażałem.

To była ledwie chwila, dosłownie kilka minut po tym, jak zaczęliśmy wędrówkę trzydziestego ósmego dnia wyprawy – wtedy skrystalizowała się w moim umyśle świadomość tego, jak bardzo jestem wykończony, zniszczony, pokonany. Nie wybuchłem płaczem ani nie zasnąłem na stojąco. Nie, to było coś prostego i żałosnego. Korzeń. Jeden z tysięcy, jakie zobaczyłem i ominąłem na szlaku w ciągu ostatnich kilku tygodni. Zauważyłem go, ale naraz jakbym zapomniał, co się robi w takich sytuacjach. Obejść czy przeskoczyć? Nie zrobiłem ani jednego, ani drugiego, za to potknąłem się i poleciałem do przodu. Zapomniałem, jak się podnosi nogi i biega jak człowiek. W Vermoncie wydawało mi się, że gorzej już nie będzie, ale granitowa masa Gór Białych w New Hampshire przygniotła mnie jeszcze większym ciężarem, przydusiła tak, że pękłem. Dokładnie tak, jak wszyscy mnie uprzedzali.

Nagle ujrzałem zmierzającego w naszą stronę mężczyznę w lśniącym stroju. Biegł, jakby nie dotykał stopami ziemi. Oddychał równo i lekko. Poruszał się jak dawny ja – jak El Venado.

– Czołem, Scott! – rzucił. Nie znałem go. – Jak ci idzie?

Powoli uniosłem głowę i bąknąłem:

– A jak ci się... kurwa... w y d a j e?

Od razu pożałowałem, że powiedziałem to na głos. Mój wewnętrzny cenzor zaspał; ale wyszedł na zaplecze umysłu zapalić z dżinem, który uciekł z butelki.

To nie było w moim stylu. Nigdy wcześniej na szlaku nie straciłem panowania nad sobą, zwłaszcza w kontakcie z kimś, kto po prostu zapytał, co u mnie słychać. Zdałem sobie sprawę, że rozdrażnienie stanowi zapewne objaw głębszego problemu. Przyszło mi do głowy, że powinienem natychmiast zawrócić, dogonić tamtego biegacza i przeprosić go. Ale przez to poczułem się jeszcze gorzej – bo nie potrafiłem sobie wyobrazić, abym mógł pobiec tak szybko, żeby go dopaść.

W l o k ł e m się noga za nogą, jakbym mozolił się na czworakach centymetr po centymetrze. Jasne, wiedziałem, że będą się zdarzały takie chwile, ale wiedziałem też – w głębi kości i mięśni byłem o tym przekonany – że na tym etapie podróży będę zahartowany w wędrówce szlakiem, tak jak zawsze. *Że będę silniejszy.*

Ta przemiana nie następowała. Nie zyskiwałem na sile, lecz słabłem, kurczyłem się i coraz bardziej zwalniałem.

Pocieszała mnie myśl, że mój obecny stan – skrzyżowanie zbiegłego skazańca z rozbitkiem – wcale nie jest najgorszy. Bo przecież mógłbym leżeć na ziemi – bo zemdlałem albo zasnąłem. Na skale, w hotelu, w Czarnym Zamku albo w domu, na kanapie, marząc o rekordzie. Dopóty nie przegram wyścigu z samym sobą, dopóki będę się podnosił po każdym upadku.

Nie pierwszy raz przeceniłem własne siły. W 2000 roku, będąc u szczytu formy fizycznej, po raz drugi z rzędu wygrałem Western States 100. Większości biegaczy w zupełności by to wystarczyło, ale ja postanowiłem w tym samym roku wystartować również w Hardrock 100, który odbywał się krótko po Western States. Dysponowałem zaledwie dwoma tygodniami na regenerację. Nie miałem szans na zwycięstwo i wiedziałem doskonale, że będę zmęczony, ale uznałem, że przynajmniej przebiegnę tę trasę niespiesznym, rekreacyjnym tempem i może poznam ją przed kolejną, tym razem poważną próbą startu.

Wycofałem się z Hardrock po sześćdziesięciu ośmiu kilometrach. Nogi nie wytrzymały.

Byłem młody i naiwny. Cechował mnie przesadny optymizm co do tempa, w jakim mój organizm się zregeneruje.

Prawda była – i nadal jest – taka, że góry uczą pokory. Nauczyły też mnie. Raz czy dwa może się udać, ale po zakończonym biegu lepiej usiądź i odpocznij.

Półtorej dekady później byłem już starszy i mniej naiwny. Naprawdę nie zakładałem, że przemknę przez ten odcinek Gór Białych jak ekspres, ale sądziłem, że przynajmniej będę w stanie utrzymać się p r o s t o.

W połowie trzydziestego ósmego dnia postanowiłem uratować tę odrobinę energii, jaką jeszcze dysponowałem, wyłączając się z wszelkiego procesu decyzyjnego. Włączyłem „play", a Timmy i Komandos mieli mi powiedzieć, kiedy wcisnąć „stop".

Tamtego dnia w Górach Białych zdarzył się jeden uroczy moment. Dotarliśmy do niewielkiego schroniska o nazwie Zealand Falls Hut*, prawdziwej oazy dla wędrowców. Byłem tak zmęczony – czułem się, jakbym zaciągnął pożyczkę, której nigdy nie zdołam spłacić – że od razu klapnąłem na ławce przed budynkiem. Wszedłbym do środka, gdybym mógł się położyć i przespać, ale jeśli nie – to dziękuję. Na zewnątrz panował błogi spokój. Słyszałem śmiechy wędrowców i przygotowującej posiłek młodej obsługi schroniska.

W środku Timmy znalazł bezcenny skarb.

Dopiero później dowiedziałem się, że zapłacił d w a d z i e ś c i a dolarów za duże opakowanie chipsów. W prawdziwym świecie powiedziałbym, że to obłędna suma, w dziczy – stwierdziłem, że się opłaciło. Dałbym nawet stówę. Tłuszcz, sól, węglowodany – czysta krucha rozkosz. Dorwaliśmy się we trzech do paczki i zaczęliśmy obżerać. Później Timmy pokazał zdjęcie, które mi zrobił podczas tej uczty: trzymam stos chipsów na kolanach i wyglądam żałośnie. Najpierw się roześmiałem, ale po chwili dotarło do mnie, że nie poznaję siebie.

– Wyglądasz jak zbieg po roku w ukryciu – zażartował. Timmy zawsze wiedział, kiedy zaaplikować swój wisielczy humor.

Wróciliśmy na AT i o piętnastej – czternaście napędzanych chipsami kilometrów dalej – wbiegliśmy na polankę i zapchany autami parking przy wejściu na szlak. Crawford Notch** (Przełęcz Crawforda). Przede mną jeszcze trzydzieści osiem morderczych kilometrów, w tym wspinaczka półtora tysiąca metrów na Górę Waszyngtona.

W tłumie czekającym na przełęczy była też JLu, która spodziewała się mnie tam około dziewiątej rano. Przez całe przedpołudnie wysyłała biegaczy na szlak z prośbą, żeby mnie namierzyli – sprytnie, przynajmniej miała trochę spokoju i czasu dla siebie. Kiedy w końcu dotarłem na miejsce, od razu zorganizowała odpoczynek i zaczęła mnie przygotowywać do dalszej drogi. Może gdyby była przy mnie w 2000 roku, wybiłaby mi z głowy tamtą zuchwałą próbę zaliczenia Western States i Hardrock w jednym sezonie, przez którą tak się upokorzyłem. Tym razem na szczęście miałem przy sobie ludzi, którzy nie bali się mówić mi tego, co musiałem usłyszeć. Na przykład Timmy. Widział, jak odburkuję tamtemu Bogu

* Od nazwy pobliskiej góry (Mount Zealand) i wodospadów (Zealand Falls).
** Na cześć żyjącego w pierwszej połowie Abla Crawforda, podróżnika, odkrywcy i budowniczego szlaku.

ducha winnemu biegaczowi. Zrozumiał, że potrzebuję ochrony (głównie przed samym sobą), dlatego wziął sprawy w swoje ręce – zanim znów wyjdzie ze mnie aspołeczny buc. Wcielił się w błazna Gór Białych: żartował, wygłupiał się, ściągał na siebie uwagę ludzi, podczas gdy Komandos prowadził mnie szlakiem.

Przede wszystkim stworzył mniej więcej piętnastometrowy bufor pomiędzy mną a osobami, które wędrowały z tyłu. Jeśli ktoś biegł szybciej albo ja zwalniałem, Timmy pilnował, żeby zawsze był zachowany odstęp, nawet jeśli oznaczało to wstrzymanie zapędów grupy. W innych okolicznościach oddzielony od pozostałych szlakowiczów czułbym się źle. Chciałem być częścią wesołej biegackiej kompanii, ale nie teraz, nie w takim stanie umysłu. Byłem Timmy'emu niewyobrażalnie wdzięczny za ten dar, za możliwość wyłączenia się.

Nie wszystko jednak Timmy był w stanie ukryć przed innymi. Powiedział mi później, że w pewnym momencie zatrzymałem się przed grupą zapalonych biegaczy, bo zachciało mi się sikać. Nawet nie zszedłem ze szlaku, po prostu załatwiłem potrzebę tam, gdzie stałem, i ruszyłem dalej. Stwierdził, że zachowałem się jak zdziczałe zwierzę, które nie dba o przyzwoitość.

Czarny Zamek stał z nosem w rowie – bo nie było innych miejsc, gdzie można zaparkować – ale nie przeszkadzało mi to. Jedyne, o czym marzyłem, to położyć się i wyspać. Z perspektywy czasu wiem, że powinienem był spędzić noc na Przełęczy Crawforda albo – jeszcze lepiej – na przełęczy Franconia, i odpuścić sobie wyzwanie Galehead. Powinienem był darować sobie resztę trzydziestego ósmego dnia, powiedzieć pas dwadzieścia dwa kilometry od Galehead. Rozpaczliwie potrzebowałem snu. Ale dźwięczał mi w głowie głos Horty'ego: „Trzymaj się harmonogramu!". Nie myślałem sam za siebie. Działałem w trybie ataku błyskawicznego. Nie miałem czasu na długą regenerację. Odpadłem więc tylko na kilka godzin.

Timmy znalazł towarzystwo wśród młodych, acz zaprawionych w boju wędrowców długodystansowych, dołączył do parkingowej imprezy i urządził zabawny quiz ze szlaku. Po paru piwkach i trzydziestu sześciu godzinach bez snu brzęczał jak napruty komar. Na szczęście szybko wytrzeźwiał, kiedy trzeba było ruszać dalej; zamienił się wtedy z błazna w królewskiego żołnierza i zaczął gromadzić armię. Pomagał mu Komandos. Namówił potężnie zbudowanego Tristana, miejscowego biegacza, do udziału w naszej nocnej zmianie. Nie znałem Tristana, ale widziałem, że jest diablo silny. Bardzo mi się podobał sposób, w jaki nasza drużyna nabierała kształtów. Z tą pozytywną myślą o zmierzchu opuściłem Przełęcz Crawforda i obrałem kurs na kolejny cel: Lakes of the Clouds Hut (schronisko nad Jeziorami z Chmur), jedyne schronisko w Górach Białych leżące powyżej górnej granicy lasu i jeden z najlepszych punktów widokowych na całym AT.

Około północy musieliśmy zrobić nieplanowany postój w innym schronisku, bo raz, że bieganie w ciemności po wielkich granitowych płytach i rumowiskach było niebezpieczne, a dwa, że padałem z niedospania. Trochę się przejęliśmy, kiedy nam powiedziano, że w chacie nie ma miejsca dla kolejnych osób, ale zainterweniował Tristan: kiedyś tam pracował i teraz poprosił o spłatę długu wdzięczności. Niezbyt wysokiego, bo znalazła się tylko wolna podłoga w kuchni.

Było tak ciepło i cicho, że oczy mi się kleiły od samego patrzenia, jak Komandos pompuje maty do spania. Odpadłem w kilka sekund i uszczknąłem dobre cztery, pięć godzin snu, co wydało mi się zakazanym luksusem. Zasypiając, zdążyłem jeszcze policzyć dystans, jaki do tej pory pokonałem w Górach Białych. Kiepsko. Za wolno. Uświadomiłem sobie, że w trzydzieści sześć godzin straciłem dzień zapasu. Czas, który sobie odłożyłem na wszelki wypadek, wyparował, nie pozostawiając miejsca na nic poza czystą doskonałością.

Poranek następnego dnia przywitał nas błękitnym niebem i płomiennym słońcem, którego promienie zalewały czerwienią biały wierzchołek Góry Waszyngtona. Mierzyła tysiąc dziewięćset szesnaście metrów, była najwyższym wzniesieniem Gór Białych i jednym z najwyższych na całym szlaku. Wyruszyliśmy przed świtem i wspięliśmy się na grań, akurat kiedy niebo za szczytem rozbłysło na żółto. Blask słońca napełnił mnie energią, a wysokogórski teren rozluźnił mięśnie i poprawił nastrój. Na dystansie sześciu i pół kilometra pokonaliśmy równym, stałym tempem sześćset metrów pod górę, po czym szlak ustabilizował się i zamienił w przyjemną, pofałdowaną ścieżkę; wreszcie mogłem rozwinąć skrzydła i puścić się biegiem po kilku dniach zmagań z głazami, płytami i korzeniami. Poczułem odrobinę swobody po raz pierwszy od dnia, w którym przekroczyliśmy granicę błotnych jam Vermud.

Nie mogliśmy jednak liczyć na to, że ciepła, słoneczna pogoda się utrzyma. Góra Waszyngtona cieszy się złą sławą ze względu na całkowicie nieprzewidywalne, porażające ataki okropnej aury, w tym oślepiającej szadzi, która potrafi wystąpić o każdej porze roku. Przeciętna prędkość wiatru na Górze Waszyngtona wynosi pięćdziesiąt pięć kilometrów na godzinę, a na jej szczycie, tam gdzie się znajduje stacja meteo, umieszczono tabliczkę z informacją: „Tu zanotowano największą prędkość wiatru w porywie, wynoszącą 372 km/h". W dowolnym miesiącu można się spodziewać śniegu; średnio spada go prawie trzynaście metrów rocznie. Góra pochłonęła sto trzydzieści siedem istnień, w większości ofiar nieustannego ścierania się potężnych frontów atmosferycznych. Zyskała miano najniebezpieczniejszej niskiej góry świata.

W 2006 roku pewien dwudziestotrzyletni wędrowiec wybrał się na szczyt w ciepły, przyjemny dzień. Nagle rozpętała się tak silna burza, że zanim sprowadzono go na dół, nieszczęśnik zdążył doznać poważnego uszkodzenia mózgu. W 2013 roku warunki pogodowe do tego stopnia zmyliły doświadczoną wędrowczynię, że wyruszyła pomimo panującego zimna i zmarła niedaleko schroniska nad Jeziorami z Chmur. Nie była to zresztą pierwsza tragedia, jaka rozegrała się w tamtym miejscu. W schronisku panował nastrój powagi, jakby przypomnienie, że Matka Natura to siła ucząca pokory. W ścianie tkwił wbity gwóźdź, na którym wisiała para butów. Według legendy po śmierci swego właściciela buty ruszyły przed siebie i szły, dopóki ich nie zatrzymano. W okolicy mieszkało tak wiele duchów, że nawet nie miały osobnych imion, lecz nazywano je zbiorczo Obecnością.

Spotkałem się z JLu na szczycie Góry Waszyngtona. Znajdowaliśmy się na dachu długiego tunelu. Przypomnieliśmy sobie, że jesteśmy tu razem, że to nasza wspólna przygoda i że dotarliśmy już bardzo daleko.

Postanowiliśmy całą grupą uczcić czwarty lipca wycieczką niesławną Presidential Traverse (Trasa Prezydencka). Skakaliśmy po kamieniach i meandrowaliśmy wśród głazów, podążając szlakiem wytyczonym wierzchołkami gór Waszyngtona, Jeffersona i Madisona aż do obniżenia Pinkham Notch* (Przełęcz Pinkhama). Pomimo dojmującego zmęczenia ciepło wspominam ten krótki wypad z JLu i nowymi znajomymi. Do tej pory ani razu nie przekroczyliśmy razem górnej granicy lasu, dlatego teraz tym bardziej cieszyliśmy się z odmiany, zwłaszcza że doświadczyliśmy jej w krajobrazie znacznie nam bliższym niż niskie, zalesione wzniesienia, po których biegaliśmy w Georgii.

Po opuszczeniu Gór Białych zrobiliśmy krótki przystanek, zanim daliśmy nura w kolejne pasmo, noszące nazwę Wildcats**. Towarzyszyła mi ekipa świetnych biegaczy, miałem JLu i Timmy'ego, miałem też swoje ciało, mimo że nie wiedziałem, jak duża jego część nadal sprawnie funkcjonowała.

I chyba miałem też nadzieję.

No i jeszcze przekonanie, że potrzeba mi czegoś znacznie więcej niż nadziei.

---

* Od nazwiska Daniela Pinkhama, człowieka wielu profesji, między innymi budowniczego dróg, który w latach 20. XIX wieku zawarł ze stanem umowę na poszerzenie drogi biegnącej przez przełęcz.
** *Wildcat* (ang.) – żbik.

Trzydziestego dziewiątego dnia biegliśmy do drugiej w nocy w pogoni za harmonogramem. Potykałem się w ciemności, ale i tak nie miałem gdzie się położyć, bo nie było żadnej wystarczająco płaskiej powierzchni (zakładając, że ekipa w ogóle by mi pozwoliła na lenistwo). Szlak i otaczający go las były jedną wielką plątaniną korzeni, kamieni i głazów. Opuściliśmy nieprzystępny łańcuch Prezydencki, ale mniej popularne Wildcats okazały się równie zniechęcające. Noc ciągnęła się w nieskończoność. W końcu dotarliśmy do jedynego miejsca, w którym można się było przespać: schroniska, jak dla mnie, trafnie nazwanego Diablikowym (Imp Shelter), bo miałem wrażenie, że jakiś złośliwy duszek płatał mi wyczerpującego, ciągnącego się w nieskończoność i niezbyt przyjemnego figla. Nocne gryzonie skubały nasze zawieszone nad ziemią plecaki i przemykały po nylonowych śpiworach. Co rusz wyrywał mnie ze snu raptowny i silny przypływ koszmarnego niepokoju: bałem się, że nie nadążam z harmonogramem, że spadam, że sprawiam zawód sobie i JLu. Równie szybko wracałem w objęcia Morfeusza, w których roiłem sobie, że spóźniam się na metę. Wydawało mi się, że Komandos próbuje mnie podnieść, a potem uświadamiałem sobie, że to co innego: mysz, szczur albo coś gorszego. Z tych fragmentów uskładałem trzy godziny.

Nadal próbowałem sobie wmówić, że to wszystko tylko zły sen.

* * *

Kiedy o świcie czterdziestego dnia Jurker wyłonił się z lasu nieopodal Gorham w New Hampshire, dotarło do mnie, że przez ostatnie trzy noce w ogóle się nie widzieliśmy. Brak snu wyraźnie się na nim odbijał. Jurker był nie do poznania.

Jego twarz postarzała się o dwadzieścia lat, do tego miał okropny nierówny zarost. Jego kończyny sprawiały wrażenie wydłużonych i żylastych, a za paznokciami tkwiła gruba warstwa brudu. Nawet nie pachniał sobą; jego woń skojarzyła mi się z kompostownikiem. Timmy zauważył, że Jurker nie tyle *stapia* się ze szlakiem, ile *staje* się nim. Dodał, że jeśli posypiemy Jurkera ziarnem, to na sto procent wykiełkuje.

Zmiany były nie tylko fizyczne. Jurker coraz mniej był osobą, którą znałam. Przesuwał pozbawionym wyrazu, obojętnym wzrokiem, jakby jego umysł przebywał w zupełnie innym miejscu. Przywodził na myśl żołnierza, który poszedł na wojnę i wrócił z niej niby ten sam, a jednak odmieniony. Miał poważnie zaburzone zdolności manualne, niemal bezustannie trzęsły mu się dłonie. Dostał też osobliwego tiku, którego nigdy wcześniej u niego nie widziałam: mianowicie kiedy wypuszczał powietrze, jego usta wpadały w trzepot jak pysk zmęczonego konia. Potykał się o w s z y s t k o, o najmniejsze korzenie i kamienie; dałabym sobie rękę uciąć, że zawadzał stopami nawet o sosnowe igły. Każdy krzywo postawiony krok drażnił mu nerw kulszowy – wtedy gwałtownie prostował plecy i próbował rozmasować ból. Do tego na czubku palca u nogi zrobił mu się nieznośny pęcherz.

Poprosił, żebym przygotowała większe buty, rozmiar czterdzieści siedem, z miejscem na pęcherz. Sięgnęłam do pudła w Czarnym Zamku, ale nie znalazłam właściwych butów. Zapytałam, czy nie wie, gdzie się podziały. Skrzywił się i wydał długie westchnienie.

– Cholera, oddałem je Bezkijowi w Tennessee, kiedy myślałem, że to już koniec. Ech, magia szlaku. – Wyglądał na zbyt zmęczonego, by się tym przejąć, i zbyt wyjałowionego, by czegokolwiek żałować.

Zanim Jurker zdążył usiąść, Timmy porwał go i zabrał do pobliskiego hostelu dla wędrowców. Właścicielka była na tyle uprzejma, że pozwoliła Scottowi wziąć gorący prysznic, a do tego uraczyła go *smoothie* i grzanką z masłem orzechowym.

Gościnność naprawdę potrafi zdziałać cuda. Po trzech niedospanych nocach rankiem piątego lipca Jurker wyszedł z hostelu pełen energii.

Był czysty, najedzony i gotowy do dalszej drogi.

Zmiany nie ominęły również naszej drużyny. Komandos i Gabe musieli wracać do domu. Załatwiliśmy zastępstwo: kilka znajomych twarzy, kilka całkiem nowych – ekipę, która miała pomóc Scottowi przebyć łańcuch Mahoosuc, ostatnią część Gór Białych, ciągnącą się aż do Maine.

Wśród zabłąkanych biegaczy, którzy dołączyli do naszej karawany, był mój osobisty ulubieniec. Zetknęliśmy się z nim już wcześniej, trzydziestego szóstego dnia: to on zostawił wegańskie ciasto czekoladowe dla Jurkera na szczycie Mount Cuba. Pojawił się nazajutrz w New Hampshire. Zaczął rozmieszczać czereśnie w różnych miejscach Czarnego Zamku, rozkładał je niczym talizmany. Nosił też bardzo, ale to bardzo krótkie szorty. Nazwaliśmy go „Wiśniowym Szamanem". Kiedy czterdziestego dnia zameldował się pod hostelem, oznajmił, że tego ranka miał wystartować w zawodach, ale usłyszał wezwanie – coś mu powiedziało, że zamiast tego powinien przybyć tutaj, do nas. Użył właśnie tego słowa: „wezwanie". Powiedział, że uważa się za członka naszego zespołu, po czym wręczył nam długi, napisany na maszynie wiersz ze szczegółowymi instrukcjami.

– Należy to odczytywać Scottowi pentametrem jambicznym, w rytmie czterdziestu czterech do czterdziestu ośmiu uderzeń serca na minutę, co drugi krok.

Ostatnia strofa tego dzieła brzmiała tak:

Doskonale normalna, doskonale zrównoważona, doskonale wyrównana będzie forma, gdy istota każdego dnia opuszczać będzie van. Namaste

Albo może „namaszczę".

Nie wiem, czy forma Jurkera była zrównoważona i wyrównana (bo na pewno nie była n o r m a l n a), kiedy tamtego ranka opuszczał van, ale sądzę, że mantra Wiśniowego Szamana rzeczywiście jakoś go natchnęła, bo wiele wskazywało na to, że Jurker odzyskał swoje tempo.

MAINE

454 KILOMETRY

Każdy z nas zaznał w życiu największych radości wtedy,
kiedy nic ich nie zapowiadało.
Pozostawiły po sobie taką nostalgię, że żałujemy
nawet minionych nieszczęść,
jeśli to z nich się wyłoniły radości.

ANTOINE DE SAINT-EXUPÉRY, „ZIEMIA, PLANETA LUDZI"
(PRZEŁ. WIERA I ZBIGNIEW BIEŃKOWSCY)

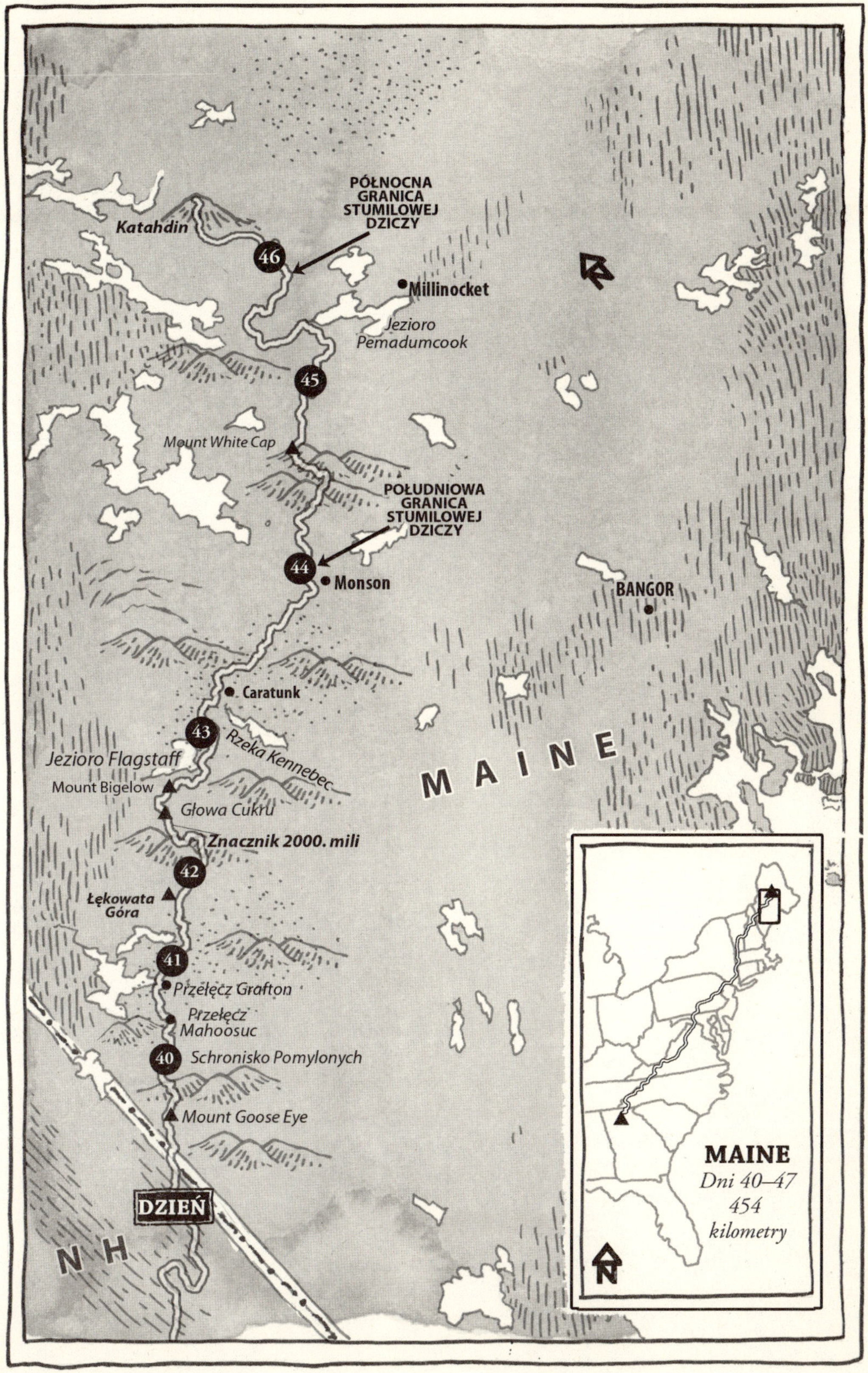
PÓŁNOCNA GRANICA STUMILOWEJ DZICZY
Katahdin
46
Millinocket
Jezioro Pemadumcook
45
Mount White Cap
POŁUDNIOWA GRANICA STUMILOWEJ DZICZY
44
Monson
BANGOR
Caratunk
43
Rzeka Kennebec
Jezioro Flagstaff
Mount Bigelow
Głowa Cukru
Znacznik 2000. mili
42
Łękowata Góra
41
Przełęcz Grafton
Przełęcz Mahoosuc
40
Schronisko Pomylonych
Mount Goose Eye
DZIEŃ
NH
MAINE
MAINE
Dni 40–47
454
kilometry
N

ROZDZIAŁ CZTERNASTY

TANIEC Z DŻINEM

DZIEŃ CZTERDZIESTY

Poranne zejście w kierunku Gorham odzwierciedlało mój ogólny spadek energii – było stopniowe, zdradliwe i całkowite. Kiedy w końcu dotarliśmy do Czarnego Zamku, gdzie czekała JLu, mój umysł nadawał już tylko sygnał alarmowy. Czułem się, jakby ktoś mi przestawił mózg w tryb samolotowy.

Każdy wie, do jakiej pasji doprowadza rozmowa, z której przez zanikający sygnał jesteśmy w stanie wychwycić jedynie co drugie słowo. Miałem podobny i równie frustrujący kłopot ze zrozumieniem samego siebie, tak jakbym porozumiewał się ze sobą fragmentami wypowiedzi. Zupełnie jakbym bez przerwy gubił i znajdywał zasięg.

Kiedy miałem zero kresek, zamykałem się w sobie i stawałem się niekomunikatywny, brakowało mi sieci – i wyczucia. Potem jednak brałem zakręt, wdrapywałem się na szczyt góry i raptem odzyskiwałem pełny zestaw. W takich chwilach, w przebłyskach radosnej wspinaczki, starałem się nawiązywać łączność, bo przecież z natury lubię rozmawiać i prowokować dyskusje. Jak pojawiające się z każdą nową wiadomością cyferki na ikonce aplikacji, jak piknięcia powiadomień: wtrącałem się do rozmów, wyłapywałem puenty, czasem je domykałem, tym samym dając do zrozumienia towarzyszom szlaku, że przestałem być „czasowo nieosiągalny".

Moimi nowymi partnerami na trasie zostało dwoje największych biegaczy, o których świat nie słyszał: Ryan i Kristina Weltsowie, miejscowi znajomi Horty'ego. Z przyjemnością obserwowałem, jak poruszają się po szlaku. Byli jak dzieciaki na drabinkach, prześlizgiwali się po kamiennych płytach, dawali susa nad dziurami w ziemi, skakali z gałęzi na gałąź i z korzenia na korzeń, nazywając je „cedrowymi poręczami".

Ryan był rekordzistą prędkości na odcinku AT zwanym Mahoosuc Traverse (Trasa Mahoosuc), więc ta okolica była dla niego jak teren treningowy. Weltsowie okazali się nie tylko szczęśliwi, że mogą ze mną pobiec, ale też świetnie przygotowani. Oboje wraz z ich kolegą Nate'em, który też do nas dołączył, zjawili się wyposażeni w spore plecaki pełne lekkiego sprzętu turystycznego i cudownie zbędnych poprawiaczy nastroju, takich jak wielkie jak jasiek opakowanie ciasteczek Rice Krispies. Nie oszczędzali się, wypruwali z siebie flaki – z uśmiechem na ustach. Jakże miła odmiana tempa po ociężałości i majestatyczności Gór Białych oraz przygnębiająco powoli zaliczanych odcinkach. Przestałem myśleć o kilometrach i godzinach i wyzbyłem się poczucia, że rekord prawie na pewno wymknął mi się z rąk.

Żyłem chwilą. Byłem w ruchu, a ten ruch przychodził mi z łatwością. Mimo to nie zastanawiałem się nad tym. Było jeszcze za wcześnie na powrót pewności siebie.

Bliskość ostatniej na szlaku granicy – z Maine – wprawiła całą naszą grupę w radosne podniecenie. Timmy i JLu wybiegli nam na spotkanie tuż przed przeprawą – nie było mowy, żeby JLu miała zrezygnować z naszego rytuału. Zabrali ze sobą śpiwory, aby móc spędzić z nami noc w schronisku. W miejscu przecięcia szlaku z granicą stanów stała tabliczka z informacją: „Góra Springera 3057,4 km. Katahdin 452,8 km". Coś niezwykłego. Ostatni, czternasty stan. Dotarłem – i byłem poruszony do żywego. Kremowo-pomarańczowy zachód słońca przydał tej chwili magicznej aury i włączył ją do grona najbardziej pamiętnych epizodów na szlaku. Przechowywałem je w pamięci od dnia, w którym w mroku Georgii wpisałem się do księgi na początku AT i zacząłem tę przygodę.

Nawet jeśli nie dotrwam do końca albo nie ustanowię rekordu, i tak będę twierdził, że było warto. Nie powiedziałem tego głośno, zachowałem tę myśl dla siebie, ale ostatnie kilka godzin potwierdziły jej prawdziwość. W zupełności bowiem wystarczało mi to, że razem z JLu i Timmym jesteśmy tu i robimy to, co uwielbiamy.

Od grzbietu Mahoosuc szlak wił się między drzewami – i był przepiękny. Tam, gdzie nie pokrywały go kamienie, ułożono deski ułatwiające przeprawę przez grząskie błoto i szlam, terytorium łosi. Widoki na rozległą północną krainę były pełne dzikiego przepychu. Wkrótce zrobiło się tak stromo, że musieliśmy się chwytać przymocowanych do granitowych ścian metalowych poręczy, które Timmy nazwał „kamiennymi zszywkami". Przed zmrokiem udało nam się dotrzeć do Full Goose Shelter (schronisko Pomylonych). Byliśmy pełni uniesienia, buzowała w nas adrenalina. Pół godziny później zasnęliśmy jak susły pośród kakofonii pochrapywań padniętych, umęczonych duszyczek, które zastaliśmy w schronisku.

Wyruszyliśmy w mroku przedświtu. Timmy i JLu pobiegli odnogą szlaku, żeby uszczknąć nieco z drogi, ja zaś zanurzyłem się w trzewia Mahoosuc, w głęboki żleb, który wyglądał, jakby załatwił się do niego lodowiec. Wszędzie ogromne głazy, pokruszone kamienie i powalone drzewa o ogromnych korzeniach. Wędrowcy długodystansowi na AT określają ten odcinek jako „najtrudniejszą milę": pokonanie tej plątaniny potrafi zająć dobrze ponad dwie godziny. Przeciskałem się przez szczeliny wąskich kanionów utworzonych ze stosów kanciastych bloków. Gramoliłem się na czworakach przez omszałe kamienie, chwytałem się gałęzi i korzeni choin i jodeł.

Wrócił dżin, który wydostał się z lampy niedaleko Galehead Hut. Stawiał taki opór, że nie byłem w stanie wcisnąć go z powrotem. Mocowałem się z nim i zmagałem przez godzinę i dwadzieścia minut, aż w końcu pokonałem tę milę i niezgrabnym krokiem przebiegłem przez Mahoosuc Notch (przełęcz Mahoosuc).

Jedenaście kilometrów dalej zameldowałem się na Grafton Notch* (przełęcz Grafton), gdzie południowe słońce wypalało beton na tamtejszym parkingu. Przepakowując plecak w Czarnym Zamku, usłyszałem głos innego zmierzającego na północ wędrowca: „Ej, Scott, dobijasz do największych twardzieli. Więc zachowuj się jak twardziel!". Rzeczywiście, zbliżałem się do wyników osiąganych przez najmocniejszych wędrowców na AT w 2015 roku, ale w żadnym razie nie czułem się twardzielem.

Zerknęliśmy na liczby. Trzydziestego dziewiątego dnia wyprawy zaliczyłem zaledwie pięćdziesiąt jeden kilometrów. Czterdziestego dnia było jeszcze gorzej: czterdzieści sześć kilometrów. Czterdziestego pierwszego – czterdzieści osiem. Zaczęła do mnie docierać bolesna świadomość marności moich postępów. Dawałem z siebie, ile tylko mogłem, ale długość pokonanego dystansu wcale tego nie odzwierciedlała.

Słowa wędrowca sprawiły, że cofnąłem się myślami do 2006 roku i do epizodu, w którym Caballo Blanco usiłował zajść mi za skórę, licząc, że zmotywu-

* Według jednej z legend historia nazwy tej przełęczy, a właściwie nieistniejącej już osady, od której wzięła miano, jest taka, że jedni z pierwszych kolonistów przybyłych na te tereny z Massachusetts zdecydowali się na „Grafton", ponieważ nieopodal leżało miasteczko Upton. Pomysł wziął się stąd, że w Massachusetts też się znajdowało Grafton, w dodatku po sąsiedzku z Upton.

je mnie do stawienia czoła Tarahumara. „Jak bardzo jesteś *chingon**?" – zapytał w mailu. Co się tyczy tej przygody, to jeśli poważnie myślałem o rekordzie, musiałem odnaleźć w sobie głębsze pokłady „twardzielstwa".

Dzień czterdziesty drugi zaczął się niepomyślnie. Poprzedni zakończyłem dłuższym snem niż ten, który mi przysługiwał, dlatego JLu była na mnie zła już od samego rana, kiedy wstałem z ociąganiem i świadomością, że czeka mnie nadrabianie zaległości. Obudził mnie tętent łosich kopyt na betonie. Wszyscy inni też się zerwali i pouciekali, chcąc uniknąć stratowania przez to wielkie zwierzę o zabójczo silnych nogach. Guzdrałem się w vanie, próbując odsunąć w czasie początek kolejnego wyczerpującego dnia. W rozmowie z JLu Timmy zażartował, że tak bardzo powłóczę nogami na szlaku, że zostawiam za sobą dwie koleiny.

Z punktu widzenia kanapy w Boulder zakładałem, że na tym etapie szlak – i rekord – będę miał już w kieszeni. Tymczasem czułem się jak chomik w karuzeli. Biegłem i biegłem, ale nie robiłem żadnych postępów. Kilometry pokonywane w Maine zdawały się prowadzić donikąd. Zniechęcała zwłaszcza wyjątkowa na tym odcinku krętość AT. Chwilami musiałem biec na południe, po to by zdążać na północ.

Na trzynastym kilometrze poślizgnąłem się na kamiennej płycie i rąbnąłem biodrem o ziemię. Przy okazji złamałem kij trekkingowy; obie części ledwo się trzymały na kilku cienkich włóknach węglowych, był do niczego. Wściekłem się na śliską skałę do tego stopnia, że zacząłem okładać ją resztkami kija, aż zostały z niego tylko strzępy. Luis, który powrócił na AT na jeszcze jedną turę w mojej ekipie, odsunął się ode mnie z wymowną miną. Nie poznawał mnie. Czyżbym ostatecznie stracił panowanie nad sobą?

Nadal jednak cała ekipa i wszyscy, którzy przybywali na szlak, żeby się ze mną zobaczyć, powtarzali słowa zachęty. „Już niewiele ci zostało", mówili. Albo: „Jeszcze tylko cztery dni!". Tak jakby to była najpewniejsza rzecz pod słońcem. Jak na ironię, ten ich entuzjazm jedynie pogarszał mi nastrój. Zginałem się w pół i ledwo trzymałem w garści, byłem złamany jak mój kij trekkingowy.

Czterdziestego drugiego dnia ponurym głosem poprosiłem miejscowych biegaczy, żeby ruszyli przodem beze mnie. Posłuchali bez zbędnych pytań. Potrzebowałem nieco przestrzeni i samotności, żeby się zmierzyć z liczbami. Chciałem się też rozprawić z dojmującym smutkiem. Musiałem przypomnieć

* *Chingon* (hiszp.) to w meksykańskiej odmianie języka hiszpańskiego „zajebisty".

samemu sobie, że wyprawa nie poszła na marne i że samo doświadczenie szlaku jest warte więcej niż rekord. Zapragnąłem zaznać emocji towarzyszących świadomości, że jest już po wszystkim. Jasne, byłoby łatwiej zdusić je w sobie, ale niestety, okazały się zbyt silne. W końcu po to tu przyjechałem – a jednak nie potrafiłem tego znieść. Leżałem martwy w wodzie, unosiłem się na powierzchni twarzą do dołu, dobity przez FKT.

Brnąłem dalej, dźwigając ten swój ciężar. Uporanie się z nim będzie wymagało większej liczby kilometrów i większej ilości błota, pomyślałem – i jak na zawołanie dałem krok prosto w dobrze zamaskowaną liśćmi breję. No tak, Szlak Appalachów w pigułce: kiedy już myślisz, że złapałeś rytm, wtedy on przetrąca ci nogi.

Tego dnia odjeżdżał Timmy. W naszą stronę zmierzała silna letnia burza. Błyskało raz za razem. Miałem rzucić się prosto w ten mokry, zimny chaos z ekipą składającą się z chętnych i kompetentnych biegaczy, ale niestety uboższą o tego, z którym czułem szczególnie silną więź. Obliczyłem, że burza złapie nas w trakcie wspinaczki na Saddleback Mountain (Łękowata Góra), która w takim wypadku przeciągnie się pewnie do rana. Odejście Timmy'ego będzie przypominało zmianę na stanowisku kapitana statku podczas huraganu.

Za dużo tego. Siedziałem w drzwiach vana zgarbiony i pokonany. Przywołałem do siebie Jenny i Timmy'ego i oświadczyłem bez owijania w bawełnę:

– Słuchajcie, policzyłem to sobie. I wyszedł mi kiepski wynik. Przepraszam. Spieprzyłem. Już po wszystkim.

Doba miała za mało godzin, bym zdołał pobić rekord. Powiedziałem trudno, ale nie szkodzi. I że bynajmniej nie rezygnuję z wyprawy. Dotrę do Katahdin, ale nie biegiem. Nie widziałem sensu w kontynuowaniu nocnych marszów zombie.

Nie posłuchali mnie. JLu wzięła dwa woreczki strunowe: do jednego zmieściła całą pizzę, a drugi wyładowała rozmaitymi batonami, żelami i innymi przekąskami. Spakowała mi plecak jak chłopcu wyjeżdżającemu na letni obóz. Timmy popatrzył mi prosto w oczy, wejrzał głęboko w moją duszę, nawet głębiej niż Horty, i powiedział:

– Jesteś bardzo blisko. Widziałem, jak przez ostatnie dziesięć dni zbliżasz się do krawędzi i powracasz znad niej. Dasz radę, Scotty!

Nie uwierzyłem mu.

Zniknęła łączność z innymi, którą czułem w Mahoosuc. Znów straciłem wszystkie kreski i znalazłem się poza zasięgiem. Przez ostatnie czterdzieści dwa dni na zmianę wierzyłem, że naprawdę mogę ustanowić nowy FKT, i usiłowałem pogodzić się z faktem, że mi się to nie uda. Tym razem jednak poczułem, że wyrwałem się z tego kręgu. To koniec. Nic już się nie zmieni. Liczby są nieubłagane.

Przestawiałem się w nowy tryb. Zacząłem z przyjemnością myśleć o niespiesznej wędrówce przez pozostałą część lasów Maine.

Odwzajemniłem spojrzenie i odparłem Timmy'emu:

– To przekracza ludzkie możliwości. Gwóźdź został wbity w trumnę.

* * *

Byłam w szoku. O czym ten mój stuknięty, wymizerowany, roztrzęsiony mąż o niewyraźnym spojrzeniu gada? Jak to: „Już po wszystkim"? Czyli co – znowu pobiegniemy truchcikiem jak w Leadville w 2013 roku? O nie. Niedoczekanie. Nie po to urabiałam się po łokcie i nie po to dotarłam tak daleko, żeby się teraz poddać i wybrać spacerkiem przez Maine. Jurker nie chciał więcej bólu i ja też wolałam, żeby nie cierpiał, ale przykro mi, zanim będzie mu dane poczuć ulgę, będzie musiał jakoś dotrwać do końca tego festiwalu udręki.

Byliśmy zbyt blisko celu, żeby teraz rezygnować.

– Ale przecież policzyłem. Mam za mało czasu. Dałem ciała.

– Co ty b r e d z i s z? Masz pięć dni. Dasz radę!

Westchnął. Widziałam, jak bardzo jest sfrustrowany.

– JLu. Dziś jest czterdziesty drugi dzień wyprawy. Rekord to czterdzieści sześć dni, a więc zostają tylko cztery.

– Halo, jest tam kto? – Miałam ochotę zapukać do jego czaszki. – Mamy do dyspozycji cały czterdziesty szósty dzień plus jedenaście godzin czterdziestego siódmego. – Patrzył na mnie i nic nie mówił. Słyszałam, jak obracają się trybiki w jego głowie. Przewróciłam oczami. Czy on sobie ze mnie żartuje? Cały ten dramat przez to, że się walnął w obliczeniach? Podobno senność wyklucza prowadzenie pojazdów i obsługę maszyn. Moim zdaniem należy uzupełnić tę listę o uprawianie arytmetyki... Załadowaliśmy Jurkerowi tonę jedzenia i wysłaliśmy go w drogę z dwojgiem nieznajomych.

Pożegnałam się z Timmym. Tak jak Speedgoat, Timmy bardzo nie chciał opuszczać naszej drużyny, ale musiał wracać do domu ze względu na zobowiązania zawodowe. Jego rychły wyjazd uświadomił mi, jak bardzo mu zaufałam w kwestiach planowania i podtrzymywania morale. Przez ostatnie dwa dni, w miarę jak coraz głębiej wnikaliśmy w naprawdę dzikie tereny, jedno i drugie stało się szczególnie trudne. Na szczęście Timmy zadbał o zastępstwo.

Okazało się, że nasi przyjaciele Topher i Kim jednak zrozumieli, jak bardzo ich potrzebujemy. Akurat tak się złożyło, że kiedy Jurker wysłał sygnał SOS do Topha, ten był świeżo po odejściu z pracy i kręcił się po miasteczku Mammoth Lakes z grupą zaprzyjaźnionych ultramaratończyków. Dopiero później Toph powiedział mi, że Jurker zabrzmiał przez telefon tak rozpaczliwie, że kiedy Toph puścił nagranie z poczty przez głośnik, wszyscy aż się wzdrygnęli, słysząc w głosie Jurkera ewidentną desperację. Topher i Kim bez wahania kupili bilety do Portland w Maine i mieli przylecieć jeszcze tego wieczoru. Najlepsze, że oboje wspólnie z Timmym wymyślili plan działania na odcinek o decydującym znaczeniu, będący zarazem największym logistycznym wyzwaniem AT. Nazywał się Hundred-Mile Wilderness (Stumilowa Dzicz) i był cieszącym się złą sławą fragmentem szlaku w środkowej części Maine, który niejednego wędrowca nauczył pokory.

Wraz z Tophem i Kim miała się zjawić jeszcze jedna osoba, prawdziwa ultramaratońska petarda, tak samo nieoceniona dla Jurkera, jak i dla mnie. Bardzo, bardzo się ucieszyłam z widoku Krissy. Wyglądała znacznie lepiej ode mnie: wypoczęta, czysta, z błyskiem w oku, no i opalona. Była jedną z moich najserdeczniejszych przyjaciółek. Kiedy przyjechała, poczułam się, jakby przywiozła ze sobą kawałek domu. Sądziłam, że z miejsca zacznie wypytywać o Scotta, ale nie, najpierw zatroszczyła się o mnie. Po czterdziestu dwóch dniach i nocach obsługiwania wyprawy bez wyrzutów sumienia pragnęłam czasu wyłącznie dla siebie.

Poznałam Krissy Moehl w 2001 roku. Obie byłyśmy wtedy nowymi nabytkami firmy obuwniczej z Seattle. W biurze posadzono nas w jednym boksie. W tamtych czasach miałam zerowe doświadczenie w bieganiu, natomiast Krissy przestawiała się właśnie z bieżni na dłuższe dystanse. Zaimponowała mi. Sama myśl o tym, że miałabym przebiec czterdzieści parę kilometrów albo więcej, wydawała mi się co najmniej dziwaczna. Tymczasem Krissy, miła, zwyczajna, zrównoważona dziewczyna, przygotowywała się do swoich pierwszych zawodów na pięćdziesiąt kilometrów. Jej entuzjazm okazał się zaraźliwy. W dwa lata przeszłam od niebiegania – w ogóle, nawet trochę – do startu najpierw w półmaratonie, potem w pełnym maratonie, a wreszcie w wyścigu na dystansie pięćdziesięciu kilometrów. Nie byłam tak szybka jak ona, ale rozumiałam, dlaczego tak to uwielbiała.

Od tamtej pory zjeździłyśmy razem świat. Startowałyśmy w zawodach od Hongkongu po Francję. Byłam w jej ekipie, kiedy pobiegła w Western States i Wasatch. Jurkera znała dłużej ode mnie – to on zaraził ją pasją biegania w terenie, kiedy oboje pracowali w Seattle Running Company. Byli jak brat i siostra, toteż nic dziwnego, że skrzywiła się z niesmakiem na wieść, że ja i Scott chodzimy ze sobą.

Załatwiła sobie podwózkę na szlak u jednego z miejscowych. Złapała mnie niedaleko pięknego jeziora Rangeley, leżącego kilka kilometrów na zachód od Łękowatej Góry. Na dzień dobry spytałam ją, czy ma ochotę się wykąpać. Zbierało się na burzę, ale wciąż jeszcze było wystarczająco ciepło, żeby pójść popływać. Przebrałyśmy się w vanie i pobiegłyśmy skorzystać z ostatnich promieni słońca.

– Ale cię pocięły! – pisnęła Krissy, wskazując moje pogryzione przez owady ręce i nogi. Przestałam zwracać na to uwagę. Ślady kojarzyły mi się z Głębokim Południem, które odwiedziliśmy, zdawało się, lata temu. Ciekawe, co jeszcze się we mnie zmieniło.

Wytarłszy się, wsiadłyśmy do Czarnego Zamku i pojechałyśmy na Sugarloaf Mountain (Głowa Cukru). Po drodze podzieliłam się z Krissy spostrzeżeniami na temat stanu Scotta, jego postępów i perspektyw. Na górze lało jak z cebra. Wynajęłyśmy pokój w ośrodku narciarskim, prawdziwy luksus, ale postanowiłam, że nie będę się szczypała. Zamierzałam skorzystać ze wszystkiego, co dawał: od gorącej wody po czystą pościel i miękką kołdrę.

W ośrodku było nawet jacuzzi pod chmurką. Wybrałyśmy się tam wieczorem i, wylegując się w wodzie, podziwiałyśmy Łękowatą Górę. Padał intensywny deszcz, wierzchołek i zbocza tonęły w zimnej mgle. Zastanawiałam się, czy Jurker dotarł tej nocy do celu, którym była prosta, otwarta z trzech stron chata, a właściwie wiata. Miło było zaznać wygody i zmyć z siebie brud, ale zarazem czułam wyrzuty sumienia, bo nie wiedziałam, gdzie jest Scott. Zaczęłam sobie wyobrażać nie wiadomo co. Może złapała go burza i biegnie skulony w tej swojej śliskiej kurtce przeciwdeszczowej z dwojgiem niemal obcych ludzi u boku, kiedy ja tu się doskonale bawię z przyjaciółką.

Nie byłam w stanie przespać więcej niż sześć godzin, nawet pomimo faktu, że było mi dane zasypiać w wielkim łożu z mnóstwem poduszek. Wstałam natychmiast po przebudzeniu i sprawdziłam wskazania lokalizatora. Jurker już biegł – to dobrze; przyszło mi jednak do głowy, że może w ogóle się nie zatrzymał na noc. Obym się myliła. Bo wtedy to dopiero by mnie gryzło sumienie.

Topher i Kim spotkali się z nami w hotelu rankiem czterdziestego dnia wyprawy. Należało ułożyć plan. Byli przygotowani: mieli zbiór map, za który Speedgoat z pewnością by ich pochwalił. Toph zainstalował na telefonie kilka aplikacji związanych z AT. Jedna z nich podawała w czasie rzeczywistym lokalizację w oparciu o GPS, dzięki czemu Toph będzie mógł obliczyć tempo Jurkera, kiedy będą biegli razem.

Tego ranka narada skupiła się na kilku poważnych przeszkodach.

Pięćdziesiąt osiem kilometrów dalej znajdowała się rzeka Kennebec*. Przy dobrym wietrze Jurker mógł do niej dotrzeć około północy. „Nie przechodź w bród – napisano w przewodniku. – Skorzystaj z przeprawy promowej". Sprawdziłam i okazało się, że prom (dużo powiedziane, po prostu facet z kanadyjką) kursuje od dziewiątej rano do piątej po południu. Szacowaliśmy, że Jurker stanie na brzegu rzeki tuż po północy, zatem z pomysłu nici. Ci, którzy śledzili w internecie nasze postępy, doszli do podobnego wniosku i zastanawiali się, jak Scott powinien postąpić.

Jakiś pracownik od operatora promu stwierdził, że jeśli Jurker nie skorzysta z „oficjalnej" przeprawy, jego rekord nie będzie mógł zostać uznany. Ktoś inny szybko zauważył, że poprzedni rekordziści, w tym również Horty, odpuścili sobie opłatę pięćdziesięciu dolarów za tak zwany prom. Horty przeszedł rzekę w bród. Zawsze to była jakaś opcja, mimo że do mnie nie przemawiała. Nigdy wcześniej nie byliśmy nad tą rzeką, nie wiedzieliśmy, jakie są prądy, i nie mieliśmy pojęcia, co się znajduje w dole. Poza tym wolałam, żeby w tym stanie nie próbował brodzić w ciemnościach. Cierpiał na koszmarny niedobór snu. Przypominał dryfujące drewno; wyobraziłam sobie, jak odpływa w siną dal.

Z radością przyjęłam propozycję Mandy i Johna, właścicieli pobliskiego ośrodka rekreacyjnego, którzy zaproponowali, że dostarczą nam kanadyjki i ukryją je na miejscu, żebyśmy mogli się przeprawić. Podziękowaliśmy naszej szczęśliwej gwieździe (i Gary'emu, miejscowemu biegaczowi) za ten pokaz szlakowej magii.

Kolejną przeszkodą była Stumilowa Dzicz. Byłam pod wrażeniem ilości informacji, jakie Toph i Kim zebrali przed przyjazdem. Stumilowa Dzicz to wyjątkowo trudny odcinek szlaku, zwłaszcza dla ekipy technicznej, ponieważ trasę przecinają liczne drogi służące firmom prowadzącym wyrąb. Dostępu do AT bronią bramy, które otwierają się i zamykają jedynie o wyznaczonych porach. Jeśli więc za którąś się dostaniemy, wtedy aby się wydostać, będziemy musieli zaczekać na ponowne otwarcie. Jeśli nie zdążymy na czas i utkniemy

* Nazwa wywodzi się z języka abenackiego i oznacza „duży zbiornik nieruchomej wody".

za bramą, będziemy mieli przerąbane. Dodam, że za bramą nie ma żadnych udogodnień, nic.

Przestudiowaliśmy mapę i przy pierwszej okazji skręciliśmy do lasu. Potem Topher zaproponował, żebyśmy przejechali się drogami, sprawdzili miejsca, które wyznaczyliśmy jako przystanki na trasie Jurkera, i przekonali się, czy w ogóle zdołamy tam dotrzeć samochodem. Stereotypowy zwrot: „Stąd do tamtąd to się nie da" (wypowiadany z akcentem z północnej części Maine) wymyślił ktoś, kto w tych lasach próbował się dostać jak najkrótszą drogą z punktu A do B.

Tego ranka Jurker miał przekroczyć znacznik dwutysięcznej mili. Od Katahdin dzieliło go raptem sto osiemdziesiąt dziewięć mil (trzysta cztery kilometry).

Mieliśmy się przekonać, czy jednak stąd do tamtąd „się da".

ROZDZIAŁ PIĘTNASTY

STUMILOWY KOSZMAR

DZIEŃ CZTERDZIESTY DRUGI

Nie powinienem zabierać się do rachunków, będąc w takim stanie. Kiedy JLu mnie poprawiła i powiedziała, że przeoczyłem cały jeden dzień, moja radość okazała się zaprawiona goryczą. FKT nadal był w moim zasięgu – ale też wizja niespiesznej podróży na Katahdin wyglądała diablo kusząco.

Jeszcze nie teraz.

To był decydujący moment. Zanim JLu mnie otrzeźwiła, tonąłem w chaosie. Fizycznie czułem się nieźle, za to psychicznie... Byłem jednym wielkim kłębkiem nerwów. Rozmowa z Jenny dodała mi sił.

Ryan i Kristina musieli wracać do domu, Timmy też odjechał, a Toph miał się zjawić dopiero wieczorem. Póki co miałem więc biegać z nieznajomymi. Dołączyli do mnie na drugi etap dnia, trzydziestokilometrowy nocny bieg przez Łękowatą Górę. To mi dało impuls do przemyślenia kwestii sprawności (i czasem n i e sprawności) mojej drużyny. Zastanawiałem się nad mechanizmami zawiązywania się i rozpadania ekip.

Fakt, że w skład mojego nocnego teamu wchodziłem ja sam i dwóch mężczyzn, których wcześniej nie znałem, budził we mnie pewien niepokój. Przed nami najbardziej wymagający etap przed końcową wspinaczką. Ciemność przed świtem. John Rodrigue i Chris „Tarzan" Clemens wyglądali na zawziętych, wytrzymałych biegaczy. Gorzej, że ja sam byłem u kresu sił i nie miałem już energii do kierowania zespołem. To m n ą należało pokierować. Miałem wątpliwości, czy jestem gotów zaryzykować i powierzyć to zadanie obcym ludziom.

Czy będą w stanie odpowiednio mnie zmotywować?

Czy będą wiedzieli, kiedy przycisnąć, a kiedy odpuścić?

Czy będą wiedzieli, *jak* mnie zmusić do wysiłku?

Kilka godzin wcześniej, po południu czterdziestego drugiego dnia, byłem gotów zrezygnować z biegu i przejść się na Katahdin spacerkiem. To była chwila, od której wszystko zależało.

Trochę się też obawiałem, że Tarzan uzna mnie za obłąkanego. Rano widział, jak z wściekłości roztrzaskuję kij trekkingowy. Kiepskie pierwsze wrażenie.

Johna poznaliśmy za pośrednictwem przyjaźnie nastawionego i ogromnie uczynnego klubu biegowego Maine Trail Monsters, więc wiedziałem, że przynajmniej ma doświadczenie w poruszaniu się po tej bezkresnej północnej krainie. Tarzana sprowadził Luis, do którego wyborów miałem zaufanie. Dodawał mi otuchy fakt, że w 2012 roku Tarzan przewędrował cały AT, miał zatem stosunkowo świeżo w pamięci, co człowiek potrafi przejść na szlaku.

Ale poza tym nic o nich nie wiedziałem. Znajdowałem się w sytuacji wóz albo przewóz, szansa na pobicie FKT wisiała na włosku, a miałem wyruszyć na szlak w towarzystwie ludzi będących dla mnie kimś w rodzaju facebookowych znajomych moich znajomych.

Ale cóż, jak się nie ma, co się lubi, to się lubi, co się ma.

Ostatnim celem tego dnia było pokonanie trzydziestu kilometrów dzielących nas od Spaulding Mountain Lean-To* (wiata na Górze Spauldinga) i zawierających sześciusetmetrowe podejście pod Łękowatą Górę, potem zejście i kolejne sześciusetmetrowe podejście, tym razem pod Górę Spauldinga, a między nimi wiele mniejszych, typowych dla AT wzniesień.

Przedarliśmy się przez dziesięciokilometrową warstwę gęstego lasu i wyszliśmy na otwarty grzbiet. Kiedy zbliżaliśmy się do wierzchołka góry, mgła zrobiła się tak gęsta, że czułem, jak jej obłoki muskają mnie po twarzy. Przesłaniała niebo. Na naszych plecakach i ubraniach znikąd pojawiły się krople deszczu.

John skutecznie nas motywował, tak że parliśmy stale do przodu po grzbietach Łękowatej Góry. Nie było to nic spektakularnego, ale wciągnęliśmy się w rytm, który utwierdził mnie w przekonaniu, że jeszcze nie cały się wypaliłem. Wykorzystałem ten czas, żeby dowiedzieć się czegoś więcej o moich towarzyszach (licząc, że nie usłyszę nic niepokojącego).

---

* Nazwa góry pochodzi od nazwiska miejscowego drwala. *Lean-to* jest rodzajem prostego, otwartego z trzech stron schronienia, które w zależności od jego wielkości, materiału użytego do budowy i wyposażenia określimy mianem szałasu (bardziej prymitywna konstrukcja) bądź wiaty (bardziej złożona; jest nią na przykład *lean-to* na Górze Spauldinga).

John był skromnym i skrytym twardzielem, a także samotnym ojcem dorosłego syna, który niedawno złapał bakcyla biegów ultra. Klasyczny typ niezależnego mieszkańca prowincji. Kiedy się dowiedział, że będę biegł w okolicy, odwołał wszystko, co miał zaplanowane, żeby w razie czego móc służyć pomocą.

Chris Clemens był chudy jak patyk, ale szybki jak whippet, i miał mięśnie jak stalowe liny. Caballo Blanco przezwał go Tarzanem, bo Chris nosił długie brązowe włosy i czuł się w dżungli jak w domu. Chris spakował swój plecak z wprawą podróżnika: zabrał namiot, śpiwór i więcej jedzenia, niż, jak sądziłem, będziemy w stanie przerobić; okazało się, że pożywienia było w sam raz, ale to dlatego, że wciąż mi było mało kalorii. Co nie zmienia faktu, że schudłem prawie dziewięć kilo.

Szybko wyzbyłem się wątpliwości co do tego, czy ci dwaj okażą się wartościowymi towarzyszami. Z ich świeżą energią poczułem się, jakbym biegł ze starymi przyjaciółmi.

Było jeszcze jasno, kiedy stanęliśmy na pięknym, porośniętym fioletowymi i różowymi letnimi kwiatami szczycie Łękowatej Góry. Przyspieszyliśmy kroku, bo szlak nagle zaliczył stromy spadek. Tam też, ku memu zdumieniu, ujrzeliśmy Timmy'ego. Czekał na nas z puszkami piwa. Uznał, że jednak nie jest jeszcze gotowy na pożegnanie z przygodą.

Był w wyraźnie zabawowym nastroju. Spiknął się z dwoma pracownikami schroniska narciarskiego na Łękowatej Górze i razem z nimi wdrapał się na szczyt nartostradą. Zaczęli imprezę bez nas.

– Słuchaj – ryknął. – Kiedy schodziliście z grani, wyglądaliście, jakbyście płynęli na chmurze!

Gapił się na mnie rozpromieniony – później dowiedziałem się dlaczego: otóż przyglądał się, jak zbiegam z góry, i podobno wystarczyło mu jedno spojrzenie na moją minę, aby się przekonać, że wróciłem do gry. Moja twarz wyglądała zupełnie inaczej niż niecałe dwanaście godzin wcześniej, kiedy mu się przyznawałem, że nie dam rady. Jak zwykle szybko mi się udzielił nastrój Timmy'ego i impreza na szczycie przemieniła się w święto pomyślności, stała się zapowiedzią sukcesu.

Tamta noc pod wiatą na Górze Spauldinga była mokra i ponura, ale o wpół do piątej czterdziestego trzeciego dnia wyprawy wygramoliłem się ze śpiwora, wyżąłem skarpetki najlepiej, jak się dało, i posiliłem się przed drogą kawałkiem pizzy i dwoma batonami, które spakowała mi JLu. Złożenie namiotu pozostawiłem moim towarzyszom; wyruszyłem bez nich, bo wiedziałem, że i tak mnie dogonią.

Miałem cztery i pół dnia na dotarcie do Katahdin. Już drugą noc z rzędu spałem tylko cztery godziny. Za każdym razem było tak samo: kładłem się, zamykałem oczy, po czym budziłem się z – jak mi się wydawało – zaledwie kilkuminutowego snu. Koniecznie musiałem nadrobić zaległości w spaniu – a także pokonywać więcej kilometrów dziennie. Pomimo mgły, powietrze było ciepłe nawet przed wschodem słońca. Obudziłem się wygrzany i poczułem się świeży, a nawet nieco wypoczęty. W rzeczywistości moje dobre samopoczucie wynikało ze świadomości, że wkrótce Toph, Kim i Krissy dołączą do naszej drużyny.

Z jednej strony cieszyłem się z przyjazdu jednego z moich najstarszych i najbardziej zaufanych przyjaciół, a z drugiej byłem naprawdę ciekaw, jak ważna okaże się jego rola w tych ostatnich koszmarnych dniach i godzinach przed FKT.

Po przejściu porannej burzy czterdziestego trzeciego dnia wyprawy temperatura powietrza zaczęła szybko rosnąć. Jak tylko pokonaliśmy piargowe zbocze i ponownie zanurzyliśmy się w Zielonym Tunelu, zobaczyłem zmierzającego w naszą stronę biegacza. Topher!

– Daj spokój! Ten szlak to jakieś wariactwo. Korzeń na korzeniu. Cały jest taki?

– Czysta rozkosz, sam zobaczysz! – odparłem, zamykając go w silnym uścisku.

Topher nie marnował czasu, jak to on.

– Od tej chwili mamy cztery dni i pięć godzin na dotarcie do szczytu Katahdin. Będziesz musiał zaliczać jakieś osiemdziesiąt kilometrów dziennie. To wykonalne, o ile właściwie podejdziemy do sprawy. Pierwszą zmienną w tym równaniu jest sen. Drugą – twoje tempo.

Topher ogarniał liczby. Miał przekonanie i autorytet. Robiłem, co kazał. Skoro twierdził, że rekord jest osiągalny, to mu wierzyłem, i tyle. Powątpiewanie w jego słowa wymagałoby energii, której nie miałem na zbyciu.

Niecałą godzinę później zbiegłem z wysokiego wzniesienia. Drzewa zaczęły się przerzedzać, teren stopniowo się wyrównywał i wreszcie zobaczyłem drogę, która przecinała szlak. Podbiegłem bliżej i ujrzałem Czarny Zamek oraz kilka innych aut. Co ważniejsze, dostrzegłem ludzi, którzy mieli zdecydować o moim dalszym losie.

JLu stała z Krissy, naszą biegającą w ultramaratonach serdeczną przyjaciółką, oraz Kim, żoną Tophera, miłośniczką ultradługich dystansów, a także utalentowaną kierowniczką ekipy technicznej.

Nazajutrz miał do nas dojechać Walter, jak również Aron Ralston, mój przyjaciel z Boulder. Obaj pomogą mi w drodze przez Stumilową Dzicz. Wielu kojarzyło Ralsty'ego jako tego wspinacza, który unieruchomiony w kanionie w Utah wymknął się śmierci, odcinając sobie przedramię tanim scyzorykiem. Liczyłem, że jego charakter i determinacja udzielą się nam wszystkim. Oprócz nich miał się pojawić kolejny członek klubu Maine Trail Monsters; nazywał się Joe Wrobleski i miał na koncie FKT bez wsparcia na odcinku Stumilowej Dziczy. Większości zaprawionych wędrowców droga przez Stumilową Dzicz zajmuje od dziewięciu do dwunastu dni, tymczasem Iron Joe, jak go nazywano, przebiegł ją w czterdzieści trzy godziny. Ja musiałem zejść poniżej czterdziestu ośmiu godzin. Gdyby mi się nie udało, mogłem się pożegnać z rekordem.

Dawniej najwspanialsze chwile przeżywałem wtedy, kiedy sięgałem w głąb siebie i odnajdywałem tam pokłady energii, z których istnienia nawet nie zdawałem sobie sprawy. Teraz jednak potrzebowałem czegoś więcej niż moja własna siła. Potrzebowałem mocy skumulowanej w tych stojących na poboczu, machających do mnie i wykrzykujących moje imię ludziach. Tym razem już naprawdę nic we mnie nie zostało. Za to oni – oni dysponowali zapasem energii. Gdyby mi ją oddali, nie stałaby się tylko moja, lecz byłaby nasza wspólna – tak jak FKT, o ile udałoby nam się go ustanowić.

Z perspektywy czasu widzę, że te chwile można uznać za początek długiego „finałowego dnia" wyprawy. Wiele ziemskich dni połączyło się w nim w niemal jednorodny odcinek czasu, wypełniony bieganiem i odpoczywaniem, jedynie nominalnie przerywany kilkoma ukradzionymi godzinami snu. Noc różniła się od dnia tylko tym, że musieliśmy wtedy zakładać czołówki.

Byłem zdezorientowany, czułem się jak w stanie płynnej świadomości podczas długiego pobytu w szpitalu. Brak snu sprawia, że czas zaczyna się marszczyć na końcach; bardzo łatwo można się pogubić i stracić w nim oparcie. Budzisz się o dziwnych porach, nigdy o tej, o której byś chciał. Zasypiasz w trakcie rozmowy albo posiłku. Sen przestaje być snem, a jawa – jawą. Masz wrażenie, że funkcjonujesz w ciągłej pomroce, w której plącze ci się rytm dobowy i w każdej chwili możesz paść z nóg.

Topher narzucił precyzyjnie wyliczone tempo – jak to u niego. Byłem zmęczony jak jeszcze nigdy w życiu, ale jednocześnie czułem tę zdumiewającą siłę, którą tchnęli Topher i Krissy. Oboje uwielbiali sporty wytrzymałościowe i nie obawiali się podejmowania nawet najbardziej nieprawdopodobnych wyzwań. Naszą trójkę łączyło niezwykłe zaufanie, wiedzieliśmy, że razem potrafimy działać jak jedno. Bieganie na ultradługich dystansach kultywuje wytrzymałość w obliczu bólu, zmęczenia, choroby i właściwie wszystkiego innego. Dlatego jeśli spojrzeć na nie z boku, może się wydawać, że nagradza samowystarczalność, a karze wszelką słabość. W rzeczywistości najbardziej doświadczeni ultrabiegacze oraz ci najbardziej utytułowani doskonale wiedzą, że bez wsparcia na szlaku człowiek błądzi jak dziecko we mgle. Nie mając ekipy, do której zwrócisz się o pomoc, i która naprawdę cię rozumie, nie zdołasz sobie pomóc. Nawet najwięksi ekscentrycy w naszym gronie – zgadza się, mam na myśli Speedgoata – polegają na innych w dużo większym stopniu, niż mogłaby sądzić osoba z zewnątrz.

Jest też, rzecz jasna, coś, czego zawsze będziesz potrzebował, a czego nie dadzą ci inni. S e n.

Około dziesiątej rano czterdziestego trzeciego dnia wyprawy biegliśmy wąską półką nad opadającym do rzeki urwiskiem. Szum wody usypiał mnie tak skutecznie, że powoli odpływałem.

Rozpaczliwym tonem powiedziałem Tophowi, że zasypiam na biegnąco i boję się, żebym we śnie nie postawił kroku ku śmierci. Toph obejrzał się i rzucił na mnie okiem. Był nie tylko wytrawnym biegaczem, ale też świetnym biznesmenem. Wiedziałem, że ma doświadczenie w tego rodzaju sytuacjach, kiedy trzeba ocenić, czy można uwierzyć drugiej osobie i dać jej to, o co prosi. Mógł wzorem mądrego rodzica zignorować mnie dla mojego własnego dobra. Sprowadziłem Tophera, bo chciałem, żeby wspierał mnie na szlaku, a nie rozpieszczał ani robił za mojego lokaja. Dostałem to, czego chciałem.

– Zaczekaj, znajdę odpowiednie miejsce – rzucił. Biegliśmy więc dalej, w tym ja, zataczając się w półśnie. Nie było gdzie rozstawić nawet naszego miniaturowego namiotu, musieliśmy więc pokonać jeszcze dwa, trzy kilometry, zanim w końcu natrafiliśmy na odcinek szerszy od szerokości rozłożonych ramion. Topher i Krissy błyskawicznie rozstawili namiot tam, gdzie staliśmy, bezpośrednio na szlaku. Położyłem się i natychmiast zasnąłem.

Ustawili budzik na za kwadrans piąta, dali mi więc dwie godziny snu, a sami przycupnęli obok pod prowizoryczną płachtą biwakową zrobioną z kurtek i moskitiery. Później wyznali, że zasnęli, żartując ze znaczenia słowa „przyjaźń": to nie może być nic innego, stwierdzili, skoro ze względu na mnie zdecydowali się spać na szlaku pod jednym śpiworem.

Krissy i Topher obudzili mnie w ciemnoszarym przedświcie i wyekspediowali w dalszą drogę. Pobiegłem samotnie, nie czekając, aż zwiną namiot i pozbierają nasze rzeczy. Przypomniałem sobie słowa Speedgoata o Stumilowej Dziczy:

„Na tym etapie nie będziesz już musiał szarżować – powiedział. – Wystarczy, że będziesz tłukł te swoje pięć i sześć dziesiątych kilometra na godzinę". Ruszyłem więc raźno przed siebie, nabrałem tempa i wpadłem w rytm pospiesznego marszu, który zaniósł mnie tak daleko na północ.

Rankiem czterdziestego czwartego dnia stanęliśmy na brzegu przejrzystej, bystrej i pozornie niegroźnej rzeki Kennebec. W porównaniu z wąskimi potokami i rzekami, z jakimi do tej pory miałem do czynienia na szlaku, Kennebec wyglądała jak jezioro. Wydawała się wystarczająco płytka, by dało się ją przejść brodem, ale wiedzieliśmy, że co najmniej kilka osób skuszonych jej złudną łagodnością pożegnało się z życiem. Wędrowcy na AT zmierzający na północ widzieli w Kennebec furtę do ostatniego etapu podróży, którą można było otworzyć właściwym kluczem – albo wysadzić ją z zawiasów.

Na szczęście moja załoga już się tym zajęła. Znaleźli ukryte nieopodal kanadyjki i przeprawili nas na drugą stronę.

– To w końcu Maine – powiedział John. – Kto nie wie, jak się pływa kanadyjką, ten nie zasługuje na to, żeby tu być.

Na drugim brzegu Kennebec zwołaliśmy w trybie pilnym ostatnią naradę przed przekroczeniem południowej granicy Stumilowej Dziczy. Ustaliliśmy, że pierwszy etap dziczy pokonam z Walterem i Ralstym, dlatego musieliśmy przepakować część rzeczy do plecaków Trail Monsters, żeby niepotrzebnie nie obciążać mojego.

Stumilowa Dzicz nie przypominała niczego, z czym się do tej pory zetknąłem. Już na dzień dobry wyróżniało ją to, że dostępu do niej broniły bramy. Była to dzicz, do której można się dostać labiryntem dróg przeznaczonych dla ekip prowadzących wyręby lasu. Bramy otwierano wyłącznie w określonych godzinach, co oznaczało, że musieliśmy się dostosować nie tylko do naszego własnego harmonogramu, ale też do grafiku obsługi. Wymagało to precyzji, a także odrobiny szczęścia – jak gra wideo, tyle że na żywo.

Przy wejściu do Stumilowej Dziczy stała tabliczka z napisem: „Uwaga. Najbliższy punkt, w którym można się zaopatrzyć w zapasy i uzyskać pomoc, znajduje się przy moście Abol 100 mil od tego miejsca. Ten odcinek szlaku jest przeznaczony wyłącznie dla osób dysponujących odpowiednim wyposażeniem i prowiantem na co najmniej 10 dni. To najdłuższy dziki odcinek AT i jeden z najtrudniejszych. Nie należy go lekceważyć. Miłego wędrowania!".

W 2013 roku w Maine sześćdziesięciosześcioletnia wędrowczyni Geraldine Largay zeszła z trasy za potrzebą. Oddaliła się na zalecane sześćdziesiąt metrów.

Jej zwłoki znaleziono trzy kilometry od szlaku. Zgubiła się i błąkała po lesie przez dwadzieścia sześć dni, zanim umarła z głodu.

Zostawiła wiadomość w torebce strunowej. Napisała: „Proszę, aby ten, kto odnajdzie moje ciało, zadzwonił do mojego męża George'a i córki Kerry. Bardzo mi zależy na tym, aby się dowiedzieli, że nie żyję i gdzie umarłam. Nieważne, ile lat upłynie od tej pory".

Tamtejsze lasy są tak gęste, że na zwłoki Geraldine natknięto się dopiero po dwóch latach.

Zostały nam dwa dni i kilka godzin. Każda zaoszczędzona minuta mogła się zwrócić dziesięciokrotnie.

Stumilowa Dzicz przywitała nas wzgórzami, na których utrzymanie równego tempa graniczyło z niemożliwością. Wydawało mi się, że bez przerwy wdrapujemy się na trzystumetrowe wzniesienia po nieregularnych stosach potłuczonych głazów i skaczemy po ostrych jak nóż skałach, jednocześnie uważając, żeby się za bardzo nie potłuc i nie podrapać. Usiany ogromnymi kamieniami krajobraz wyglądał jak po potężnym trzęsieniu ziemi. A potem schodziliśmy, też po kilkaset metrów, prosto w moczary i grzęzawiska pełne wystających na wysokość łydek korzeni, które wybijały nas z rytmu i sprawiały, że wiecznie się potykaliśmy.

Obecność Ralsty'ego dodawała mi otuchy, nie pozwalała zapomnieć o tym, do czego są zdolne ludzkie ciało i umysł. Ralsty wytrzymał sto dwadzieścia siedem godzin bez snu i odciął sobie przedramię bez żadnego znieczulenia, przy czym jego nerwy, mózg i najważniejsze organy nie doznały żadnego trwałego uszczerbku. Zachował sportową sylwetkę i formę, nie cierpiał na zespół stresu pourazowego i wcale nie stronił od ryzykownych wyzwań. Choćby takiego, że był tu teraz ze mną.

Wiedziałem, że Ralsty jest świetnym narciarzem i wspinaczem, ale tak naprawdę nie do końca zdawałem sobie sprawę z jego nadprzyrodzonej wręcz zwinności, dopóki nie zobaczyłem – kiedy na stromym zejściu pełnym ostrych kamieni próbowaliśmy nadrobić stracony czas – jak nie chcąc, bym zasnął, zaczyna mi czytać długi artykuł na telefonie, nawet na chwilę nie przerywając skakania po głazach niczym kozica.

Ralsty był też, tak jak Horty, Speedgoat i wielu innych moich przyjaciół, człowiekiem pełnym sprzeczności. Być może ultrabiegacze już tak mają. A może to po prostu głęboko ludzka cecha. W każdym razie miałem znajomych, którzy potrafili się zachowywać dość osobliwie. Przykład: Ralsty przeżył coś, czego większość z nas nawet nie jest w stanie sobie wyobrazić – ale nie lubił się brudzić.

Zdejmował buty i skarpetki, ilekroć przeprawialiśmy się przez potok (żeby nie nabrały piasku), i wszędzie tam, gdzie było to choć w niewielkim stopniu wykonalne, pucował się do czysta (powiedzmy). Tymczasem ja zaczynałem wyglądać jak butwiejąca kłoda. Timmy, który znał Ralsty'ego z wielu wspólnych wypadów w dzicz, twierdził, że „każdy, kto wypowiada wojnę brudowi, w oczywisty sposób cierpi na nadmiar wolnego czasu".

Ralsty dyktował tempo, ale wykorzystywaliśmy każdą sposobność, jaką dawał szlak, by je zwiększyć. Popołudnie zdawało się ciągnąć bez końca, po czym nagle zapadł zmierzch, rozlewając się miękką poświatą. Założyliśmy czołówki. Leśny mrok uwypuklił niezwykły blask nocnego nieba, podkreślił migoczące gwiazdy, które świeciły tak jasno, że chwilami sprawiały wrażenie sztucznych.

Wbiegliśmy w czterdziesty szósty dzień wyprawy. Wstało słońce. Dłonie mi się trzęsły. Wystawały mi kości.

Licząc od piątej rano, mieliśmy trzydzieści sześć godzin na pobicie rekordu. Znajdowałem się sto jeden kilometrów od końca szlaku.

Po południu wybrałem się z Ralstym odnogą AT nad spokojny brzeg jeziora Pemadumcook* i stamtąd ujrzałem kres mojej wiecznej podróży: Katahdin.

Kiedy zobaczyłem ją po raz pierwszy, poczułem się jak zagubiony na oceanie człowiek, który dostrzegł światło latarni. Wybawienie. Uderzyło mnie to jak monstrualna fala. A jednak istnieje, pomyślałem. I znajduje się tak blisko. Na wyciągnięcie ręki.

Konkretnie siedemdziesiąt siedem kilometrów stąd.

Mieliśmy się przekonać, czy zostało we mnie jeszcze coś z El Venado. Czy Tańczący z Pajęczynami zdoła się przebić przez sieć, którą zarósł jego duch walki.

Dołączyli do nas JLu i Walter, żeby towarzyszyć mi na trzynastu kilometrach dzielących mnie od najbliższego przecięcia dróg. Pamiętam, że biegli kilka kroków przede mną i rozprawiali o mojej powolności tak, jakby mnie tam nie było – tak jak się rozmawia o małym dziecku albo człowieku dotkniętym demencją. Nie miałem im tego za złe. Rozumiałem ich. Tkwiłem w otchłani pomiędzy krainą marzeń a rzeczywistością i w żadnej nie byłem w stanie właściwie funkcjonować.

Do dłoni, oczu, skóry i kości, które odmawiały mi posłuszeństwa, dołączyły plecy. Zaczęły szwankować w dziwny i nieprzyjemny sposób. Otóż niemal bez przerwy paraliżowały mnie skurcze i wstrząsały mną spazmy. Pierwszy

---

* Nazwa wywodzi się z języka rdzennych mieszkańców tamtych okolic i oznacza, według różnych interpretacji, „jezioro nachylonej góry" bądź „błotniste jezioro".

raz w życiu to, co czułem, wykraczało poza zwykłe doznawanie bólu. Miałem wrażenie, że dosłownie tracę ciało. Jakby przejmował je ktoś inny albo coś innego. Bardziej niż FKT i bardziej niż Katahdin pragnąłem usprawiedliwienia, racjonalnego uzasadnienia, nawet jeśli miałem wykorzystać do tego całe swoje ciało.

Zapadła ostatnia noc wyprawy. Była godzina dwudziesta pierwsza czterdziestego szóstego dnia naszego biegu AT. Znajdowaliśmy się nad Pollywog Stream (Kijankowy Potok), pięćdziesiąt jeden i pół kilometra od Katahdin. Moja ekipa broniła się przed komarami i gryzącymi muchami, nosząc sklecone z moskitiery stroje, które przypominały kombinezony jednostki do walki z niebezpiecznymi substancjami. Nawet nie zwróciłem uwagi na jatkę, jaką owady urządziły mojej nieosłoniętej skórze.

Wiedziałem, że tej nocy mam okazję się wyspać przed ostatnim etapem, i wiedziałem też, że za wcześnie na sen. Toph zaplanował jeszcze dwadzieścia siedem kilometrów, ale już nie miałem siły.

Topher i Krissy byli spakowani i gotowi na nocną zmianę. Przygotowali moje rzeczy. Niestety, mój organizm się zbuntował. Poczułem to, zanim uderzyło we mnie z pełną mocą.

– Toph – powiedziałem – muszę się przespać. Muszę się zatrzymać. Jutro nadrobimy.

– Scott, obiecuję, że będziesz mógł się przespać, i to pełne cztery godziny, ale najpierw dotrzyjmy do Golden Road.

Wyrzuciłem ręce do góry i spróbowałem zaprotestować, ale Toph pospiesznie wręczył mi kubek zimnej kawy rozpuszczalnej, którą skutecznie zamknął mi usta. Potrzebowałem silnych leków albo baristy rodem z *Breaking Bad*, tymczasem oprócz neski jedynym środkiem pobudzającym, jakim dysponowaliśmy, była yerba mate. Czyli nic, co wygrałoby z sennością.

Nagle dostałem potężnego skurczu w środkowej części pleców i nie byłem w stanie utrzymać się w pionie. Siedziałem zgarbiony, a Krissy próbowała rozmasować mi plecy, żebym mógł wstać. Czułem się, jakby całe moje ciało rozpadało się na kawałki i ciągnęło ostatkiem sił. Nie miałem pojęcia, co się stanie, kiedy wyczerpią mi się zapasy. Brakowało mi już rezerw.

Do krzyżówki z Golden Road, znajdującej się prawie u podnóża Katahdin, dotarliśmy za kwadrans piąta. Zrobiłem siedemdziesiąt sześć i pół kilometra. Przez cztery dni po Galehead wyciągałem średnio czterdzieści pięć kilometrów dziennie. Przez pięć kolejnych – średnio siedemdziesiąt cztery. Nie dlatego, że nagle dostałem skrzydeł – bo nie dostałem – ale ponieważ przez trzy noce przespałem łącznie zaledwie siedem godzin.

Opuściliśmy Stumilową Dzicz. Pozostało nam już tylko dwudziestoczterokilometrowe podejście pod Katahdin.

Wreszcie mogłem się przespać. Przez ostatnie dwadzieścia godzin myślałem tylko o tym, żeby wreszcie przyszły te cztery godziny snu. Od dawna nie miałem takiego luksusu.

* * *

Byłam wykończona, ale nie mogłam pójść spać. Nocą czterdziestego szóstego dnia zatrzymaliśmy się u stóp Katahdin. Niesamowite, że wreszcie mogliśmy ujrzeć tę do niedawna abstrakcyjną dla nas górę, która przywiodła nas tu aż z Georgii.

Nie mogłam pójść spać, bo Jurker z n o w u się spóźniał. Mimo że byliśmy blisko mety, to jednak wcale nie byłam pewna sukcesu. Po południu razem z Walterem towarzyszyliśmy Jurkerowi na trzynastokilometrowym odcinku trasy. Pokonanie go zajęło mu cztery godziny. Poruszał się absurdalnie wolnym tempem i nawet przerwa na pójście za potrzebą zdawała się ciągnąć w nieskończoność. Miało się wrażenie, że zasypiał, ilekroć przestawał kłaść stopę przed stopą. Kiedy nasza trójka dotarła do Kijankowego Potoku, gdzie czekała ekipa, było już ciemno i dobrze po godzinie wyznaczonej harmonogramem. Widziałam, że Jurker marzy o tym, żeby się położyć w vanie, ale nic z tego – zostało mu do przebiegnięcia jeszcze dwadzieścia siedem kilometrów. Zaczynałam się obawiać, czy nie pęka jego granica wytrzymałości fizycznej.

Toph przekonał go, że nie ma rady, po prostu trzeba zaliczyć te kilometry. Przekupił go czterema godzinami snu przy Golden Road. Ralsty uraczył go mową zagrzewającą do wysiłku, bo kto jak kto, ale akurat Ralsty może wiele powiedzieć na temat cierpienia z braku snu.

Natomiast kto jak kto, ale j a nie byłam w stanie wykrzesać entuzjazmu. Najchętniej zapakowałabym Scotta do Czarnego Zamku i wywiozła jak najdalej od AT. Bałam się, że skończy się trwałym uszkodzeniem ciała, układu nerwowego i umysłu. Nie był sobą, lecz skorupą dawnego Jurkera; nigdy wcześniej nie widziałam, żeby posunął się aż tak daleko. Przypomniałam sobie, jak jeszcze w Boulder uprzedzałam go, że nie życzę sobie wyprawy na pół gwizdka – najwyraźniej wziął to sobie głęboko do serca. Teraz jednak pragnęłam ponad wszystko, aby już się zatrzymał, został i poszedł spać.

No, ale od czego miał swoją drużynę? Toph i Krissy byli mistrzami, jeśli chodzi o ocenę stanu Scotta, potrafili też zażegnać każdy kryzys. Lepiej ode mnie wiedzieli, jak go zmotywować tak, by dał z siebie jeszcze więcej. Nie musiałam nic mówić; wystarczyło, że przekazałam im kontrolę nad sytuacją.

Kiedy Jurker poprosił o coś, co dałoby mu potężnego kopa, ugryzłam się w język i stłumiłam odruch, który nakazywał mi zaprowadzić go do Czarnego Zamku i położyć do łóżka. Był w delirium. Myślę, że wziąłby cokolwiek, byle pozwoliło mu to dalej funkcjonować bez snu. Zadowolił się jednak dwoma cappuccino na mleku kokosowym i clif shotem z kofeiną, po czym wrócił na szlak.

Bolało mnie, że znów to robi. Pękało mi serce. Mój bezcenny koń wyścigowy przeistoczył się w taniego osła. Od czterech dni nie schodził z AT. Nie mieliśmy czasu porozmawiać, dlatego nawet nie wiedziałam, co się dzieje w jego głowie i czy zostało w niej cokolwiek z dawnego Jurkera.

Może to i lepiej. Nie wiem, jak wiele jego cierpienia zdołałabym znieść.

Zresztą sama też nie mogłam narzekać na brak atrakcji.

Krótko przed Kennebec, równo osiem tygodni po operacji, wreszcie dostałam okres. Doktor Flagg uprzedzała, że może być obfitszy niż zwykle, ale nie spodziewałam się, że do tego stopnia. Jak scena krwawych godów z *Gry o tron*; bałam się, że się wykrwawię gdzieś w sercu dziczy, gdzie nie było szans na dotarcie do lekarza albo chociaż wzięcie prysznica. Nie ośmieliłam się wspomnieć o tym Jurkerowi, bo spanikowałby i z miejsca przerwał wyprawę.

Dobrze, że była ze mną Krissy. Pojechała do sklepu i kupiła mi ogromniaste podpaski, a przy okazji zahaczyła o pralnię. Na szczęście po kilku dniach krwawienie osłabło i w końcu ustało.

Po tym medycznym przerywniku znów mogłam skupić całą uwagę i niepokój na Jurkerze. Czy zdarzyło się coś złego? Od kilku godzin czekaliśmy na niego przy Golden Road i coraz bardziej się martwiliśmy. Walter odpadł w swoim namiocie, Kim i Ralsty zasnęli w wynajętym wozie, a ja cała w nerwach metodycznie doprowadzałam Czarny Zamek do porządku. Jurker i jego nocna zmiana pojawili się dopiero po świcie. Wybiegłam im na spotkanie. Krissy była we łzach.

– JLu, przegięliśmy. On się ledwo rusza, potyka się dosłownie o wszystko. Nigdy wcześniej nie widziałam go w takim stanie. – Przeraziła mnie jej trwoga. Potrzebowaliśmy takiego wsparcia, w którym wszystkie chwyty są dozwolone, a mimo to nie potrafiłam się zmusić, nie umiałam pomóc Jurkerowi w ranieniu samego siebie. Zaangażowanie Krissy i Topha w misję, w której swój udział mieli również wszyscy ci, którzy przyjeżdżali i pomagali nam na szlaku, a także śledzili nasze poczynania w internecie, było wręcz heroiczne. Byli jak niosący olimpijski płomień biegacze na ostatniej prostej do zapalenia znicza.

Jurker poczuł taką ulgę na mój widok, że wpadłszy w moje ramiona, o mało nie osunął się na ziemię.

Topher podszedł do nas spokojnym krokiem i zakomunikował rzeczowo:

– Rzecz ma się następująco: zostało szesnaście kilometrów do podnóża Katahdin i osiem na szczyt. Masz na to jedenaście godzin, zatem możesz sobie pozwolić najwyżej na godzinę snu.

– Godzinę? – zdumiał się Jurker. – Przecież mówiłeś, że cztery!

Potwierdziłam skinieniem głowy. Toph powiedział, że kiedy Scott dotrze do Golden Road, będzie mógł się przespać cztery godziny.

– Czyżbyś we mnie nie wierzył? Myślisz, że nie dam rady? Wydaje ci się, że cztery godziny snu to za dużo i nie zdołam potem pokonać ostatnich d w u d z i e s t u c z t e r e c h kilometrów w s i e d e m godzin?

Było widać, że Jurker poczuł się urażony. Jak Toph mógł zwątpić w Mistrza? Może dlatego, że chwilę wcześniej pokonanie dwudziestu siedmiu kilometrów zajęło Mistrzowi osiem godzin i naprawdę nie było wiadomo, czego się po nim spodziewać?

– Chcesz się wyspać, czy wolisz pobić rekord? – spytał Topher. – Masz godzinę – dodał, po czym odwrócił się i poszedł do auta, gdzie, jak mi później wyznał, rozpłakał się z obawy, czy nie wystawił Jurkera na zbyt ciężką próbę.

Jurker zrobił w tył zwrot i poczłapał do Czarnego Zamku. Spojrzał mi prosto w oczy i powiedział:

– Odjebało mu. – Cisnął kijki na ziemię. Poszłam za nim do vana.

Sęk w tym, że do Mistrza nie docierała świadomość ogromu góry, z którą miał się zmierzyć. Stał bowiem przed „Największą Górą", jak nazwali ją Indianie z plemienia Penobscot – i patrzył na nią przez odwróconą lunetę.

– Tophowi brakuje piątej klepki – psioczył, gramoląc się do wozu. – Obudź mnie najwcześniej za dwie godziny.

ROZDZIAŁ SZESNASTY

RZUTEM NA TAŚMĘ

DZIEŃ CZTERDZIESTY SZÓSTY

Przestroga Topha musiała się zagnieździć w mojej podświadomości, bo wyrwała mnie ze snu lepiej niż budzik; i nawet nie musiałem jej nastawiać jak budzika. Organizm łaknął tych czterech godzin snu, ale umysłowi – a przynajmniej tej jego części, która odpowiada za pracę płuc i bicie serca, i która każe nam dążyć do tego, czego potrzebujemy, zamiast do tego, czego, jak nam się wydaje, pragniemy – chyba jednak bardziej zależało na rekordzie. Toph miał rację. Nie mogłem sobie pozwolić na marnotrawienie godzin.

Po przebudzeniu kilka razy szybko zamrugałem, chcąc odzyskać jasność i ostrość widzenia. Zobaczyłem JLu. W milczeniu szykowała moje rzeczy, żebym był w każdej chwili gotowy do ruszenia na szlak. Uświadomiłem sobie, że ma dziś urodziny. To także nasz ostatni dzień wyprawy Szlakiem Appalachów. Nie, jeszcze nie. Na razie nie wolno mi myśleć o mecie. Przynajmniej dopóki nie wysiądę z Czarnego Zamku, nie wrócę na trasę i nie wdrapię się na Katahdin. Muszę założyć, że mam przed sobą po prostu kolejny dzień wędrówki.

Nie mogę sobie pozwolić na przedwczesne świętowanie.

Na jeszcze jeden dzień muszę powrócić do tej prymitywnej, pierwotnej postaci człowieka, który nie ma przyszłości ani przeszłości i żyje wyłącznie teraźniejszością. Nie różni się niczym od zwierzęcia. Muszę przywołać El Venado.

Spojrzałem na zegarek. Szósta dwadzieścia pięć rano, a my wciąż jesteśmy w lesie, i to całkiem dosłownie. To nie będzie gładki finisz, pomyślałem. Większości wędrowców zdążających AT na północ, którzy kończą swą podróż na Katahdin, góra potrafi nieźle dać w kość. U jej podnóża znajduje się kemping, można się zatrzymać, odpocząć i nazajutrz z samego rana zaatakować zbocze. Katahdin jest najwyższym szczytem Maine. Wspinaczka na nią to nie bułka z masłem. Właśnie dlatego wolałem zakończyć wyścig z czasem na północy – z czysto estetycznych powodów – i uczynić ze zdobycia Katahdin ukoronowanie wędrówki Szlakiem Appalachów. Wspinaczka ta symbolizuje bowiem wszystko, czego uosobieniem jest sam AT: dzikość, majestatyczność i charakter.

Decyzja o podróży NoBo oznaczała, że wyzwanie, jakim jest szlak, nie odpuści mi do ostatniej prostej, ostatniego kilometra, ostatniej minuty. Na tę ostatnią górę nie sposób tak po prostu wbiec – na nią trzeba się wdrapać, tak jak się wdrapuje na szczyty na zachodzie, w Górach Skalistych i Kaskadowych, w Sierra Nevada. Trzeba pokonać zbocza pełne kamieni i głazów, zachowując wyjątkową czujność, co się zresztą tyczy większości odcinków AT w Maine.

Wysiadłem z auta i zobaczyłem, że Kim i Toph studiują mapę Katahdin i okolic. To, że wszyscy nadal działali na pełnych obrotach, nadal planowali i obmyślali strategie, wzmocniło we mnie przekonanie, że nie ma co zwlekać: pora przystąpić do działania.

Organizm niechętnie wybudził się ze snu. Przy każdym ruchu musiałem pokonywać opór zesztywniałych stawów, co wyglądało, jakbym się poruszał w zwolnionym tempie. Nie śmiałem marzyć o bieganiu.

Wolałem po prostu iść, maszerować. To brzmiało lepiej i wydawało się bardziej wykonalne. Nawet ostatniego dnia nie mogłem się uwolnić od myśli o tym, jak wspaniale byłoby zwyczajnie p r z e j ś ć się na metę.

Tophowi musiał się włączyć wykrywacz poluzowanej dyscypliny, bo podszedł do mnie i zaczął mi wykładać, co mnie dziś czeka. Uderzył mnie jego spokój, zwłaszcza w zestawieniu z pozorną niewykonalnością tego, o czym opowiadał. Brzmiało to wszystko beznadziejnie zarówno przed moją drzemką, jak i teraz.

– Jeżeli wyruszysz w drogę dokładnie za kwadrans – powiedział, zerkając na zegarek – będziesz miał niemal co do minuty dziesięć godzin na dotarcie do szczytu. Do podnóża góry masz czternaście i pół kilometra, a stamtąd na szczyt – osiem. Będzie ciężko, ale to nie jest wspinaczka, której byś nie podołał. Byłoby świetnie, gdybyś zdołał utrzymać prędkość między cztery i pół a sześć i pół kilometra na godzinę. To jest do zrobienia nawet w twoim stanie.

Nie wspomniał, że w nocy wyciągałem znacznie mniej. Zresztą nie musiał. Toph nigdy nie owijał w bawełnę, ale też zawsze wiedział, kiedy się powstrzymać, żeby nie powiedzieć za dużo. Natomiast to j a miałem coś do powiedzenia – ale nie jemu. Kiedy JLu do mnie podeszła, objąłem ją i pogodnie życzyłem jej:

– Wszystkiego najlepszego!

Odwzajemniła uścisk, po czym spojrzała na mnie, jakby to był najlepszy dzień w jej życiu. Chciałbym móc zamknąć ten jej optymizm w butelce, a potem pociągać z niej po łyczku.

Przypomniało mi się coś, co powiedziałem w Wirginii, wiele dni, stanów i kilometrów wcześniej: „Jeśli z tych kilku dni zapasu zrobi się kilka godzin, wtedy będziesz się mogła na mnie wściekać". Byłem wtedy bardzo pewny swego.

Nie wściekała się jednak. Po prostu chciała, żebym wreszcie pobił rekord. Wypełnił mnie podziw dla niej, a także współczucie z powodu tego, co przeszła.

Nie teraz, pomyślałem. Jeszcze nie teraz. Później, na szczycie Katahdin, będzie czas i miejsce na emocje.

JLu musiała zameldować się przy wjeździe do parku, żeby dostać miejsce parkingowe, które zarezerwowała. Mieliśmy tylko kilka chwil na pożegnanie. W najbliższych szesnastu kilometrach miała się zawierać esencja całej próby pobicia FKT i nikt z nas tak naprawdę nie wiedział, czy w ogóle mi się uda. Wpłynęliśmy na nieznane wody zmęczenia i granic wytrzymałości mojego organizmu, dlatego kiedy JLu zapytała, z kim chcę pobiec tego ranka, wiedziałem, że wybór będzie miał kluczowe znaczenie. Krissy i Toph odpadali; oboje byli zbyt wyczerpani po nocnej zmianie. Potrzebowałem silnej ręki kogoś, kto będzie walił w bęben i bez względu na wszystko zagrzewał mnie do dalszej drogi. Na szczęście dzień wcześniej nieoczekiwanie zjawił się Komandos – i bardzo chętnie przyjął propozycję. Zdecydowałem się na niego i na Waltera. Uznałem, że skoro wybieram się na swoją ostatnią bitwę, to zamiast biegaczy wolę mieć przy sobie wojowników.

Jenny odjechała Czarnym Zamkiem. Walter, Komandos i ja ruszyliśmy w drogę. Żadnych emocjonalnych scenek, rytuałów, nic z tych rzeczy. Po prostu powoli poszliśmy szlakiem na północ.

Przeprawiliśmy się przez rzekę Penobscot mostem Abol, będącym niezapomnianym kamieniem milowym każdego, kto wędruje AT na północ. Rwąca rzeka natchnęła mnie energią życiową: była kolejnym etapem podróży do kresu. Ale w górze majaczyło coś lepszego. Katahdin. Była tuż przed nami. Wystarczyło tylko wędrować prosto przed siebie, a potem zacząć się wspinać.

Spojrzałem na Waltera i od razu się zorientowałem, że wie, o czym pomyślałem.

– Może truchtem? – zasugerował nieśmiało.

Wcale nie miałem ochoty, ale jego słowa sprawiły, że moje nogi same zaczęły się ruszać. Tak jak kiedy słyszysz piosenkę w radiu, która budzi w tobie określone uczucia i ciało samo rwie się do tańca. Na takiej samej zasadzie Walter obudził moje nogi. Kiedy zacząłem b i e c , nagle wszystko ułożyło się w całość. Wiem, jak to zrobić. Nie zastanawiając się, wydałem z siebie pierwotny krzyk; nieraz wydobywał się z mojego gardła na starcie zawodów, kiedy czułem, że buzuje we mnie energia. Tak radziłem sobie z tremą i rozemocjonowaniem: kumulowałem je we wrzask i uwalniałem go.

Wydłużyłem krok, przyspieszyłem i wpadłem w mocny, równy rytm, który niósł mnie przez ostatnie dwadzieścia lat u boku wielu serdecznych przyjaciół. Przypomniało mi się coś, co dwa dni wcześniej powiedział Topher, kiedy wydawało mi się, że moje cierpienie nie będzie miało końca. Powiedział, że tym, co robi na nim największe wrażenie w moim żmudnym przedsięwzięciu, jest fakt, że gdyby te trzy tysiące dwieście kilometrów jednak mnie złamały, nawet na chwilę nie przestałbym okazywać życzliwości obcym ludziom i być dobrym duchem szlaku.

Pokonaliśmy z Walterem i Komandosem decydujące osiem kilometrów i znaleźliśmy się w cieniu Katahdin. Nie pogardziłbym zastrzykiem energii, ale ta miała się dopiero pojawić. Istniało za to coś subtelniejszego i bardziej znaczącego. Odsłoniłem mianowicie pierwotne przejście do tej części mnie, która przemieniała ataki strachu i paroksyzmy bólu w płynny taniec rozkoszy. Czułem się odprężony, choć byłem zniszczony i sterany. Przebiegłem i częściowo przewędrowałem trzy tysiące pięćset dwadzieścia dwa kilometry, dzieliło mnie raptem kilka godzin od ustanowienia nowego rekordu prędkości na AT, a mimo to podchodząc do ostatniej wspinaczki, nie czułem napięcia, a jedynie dojmujący spokój. Paradoksalnie tym, co spotęgowało moje siły, była ich utrata.

* * *

Nie chciałam odjeżdżać z Golden Road, na której zapanowała powszechna mobilizacja. Wiedziałam jednak, że im dłużej zostanę, tym chętniej Jurker będzie mitrężył czas w vanie. Poza tym musiałam dotrzeć do wjazdu do parku i zająć zarezerwowane miejsce postojowe. Na pewno będą tłumy w ten piękny niedzielny letni poranek.

Speedgoat ostrzegał mnie, że Park Stanowy Baxtera to, łagodnie mówiąc, szczególne miejsce. Lada moment miałam się przekonać, co konkretnie miał na myśli. Formalnie rzecz biorąc, Baxter to nawet nie park stanowy, a finansowana z niezależnych źródeł *land trust,* czyli fundacja na rzecz ochrony terenu i natury.

Większość wędrowców wie, że Baxter od dawna ma do nich ambiwalentny stosunek. Oto przykład: prezes fundacji wystosował list, w którym postuluje taką zmianę trasy AT, by ta nie przebiegała przez Katahdin, uzasadniając to tym, że wędrowcy długodystansowi są tak naprawdę bandą nieprzestrzegających przepisów, śmiecących młodych imprezowiczów. Równie dobrze mógł napisać: „Wynocha, gnojki, z mojego trawnika!". Nawet stary Warren Doyle miał na pieńku z pracownikami Baxtera: w 1979 roku zatrzymano go podczas próby zdobycia szczytu Katahdin zimą. Zamiast zapłacić dwadzieścia pięć dolarów grzywny, wolał spędzić noc w areszcie, żeby zwrócić uwagę innych na niedorzeczność sytuacji. Najrozsądniejsi zgadzali się co do tego, że postawa parku zakrawa na absurd. „Portland Press Herald" napisał, że „oświadczenia władz parku dotyczące osób wędrujących po AT są najświeższymi przykładami nadgorliwości i protekcjonizmu, które tak naprawdę bardziej szkodzą reputacji parku oraz, co za tym idzie, miejscowej gospodarce". Byliśmy zatem do głębi świadomi zasad panujących w Baxterze.

Kim wykupiła nam dwa pozwolenia na postój, po jednym na każde auto, i na wszelki wypadek zrobiła to z wyprzedzeniem. Byłam jej wdzięczna za pomoc, ponieważ sama nie mogłam się tym zająć ze względu na brak działającego telefonu (który przecież zalałam wodą). Kiedy zajechałyśmy przed bramę na parking – Kim pierwsza, ja z tyłu w Czarnym Zamku – ze stróżówki wypadło dwoje przejętych strażników leśnych, jak gdyby tylko na nas czekali. Podeszli do Kim i rozmawiali z nią dłużej, niż mi się to wydało konieczne. Przyszło mi do głowy, że może z jakiegoś powodu nie chcą nas wpuścić. W końcu machnęli ręką i Kim pojechała. Potem przyszła moja kolej. Podeszła do mnie strażniczka z podkładką do pisania z klipsem i zaczęła się przyglądać Czarnemu Zamkowi. Żadnego: „Dzień dobry! Witam w naszym pięknym parku!" albo choć standardowego: „Miłego pobytu!". Jej pierwsze słowa brzmiały:

– Pani pozwolenie wygasło o siódmej.

Spojrzałam na zegarek na desce rozdzielczej. Było pięć po.

– Pani miejsce może przypaść komuś innemu – ostrzegła. Zerknęłam w lusterko. Za mną pusto. Najwyraźniej strażniczka chciała dać mi do zrozumienia, że wyświadcza mi przysługę. „O co jej chodzi?" – przeszło mi przez głowę. (Później tego samego ranka El Coyote, Komandos, Ralsty i John Rodrigue bez najmniejszego problemu otrzymali pozwolenia).

Wpuściła mnie, choć niechętnie. Postawiłam auto na parkingu i przebrałam się w strój do biegania. Od tygodni marzyliśmy o tym dniu. Trafiła nam się doskonała pogoda i mieliśmy pierwszorzędną ekipę. Załadowałam plecak dużą ilością przekąsek i dodatkowymi ubraniami, bo wiedziałam, że ten etap podróży może zająć trochę czasu. Byłam tak przejęta – zresztą jak wszyscy – że kręciło mi się w głowie. Zebraliśmy się przy stołach piknikowych. Zastanawialiśmy się, jak długo będziemy musieli czekać na Jurkera. Wkrótce potem usłyszeliśmy jego okrzyk bojowy: ryk dzikiego zwierzęcia, gdy staje oko w oko ze swym największym przeciwnikiem.

Jurker miał podobną minę jak pierwszego dnia wyprawy, kiedy zobaczyłam go na Przełęczy Neela i wydawało mi się, że niemal cofnął się do czasów dzieciństwa. Tym razem jednak wyglądał jak mężczyzna, który wyszedł zwycięsko z bitwy. Wiedział, że rozbił te szesnaście kilometrów w niecałe trzy godziny. Niezbyt imponujące tempo, jeśli mierzyć je normalną miarą, ale w jego przypadku... po prostu zmiażdżył ten dystans.

Jego twarz i postawa świadczyły o pewności siebie. Miał wyprostowane plecy, nie potykał się, nie sprawiał wrażenia, że dokądkolwiek się spieszył. Odprężył się, poczuł się jak bokser, który zdejmuje rękawice po dwunastu rundach. Miał świadomość, że się udało. Że dokonał tego. Miejscowym brakowało tego przekonania. Wiedzieli bowiem, co go jeszcze czeka.

Kiedy tak stałam pośród starych i nowych przyjaciół i patrzyłam, jak Jurker się do mnie zbliża, poczułam, że wszystkie najlepsze chwile naszej podróży układają się w jedną całość. Przypomniało mi się wszystko, co przeżyliśmy, i doceniłam nawet złe wspomnienia, bo wiązały się z sytuacjami, które mnie i Jurkera jeszcze bardziej zbliżyły do siebie. Przewędrowaliśmy taki szmat drogi, zobaczyliśmy tyle różnych miejsc, poznaliśmy tyle nowych rzeczy – zarówno w Ameryce, jak i w nas samych – że wiedzieliśmy, że już nigdy nie będziemy tacy sami. Czekałam na Jurkera, czułam promienie słońca na twarzy, myślałam o ludziach, którzy przyjeżdżali na krzyżówki, żeby spotkać się z nami – nawet o tych, którzy doprowadzali mnie do szału – i żałowałam, że ich tu nie ma.

Choć przecież byli – duchem, wpatrzeni w dane z lokalizatora. Jakiś czas później dowiedziałam się od operatora, że obserwujący bez przerwy odświeżali stronę, żeby być na bieżąco, i generowali niespotykany ruch. Telefon Jurkera grzał się do czerwoności.

Dostaliśmy wiadomość od Rickeya, który razem ze Speedgoatem i innymi światowej klasy biegaczami był na strasie Hardrock 100. Wszyscy nas dopingowali. Odezwał się również Thomas, niewidomy przyjaciel Scotta; przypomniał mu, że warto zamknąć powieki i spojrzeć na szlak oczami umysłu. Ludzie na

Facebooku tworzyli teorie spiskowe, zastanawiali się, czy Jurker specjalnie, dla lepszego efektu, zwlekał do ostatniej chwili z zakończeniem wędrówki.

Co za pomysł! Ale trochę ich rozumiałam. Pobić rekord prędkości na Szlaku Appalachów zaledwie o trzy godziny? To rzeczywiście musiało się wydawać niezwykle mało prawdopodobne. Natomiast w biegu na sto metrów różnica pomiędzy czasem obecnego rekordzisty świata a czasem zdobywcy drugiego miejsca jest – zachowując proporcje – cztery razy większa. Szaleństwo, wiem, ale naprawdę, gdybyśmy mogli pobić rekord o cztery dni, tak jak początkowo zakładaliśmy, to byśmy to zrobili.

Z dzisiejszej perspektywy widzę, że byliśmy naiwni i zbyt słabo przygotowani. Sądziliśmy, że przeżyjemy romantyczną, uzdrawiającą przygodę tylko we dwoje. Teraz już wiem, że nie dotarlibyśmy aż tak daleko, gdyby nie pomoc licznych, często zupełnie obcych osób, które z czasem stały się częścią naszej niewielkiej rodziny. Moje serce wypełniło się szczęściem.

Przestałam myśleć o pragnieniu urodzenia dziecka, które to pragnienie zmąciło nastrój naszej podróży na wschód. Mieliśmy z Jurkerem wszystko, czego nam było trzeba, a nawet więcej. Widziałam, jak mężczyzna, z którym w domu spędzam praktycznie każdą chwilę, przeistacza się w nieznajomego, po czym powraca we własnej osobie – lepszy niż przedtem. Ta podróż, ucieczka nad krawędź, była mu potrzebna. Powoli zamieniał buty biegowe ultramaratońskiej legendy na ciepłe kapcie domatora. Myślę, że musiał przypomnieć sobie, czym jest cierpienie.

Cierpienie, któremu poddajemy się z własnej woli, to osobliwość. Zmuszając organizm do wysiłku, popychając go ku granicy wytrzymałości, Jurker dowiadywał się czegoś nowego o sobie samym, a także o naszym związku. Jak to kiedyś ujął Dean Potter: „Narażam się na niebezpieczeństwo, nie stronię od sytuacji zagrażających życiu. Robię to celowo, aby w sposób kontrolowany osiągnąć stan podwyższonej świadomości. Nierzadko daje mi to poczucie łączności ze wszystkim".

Robiliśmy to samo, tylko w mniej skrajnych okolicznościach. Wyruszyliśmy na poszukiwanie podwyższonej świadomości i łączności z własnym wnętrzem, sobą nawzajem i szlakiem. Myślę, że to dlatego tak wielu ludzi śledziło nasze postępy. Scott był na świeczniku, ludzie widzieli go w chwilach największej słabości, śmiali się z jego upokorzeń i płakali z powodu porażek. Mieli poczucie łączności z tym, co Jurker robił, tak jakby oni sami również byli częścią podróży.

Drugiego dnia wyprawy Jurker powiedział dziennikarzowi, że ten bieg będzie prawdziwym majstersztykiem. Skrzywiłam się wtedy, słysząc to słowo, ale myślę, że pod pewnymi względami Scott miał rację. Już był na cmentarzu, już kładł się do grobu, a jednak powstał; na szlaku zawalał sprawę, knocił, paprał – i zdobywał wiedzę; zmusił organizm, aby ten przekroczył granicę możliwości – i pokazał to światu. W pewnym sensie było to najpiękniejsze odzwierciedlenie jego biegackiej kariery.

Wpisaliśmy się do rejestru u podnóża Katahdin, przywitaliśmy z kilkorgiem strażników i poczuliśmy to odprężenie, które pojawia się wraz z końcem cierpienia. Topher wyłączył aplikacje i odłożył telefon, Jurker zdjął plecak i odstawił kijki.

Spojrzał na mnie i na swoją drużynę i powiedział:

– Pora na urodzinową wędrówkę z moją żoną i naszymi najlepszymi przyjaciółmi.

ROZDZIAŁ SIEDEMNASTY

NAJWIĘKSZA GÓRA

DZIEŃ CZTERDZIESTY SIÓDMY

Wprawdzie wspinałem się na wyższe góry, przemierzałem surowszą dzicz, biegałem pod bardziej bezkresnym niebem i po bardziej zdradliwym terenie, ale każde z tych miejsc z osobna było po prostu „bardziej" od pozostałych. Tymczasem kategoria „naj" jest zawsze ekskluzywna i podobnie jak w przypadku pojedynczych doświadczeń, które zdają się mieć miejsce we własnym świecie, człowiek nierzadko trafia tam samotnie.

Wiele można powiedzieć o naszej podróży, ale nie to, że była samotna. Co ważne, to właśnie liczne towarzystwo nadało tak piękny i magiczny kształt naszym przeżyciom. Piękno nie zrodziło się z pojedynczej wizji, lecz przypominało ogromny fotomontaż, składający się z tysięcy niezwykłych fotografii, które połączone stworzyły nowy, większy obraz – uniwersalny portret każdego doświadczenia.

Przez całe moje życie wypełnione ciężką pracą nad sobą wiele razy wygrywałem i wiele razy byłem bliski zwycięstwa, a lista moich osiągnięć nadaje się na obszerną stronę w Wikipedii. Większość ustanowionych przeze mnie rekordów już pobito. Niektóre być może na zawsze pozostaną nieosiągalne. Piszę to z pokorą, bo sam nie potrafiłbym ich powtórzyć. To oczywiste, że dziś jestem już innym biegaczem, niż byłem kiedyś. Ja dzisiejszy nie umywa się do dawnego – tamten pokonałby mnie niemal wszędzie i w każdych warunkach.

No, może z wyjątkiem Szlaku Appalachów. Gramoląc się pod górę, czułem, że te miliony kroków, które do tej pory postawiłem na AT, było zapowiedzią tych ostatnich, stawianych właśnie teraz. Długa pielgrzymka na północ zbliżała się do końca. Wędrówka otworzyła mi liczne nowe drogi. Jeśli rzeczywiście pobiję rekord, ten sukces nie będzie przypominał żadnego z moich wcześniejszych triumfów. Będzie czymś mniej szczególnym, choć zarazem głębszym od innych zwycięstw. Nie czułem się jak ultramaratończyk ani ktoś wyjątkowy. Czułem za to, że wróciłem do domu, tyle że nieco okrężną drogą.

Ostatni etap ostatniego dnia na Największej Górze. Rozkoszowałem się nim. Trafiła nam się doskonała pogoda. Wędrowałem z JLu otoczony przyjaciółmi, wspinałem się, nie biorąc niczego za pewnik.

Rozmyślałem podczas drogi na szczyt i doszedłem do wniosku, że decyzja o przewędrowaniu AT z południa na północ, a nie odwrotnie, była słuszna. Ostatnie osiem kilometrów na zboczu Katahdin były jak wielki finał w otoczeniu niewiarygodnie pięknej, choć skąpej i surowej przyrody. Mieszkańcy Maine od dawna twierdzą, że kiedy słońce wschodzi, jego promienie w pierwszej kolejności padają na wierzchołek Katahdin. Według wierzeń Indian z plemienia Penobscot, górę zamieszkuje bóg burzy – i daje o sobie znać, rozpędzając wiatr nawet do osiemdziesięciu kilometrów na godzinę.

Nie tym razem. Dziś pogoda była idealna. Im wyżej się wspinaliśmy, tym czułem się silniejszy. Im byłem silniejszy, tym lżejsze kroki stawiałem. JLu łypała i śmiała się ze mnie. Byłem zanadto wyczerpany, by czuć zmęczenie. Albo odwrotnie.

Natknęliśmy się na ekipę obsługi technicznej szlaku, która rozbijała kamienie młotami. Zatrzymałem się i podziękowałem za ich pracę. Potem zjawiła się grupa młodych wędrowców, która ochoczo uformowała tunel, abym mógł pod nim przebiec. Przybyli też inni – usłyszeli, że to dziś jest ten szczególny dzień, i przyszli przybić mi piątkę w drodze na górę.

Kiedy minęliśmy pierwszy fałszywy wierzchołek, dla pewności spojrzałem na zegarek. Trzy godziny i czterdzieści pięć minut zapasu. A do prawdziwego wierzchołka Katahdin zostało półtora kilometra. Uświadomiłem sobie, że upór Topha w kwestii zaledwie jednej godziny snu zamiast forsowanych przeze mnie czterech mógł zadecydować o rezultacie wyprawy. Wyłowiłem go z tłumu wędrowców i utrzymałem jego spojrzenie na tyle długo, by zdążyć przekazać mu, jak bardzo jestem wdzięczny.

Zbliżając się do słynnej tabliczki na szczycie Katahdin, przypomniałem sobie, jak prawie dwadzieścia lat wcześniej pierwszy raz zobaczyłem jej zdjęcie. Kiedy poznałem Horty'ego, ten zaprosił mnie do swojego gabinetu. Wisiał tam na ścianie plakat przedstawiający wędrowca, który dosłownie uwiesił się na tabliczce.

Z jego postawy można było wyczytać złożoną opowieść nie tylko o radosnym zwycięstwie, napełniającym człowieka satysfakcją i szczęściem, ale też o przytłaczającym wyczerpaniu, które sprawia, że czujesz się pusty i głodny. Od tamtej pory zastanawiałem się, jakie to uczucie. A gdybym ja też odbył tę podróż i mógł dotknąć sławnej tabliczki? – myślałem.

Na szczycie Katahdin ujrzałem gęsty tłum. Nic dziwnego, w końcu była piękna letnia niedziela. Zatrzymałem się na chwilę, by wchłonąć tę atmosferę. Uśmiechnięta JLu stanęła tuż za mną. Ruszyłem dalej, a im bliżej byłem celu, tym wyraźniej słyszałem aplauz i radosne okrzyki. JLu machnęła na mnie ręką – chciała, żebym sam pobiegł na spotkanie z kibicami.

– Leć! Czekają na ciebie!

– Nie. – Wyciągnąłem do niej dłoń. – Pobiegniemy razem!

Był dwunasty lipca 2015 roku, godzina czternasta pięć. Wędrówka Szlakiem Appalachów zajęła mi czterdzieści sześć dni, osiem godzin i siedem minut. Pobiłem rekord o trzy godziny i trzynaście minut.

Moi przyjaciele jeden po drugim wdrapywali się na górę i dołączali do tłumu nieznajomych, fanów i sympatyków. Magnes Katahdin, który ściągnął mnie na północ, sprawił, że wszyscy zbliżyliśmy się również do siebie. Oparłem się czołem o zwietrzałą drewnianą tabliczkę, o której marzyłem od tysięcy kilometrów. Uściskałem i wycałowałem JLu. Naraz wokół tabliczki zebrała się cudownie radosna gromada ludzi. Każdy pytał, jak się czuję.

– Dzisiaj są urodziny mojej żony! – odparłem, na co wszyscy zaczęli śpiewać *Sto lat!* dla mojej najlepszej przyjaciółki.

Rok wcześniej szukaliśmy spokoju i próbowaliśmy uleczyć rany na kalifornijskiej pustyni. Jednego i drugiego znaleźliśmy tylko tyle, by zapragnąć więcej. Wpadł mi do głowy szalony pomysł, który zrodził się z frustracji i poczucia, że utknąłem w miejscu; JLu zareagowała jednocześnie konsternacją i zrozumieniem. Mogłem się tego spodziewać. Miałem niebywałe szczęście, że to mnie wybrała, bo bez niej bym nie istniał. Dopełniała mnie, była moją drugą połówką. Dzięki niej byłem lepszym człowiekiem. To dla niej się tu znalazłem.

Była również przyczyną, dla której mogłem nigdy nie wyruszyć w tę podróż. Sprawiła bowiem, że moje życie po tym, jak przestałem startować w zawodach, stało się satysfakcjonujące i przyjemne. Straciłem potrzebę balansowania na krawędzi. Poznałem, czym jest zadowolenie. Ale przecież nawet ono tak jak wszystko kiedyś się kończy. Zapragnąłem powrotu do przeszłości, do dawnego siebie, który nie zawsze wygrywał, ale za to nigdy się nie poddawał.

Nagle dotarło do mnie, że część spośród osób, które zebrały się na szczycie Katahdin, jest dopiero na początku swojej podróży; że zamierza pokonać trzy tysiące dwieście kilometrów na południe, do Góry Springera. Jedna z wędrowczyń zdążyła już nawet zyskać szlakowy przydomek: „Frisbee". Napisałem jej dedykację na dysku: „Dotrzyj do Springera choćby nie wiem co". Dostrzegłem w jej oczach te same emocje, które czuliśmy z JLu czterdzieści sześć dni wcześniej. Zakończyliśmy już naszą pielgrzymkę, ale i tak nas ciekawiło, co przeżyje Frisbee.

Każdy wędruje z innych powodów. Niektórzy sądzą, że wędrowcy długodystansowi przed czymś uciekają, usiłują uwolnić się od prawdziwego świata. W moim przypadku chodziło o przemianę. Chciałem odnaleźć to, co, jak mi się wydawało, utraciłem; sprawdzić, czy nadal mam tę wytrzymałość, o której sądziłem, że się rozmyła; na nowo rozpalić ogień, który – o czym byłem przekonany – już dawno zgasł. Wykorzystałem tę podróż do tego, by się otworzyć.

Czyli jednak Horty miał rację. *Oto kim jestem, oto co robię.*

EPILOG

WRZESIEŃ 2016 ROKU

Gałęziami wiekowych dębów w Parku Narodowym Great Smoky Mountains kołysał delikatny wiatr. Był jak stary przyjaciel, jego dźwięk i dotyk na skórze przywoływały wspomnienia. Zarazem wydawał się tego dnia czymś całkowicie nowym, niemal nieznanym zjawiskiem. Nasze życie zawsze takie jest: identyczne, ale różne; jasne, potem ciemne; znalezione – i zgubione; tu i tam i z powrotem.

Cała reszta była zupełnie inna. Na bezchmurnym przestworze nocnego nieba widziałem niezliczone świetlne punkciki – w niczym nie przypominało to szarego, rozmokłego sufitu, który wisiał nade mną przez większość dni spędzonych na AT. Zamiast wiosny otaczała mnie zapowiedź jesieni. Nie chciało mi się spać; trwałem w stanie najwyższej czujności. I co najważniejsze: nie byłem już tamtą biedną duszyczką zawijającą do bazy pod koniec czterdziestego trzeciego dnia liczącej trzy tysiące dwieście kilometrów podróży.

Speedgoat już smacznie chrapał w schronisku. Pokonałem trzynaście kilometrów, targając prawie piętnaście kilogramów jedzenia, wody i rzeczy do spania (w tym jego poduszkę), żeby było mu choć trochę wygodnie. Tego rodzaju życzliwość nie była mi obca. Jak znam dryg Speedgoata do precyzyjnego planowania, to będzie jego pierwszy i ostatni biwak na szlaku. Nie lubił sypiać na kamieniach i skałach, ja się do tego przyzwyczaiłem. Wróciłem na tę samą trawiastą łąkę, na której rok i dwa miesiące wcześniej wątpiłem w siebie, odpływając w sen, kołysany szumem dębowych liści. Przedziwne uczucie.

Nie mogłem uwierzyć, że minął już rok. Po wędrówce Szlakiem Appalachów musiałem złapać oddech i kontakt z rzeczywistością. To jednak nie wszystko. Najważniejsze bowiem, że podróż poddała próbie – udoskonaliła, uspokoiła, wzmocniła – moją więź z JLu. Tamtego wieczoru nadal byłem pod wrażeniem tego, co dla mnie zrobiła – i naraz zapragnąłem podzielić się swoimi myślami i odczuciami z tą jedyną osobą, która była przy mnie przez całą drogę. Zadzwoniłem do niej ze schroniska na Polu Spence'a. Zasięg, zdumiewający i zarazem irytujący w swej wszechobecności, był tam doskonały, dzięki czemu słyszałem wyraźnie każde jej słowo, choć dzieliło nas pół kontynentu.

– Jurker! Gdzie jesteś? I co, zaczęło już padać? Robale gryzą? Widziałeś jakichś SoBosów?

Uwielbiała, kiedy opisywałem miejsca, które razem odwiedziliśmy. Zrobiłem jej przyjemność i podzieliłem się spostrzeżeniami na temat tego, co się zmieniło, a co pozostało takie samo. Powiedziałem, że zbocza i stoki Tennessee, po których ledwo kuśtykałem, z błotnych stały się piaszczyste; że hotel w Erwin, w którym zatrzymaliśmy się z Hortym, tym razem nie zrobił na mnie aż tak przygnębiającego wrażenia. Natomiast jedna rzecz się nie zmieniła: boczne i leśne drogi – nadal były tak samo wyboiste i fragmentaryczne.

– Lepiej spraw, żeby to twoje zaklinanie deszczu sprowadziło huragan, bo inaczej Speedgoat pobije nasz rekord.

Roześmiała się.

– Cholerny farciarz! Do trzech razy sztuka. Cieszę się z jego sukcesu – i z tego, że jesteś z nim i mu pomagasz. Żałuję tylko, że sama nie mogłam pojechać. Tak bardzo chciałam zobaczyć, jak cierpi! – Wybuchnęła jeszcze głośniejszym śmiechem. – Powiedz mu, żeby się pospieszył. Potrzebuję cię do pomocy przy dziecku.

Usłyszałem kwilenie Raven w tle i moje serce wyrwało się do obu kobiet mojego życia. Ravenna Lynn Jurek urodziła się 1 czerwca 2016 roku, niemal co do dnia rok po tym, jak wyruszyliśmy na AT.

– Strasznie za wami tęsknię i dziwnie się czuję bez was. Wrócę już niedługo – zapewniłem i rozłączyłem się. Z jednej strony tęskniłem za rodziną, a z drugiej czerpałem niewysłowioną przyjemność z powrotu na szlak. Odludzie, na którym się znajdowałem, było w istocie bardzo ludne, w jego centrum znajdowało się bowiem moje istnienie oraz wszystko to, czego byłem częścią: moi przyjaciele (nie tylko biegowi), moja rodzina – i ja sam.

Wiedziałem, że JLu nie martwi się o mój spokój ducha po stracie tytułu rekordzisty. Nie pierwszy raz mój rekord zostanie pobity. Same w sobie rekordy nic nie znaczą, bo przecież świadczą o nas nie wyniki, lecz czyny. Punktem wyjścia było dla mnie rekordowe osiągnięcie Jennifer Pharr Davis – posłużyłem się nim do tego, by wydobyć z siebie to, co najlepsze; wybrałem je jako cel, abym miał ku czemu dążyć. Ćwiczy się nie po to, żeby pokonać tego czy innego człowieka, ale by wygrać z czasem i wcześniejszymi wynikami.

Szlaki zawsze jawiły mi się niczym żyły na powierzchni ziemi. Z biegania i dzielenia się dzikimi, przecinającymi łańcuchy górskie i kaniony ścieżkami, które na całym kontynencie tworzą sieć podobną naczyniom krwionośnym w organizmie, płynęła cenna nauka. Każdy odcinek szlaku układał się w pełen istotnej wiedzy rozdział w księdze pisanej ręką Matki Natury. Kilka stron wyszło spod palców Horty'ego i Speedgoata. Swoje zdania dodali również wszyscy, którzy choć przez chwilę towarzyszyli mi na AT. Właśnie dlatego wiedziałem, że muszę pomóc Karlowi. Muszę zapisać stronice w jego księdze. Zdobyłem wiedzę i miałem obowiązek się nią podzielić. To jak przemiana z ucznia w nauczyciela; przekazywanie umiejętności i wytrwałości, służenie pomocą i radą – oto rzeczy, które posuwają nas do przodu.

Przez kilka miesięcy po wyprawie czułem ciężar w nogach. Szybko odzyskałem stracone kilogramy – i wyhodowałem kilka nadprogramowych, czego JLu nie omieszkała mi wytknąć. Na wszelki wypadek oboje przez pewien czas przyjmowaliśmy antybiotyki na boreliozę. Poza tym przebadałem się pod kątem ewentualnych uszkodzeń układu nerwowego. Na szczęście nie wykryto niczego niepokojącego. Wróciłem do formy.

W styczniu dostałem kartkę noworoczną od Frisbee; okazało się, że w końcu dotarła do Góry Springera, równo sześć miesięcy po tym, jak wyruszyła z Katahdin (ani na moment nie rozstała się ze swoim dyskiem). Biegacz, na którego warknąłem w Górach Białych, przydybał mnie wiosną podczas Boston Marathon Expo. Kiedy zacząłem go gorąco przepraszać, roześmiał się tylko i powiedział:

– Niepotrzebnie pytałem, jak ci idzie. Odpowiedź miałeś wypisaną na twarzy.

Znów się skrzywiłem.

Moje ciało odzyskało wigor. Znów byłem w takiej formie, jak przed podróżą na północ. Wróciłem do normalności – przynajmniej fizycznie, bo jeśli chodzi o aspekt umysłowy i duchowy, to wcale nie byłem tego taki pewien. Czy wciąż jestem tą osobą, którą byłem przed wyprawą w głąb siebie? Miałem wątpliwości. Chyba najlepiej to ujął Timmy, podając ocenę mojego stanu po wyścigu w sosie psychologii w jej popularnym wydaniu: „Po tak pięknej i brutalnej odysei biały prostokąt szlaku na zawsze naznaczył piętnem twoją duszę". Nie wiedziałem, co mógłbym do tego dodać. Nadal nie wiem.

Ludzie często mnie pytają, co takiego dała mi ta podróż i dlaczego w ogóle się na nią zdecydowałem. Trudno mi powiedzieć cokolwiek poza tym, co łatwe do przewidzenia i podyktowane uprzejmością. Bo rzeczywiście: czemu z własnej woli skazywać się na cierpienie?

Jedna z teorii – którą zrozumiałem dopiero po przyjściu mojej córki na świat – mówi, że podjęcie takiego wyzwania jak pobicie rekordu przejścia Szlaku Appalachów przypomina stworzenie nowego życia: człowiek nie wie, jak to jest, dopóki sam nie spróbuje. Z drugiej strony wciąż dopiero się uczę ojcostwa, więc całkiem możliwe, że to jednak błędny trop.

Być może moja wędrówka była jednym długim, błotnistym koanem* i gdybym od początku postrzegał ją pod tym kątem, mógłbym teraz spróbować pojąć to, na co nie ma odpowiedzi. Pamiętam, jak Timmy opowiedział mi o wykładzie, który wygłosił na uczelni. Otóż wśród słuchaczy był obecny synek jednego z profesorów. Widząc symbol yin i yang, to nad wiek rozwinięte dziecko podniosło rękę. Timmy udzielił mu głosu, a wtedy chłopiec zapytał, jakiego koloru jest linia oddzielająca część czarną od białej. Mały Budda poruszył ciekawą kwestię. Ta linia istnieje, ale dziś sądzę, że aby się dowiedzieć, jak naprawdę wygląda, trzeba przemierzyć ją na własnych nogach.

Ostatecznie nie ma przecież znaczenia, czy wiem, czym konkretnie była nasza wyprawa. Przygoda tkwiła zarówno w tym, co zobaczyłem, w tym, kogo spotkałem na szlaku, jak też w pogłębionym rozumieniu samego siebie. Sądzę, że te wrażenia przetrwają dłużej niż cokolwiek innego. Tak naprawdę największą nagrodą dla mnie był sam Szlak Appalachów, ta długa linia na północ, będąca bardziej ścieżką życia niż torem wyścigowym.

Mała Raven była z nami na mnóstwie długich wypraw – zabraliśmy ją nawet do Wielkiego Kanionu; jestem przekonany, że tak jak jej rodzice będzie lubiła spędzać czas na świeżym powietrzu. Kiedy podrośnie, opowiemy jej o naszej wyprawie na północ, o tym, jak przebiegliśmy i przewędrowaliśmy jeden z najważniejszych szlaków Ameryki, w dodatku zrobiliśmy to najszybciej ze wszystkich. Zapewne będzie chciała wiedzieć dlaczego, ale wątpię, abyśmy zdołali wytłumaczyć jej to w sensowy sposób, choćby dlatego, że jej postrzeganie będzie się różniło od naszego. Nie szkodzi – tak powinno być. Podróżując przez dzicz, każdy z nas odbywa swoją własną wędrówkę, każdy znakuje swój własny szlak i tylko on sam może odnaleźć to, czego szuka.

---

* Koan – opowieść oparta na paradoksie, będąca ćwiczeniem umysłu dla adepta zen.

PODZIĘKOWANIA

Nie dotarłbym do końca Szlaku Appalachów, gdyby nie pomoc wielu utalentowanych, mądrych i oddanych osób. To samo tyczy się niniejszej książki. Mój przyjaciel Aron Ralston mówi, że pokonanie AT zajęło mi czterdzieści sześć dni, zaś ubranie tego, co przeżyłem, w słowa – czterdzieści sześć miesięcy. No, prawie. Kiedy z trudem posuwałem się naprzód w pisaniu, usłyszałem od znajomego muzyka: „Na skomponowanie materiału na swój pierwszy album masz całe życie. A potem wszyscy oczekują, że drugi skomponujesz w pół roku". Doskonale go rozumiałem.

Pragnę podziękować mojemu agentowi, Richardowi Pine'owi, za to, że mnie nie skreślił. Richard od lat niestrudzenie zachęcał mnie do napisania kolejnej książki. Co pewien czas wysyłał mi kontrolnego maila. Któregoś popołudnia, akurat kiedy kuśtykałem przez Wirginię, napisał: „Śledzę twoją wyprawę. Myślę, że warto, by jej poświęcić książkę".

Dziękuję ekipie Inkwell Management. Williamie Callahanie, jesteś alchemikiem, który pomógł zamienić moje chaotyczne przemyślenia w złoto.

Dziękuję Tracy Behar, Ianowi Strausowi i wszystkim w Little, Brown and Company. Wiem, że doprowadzaliśmy was do szału, ale przecież najlepiej się pracuje pod presją! Jestem wdzięczny, że zawsze godziliście się na jeszcze jeden dzień, jeszcze jedną poprawkę, jeszcze jedną przeróbkę, żeby wyszło idealnie.

Podziękowania dla Timmy'ego O'Neilla: walczyłeś za nas jak nikt inny. W Zielonym Tunelu poszedłeś razem ze mną na wojnę i byłeś przy mnie w pisarskiej jaskini bólu. Jestem ci dozgonnie wdzięczny za to, że pomogłeś mi odzyskać pamięć, dzięki czemu mogłem opisać emocje, dźwięki i wrażenia z dzikiego AT. Zaciągnąłem u ciebie dług wdzięczności, który mam nadzieję spłacić, kiedy będziesz pisał własną książkę.

Jak zawsze dziękuję Christopherowi McDougallowi za wskazówki. Jakimś sposobem twoje abstrakcyjne, szalone pomysły się sprawdzają.

Autorem pięknych map jest Jeremy Collins, jedyna osoba, której byliśmy skłonni powierzyć ożywienie linii AT.

Luisie Escobarze, dziękuję ci za to, że kiedy dzwonię, zawsze odbierasz. Jesteś panem światła, a twoje zdjęcia przenoszą nas na szlak i pozwalają na nowo przeżywać emocje towarzyszące tamtym chwilom.

Najgorsze były nocne zmiany. Dziękuję wszystkim moim szlakowym towarzyszom, którzy wybiegali ze mną w ciemność, dźwigali sprzęt biwakowy i pilnowali, abym nie spadł w przepaść: Andrew Drummondowi, Timmy'emu O'Neillowi, Gabe'owi Flandersowi, Tristanowi Williamsowi, Ryanowi i Kristine Weltsom, Nate'owi Sanelowi, Johnowi Rodrigue'owi, Joemu Wrobleskiemu, Chrisowi Clemensowi, Markowi Godale'owi, Aronowi Ralstonowi oraz Walterowi Edwardsowi.

Podziękowania dla Tophera i Kim Gaylordów, a także dla Krissy Moehl – bez was to byłaby zupełnie inna wyprawa. Odpowiadając na moje wezwanie i przybywając na szlak, nadaliście nowe znaczenie słowu „przyjaźń".

Davidzie Hortonie i Karlu Meltzerze, wziąłem sobie do serca wasze wskazówki i entuzjazm. Miałem ogromne szczęście, że zechcieliście zasilić moją drużynę. Nawet jeśli te wasze „No, to do Maine!" o poranku i „skubanie" szlaku doprowadzało mnie do ostateczności.

Dziękuję wszystkim, którzy ze mną biegali, pozostałym wędrowcom, aniołom szlaku, ludziom, którzy przychodzili na krzyżówki, żeby się ze mną spotkać, a także wszystkim, którzy śledzili moje postępy w internecie; bez was nie pokonałbym tych trzech tysięcy pięciuset dwudziestu dwóch kilometrów.

Deanie Potterze, żałuję, że nie udało nam się dotrzeć do Yosemite przed twym ostatnim lotem i że Raven nie będzie mogła cię poznać i poczuć twojej magii. Bez twojego światła świat wydaje się dużo ciemniejszym miejscem. Brakuje nam ciebie, lecz nawet będąc po drugiej stronie, wciąż pozostajesz dla nas natchnieniem. Szybuj swobodnie, bracie.

Jenny, ta książka jest dla ciebie i przez ciebie, jest tobą. Jeśli w ogień, to tylko za tobą. Jesteś moim nieustająco wschodzącym słońcem, moją wojowniczką, niewyczerpanym źródłem inspiracji i radości. Błądziłem przez całe życie, dopóki los nie zetknął mnie z tobą – wtedy odnalazłem właściwy kierunek.

O AUTORZE

Scott Jurek jest jednym z najlepszych biegaczy w historii. Wielokrotnie zwyciężał w rozgrywanym na dystansie 246 km Spartathlonie, Hardrock 100, Badwater 135-Mile Ultramarathon oraz Western States 100-Mile Endurance Run, w którym triumfował rekordowe siedem razy z rzędu. Magazyn „National Geographic" przyznał mu tytuł Adventurer of the Year (Podróżnik Roku), a „Sports Illustrated" umieścił na liście Fittest 50 (50 najbardziej wysportowanych ludzi na świecie). Jurek jest autorem bestsellera *Jedz i biegaj,* a także jednym z głównych bohaterów *Urodzonych biegaczy* Christophera McDougalla. Pisano o nim w „New York Timesie", „USA Today", „The Wall Street Journal", „Time"', „ESPN The Magazine". Jest żarliwym orędownikiem weganizmu. Mieszka w Boulder w Kolorado z żoną Jenny i córką Raven.

JEDZ I BIEGAJ, SCOTT JUREK

Jak wygląda książka, napisana przez legendarnego ultramaratończyka? Nie tak, jak się można było spodziewać. Nie ma tu sztampowych opisów biegów na 100 mil, pokonywania kryzysów na setnym kilometrze i triumfalnego wbiegania na metę. Nie ma biegowego ultrabanału.

Jest za to historia dojrzewania do wysiłków ultra. Scott Jurek, pilny uczeń, dobry dzieciak, ale czasem dla niektórych „głupi Polaczek", kocha sport, chociaż wciąż inni są od niego lepsi. Ale ma tyle uporu, tyle samozaparcia, tyle siły woli, żeby samemu stać się najlepszym – i to w dyscyplinie, która wymaga niezwykłej wręcz wytrwałości.

Nie przypadkiem też każdy rozdział kończy się przepisem na wartościowe potrawy dla biegaczy. Jurek dawno zdał sobie sprawę z tego, jak ważne jest dostarczanie organizmowi odpowiedniego paliwa – i najlepsze znajduje wśród potraw wegańskich. Niektóre z nich to pole do popisu dla tych, którzy umieją gotować, ale mleko ryżowe zrobi nawet zupełny laik.

Dziwi mnie trochę podejście Jurka do treningu rozciągania, ale pod zdroworozsądkowym stosunkiem do biegania naturalnego podpisałbym się obiema rękami.

Ta książka na pewno inspiruje do rozmyślań o bieganiu. I to nie przez teoretyczny wykład, ale przez porywającą opowieść, wziętą z życia prawdziwego arcymistrza w tej dziedzinie.

Wojciech Staszewski, „Gazeta Wyborcza", Kancelaria Sportowa Staszewscy

Czy można przebiec ponad 266 km w ciągu doby? Czy można bić rekord za rekordem? Czy można zmierzyć się z legendarnymi, najlepszymi długodystansowcami świata z plemienia Tarahumara? Można. Ale czy można zrobić to wszystko, będąc jednocześnie weganinem? Można.

Pamiętam, jak kiedyś pewna specjalistka z zakresu żywienia oceniała moją dietę i z dezaprobatą kręciła głową, słysząc, że biegam maratony i nie jem mięsa. Ciekawe, co by powiedziała, gdyby przyszedł do niej Scott Jurek? Wychował się w tradycyjnej rodzinie, gdzie na stole królowało mięso i ziemniaki. Dziś jest słynnym wegańskim ultramaratończykiem.

Nie musisz być biegaczem, żeby przeczytać tę książkę. Możesz po prostu chcieć poznać niezwykłą historię niesamowitego człowieka. Albo mieć ochotę na dobry wegański przepis. No to jak? Gotowi? Do biegu... START!

Beata Sadowska, dziennikarka TVP

Amerykańska Akademia Żywienia i Dietetyki od 1997 roku oficjalnie uznaje prawidłowo zaplanowane diety wegetariańskie za odpowiednie dla osób uprawiających sport zawodowo. Dla mnie, dietetyka i specjalisty medycyny żywienia, historia Scotta Jurka to najlepszy przykład stosowania z powodzeniem diety wegańskiej u absolutnego mistrza jednej z najbardziej wymagających dyscyplin – ultramaratonu.

Książka Scotta Jurka jest też niezwykłą, pełną osobistych wątków opowieścią o duchowym i fizycznym rozwoju zwykłego, przeciętnego chłopca i kształtowaniu się u młodego człowieka niezwykłej cechy: determinacji zwycięstwa. Jeśli ktoś zwycięża i bije rekordy w najtrudniejszych wyścigach świata, ultramaratonach, liczących po kilkaset kilometrów, czy wyczerpujących, jednostajnych biegach dwudziestoczterogodzinnych, musi być człowiekiem niezwykłym, musi mieć w sobie coś intrygującego, co warto poznać. Polecam!

Małgorzata Desmond, specjalista medycyny żywienia, dietetyk

SZCZĘŚLIWI BIEGAJĄ ULTRA

MAGDALENA OSTROWSKA-DOŁĘGOWSKA, KRZYSZTOF DOŁĘGOWSKI

Magda i Krzysiek są jedną z najbardziej rozpoznawalnych i lubianych par w polskim bieganiu. A co ważniejsze – jedną z najbardziej przenikliwych i ciekawych świata. Fascynuje mnie ich analityczne podejście do biegania, a także głód wiedzy i chęć przeżywania nowych przygód. Współpraca z nimi zawsze przynosiła świetne efekty. Dlatego z niecierpliwością czekałem na tę książkę. Byłem pewien, że będzie niezwykła, ciekawa, wciągająca... I taka właśnie jest! Czyta się ją jednym tchem. A na dodatek wcale nie trzeba być ultrasem, by po przewróceniu ostatniej kartki pomyśleć z żalem: „Szkoda, że to już koniec...".

Marek Tronina, redaktor naczelny miesięcznika „Bieganie"

Szczęśliwi biegają ultra to piękna opowieść o bólu, którym można się z dumą chwalić, parze przyjaciół zakochanych w sobie bez pamięci, przyrodzie, górach i bieganiu. Od pierwszego słowa Magda i Krzysiek staną się twoimi bliskimi kompanami, nawet jeśli błoto na butach przynosisz jedynie ze spaceru z psem. Poznasz dzięki nim nietuzinkowe historie o ludziach i ich przeżyciach ze szlaków, kiedy to miasteczka stają się miniaturowe, szosa w oddali przypomina uroczą wstążkę, a kryzys pojawia się jako serdeczny towarzysz niedoli. Już w trakcie czytania poczujesz przypływ endorfin, a każdy bieg ultra uczyni cię bardziej szczęśliwym.

Marcin Rosłoń, dziennikarz nc+, ultramaratończyk

RZEŹNIK, ANNA DĄBROWSKA, PIOTR SKRZYPCZAK

Po pierwszym Biegu Rzeźnika pokochałem góry bezgranicznie. Dla mnie, typowego mieszczucha, wcześniej były one dalekie, tajemnicze, dzikie i trochę znienawidzone przez zimowe treningi piłki nożnej, gdy po górach biegało się jak za karę. *Rzeźnik* to opowieść o tym, co nadal niepoznane. To szansa na miłe wspomnienie bólu, który najpierw cholernie doskwiera, a potem pozwala pękać z dumy. Dzięki Annie i Piotrowi wiem o bieszczadzkiej krainie jeszcze więcej. I znów tęsknię za werblami na starcie, za bieszczadzkim brzaskiem, pysznymi bułkami w Smereku, niezapomnianymi widokami na połoninach i czasami nawet za tą wredną Drogą Mirka. Bo Rzeźnik to miłość na całe życie. Kto spróbował, ten wie. Kto nie próbował, niech czyta! Zakład, że pobiegniesz?

Marcin Rosłoń, dziennikarz nc+, redaktor naczelny magazynu „ULTRA"

JESZCZE JEDNA MILA, PAM REED

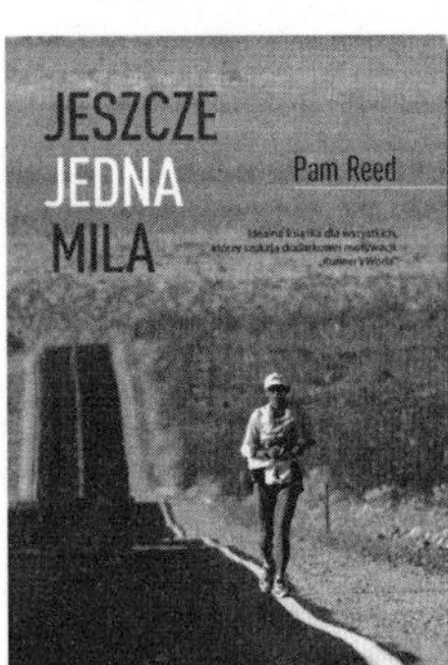

Historie, w których pierwszym zawodnikiem przecinającym linię mety wielkiego wyścigu jest kobieta, zawsze chwytają mnie za serce. Pam Reed pokazała, że potrafimy zostawić za sobą wszystkich twardzieli i że możemy to zrobić w najtrudniejszych wyścigach na świecie, jak rozgrywany w piekielnym upale Badwater Ultramarathon. Cechy, które pozwalają wygrywać, w życiu codziennym czynią z kobiet niezłe zakapiory. Pam tego nie ukrywa i odsłania wiele swoich mrocznych stron. Opowiada o sprawach, do których wielu sportowców się nie przyznaje. Na przykład o towarzyszce jej życia – anoreksji, albo o rywalizacji istniejącej między Pam a jej mężem, również sportowcem. Panowie, uważajcie! Pam Reed naprawdę potrafi mocno nadepnąć na odcisk!

Magdalena Ostrowska-Dołęgowska

SZTUKA CIERPIENIA, SHANE NIEMEYER, GARY BROZEK

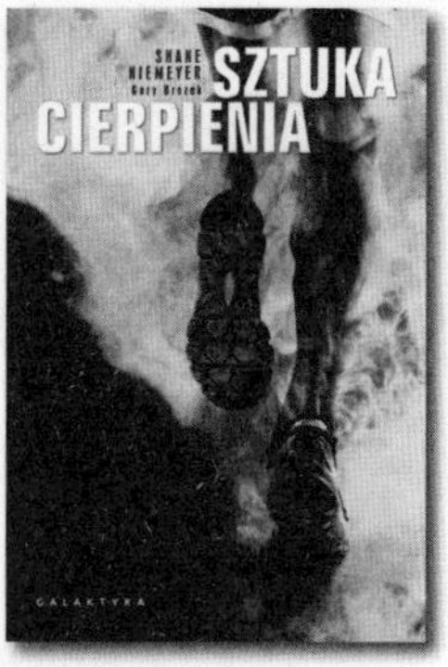

Sztuka cierpienia jest trudną historią o desperackim poszukiwaniu samego siebie, o całkowitym upadku i wreszcie o zwyciężaniu. Triatlon oraz słynny Ironman to tylko jej mała część, choć niezwykle istotna, ponieważ zmieniła bieg zdarzeń i pomogła autorowi wygrać... swoje życie. Niezwykle wzruszyło mnie zakończenie, które pokazuje, że mamy prawo popełniać, a co ważniejsze – także naprawiać swoje błędy.

Iwona Guzowska, mistrzyni świata w kick-boxingu oraz boksie zawodowym, miłośniczka biegania i triatlonu

Tak jak większość z nas, Shane Niemeyer lubi sprawdzać granice swoich możliwości. Historia jego życia zasługuje na poznanie i świadczy o tym, co może zdziałać wytrwałość, nawet jeśli nie widać wyjścia z opresji... Shane dowodzi, że każdy może pokonać wszelkie przeszkody i z pasją realizować swoje marzenia.

Craig Alexander, pięciokrotny mistrz świata w triatlonie

URODZENI BIEGACZE, CHRISTOPHER MCDOUGALL

To „biegowa" wersja *Kodu da Vinci* i *Indiany Jonesa* w jednym. Różnica polega na tym, że kiedy już skończysz, nic cię nie powstrzyma przed wyruszeniem w trasę i poszukiwaniem własnego skarbu.

Marek Dudziński
redaktor naczelny magazynu „Runner's World"

W bieganiu chodzi o to, by się cieszyć każdym krokiem. *Urodzeni biegacze* to wspaniała opowieść, która przypomina o tym, że w pogoni za „życiówkami" powoli zaczęliśmy zapominać o prawdziwym sensie tej aktywności.

Marek Tronina, miesięcznik „Bieganie"

BEZ OGRANICZEŃ, CHRISSIE WELLINGTON

Historia Chrissie utwierdziła mnie w przekonaniu, że jeżeli tylko damy sobie szansę, możemy robić rzeczy niewiarygodne i nic nas nie powstrzyma – chyba że my sami zrobimy sobie taką krzywdę. Ta dziewczyna jest nieźle pokręcona. Chorobliwe dążenie do perfekcji mogło ją wykończyć, ale na szczęście ma otwartą głowę i kocha świat. Wiele twardych lekcji nauczyło ją niezwykłej pokory. Jest bohaterką, która wyzwoliła we mnie ambiwalentne uczucia: złości, zazdrości i podziwu zarazem. Chrissie to skupiona na sobie, skończona egoistka, co zupełnie nie przeszkadza jej być wrażliwym i dobrym człowiekiem, który chce zmieniać świat i pomagać innym. Mieszanka wybuchowa. Z tego nie mogło wyniknąć nic innego, jak niewiarygodne, wręcz kosmiczne sukcesy.

Iwona Guzowska, mistrzyni świata w kick-boxingu oraz boksie zawodowym, miłośniczka biegania i triatlonu

CO NAS NIE ZABIJE, SCOTT CARNEY

Ta książka to prawdziwa lodowa petarda! Słyszałem wcześniej o Wimie i jego dokonaniach, ale byłem przekonany, że to, co robi, to zwykła szarlataneria. Trochę z przekory, a może dla potwierdzenia swoich wcześniejszych przypuszczeń, zdecydowałem się sięgnąć po *Co nas nie zabije* i… po pierwszych kilku stronach nie mogłem się już oderwać. Po przeczytaniu ostatniego zdania postanowiłem zacząć morsować! Pewnie pomyślisz, że ja, Hof i Scott Carney zwariowaliśmy do reszty. Jeśli mam rację, możesz zrobić dwie rzeczy: odłożyć tę książkę na półkę albo dać sobie szansę i przeczytać ją. Zapewniam cię, że gdy poznasz historię opowiedzianą przez Scotta i spróbujesz ćwiczeń oddechowych Wima oraz jego treningu na zimnie, szybko zauważysz niewiarygodny, dobroczynny wpływ niskich temperatur na organizm człowieka.

Aleksander Doba, podróżnik, kajakarz, odkrywca

TLENOWA PRZEWAGA, PATRICK MCKEOWN

Ta książka wciąga niczym kryminał najwyższej klasy. Otworzyła przede mną świat, którego nie znałem, a który intuicyjnie wyczuwałem w trakcie swoich wypraw. Gdyby ukazała się wcześniej, mógłbym łatwiej znosić niedobory tlenu na wysokościach. Rzecz jest napisana – jak na skomplikowaną materię – prosto i przystępnie, co jest jej wielkim walorem. Zawiera mnóstwo prostych porad i ćwiczeń. Myślę, że każdy z czytelników znajdzie w *Tlenowej przewadze* coś dla siebie i zacznie świadomie oddychać. Czego wam i sobie życzę.

Piotr Pustelnik, himalaista, zdobywca 14 ośmiotysięczników

NAJWAŻNIEJSZA DECYZJA, IWONA GUZOWSKA

Jeśli wierzysz, że ci się uda, to masz rację. Musisz tylko dążyć niezłomnie do celu, pokonywać wszelkie trudności i własną słabość. *Najważniejsza decyzja* to historia wojowniczki, motywująca do wysiłku i wytrwałości, skłaniająca do wstania z kanapy i zawalczenia o swoje życie. Ale to też książka o tym, że warto się cieszyć z drobiazgów. Być tu i teraz, żyć uważnie. To opowieść prawdziwa i wciągająca, bo wyrastająca z niezwykłych doświadczeń. Nie pozwól, by przeszłość zdeterminowała resztę życia. Doceniaj to, co jest.

Hanna Samson, psycholożka i pisarka

GOTOWY DO BIEGU

KELLY STARRETT, T.J. MURPHY

Dzięki lekturze tej książki, dowiesz się:

- co decyduje o twoich wynikach i jak je bezpiecznie poprawić;
- jak w pełni wykorzystać wrodzony potencjał biegowy i zyskać możliwość sprawnego biegania aż do późnej starości;
- jak, dzięki włączeniu do rozkładu dnia odpowiednich nawyków, zapobiegać częstym kontuzjom przeciążeniowym;
- jak przygotować ciało na obciążenia związane ze zmianą techniki i butów do biegania;
- jak radzić sobie z bólem, opuchlizną i innymi dolegliwościami, stosując nowatorskie metody terapeutyczne, skracające również czas rekonwalescencji;
- jak przystosować domową salę do ćwiczeń mobilizujących;
- jak wykonywać nowo poznane, najskuteczniejsze ćwiczenia przywracające optymalną funkcjonalność oraz zakres ruchu stawów;
- jak biegać szybciej, dalej i lepiej.

BĄDŹ SPRAWNY JAK LAMPART

KELLY STARRETT, GLEN CORDOZA

Ta książka krok po kroku wprowadzi cię w tajniki ruchu oraz mobilności i nauczy cię:

- poruszać się bezpiecznie i efektywnie w każdej sytuacji;
- ustawiać kręgosłup i stawy w optymalnej, stabilnej pozycji;
- przywracać normalne działanie stawów i tkanek;
- przyspieszać regenerację po zawodach i treningach;
- poprawnie wykonywać ćwiczenia siłowe takie jak przysiad, wyciskanie na ławce, pompki, martwy ciąg, rwanie i podrzut;
- rozpoznawać, diagnozować i korygować nieefektywne wzorce ruchowe;
- leczyć częste w sporcie dolegliwości takie jak bóle odcinka lędźwiowego kręgosłupa, zespół cieśni nadgarstka, bóle barków czy łokieć tenisisty;
- zapobiegać często występującym kontuzjom lub je rehabilitować;
- wykorzystywać techniki mobilizacyjne, by pozbyć się skrócenia i napięcia mięśni, ograniczeń ruchu torebek stawowych oraz tkanek miękkich, problemów z kontrolą ruchu i niedoborem zakresu ruchu w stawach;
- tworzyć spersonalizowane treningi mobilizacyjne, poprawiające efektywność poruszania się.

Jako sportowiec zawodowo uprawiający mieszane sztuki walki (MMA), muszę nieustannie dbać o zdrowie, by jak najdłużej zachować sprawność i spełniać się w tym, co robię. Kelly Starrett w książce *Bądź sprawny jak lampart* opisuje procesy, które niemal niepostrzeżenie uszkadzają nasze ciała. Interesują go problemy spowodowane złym podejściem do wysiłku fizycznego, a przede wszystkim najlepsze plany sesji treningowych, odpowiednie mobilizacje i prawidłowa technika wykonywania poszczególnych ćwiczeń.

Zdecydowanie polecam tę książkę każdemu, bez względu na stopień zaawansowania sportowego. Pamiętaj – lepiej zapobiegać, niż leczyć.

Joanna Jędrzejczyk, mistrzyni UFC w wadze słomkowej